# 요한 복음서 해설 1

# 요한복음서 해설 1

최안나 지음

성서와함께

# 책을 펴내며

이 책을 펴내며 필자는 한계를 지닌 채 시작했음을 밝힌다. 구약성경의 한 부분을 조금 공부했을 뿐이라서 신약성경, 더구나 요한 복음 연구의 역사 과정과 내용을 전체적으로 명확하고 면밀하게 파악하지 못했다. 그래서 역사 비평적 관점에서는 현대의 요한 전문가로 평가받는 몇몇 학자의 책을 통해 수집한 자료를 요약하고, 공시적 관점에서는 설화분석 연구 결과와 같은 방법으로 필자가 복음서를 분석한 것을 비교 대조한 뒤 양쪽을 통합하며 균형을 이루려 노력했다.

1998년 요한 복음서 연구의 대가라 할 수 있는 레이몬드 브라운(Raymond E. Brown)이 선종했다. 그의 유작을 의뢰받은 프란시스 몰로니는 브라운이 생전에 남긴 미완성 자료를 편집하고, 증보하고, 입문을 쓰고, 마무리하여 브라운의 《요한 복음 개론》을 2003년에 출간하였다. 몰로니는 이 책에서 1966년 브라운이 그 이전 학자들의 연구를 집대성한 주석서(*The Gospel according to John I-XII, XIII-XXI*, The Anchor Bible 29, 1966 · 1970)와 어느 부분이 어떻게 다르고 동일한지를 명확하게 밝혀 주었고, 특히 브라운이 1998년 자료에서 새롭게 제시한 방법론을 조명하였다. 브라운의 사후 5-6년이 지나면서 요한 연구에서 진전된 결과물이 많이 나왔다. 1985년 이후 쿰란 문헌의 집대성이 이루어졌고 1990년 이후로는 고고학 연구가 밝힌 빛으로 성경 세계의 여러 면이 새롭게 이해되었다. 몰로니는 그간 요한계 연구에서 발전된 성과를 종합하며, 자신의 이론을 첨가하여 부기附記에 기록하였다. 몰로니가 2014년까지 출간한 단행본들에는 그 이론들이 좀 더 심화되어 나타나 있다.

이에 요한 복음서를 새로이 조명하고 정리할 필요성을 느껴 해설서의 개정판을 준비하였다. 필자가 이 개정판을 집필하는 데는 몰로니에게 의존한 바가 크다. 초판初板에서 세부적인 설명에 인용했던 발레리오 만누치와 살비또레 알베르또 피니몰레의 연구 부분을 몰로니의 요한 복음서 주석(*The Gospel of John*, Sacra Pagina, 1998)과 브라운의 새 개론서의 빛으로 수정하였다.

개정판 본문을 써 나가면서 차례에서 고민을 많이 하였다. 말씀 찬가(1,1-18)를 어느 지점에서 소개하면 좀 더 깊은 뜻을 이해할 수 있을까? 예수님에 관한 전반적인 소개가 일단락된 1부 끝에? 공생활이 마무리되는 지점? 제일 끝? 그런데 1-2장 글을 쓰면서 본문의 해설에 말씀 찬가, 곧 서곡이 비추는 빛이 필요함을 인식했다. 그리고 입문에서 밝힌 대로 현재 상태의 복음서 본문을 그대로 대하는 자세를 견지하고, 복음사가 또는 편집자가 그것을 제일 앞에 놓은 이유를 찾고자 노력했다. 그래서 현재 복음서의 배열대로 개괄적으로나마 제일 앞에서 그 내용을 제시하기로 하였다.

개정판을 준비하며, 요한 복음서를 다시 한 번 깊이 숙고하며 접하게 된 일에 주님께 감사드린다. 20년 전 복음서를 읽고 공부하여 3년 후 해설서를 펴냈던 필자가 이제 다시 요한 복음서를 읽고 복음을 들으며, 복음사가와 편집자가 들려주고자 했던 예수님 이야기를 좀 더 깊이 접하게 된 것이 무엇보다 감사하다. 이 책의 출간 시기 일정을 조정해 주고 읽기 좋게 꾸며 준 성서와함께에 감사드린다. 또한 기도로 도움을 준 성서영적 여정 길벗들과 기다려 준 가톨릭성서모임에 감사드린다. 특히 책이 나오기까지 지원과 격려를 아끼지 않은 성서연구소 동료들에게 깊은 감사를 드린다.

2016년 1월 10일 주님 세례 축일에

최안나 수녀

# 차례

## 제1장 첫 번째 표징과 그 이후 2,1-4,54



## 제2장 표징들과 유다인의 축제 5,1-11,57

## 제3장 예루살렘, 영원한 생명 12,1-50

# 입문

요한 복음서 역시 다른 글들과 마찬가지로 먼저 전달할 필요가 있다고 판단된 어떤 정보가 수집되어 있다. 그런데 '자료-정보'는 저자라는 '사람'을 통하여 글로 쓰이기 때문에 그가 의도한 목적이 자료의 엮음, 곧 글에 영향을 미치기 마련이다. 그런데 수집된 자료가 생긴 배경에 따라 그는 저자라기보다 편집자일 수도 있다. 또 그가 처한 공동체의 상황과 주변 환경 역시 글에 영향을 미친다. 어떤 경우에는 그다음 단계로, 같은 사조思潮에 있는 누군가가 이미 쓴 글을 수집하고 선택한 자료를 다시 배치, 보완, 수정하면서 통일시키는 재창조 작업을 하기도 한다. 이렇게 하여 글이 나오면 독자는 대개 다음 일곱 가지 사항을 기본적으로 파악하여 필요한 정보를 받는다. 누가 메시지를 전달하는가?(저자), 누구에게?(독자), 무엇을?(주제), 언제?(시간), 어디서?(장소), 언어는?(저자와 독자 사이의 공통 언어), 무슨 목적으로?(지향) 본문을 읽으면서 이 사항들은 전체적으로 작용한다. 본문 자체에서 출발하여 주의사항을 관찰하고, 글로 표현된 본문 바깥의 조건들을 찾아내어 본문을 좀 더 잘 이해하게 된다.

마찬가지로 요한 복음 본문을 더 잘 이해하기 위해 요한 복음의 주변 환경과 외적인 틀을 간략하게 살펴보겠다. 먼저 요한 복음서가 쓰인 시대의 문화적 배경과 형성 과정을 본 뒤, 저자와 집필 장소와 집필 시기를 본다. 이어서 복음서의 문학적 특성과 구조를 찾아본다.

## 1. 시대 · 문화적 배경: 영지주의, 헬레니즘, 유다이즘

모든 사유思惟는 언어를 통하여 표현되며 문화적 환경과 연결되어 있다. 글로 쓰인 요한 복음서 역시 그 환경에서 쓰이던 단어와 주요 관심사와 개념을 반영하는 마음의 범주를 활용하고 있다. 따라서 로마 제국의 동방 지역들, 복음서가 쓰였던 곳에 공존하던 여러 문화 속에서 요한 복음서의 언어가 어떻게 뿌리내리고 있는지 볼 필요가 있다. 요한 복음서의 독특한 그리스도론은 이 언어를 통해 표현되었기 때문이다.

시대 · 문화적 배경에서 제일 두드러지는 것은 종교적 영향으로, 요한 복음의 경우 근본 배경을 이루는 구약성경이다. 따라서 여러 문화적 요인과 더불어 유다이즘의 영향이라는 범주 아래서 살펴보아야 한다. 다음으로 그 시대에 동부 지중해 영역에 이미 널리 퍼져 있던 헬레니즘의 영향을 손꼽을 수 있다. 마지막으로 당시의 영지주의와의 접촉도 볼 수 있다. 요한 공동체가 살던 시대의 흐름과 환경에 대해서는 이 세 가지 주요 흐름과의 관계를 소개하는 것으로 정리할 수 있다. 먼저 영향이 적은 것부터 기술해 간다.

### 1) 영지주의

이미 18세기부터 요한 복음서와 그 당시에 성행하던 영지주의를 연관시켜 살펴보려는 시도가 있었다. 일반적으로 영지주의靈知主義는 초보자들을 일정한 정화 예식을 거친 후 종교적 큰 진리들을 인식하게끔 이끌거나 또는 탈혼 상태를 통하여 구원으로 입문시켰던 비교적祕教的 가르침을 가리킨다. 영지주의를 정의하기는 어렵지만 그리스도교, 유다교, 이방 종교의 언어에서 발전된 영지주의의 공통점은 다음과 같다. 절대적 존재(하느님)를 둘러싸고 있는 플레로마(충만함, 신적 존재들)의 근원적 통일체; 하느님과 인간 존재 사이의 중간 존재들; 악과 물질세계, 그리고 이원론을 창출하는 이 존재들의 작용; 부적합한 물질에 갇힌 신의 불꽃 같은 영혼들; 영혼들을 자유롭게 하고 빛으로 인도하고 그들의 영적 기원으로 돌아오게 하기 위한, 계시를 통해 얻는 지식의 필요성; 이 계시를 받을 수 있는 선발된 사람 수數의 제한; 그들이 세상을 떠나기를 원하도록 그들을 일깨우는 구원의 계시자 등이다.

## 나그 함마디 문헌과 비교

영지주의와 그 시대의 지식을 알려 주는 2세기 자료로 영지주의자들을 논박하는 이레네오 주교를 대표로 하는 교부들의 저서와 영지주의자들의 저서가 있다. 1945년에 이집트의 나그 함마디에서 콥트어 파피루스 사본 13개가 발견되었는데, 여기에 실린 작품 52편의 대부분이 영지주의와 연관되었다. 아마도 이것은 성 파코미오(290/92년경-346/47년경)와 연관된 4세기의 어느 수도원에서 기원한 것으로 추정된다. 영지주의자들이 이 수도원에 잠입하여 있다가 추방될 위험에 직면하자 그들에게 유용한 사본들을 찾아 묻은 것으로 여겨진다.

이 문서들과 2세기의 그리스도교 영지주의를 비교한 학자들에 따르면, 영지주의자 발렌티누스의 대표작인 〈진리의 복음서〉는 요한 복음에 의존했을 가능성이 높은 것으로 평가된다. 〈토마스 복음서〉는 요한 복음의 특징적인 용어들을 다른 방식으로 사용한 것으로 보아, 간접적으로 요한에 의존한 것으로 추정한다. 〈구세주와의 대화〉에 나오는 일부 구절은 요한 복음과 자구가 비슷하나 반대되는 진술이 있다. 요한 복음에서 "필립보가 예수님께, '주님, 저희가 아버지를 뵙게 해 주십시오'"(요한 14,8) 하고 청한다. 예수님은 "나를 본 사람은 곧 아버지를 뵌 것이다"(요한 14,9)라고 대답하신다. 반면에 〈구세주와의 대화〉에서는 마태오가 "주님, 생명의 장소를 보고 싶습니다" 하니 예수님이 대답하신다. "네가 육체를 입고 있는 동안에는 그것을 볼 수 없다." 또 〈요한 행전〉에는 "말씀이 사람이 되셨다"(요한 1,14)와 완전히 반대되는 진술을 한다. 예수님은 실제로 육肉을 취하지 않았고, 결코 실제로 죽지 않았다는 것이다. 전체적으로 요한 복음서는 나그 함마디 문서의 밖에 존재하였고 2세기부터 알려진 전형적인 영지주의 문서도 아니다.

## 요한 복음과 영지주의

영지주의의 특징으로 많은 이가 하느님과 세상, 빛과 어둠, 진리와 거짓, 위와 아래의 양극성을 지적한다. 또 다른 이들은 영지적 구세주, 천상 계시자가 예수님으로 역사에 들어왔다고 말한다. 육肉이 되신(1,14) 선재하는 존재(1,1) 그리고 궁극적으로 아버지께 돌아갈 존재라고 말이다. 그분은 세상에 오신 빛(1,9; 8,12)이었고, 하느님께 가는 길(14,6)이었다. 그분은 이 세상에 속하지 않았고, 마찬가지로 그분을 믿고 뽑힌 이들도 이 세상에 속하지 않는다. 영원한 생명은 예수님을 아는 데 있다. 그분은 돌아와서 당신을 믿는 사람들을 이 세상에서 빼내어 하늘의 집으로 데려갈 계획을 가지고 있다.

그러나 이 각 항목마다 제기된 반론이 있고, 요한이 영지주의자가 아니라고 하는 다른 자료도 많다. 예컨대 요한은 비밀 지식을 전달하지 않는다. 영지주의는 하느님께서 세상을 사랑하신다고 말하지 않는다. 요한은 적대적인 세상으로 떨어진 영혼에 대해 전혀 기술하지 않는다. 또 그리스도가 영혼을 하늘로 데리고 가는 정확한 방법에 대해서도 묘사하지 않는다. 특히 주요한 점은 현존하는 영지주의적 문서들이 모두 요한보다 후대의 것이라는 사실이다. 그래서 요한이 초기 영지주의에 의존했다는 이론들은 가설적인 재구성에 불과하다.

영지주의는 육肉 또는 현실의 물질을 악과 동일시하여 강한 혐오감을 불어넣었다. 요한 복음에 나타나는 육肉 또는 세상이라는 말이 혹시 영지주의와 관계되어 있지 않나 하는 의문을 가질 수 있으나 근본적으로 그 사용이 다르다. 요한은 사람들이 받은 신적 생명과 인식 사이의 관계를 확실하게 잘 배치하였다. 하느님께서 세상 모든 것을 창조하셨다는 것과 '하느님 아들의 육화'라는 사실로 말미암아, 요한 복음에서 육肉과 인간적인 조건은 영지주의의 사색과 무척 다른 의미를 갖게 된다. 그리고 육화된 말씀이신 아들 안에서 아버지를 본다는 것과 천상적 계시자 안에서 하느님의 목소리를 듣는다는 계시 사상은 고유한 그리스도교적 신앙고백이다. 영지와 환시를 통하여 신과 직접 통교할 수 있다는 영지주의와 근본적으로 다르다. 그래서 요한 복음은 영지주의와 유사하다기보다 오히려 반대되는 경향을 더 두드러지게 보인다.

## 복음서의 형성 단계에서 영지주의와의 관련성

요한 복음사가와 복음서가 영지주의적인지를 밝히고자 하는 다양한 시도들이 있다. 요한 복음사가는 "나는 …이다"(ἐγώ εἰμί)라는 발언을 공식화하였으며, 영지주의적 해석에 답변하는 식으로 예수님-구세주 이야기를 소개했다. 이는 예수님은 실제로 육화하지도 죽지도 않았다고 기술하는 〈요한 행전〉과는 대조되는 이야기다. 2세기에 반反영지주의파에 속하는 성 이레네오는 영지주의자와 가현설 그리고 니콜라오스파의 영지주의적 오류에 근접한 견해를 가진 케린투스(Cerinthus)를 반박하기 위하여 요한이 복음서를 기록했다는 전승을 남겼다. 오늘날 리히터(G. Richter)는 요한 복음서의 여러 부분이 영지주의를 분명히 반박한다고 주장한다.

## 요한 복음서가 기록된 이후 영지주의와의 관련성

복음서가 기록된 이후에 그것을 해석하거나 인용한 부분들에 나타난 관계를 본다. 150년 이전에는 요한 복음의 인용 구절을 찾기가 쉽지 않다.

- 150년경 유스티노가 요한 복음서를 사용했으리라고 추정한다.
- 170~180년에 안티오키아 주교 테오필루스가 〈아우톨리쿠스에게(Ad Autolycum libri Ⅲ)〉에 요한 복음서를 인용한다.
- 180년 이전에 리옹의 이레네오 주교가 그의 〈이단 논박(Adversus haereses)〉에 인용한다.
- 약간 이른 시기에 발렌티누스 영지주의자들에게 요한 복음이 알려졌고 그들 신화의 빛으로 요한 복음을 해석한다.
- 160~170년 동방(알렉산드리아)에서는 테오도투스가 요한 복음을 인용한다.

- 2세기 중엽 서방(로마)에서 영지주의자 프톨레마이오스가 말씀 찬가를 주석하고, 영지주의자 헤라클레온이 〈요한 복음 주해〉를 쓰다.
- 요한의 사상에 대한 영지주의자의 관심은 나그 함마디 문헌에서 볼 수 있다. 요한 복음을 영지주의적 시각에서 해석한 이들은 대부분 발레티누스 계통의 영지주의자들이다. 이들은 이를테면 로고스 그리스도론, '에고 에이미' 그리스도론을 폈다. 하지만 초기에는 이들이 교회 구성원으로 머무르고자 했기에 반反교회적으로 해석하지 않았을 것이라고 주장하는 학자(M. 헹엘)도 있다.

일반적으로 1세기 말경 요한 복음서가 집필된 이후에 요한 공동체의 많은 이가 초기 영지주의적 방식으로 요한 복음을 해석하기 시작했다고 본다. 다시 말해 예수님은 당신의 죽음이 아니라 계시를 통하여 세상을 구원했다는 것이다. 또 사람들은 그분의 육화에 대한 믿음으로 구원을 받기에 그들이 사는 방식은 중요하지 않다는 것이다. 요한 1,2에서는 그들의 해석이 초기부터 자신들이 요한 전승을 이해했던 방식이 아니라고 주장하면서, 그들을 적대자로 묘사하고 배척했다. 이 적대자들은 요한 복음서를 가지고 완전히 발전된 영지주의 계열로 떠나갔다.

이처럼 요한 복음서는 발렌티누스 계통의 영지주의자들에게 호응을 받았기에 이교 문서라는 오명도 받았다. 그러나 이레네오에 의해 정통 문서로 옹호받았고, 2세기 말 무라토리 정경 목록에 나타나 이미 서방교회 정경으로 인정되었음을 드러낸다.

## 2) 헬레니즘

브라운을 위시한 학자들이 전제하는 대로, 헬레니즘은 이미 신약성경 시대의 배경을 이루는 성경의 유다이즘에 들어 있다. 그래서 만일 요한이 당대의 유다이즘에 의존했다면 요한의 사고는 필연적으로 헬레니즘의 영향을 반영했을 것이라고 본다. 예를 들면 인격화된 지혜 개념의 경우, 집회서와 지혜서에서 헬레니즘 사상의 영향을 입은 것을 볼 수 있다. 팔레스티나에서 활동했던 유다이즘 분파들(바리사이, 사두가이, 에세네)은 헬레니즘의 영향을 아주 강하게 받았다. 요세푸스(기원후 37-100년경)는 에세네파의 인간학이 헬레니즘의 특징을 분명히 지녔다고 보며, 에세네파와 신新피타고라스 학파 사이의 유사성을 밝힌다. 또한 요세푸스 작품과 쿰란 문헌에서 발견되는 것처럼, 영지주의자들이 즐겨 사용했던 작품집인 헤르메티카(Hermetica)와 에세네파 사상 사이의 유사성도 볼 수 있다.

여기에서 제기되는 질문은 성경이나 알려진 유다이즘 분파 밖의 다른 곳에서 헬레니즘이 요한 복음에 영향을 주었는가 하는 점이다. 이는 복음사가가 그리스 세계를 개종시키기 위해 그리스적 어법으로 복음서를 기록했느냐, 헬레니즘 배경을 가진 청중이 그를 어떻게 이해했느냐 하는 것과는 다른 문제이다. 복음서 형성 과정에서 헬레니즘이 미친 영향을 보아야 한다.

### 요한 복음과 그리스 철학

요한 복음에는 위에서 온 것과 아래에서 온 것(3,31), 영과 육(3,6; 6,63), 영원한 생명과 자연 존재(11,25-26), 하늘에서 내려온 참된 빵(6,32)과 자연의 빵, 영원한 생명의 물(4,14)과 자연의 물 같은 대조가 들어 있다. 이것은 플라톤 철학의 대중적인 형태로, 눈에 보이지 않는 영원한 세상과 눈에 보이는 실제 세계의 모습이 대조되어 있는 것에 비교될 수 있다. 둘의 유사성은 인상적이나, 대중적 플라톤 철학은 이미 유다이즘에 침투해 있었다. 이스라엘 역사에서 현재와 하느님이 개입하셨던 시대를 구분하는 수평적인 면 옆에, 그 시대의 히브리 사상에서 볼 수 있듯 하늘과 땅을 구분하는 수직적인 면도 있었다. 영과 육의 대조는 구약성경에서도 알 수 있으며(이사 31,3), 쿰란 문헌도 육의 차원과 위에 있는 것을 대조하여 보여준다(1QH 10,23.32). 이 밖의 여러 예에서 볼 수 있듯이, 요한 복음에서 제시되는 대중적 플라톤 철학은 팔레스티나 유다이즘의 빛으로 충분히 설명된다.

서곡의 찬가에 쓰인 '로고스(말씀)'라는 단어 때문에 스토아 철학과의 관계가 제기된다. 이 단어가 스토아 철학에서 널리 쓰였기 때문이다. 그러나 이 단어를 사용한 예를 살펴보면 둘 사이에 차이가 있다. 더구나 서곡의 찬가는 요한계 문헌에서 자체 역사를 가지며, 서곡에서 이 용어가 병행적으로 사용되었음을 근거로 복음서 전체에 미친 영향을 증명하는 것은 위험하다. 당시 팔레스티나의 언어와 사고에는 이미 그리스 철학의 영향이 일반적으로 존재했는데, 요한 복음서가 그보다 더 많은 영향을 받았다는 것을 지지하는 실제 근거는 없다.

## 요한과 필로

요한이 이집트 알렉산드리아 출신의 유다인 철학자요 성경 주석가였던 필로(Phi-lo)에게 의존했다는 가설도 제기되었다. 윌슨(Wilson)은, 로고스에 관한 필로의 작품이 알려진 반면 그 이전 사람들의 작품은 존속하지 않는다는 사실에 주목했다. 필로 학파가 오랫동안 사고思考한 가운데 다다른 숙고의 절정이 로고스로 표현된 것으로 본다. 그런데 필로와 요한 둘 다 구약성경에 의존했고, 그래서 로고스의 개념에서도 양쪽 다 구약의 지혜문학에 의존했다. 따라서 그들의 사고가 병행하여 발전되었다는 것은 놀랍지 않다. 하지만 방법론적 절차에 다다르면 필로와 요한은 완전히 다르게 나타난다. 필로에게서 보이는 전반적인 철학적 경향이 요한에게는 나타나지 않으며, 필로의 정교한 우의적 해석과 요한의 성경 사용법에는 공통점이 없다. 요한의 설교 문체와 필로의 문체가 유사하다는 견해도 있으나, 비록 필로가 없었다 하더라도 요한 복음서는 현재와 크게 다르지 않았을 것이라는 점을 결정적으로 지적할 수 있다. 우리는 필로의 작품에서 헬레니즘이란 사상적 배경을 가진 유다인들이 예수님의 사고를 표현한 요한의 방식에 호의적일 수 있었던 이유를 알 수 있다.

## 요한과 헤르메티카

요한이 헬레니즘의 영향을 받았다고 주장하는 다른 학자들은 헤르메스 문학이나 헤르메티카(Hermetica) 같은 철학적 종교 작품에 관심을 보인다. 기원후 2-5세기 사이에 이집트에서 쓰인 서로 독립된 그리스어 철학적이며 신학적 소책자 17권이 발견되었다. 이것들은 고대 이집트의 전설적 현인이 제시한 지혜를 담고 있다고 주장하는데, 그 현인은 지혜의 신 토트로 신격화되었고 그리스의 지혜 신 헤르메스와 동일시되어 헤르메스 트리스메기스투스(3배 위대한 헤르메스)라고 불렸다. 이 문서들에 표현된 사상은, 유다이즘까지 포함한 근동의 종교 전통과 플라톤 철학과 스토아 철학의 혼합주의다. 헤르메스적 사고에서 점성술과 다른 위僞과학적 요소들을 다룬 작품은 기원전에 쓰였다고 추정할 수 있는데, 우주적이며 도덕적인 숙고들은 기원후 1세기 말이나 그 이후, 대부분은 요한 복음서보다 늦게 기록되었다. 또한 헤르메티카에서 가장 중요한 신학적 용어들 일부가 이를테면 '영지'(그노시스), '비밀'(미스테리온), '불사不死'(아타나시아), '세계의 형성자'(데미우르고스) 등이 요한 복음서에는 전혀 나타나지 않는다. 이 단어들의 통계적 비교도 흥미롭다. 요한에서 의미 있는 단어 197개가 그리스어 알파벳의 첫 네 자(αβγδ)로 시작한다. 이들 중 189개가 칠십인역에 나타나나, 헤르메티카에는 단지 82개가 나타난다. 그래서 요한 복음서의 용어들은 헤르메티카보다 그리스어 구약성경의 언어에 더 가깝다.

결론을 짓자면 요한 복음과 헤르메티카, 서로 간에 문학적인 의존은 없으나 둘이 보여 주는 종교적 환경은 유사하다. 둘 다 사용하는 '빛', '생명', '말씀' 같은 용어는 그들보다 훨씬 더 고대의 신학적 용어에 의존한다는 것을 드러낸다. 그것들은 근동의 지혜 사고와 그리스의 추상적 사고가 결합한 데서 나왔다. 그 결합은 그리스도교 이전 시기에 쓰인 구약성경의 지혜서에서 이미 예증되었다.

### 3) 유다이즘

브라운이 말하듯 대다수 학자는 요한 사고의 주된 배경을 기원후 1세기의 전통적 유다이즘으로 본다. 브라운은, 성경 외의 풍부한 그리스적 철학, 신학을 의식적으로 채택하지 않고(제2경전을 포함하여) 우리가 구약성경이라 부르는 것에서 주요 영감을 받은 유다이즘을 가리켜 '전통적 유다이즘'이라는 용어를 사용한다. 바빌론 유배 이후 이 유다이즘은 페르시아와 그리스의 영향을 받으면서 다른 방식들로 대체하여 다양한 양상을 띠었고, 결코 획일적이지 않았다. 유다이즘의 놀라운 다양성은 요한 사상의 다른 측면들을 설명하는 데 도움을 준다.

## 요한과 구약성경

요한 복음서에는 다른 복음서들보다 구약성경을 직접 인용한 구절이 적다. 그리스어 신약성경(Nestle-Aland Greek text 26판)에 의하면 요한이 구약에서 인용한 예는 19회뿐이다. 웨스트콧-호르트(Westcott-Hort)의 구약성경 참조 목록은 요한이 27구절을 인용했다고 밝힌다(마르코 70구절, 루카 109구절, 마태오 124구절). 공관복음서가 증언하는 주제의 대부분은 출처인 구약성경을 명시하지 않은 채 요한 복음서의 구조에 엮여 있다. 한 예로 이스라엘 백성이 입술로는 하느님의 영광을 말하지만 그들의 마음이 하느님을 떠나 있다고 말할 때, 요한은 마르 7,6과 달리 이사 29,13을 인용하지 않는다. 그러면서 이 주제는 요한 복음서에서 예수님이 '유다인들'과 논쟁하실 때 줄곧 나타난다. 게다가 성취의 관점에서 인용하거나 관용구의 인용에서 구약성경의 관용구를 7번 참조한 요한은 10/14번 인용한 마태오와 비교할 수 있는 유일한 복음서이다. 그 인용 형식은 요한이 구약성경을 계시로서 다뤘음을 암시한다. 특히 10,34-35는 율법/성경이 백성에게 선포하신 하느님의 말씀이라고 명확히 말한다.

요한 복음서는 공관복음서보다 훨씬 더 명료하게 구약적 사고의 큰 흐름을 반영한다. 예수님은 구약성경이 기다려 온 모든 인물로, 곧 메시아,

주님의 종, 이스라엘의 임금, 예언자로 소개된다. 핸슨(P. Hanson)은 요한 복음에 구원 역사의 구성은 없지만, 구약성경은 요한 복음 사상의 근본 배경이라고 주장한다. 구약성경은 단순한 예시가 아니라, 요한 복음의 씨실과 날실같이 작용한다. 요한 복음서가 창세기 구절들을 분명하게 인용하지는 않지만 창세기가 요한 복음서에 미친 영향은 쉽게 알아볼 수 있다. 다른 복음서보다 모세를 두 배나 더 자주 언급하는 요한 복음서에서 모세와 탈출기는 주된 주제다. 인용 출처가 명시적으로 언급되지 않은 채 탈출기 내용이 자주 언급된다. 요한 복음에 명시적으로 인용된 구약성경 구절은 주로 예언서이다(이사야서 5회; 즈카르야서 2회). 요한의 '나는 …이다'(에고 에이미) 어법은 이사야서에서 확인할 수 있다. 즈카르야서의 마지막 구절들은 초막절 이야기에 나오는 생수의 강 등에 대한 구약의 배경이다. 지혜문학 역시 요한 복음서를 이해하는 데 아주 중요하다. 증언의 원천으로 자주 등장하는 시편은, 적대자들에게 답변하기 위해 그리스도인들이 수집한 구절들이다. 요한 복음서는 기본적으로 칠십인역 성경을 사용했다. 그러나 몇 구절은 히브리 성경을 직접 번역했다고 보기도 한다. 복음서에 변형된 칠십인역 성경 구절들이 나오는 것은 복음사가가 기억에 의존하여 자유롭게 해당 구절을 인용한 데서 기인한다고 본다.

요한은 팔레스티나의 지형, 축제 관습에 대해 잘 알고 있고, 쿰란이나 사해 두루마리 공동체의 사상에 가깝다. 학자들이 현대의 잣대로 볼 때, 요한의 구약성경 사용 방식은 문자 그대로가 아니라 기원전 200년에서 기원후 300년에 걸친 유다 문학(쿰란의 페샤림, 라삐 미드라쉬 문학, 타르굼 번역)에서 성경을 주석하는 방식과 병행된다. 요한의 첫째 주안점은 성경을 통해 형성되고 조명된 예수님 전승이다.

오버만(A. Obermann)은 요한 복음사가가 12,15까지(1,23; 6,31.45; 10,34; 12,15 참조)는 있는 그대로의 구약성경 내용에 초점을 맞춘 반면, 12,38부터 19,36까지는 구약성경 내용이 '이루어지려고' 그런 일이 일어났음을 보여 주기 위해 모든 인용구(12,38; 13,18; 15,25; 19,24.36)를 구성했다고 주장한다. 그는 또한 생명의 선물에서 구약성경과 요한 복음서는 외면적인 관계에 있지만, 예수님이 또한 육肉이 되신 '하느님의 말씀'이기에 신학적으로 밀접한 내적 관계를 가진다고 말한다. 왜냐하면 요한 복음서는 구약성경을 인용하여 특정 사건을 예수님 생애의 각종 사건에서 두드러지게 만들기 때문이다(1,23; 6,31.45; 10,34; 12,13; 13,18; 15,25 참조). 아마도 요한 공동체가 예수님의 생애에서 일어난 사건들의 의미를 숙고하면서 요한 복음서가 구약성경과 좀 더 연관되었을 것이다. 20,31은 그들이 복음서를 영원한 생명을 주는 글, 성경으로 이해했다는 것을 가리킨다.

헹엘(M. Hengel)은 복음서의 자료나 편집 작업에 국한해서 구약성경의 사용 문제를 논의할 수 없다고 주장한다. 그것이 요한 복음서 사상의 모든 층에 나타나기 때문이다. 그래서 신약성경의 여러 곳에서 같이 사용한 구약성경 구절과 오로지 요한만이 사용한 구절을 구분해서 고찰하기도 한다.

### 요한과 라삐 유다이즘

성경 너머에서 요한 복음서에 영향을 주었을 유다인 분파의 문서는 드물다. 20세기 중반 이전에는 라삐 유다이즘의 글과 요한 복음을 주로 비교하였다. 라삐 유다이즘은 로마에 맞선 첫 유다 항쟁으로 예루살렘 성전이 파괴된 70년 이후에 일어난 유다이즘이다. 70년 이전 바리사이들은 다른 유다교 분파들과 상당히 논쟁적이었다. 70년 이후 라삐들은 학문적 논의를 활발히 전개하면서도 훨씬 덜 논쟁적이었고 유다이즘의 통합에 공헌했다. 라삐들은 성전이 무너지고 유다인들이 예루살렘에서 추방된 일 등 1-2세기에 변화된 정치적 · 종교적 상황을 반영하여 율법을 적용하였다.

요한의 사상과 라삐들의 사고 사이에 적잖은 병행이 있다고 보는 이들이 있다. 또 요한 복음 6장에 나오는 예수님의 대담이 라삐들의 미드라쉬 설교 양식과 비슷하다고 지적하고, 6장의 식사 장면이 유다인의 파스카 세다 예식(파스카 식사)과 병행되어 나타난다고 말하는 이도 있다.

## 요한과 쿰란 문헌

1947년 사해 두루마리가 발견되면서 기원전 · 후 시기의 팔레스티나 유다이즘에 대해 많은 것을 알게 되었다. 전부 또는 일부가 남아 있는 800여 개의 필사본은 기원전 150년경부터 사해의 북쪽 모퉁이 쿰란에 거주했던 집단의 문헌이다. 에세네 공동체의 쿰란 거주지가 기원후 68년에 파괴되었다는 사실은 대부분의 쿰란 문헌이 그리스도교 문헌보다 더 오래되었음을 의미한다. 요한 복음서와 비교하고자 한다면, 실제로 사해 문헌이 라삐 문학, 만다교 문학과 헤르메티카보다는 훨씬 더 적절한 비교 대상이다.

쿰란 문헌과 신약성경이 모두 구약성경에 의존하기 때문에, 영향을 측정하기 위해서는 실제로 의미 있을 수 있는 단어와 사상의 병행이 구약에 없는 것이어야 한다. 연구자들은 가장 중요한 병행으로 수정된 이원론을 꼽는다. 모든 사람은 빛과 어둠, 두 세력의 지배를 받는 서로 반대되는 두 진영 중 하나에 속해 있다. 즉 빛/어둠 속을 걷거나, 진실/거짓을 행하는 빛/어둠의 자녀들이다. 이원론뿐 아니라 관련된 용어도 요한과 쿰란은 공유한다. 이 이원론은 여러 위경에서도 볼 수 있는데, 〈열두 성조의 유언〉에서처럼 이들 대부분은 쿰란 집단과 관계 있다. 뵈허(Böcher)는 요한의 이원론이 헬레니즘과 영지주의보다도 유다의 묵시적 이원론과 분파적 사상에 훨씬 더 가깝다고 주장한다.

요한과 쿰란의 공유점 중 같은 공동체 구성원에 대한 사랑의 이상은 매우 의미 있다. 공관복음서에서는 모든 이를 사랑하라는 의무를 강조하나, 요한은 동료 그리스도인, 동료들에 대한 사랑을 강조한다. 쿰란에서도 구약성경보다 더 발전된 사랑의 개념을 계명으로 명기하는데, 같은 분파의 동료에 대한 사랑을 강조한다. 물과 성령의 선물의 관계도 양쪽에 나타나 있다.

그러나 차이점도 있다. 요한은 그리스도교 문서이며, 예수님을 중심으로 한 요한의 사고는 율법 중심인 쿰란 신학과 완전히 다르다. 요한이 쿰란 문헌에 내포된 사고의 형태에 익숙하나, 요한은 쿰란 문헌에서 아무것도 인용하지 않는다.

양쪽 다 그들 공동체가 마지막 시대를 열고 있다고 믿으며 구약성경에 숨어 있는 뜻을 해석하는 데 열중한다. 스승의 가르침에 중대한 의미를 부여하고 진리의 영 또는 성령의 역할을 강조한다. 그러나 이 두 공동체 사이에는 다른 점들이 여럿 있다. 우선 풍토가 아주 다르다. 요한 복음서는 쿰란 문헌에 나타난 묵시默示적 사고방식과 그들이 지키는 엄격한 법률주의와는 거리가 멀다. 또 요한 복음서에서 예수님의 역할은 쿰란 종파에서 정의의 스승 혹은 두 메시아가 맡는 역할과 아주 다르다. 이렇듯 규범과 관심사에서 일치하는 점도 있지만 전체적인 경향은 근본적으로 다르다.

## 요한 복음서의 독창성

요한 복음사가는 그 당시 철학적 · 종교적인 큰 흐름들이 만나는 곳에서 살았던 것 같다. 주요 도시 중의 하나로 그리스 사고와 동양의 신비주의가 만나는 곳, 같은 유다이즘이지만 다른 면을 지니고 있고 밖의 영향에 열려 있던 곳이었으리라. 하지만 무엇보다도 그의 사유思惟가 매우 독창적이었음을 간과할 수 없다. 그것은 그가 속했던 그리스도교 공동체의 말과 삶에 연결된다. 그는 기초적인 사건들을 먼저 언급한 그리스도교 신학의 첫 작품들에 나타난 표현을 활용할 수 있었다. 그의 복음서에는 바오로 사상과 접촉한 부분, 특히 옥중서간과 에페소서와 연결되는 글이 많이 나타난다. 그리고 그는 전례문도 많이 알고 있었다.

아무튼 요한 복음사가는 그 당시 그리스도교 배경에 뿌리를 내리면서 그가 만나고 고찰한 다른 사조들과 대조하여 아주 자유롭게 숙고하며 근본적으로 독창적인 작품을 썼다. 무엇보다도 예수 그리스도님, 하느님의 아들의 역할과 실제에 대한 단순하고 복합적인 관점에서, 모든 것을 다시 취하고 동화시켰다

# 2. 요한 복음서의 역사

## 1) 요한 복음서에 나타나는 단절, 모순, 반복

요한 복음서의 형성 과정을 정리하기에 앞서, 복음서에서 그리스어 문체가 다양하게 나타나는 점과 배열에서 단절과 모순이 나타나서 생기는 문제점을 보아야 한다. 이를테면 지리적이고 연대기적인 '도약'이 너무나 많이 나타난다.

- 서곡은 본문과 달리 운문이며, 본문에 언급되지 않는 로고스, 카리스, 플레로마 등의 신학적 용어를 활용한다.
- 10,40-42과 12,37-43에서 예수님의 공생활에 대한 결론이 이중으로 소개된다.
- 14,31에서 예수님은 최후의 만찬에서 당신의 발언을 마치신 뒤 떠나자고 말씀하신다. 그러나 그 뒤로 세 장이나 담화가 이어지고 18,1에 가서야 떠나시는 모습이 나온다.
- 20,30-31에 분명한 결론이 나타나는데, 다음 장에 또 하나의 결론이 등장한다.
- 1,29-34에 세례자 요한이 예수님을 증언하고 그의 사명을 밝힐 때 그의 제자들이 함께 있다고 암시되는데, 3,26-30에서는 세례자 요한의 제자들이 아무것도 이해하지 못한 모습으로 나타난다.

- 예수님은 카나에서 첫 표징을 행하시고(2,11) 예루살렘에서도 표징을 많이 행하셨는데(2,23), 그분의 두 번째 표징은 4,54에서 나타난다.
- 5장에서 예수님은 예루살렘에서 표징을 일으키셨는데, 7,3-5에서 형제들은 그분께서 유다에서 기적을 행하시지 않은 것처럼 이야기한다.
- 3,1-21에 예수님은 줄곧 유다 지방 예루살렘에 머무르시는 것으로 보이는데, 3,22에 갑자기 유다 땅으로 가셨다는 말이 나온다.
- 또한 반복되는 담화들이 있고, 그 문맥에 속하지 않는 구절들도 있다. 때때로 복음사가의 간결한 문체가 인상적이나, 다른 경우에는 이미 하신 예수님 말씀을 약간 다르게 다시 반복하곤 한다. 교육적 의도로 반복할 수 있지만, 반복이 잦은 것은 같은 말씀을 담은 두 가지 다른 전승의 결과(오경의 전승들에서 발견되는 것과 유사한 현상)로 보인다.
- 5,19-25의 말씀은 실현된 종말론에 강세를 두고 있는데, 이어지는 5,26-30에서는 같은 내용이 최종 종말론에 강세를 두고 거의 같은 말로 나타난다.
- 6,35-50에서 예수님이 생명의 빵으로 자신을 드러내신 계시는 6,51-58에 나타난 말씀과 거의 같다. 거기서도 당신의 몸을 생명의 빵으로 제시하신다.
- 14,1-31의 말씀이 16,4-33에서 전반적으로 다시 언급된다. 이러한 중복에 더하여, 거기에는 확실하게 그 문맥에 속하지 않는 담화들이 있다.
- 3,31-36에서 말씀하시는 분은 누구신가? 세례자 요한인가? 예수님이신가? 문맥은 세례자 요한을 가리키는 듯하나, 말씀의 내용은 예수님께 더 적절하다. 몇몇 학자는 이것을 복음사가의 최종 설명으로 이해한다.
- 원래 배열에 속하지 않았을 가능성이 있는 담화는 12,44-50이다. 12,36

에서 예수님은 몸을 숨기러 가셨는데, 여기서는 공개적으로 말씀하고 계신다.

### 2) 방법론적 제시

위의 사실들을 근거로 많은 연구가 있었고, 일부 학자들은 요한 복음서를 재배열하지 않고 현 배열대로 복음서를 읽는 것을 반대하며, 최종 편집된 복음서 구절에서 주어지는 메시지에 대해서만 논의하는 것을 반대한다. 그러면 복음사가가 주는 의미보다 그에게 종속된 편집자에게서 나오는 뜻만 취하는 것이라고 판단하기 때문이다.

브라운은 요한 복음서의 발전 과정을 1966년에 다섯 단계로 표현했다가 1998년에 세 단계로 줄여 수정한 이론을 발표하였다. 상당히 변화된 그의 새로운 입장에 주목해 볼 만하다. 역사비평 방법을 중심으로 요한 복음을 연구하며 다른 학자들의 연구에도 관심을 기울이고 큰 영향을 미쳤던 그가 구약성경 연구에서 이미 많이 활용되고 있는 공시적 방법론, 특히 설화비평과 최종 본문(final text)에 대한 의견을 밝힌 것은 상당한 의미가 있다. 브라운은 복음사가와 편집자 사이의 관계를 다음과 같이 표명하며, 현재 우리에게 전해진 그대로의 본문 해석의 중요성을 강조한다. "비록 나는 복음서에 복음사가와 편집자가 존재한다고 생각할지라도, 그것이 누구에 의해 작성되었는지 또는 어떤 것이 원래 배열인지를 결정하는 것은 주석가의 의무가 아니며, 이 필진들이 문서 자료에 혹은 구전 전승에 의존했는지를 밝히는 것도 아니다. 요한 복음서는 현재 있는 상태로 대해야만 한다. 왜냐하면 그것이 존재했을 것이라고 확신하는 유일한 형태이기 때문이다."

현대 요한계 학문의 주류는 이 입장에 있다. 1998년 이래 요한 복음서의 연구 방법으로 설화비평(narrative criticism)이 활발하게 쓰이고 있다. 요한 복음에 대한 역사비평적 연구 방법 옆에 이 방법론이 유효하게 첨가된 데(대체되지 않고)에는 브라운의 영향이 크다. 이 방법론을 활용할 때에는 설화의 단일성을 보면서도 동시에 본문의 배후 세계를 관찰하는 일을 절대로 놓쳐서는 안 된다. 또 복음서의 모든 단어가 역사적이고 문화적으로 조건 지어져 있다는 것도 인식해야 한다. 코이네 그리스어로 기록되었다는 사실이 이 진실을 확인하는 증거다. 본문에는 불가피하게 우리가 고심해야만 하는 '이상하고' '낯설고' '이질적인' 것이 있다. 기원후 1세기의 역사와 문화는 본문을 해석하기 위해 고려되고 연구되어야 할 요소다.

설화비평적 연구 방법은 묻는다. 예수님의 옛 이야기가 진행되는 본문에서 드러나는 독자는 같은 본문을 읽는 21세기 그리스도인 독자의 경험과 지식에 대고 어떻게 말할 수 있는가? 이에 대한 답변은 이러하다. 요한 복음서의 원래 독자와 뒤를 잇는 독자들을 결합시키는 상황이 있다. 이것은 그리스도인 신앙이 탄생시킨 상황이고, 믿는 독자들의 공동체이다. 설화의 가치가 지속되는 비밀은, 본문에서 암시된 독자와 본문의 실제 독자 사이에서 생성된 상호관계에 있다. 그리스도인 신앙의 공통 상황은 이 상호관계를 돕는다. 거의 이천 년 간 요한 복음서를 계속 읽어 오면서, 여러 다양한 상황에서, 암시된 독자와 실제 독자 사이에 상호 관계가 있었다고 우리는 확신할 수 있다. 요한 복음서에서 전개되는 이야기에서 일어난 문제들은 예수님 이야기를 계속 읽는 가운데 해결될 것이다.

### 3) 요한 복음서의 형성 과정

요한 공동체의 역사적 배경에서 요한 복음서가 쓰인 역사적 궤도를 살펴볼 필요가 있다. 그 공동체로부터, 그 공동체 안에서, 그 공동체를 위하여 복음서가 생겨났기 때문이다.

#### (1) 첫 번째 단계: 나자렛 예수님의 공적 활동

예수님은 당신 메시지를 구두로 전달했고, 다른 이들과(예컨대 세례자 요한, 유다인 종교지도자들) 교류하셨다. 그분은 당신과 함께 여행하고, 당신이 말씀하고 행하신 것을 보고 들었던 동료들을 선택하셨다. 그분의 말씀과 행적에 대한 이들의 기억은 다듬어지지 않은 '예수님 자료'를 제공했다. 이들의 기억은 일상에서 많이 벌어지는 사소한 일(또는 실제적인 예수님의 요소들)이 아니라, 예수님의 하느님 선언에 속한 것에 집중하면서 이미 정선精選되었다. 공관복음서와 요한 복음서가 모두 이 토대에서 나왔는데도 차이 나는 이유는, 요한 복음서에서 제자로 선택된 이들 가운데 다른 종교적 배경을 가진 이들이 있었기 때문이다. 그리고 제자라는 개념의 범주에도 차이가 있다. 제자들 가운데 후에 사랑받는 제자로 알려진 사람은 예수님의 이 다른 자료를 수집 · 보존하는 데 쓰인 특별한 도구였다.

공관복음서와 다른 요한 복음서의 특성은 용어뿐만 아니라 신학적인 논조와 언어에서도 드러난다. 쿰란 문헌의 발견으로 예수님 시대에 유다인 분파들이 율법, 예루살렘 성전, 문화, 또 이스라엘을 위한 하느님의 결정적인 조치의 긴급성을 향해 가졌던 제각기 다른 태도뿐 아니라 그들의 종교적 열망을 표현하는 다른 방식들을 한층 생생하게 느끼게 되었다. 비슷한 방식으로, 다른 종교적 배경을 가진 유다인들은 예수님 메시지의 다른 면들을 분간하여 그분을 다르게 이해했다. 복음서 전승에서 모두 예수님이 구약의 지혜문학 양식으로 말씀하셨다는 것을 기억하는데, 공관복음서는 그분의 말씀을 비유로 기억하는 반면, 요한 복음서는 그분이 인격화된 지혜의 언어로 말씀하셨다고 기억했다. 쿰란 문헌과 많은 병행 요소(빛과 어둠, 진실과 거짓, 진리의 영 등)를 요한 복음서에서 추적할 수 있다. 쿰란의 신학적 용어들이 요한의 그림에 들어오는 데 세례자 요한의 추종자들이 통로 구실을 하였을 수 있다.

### (2) 두 번째 단계: 전승의 형성

마틴(J. L. Martin)은 유다인 회당과 부상하는 그리스도인 교회 사이에 불화가 벌어지면서 그리스도인 공동체가 그들의 길을 찾아야 했던 특별한 경험과 요한 그리스도론의 발전을 연결하려 시도했고, 그 결과 요한 공동체의 역사를 새롭게 이해하는 길을 열었다. 초기에 유다이즘에서 그리스도인 공동체로 들어온 이들은 토라와 회당의 세계에서 새로운 신앙으로 사는 데 별로 어렵지 않았을 것이다. 마틴은 이들을 '그리스도인 유다인'(Christian Jews)이라 부른다. 중간 시기에 회당은 그들을 의심하여 예수님의 선포에 대한 미드라쉬적 토의와 논쟁을 요구하였고, 결국 그들 가운데에서 그리스도인이라 고백하는 이들에게 이단자들에 대한 축복문(저주문: *Birkat ha minim*)을 사용하였다. 미드라쉬적 토의, 고백과 추방(제명)의 과정은 태어나면서부터 눈먼 사람의 치유 이야기(9장)에 잘 나타나 있다. 마틴은 회당에서 추방된 사람들을 '유다계 그리스도인'(Jewish Christian)이라 부른다. 말기에 점차 자신들의 정체성을 발전시킨 요한 공동체는 회당에 남아 있는 그리스도인 유다인들에게 중간 길이 없다고 선교했다. 또한 박해로 흩어진 유다계 그리스도인들에게도 선교했다.

리히터(G. Richter)는 복음서가 그 공동체에 존재했던 다양한 그리스도론적 시각을 드러낸다고 본다. 예수님을 모세에게 주어진 약속을 실현하신 분으로 소개하는 모세적-예언자 그리스도인들이 있는가 하면, 예수님을 하늘로부터 내려오신 하느님의 아드님이자 종말론적 구원을 지금 이루시는 분으로 인정하며 하느님의 아드님을 믿는 그리스도인들이 생겨났다. 그러면서 공동체에 분열이 일어났다. 예수님은 참된 인간이 아니라고 주장하는 가현론을 따르는 그리스도인들이 요한 공동체의 주류와 결별하였다.

브라운은 '사랑받는 제자 공동체'를 재발견하기 위해 복음서와 요한서간을 모두 활용한다.

- 복음서 이전 단계: 세례자 요한의 제자들로 시작한 최초의 공동체는 전형적인 초기 그리스도교의 '낮은' 그리스도론을 보여 준다. 사랑받는 제자가 중요한 역할을 한다.
- 복음서가 기록되던 단계: 사마리아인들과 반反성전 무리를 수용한 후 유다인들과 갈등이 빚어진다. 이 때문에 '높은' 그리스도론이 제시되었고, 결국 절대적인 에고 에이미가 사용되고 예수님의 선재 사상이 형성되었다. 복음서가 기록되면서 공동체는 불신자라고 간주하는 사람들 곧 '세상', '유다인들', '세례자 요한의 추종자들'에 대하여 점점 더 맞서

는 자세를 취하였다.

- **서간들이 기록되던 때:** 공동체는 그들 밖의 사람들에게 닫힌 자세를 취하면서 내적 분열로 고통받기 시작했다. 이 분열로 요한 복음서는 다양하게 해석되었다. 서간 연구는 적어도 두 집단이 존재했으며, 둘 다 복음서를 그들 영감의 문서로 회고하지만 서로 다르게 해석했다고 알려준다. 그리스도론과 윤리, 종말론과 성령론 영역에서 서간들은 복음서보다 더 역사적이며 더 보수적인 접근을 보인다.
- **서간들이 기록된 이후:** 공동체 역사의 마지막 순간은 분리와 분해다. 서간의 배후 집단은 보편교회에 합쳐졌다. 이 사실은 안티오키아의 이냐시오의 편지에 기록되어 있다(110년경). 요한계 그리스도론은 수용되었으나 성령이 주도하는 교회론과 윤리는 상실되었다. '적대자들'은 요한 복음서를 취하여 영지주의로 해석하였다. 이는 영지주의적 종파들의 문학에서 강하게 드러나는 요한 복음서의 특성을 보면 알 수 있다.

회당에서 추방된 일은 여러 부작용을 일으켰고 요한 복음서에 그 흔적을 남겼다. 요한계 그리스도인들은 그들이 받을 불이익을 알았을 때조차도 용감하게 그리스도를 고백하여 큰 희생을 치렀다. 그래서 은밀하게 그리스도를 믿는 이들을 경멸하였고, 사람의 존경을 하느님의 영광보다 나은 가치로 여긴다고 평가했다. 다른 어느 복음서도 요한 복음서처럼 부적절한 신앙을 가진 그리스도인들을 불신자들과 동등하게 보지 않는다. 결과적으로 요한 공동체는 여러 방면에서 투쟁하였다. 즉 예수님을 믿지 않는 유다인들과 싸웠고, 또 믿기는 하나 믿음이 부족한 유다인들은 물론 다른 사람들과도 맞섰다.

추방된 유다계 그리스도인들은 풍요로운 유다식 전례 생활에서 단절되었다. 그 보상으로 요한계 전승은 그것이 대체되었음을 강조하였다. 예수님이 유다교 제도의 많은 자리를 점유하신 것이다. 일례로 주 하느님 현존의 표시였던 성막 대신 말씀이 육신이 되시어 우리 가운데 거처하셨다고 선포한다. 요한 그리스도론의 참된 의미는 하느님의 구원 행위를 '기억'하는 큰 축제에서 일어난 일을 완전하게 하는 것이다. 이스라엘의 하느님에 대한 기억과 거기에 사용된 유다적 상징들(생명과 심판, 만나, 빛, 물, 목자, 하느님과 인간 존재 사이에 있는 성별된 만남의 장소)이 요한 신학에서 그들의 자리를 유지한다.

몰로니는 요한의 사고 양식과 적응된 전승이 이 단계에서 형태를 갖췄다고 주장한다. 첫 단계에서 온 예수님 자료는 걸러지고, 선별되고, 숙고되었으며, 개별 이야기들과 일관된 논리적 발언으로 형태와 양식이 만들어졌다. 다른 그리스도인들과 접촉하면서 예수님 전승이 형성되고 그들 사이에 선포되는 방식을 더 잘 알게 되었다. 사랑받는 제자는 아마도 변화의 시기 내내 공동체를 이끌고 신학적 관점을 정립하도록 돕는 데 주요한 역할을 했을 것이다. 사실 그가 획득한 깊은 통찰력은 예수님의 특별한 선택과 사랑의 표시로 보였기 때문에, 이 기간에 그는 '사랑받는 제자'가 되었을 것이다. 그럼에도 두 번째 단계에서 설계한 것을 선포하고, 가르치고, 증언하는 데에는 또 다른 주역이 더 있었을 것이다. 최종 복음서에 주요 본문과 양식이 다른 21장 같은 자료들이 있는데도 요한계 자료가 통일되게 보이는 것이 그 증거이다. 이 두 번째 시기 동안 많은 것이 구술口述 형태로 전해졌다.

### (3) 세 번째 단계: 복음서 집필

여기에는 복음사가와 편집자라는 두 인물이 있다. '복음사가'는 현존하는 복음서를 구성한 저자다. '편집자'는 완성된 복음사가의 작품에 몇 가지를 추가한 다른 필자이다. 누가 복음사가이며 누가 편집자인가? 이 단계의 복음사가와 편집자는, 두 번째 단계에서 주요 인물이었던, 사랑받는 제자의 제자들이었을 것이다. 이 이론은 복음서에 나타나는 전승의 실제적 단일성을 보존하면서도, 저자의 단일성에 불리하게 작용하는 여러 요인을 설명한다.

#### 복음사가

복음사가는 단순히 자료를 모은 것이 아니라, 오히려 선택하고, 편집하고, 배열하고, 소상하게 설명하면서 복음서를 저술했다. 그는 마음에 그린 청중의 필요에 적합하게 예수님에 관하여 신학적으로 일관성 있는 소개를 창출했다. 두 번째 단계에서 묘사된 요한의 전前복음서 관계는 전승에 지울 수 없는 흔적을 남겼다. 그러나 복음사가는 추종자들 사이에서 일어났던 이전의 사건들을 기록하기 위해 복음서를 집필하지 않았다. 그는 유다인들이나 부적합한 신앙의 그리스도인들에게 선포하지도 않았다. 그는 자기 공동체의 신앙과, 같은 마음을 품은 그리스도인들의 신앙을 격려하기 위하여 집필했다. 그는 복음서에 이렇게 표현하였다. "이것들을 기록한 목적은 예수님께서 메시아시며 하느님의 아드님이심을 여러분이 믿고, 또 그렇게 믿어서 그분의 이름으로 생명을 얻게 하려는 것이다"(20,31). 이 목적을 성취하기 위하여 복음사가는 주목할 만한 기술을 써야 했다. 그러나 최종 산물은 기법으로 이뤄진 것이 아니라 깊은 숙고에서 나왔다. 예수님의 기적 이야기들은 설교에서 가장 많이 사용되었는데, 그리스도론적 취지의 훌륭한 각본으로 발전되었다. 9장에서 좋은 예를 볼 수 있다. 표징과 그것을 해석하는 담화를 접합하는 데 기여한 요인은 다양했다. 이는 인위적인 작업이었다는 뜻이 아니다. 기적은 이미 첫 단계에서부터 자주 의미를 설명하는 말씀을 동반했기 때문이다. 그러나 이제 복음사가의 목적을 이루려면 더 긴 설명과 더 통일된 배열이 필요했다. 그것을 위한 작업은 다음과 같다.

- 구조: 서곡에서 말씀의 활동을 묘사하는 두 문장이 복음서의 흐름을 잘 요약했다. "그분께서 당신 땅에 오셨지만 그분의 백성은 그분을 맞아들이지 않았다. 그분께서는 당신을 받아들이는 이들, 당신의 이름을 믿는 모든 이에게 하느님의 자녀가 되는 권한을 주셨다"(1,11-12). 서곡이 공동체의 찬가라면 예수님의 활동을 이렇게 나누는 것은 공동체의 전망에 잘 자리 잡은 것이다. 그리고 복음사가는 이것을 자신의 복음서에 이어받아 사용하였다.

  서곡에 요약된 첫 문장(1,11)은 현재 복음서의 전반부(1,19-12,50)를 다룬다. 예수님의 공적 사명과 표징들을 서술하고, 불신자들에 대하여 이사야에서 추려낸 냉엄한 심판으로 끝맺는다. 그들은 눈멀고 무디어져서 회개하지 않았다(12,37-41). 그러나 이제 그리스인(이방인)들이 와서 예수님을 뵙고자 청한다. 그들의 도착은 아버지께 돌아오는 것이고, 이로써 그분의 영광을 위한 때가 왔음을 알리는 것이다.

  서곡에 요약된 두 번째 문장(1,12)은 복음서의 후반부(13,1-20,31)를 다룬다. 이 부분은 예수님을 맞아들이고 그래서 하느님의 자녀가 된 이들과 관계된다. 이들은 그분께서 끝까지 사랑하시고(13,1) 하늘로 올라가실 때 '나의 아버지시며 너희 하느님이신 분'께 간다고 말씀하신 사람들(20,17), '그분 자신의' 새로운 사람들이다. 마지막 담화(13,31-17,26)는 예수님의 제자가 되는 모든 시대의 사람에게 주시는 위대한 담화이다.

- **표징의 신학적 기능:** 요한 복음서는 '표징'으로 쓰일 몇 사건을 선택하였다. 그것들이 예수님에 관한 하늘의 진리와 그분이 하느님에게서 가져오게 될 것을 계시하기 때문이다. 예수님이 이 표징들을 일으키실 때, 다른 세상에서 오신 그분은 물, 빵, 봄, 생명 등을 언급하시며 이 세상의 언어로 말씀하신다. 그래서 이야기와 관련된 사람들은 오해하게 되고 예수님은 그들과 대화하시며 점점 하늘의 일을 알려 주고 계시하신다. 그들은 영적인 시각을 갖게 된다. 복음서의 독자들은 이 과정으로 초대받는 것이다. 복음사가는 세례성사와 성체성사를 가리키는 표징을 기술하였다. 그래서 이 성사들은 예수님의 말씀과 행적에 뿌리를 두고 있으며 공동체 생활에서 중요한 자리를 차지한다. 그렇게 복음사가는 요한 신학의 다양한 양상들을 매개하는 복음서를 만들었다. 전승에서 예수님이 약속하신 보호자 성령은 그분의 제자들을 가르치고, 그분의 말씀을 떠올려 준다. 두 번째 단계에서 사랑받는 제자가 증언하는 보호자 성령의 도구였다면, 세 번째 단계에서는 복음사가가 보호자 성령의 도구다.
- **두 판본(Two editions)?:** 같은 저자가 복음서 판본을 두 번에 걸쳐 만들었을 가능성을 제기하는 이가 있다. 첫 판본과 둘째 판본의 구별, 마지막 편집본 사이의 구별이 항상 가능하지는 않을 것이다. 그럼에도 복음사가가 본문을 일부 개정했을 가능성을 배제할 수는 없다. 만일 추정한

대로 공동체 구성원의 일부 또는 전부가 팔레스티나에서 에페소로 이동했다거나, 이방인 개종자들이 유다인 언어에 익숙하지 않다거나 하면 복음사가는 그 용어들을 설명하는 구절을 다양하게 삽입했을 것이다. 아무튼 같은 필자에 의한 두 가지 판본 제작 가설은 복음서를 일관성 있게 해석하는 데 도움이 되지 않기에 큰 의미를 가지지 않는다.

### 편집자

편집자는 요한 학파에 속한, 사랑받는 제자를 따르는 복음사가의 동료였으리라고 본다. 복음서 편집자의 주요 공헌은 첫 두 단계에서 복음사가가 사용하지 않았던 유용한 요한계 자료들을 보존한 데 있다. 요한 복음서 형성의 마지막 단계에 이 자료들이 추가되었다고 해서 그것들이 복음사가의 문헌에 전반적으로 나타난 자료들보다 덜 오래 되었다고 추정할 수는 없다. 그래서 자료의 연대가 편집가가 추가한 구절인지를 결정하는 데 항상 유용한 기준은 아니다. 오히려 현 복음서의 배열에서 끼어든 구절의 어색함이 더 나은 기준일 수 있다. 복음사가는 자신이 사용하는 자료들이 조화를 이루도록 손질했을 것이나, 편집자는 자신에게 전해진 복음사가의 작품을 손질하는 데 자유롭지 못했을 것이다. 아주 단순하게 이중의 담화를 이전의 담화 옆에 나란히 삽입했다. 일례가 6,51-58과 6,35-50이다. 어떤 설정이 없었던 몇 담화에서 편집자는 해당 장면을 중단시키기보다 해당 장면의 끝에 덧붙이는 선택을 하였다. 3,31-36과 12,44-50이 그 예이다.

편집자의 작업은 21장과 복음서에 추가된 두 번째 결론과 서곡에서 볼 수 있다. 복음서의 두 번째 편집은 충격적인 사실에 기인한 것 같다. 이레네오가 전하는 정보에 의하면(《에우세비오의 교회사》 3권, 23, 3-4) 증인 요한은 트라야누스 황제(98-117) 때 죽었다. 21장에서 이에 관한 짧은 기사를 읽을 수 있다. 부활하신 주님의 양들을 돌보라는 권한을 받고 순교자 같은 최후에 대한 예고를 들은 후에 베드로는 예수님께 사랑받는 제자는 어떻게 될 것이냐고 묻는다. 예수님은 "'내가 올 때까지 그가 살아 있기를 내가 바란다 할지라도, 그것이 너와 무슨 상관이 있느냐? 너는 나를 따라라.' 그래서 형제들 사이에 이 제자가 죽지 않으리라는 말이 퍼져 나갔다. 그러나 예수님께서는 그가 죽지 않으리라고 말씀하신 것이 아니라, '내가 올 때까지 그가 살아 있기를 내가 바란다 할지라도, 그것이 너와 무슨 상관이 있느냐?' 하고 말씀하신 것이다"(21,22-23). 요한을 끝으로 한 시대, 첫 증인인 사도들의 시대가 마감된다. 이로써 아주 큰 구멍, 빈자리가 생긴다. 공동체는 요한이 오래 사는 것을 보면서 그가 죽기 전에 주님께서 곧 오시리라고 예상했던 것 같은데, 이제는 주님의 되돌아오심이 그렇게 빠르리라고 기대할 수 없게 되었기 때문이다. 이제부터 교회는 세상 속에, 긴 기다림 속에 사는 것에 익숙해져야 했다. 그렇지만 동시에 주님의 다시 오심을 기다리는 종말론적인 긴장을 약화시키지 않은 채 "오십시오, 주 예수님!"(묵시 22,20) 하는 열망을 마음에 품고 살아가야 했다. 바로 이 두 가지 문제에 답하려는 의도로, 마지막 편집자는 21장을 덧붙인 것이라고 본다.

추억이 가득한 갈릴래아 호숫가, 거기에서 있었던 마지막 발현에서 예수님은 베드로에게 당신의 양들을 돌보라고 명령하신다. 어쩌면 공동체에서 기억되어 전해오는 베드로의 결정적인 실수를 주님을 통하여 치유하려는 의도도 함께 작용한 것 같다. 베드로가 예수님에 대한 신앙과 사랑을 고백하여 스스로를 착한 목자로 나타내 보이도록 하기 위해서였다. 예수님은 제자들을 떠난 후에도 베드로와 그의 뒤를 잇는 이들을 통하여 교회 안에 계속 현존하실 것이다. 편집자는 교회에서 베드로가 목자로서 지닌 권위를 범례적으로 소개한다. 동시에 교회의 긴 기다림을 가리키며 마지막 사도가 죽은 후에 꺼질 위험이 있는 예수님의 다시 오심을 향한 긴장을 공동체에 불어넣는다. 1-20장의 문체와 달리 다른 손이 닿았음을 보이는 21장은 이런 방식으로 요한 전승을 활용하면서 주님의 재림까지 교회의 시간에 개방된 행복한 결말에 귀착한다. 요한 복음서는 마태오나 루카같이 설사 예수님의 재림을 통찰하게 할지라도 고별과 부활하신 주님의 결정적인 사라심에 대해서는 이야기하지 않는다. 이렇게 요한 전승은 묘사적이기보다는 상징적이고 암시적인 언어로 끝까지 신앙인을 지킨다. 마지막으로 고아처럼 남은 공동체가 사랑받은 제자를 칭송하고(21,24) 다소 과장했으나 아주 깊이 진실한 방법으로 예수님의 구원 활동을 높이면서(21,25) 복음서는 끝난다.

또 15-17장의 고별사도 편집자가 손질했을 것이라고 본다. 고별사의 원래 종결 부분인 14,31이 새로운 삽입으로 수정되거나 변경되지 않았다는 사실에서 편집자가 16,4-33을 추가했다고 추정할 수 있다. 16장은 14장의 변형된 중복 부분이다.

편집자가 파스카 전 마지막 날 이야기인 11-12장에 라자로 주제를 삽입한 것이 예루살렘 입성과 관련된 성전 정화 사건을 복음서 2장으로 옮긴 이유라고 브라운은 본다. 전례에 대한 관심 때문에 마지막 만찬에서 빵과 포도주에 관한 말씀과 연관된 성체성사 자료를 옮겼을 것이다. 편집자가 추가한 자료들이 복음서의 다른 부분보다 성체성사를 더 강하게 언급한다. 이처럼 편집자의 작업은 담화의 중복으로 흐름이 끊기는 문제나 외관상 몇 장면에서 보이는 재배열의 문제를 설명해 준다.

## 3. 저자, 집필 장소, 집필 시기

### 1) 저자

요한 복음서 연구에 영향을 미친 특수 과제 중에, 먼저 '사랑받는 제자'의 정체성과 저자에 관한 논쟁을 들 수 있다. 고대의 복음서 연구에서는 요한(항상 명확하게 한정하지는 않지만 제베대오의 아들로 추정한다)이 사랑받는 제자였고, 복음서의 저자였다고 보았다. 현대의 비평 연구에 접근하면 이 둘은 구별될 수 있다. 만일 제베대오의 아들 요한이 복음서의 저자였다면, 그는 거의 틀림없이 사랑받는 제자였을 것이다. 그런데 요한이 사랑받는 제자였다면, 그가 반드시 복음서의 저자인 것은 아니다. 그는 아무도 아닐 수 있다. 그는 중요하지 않은 위치에 있었고 이름도 알 수 없지만, 예수님을 알고 사랑했기에 요한 공동체의 이상을 살고 구현할 수 있어서 이상화되었을 수 있다. 아무튼 사랑받는 제자가 누구였는지 중요하지 않다. 다만 저자가 사랑받는 제자였는가? 아니라면 누구인가가 관건이다.

대다수의 학자가 복음사가와 편집자 둘 다의 공헌을 사실로 가정한다. 편집자는 복음사가가 포함시키지 않은 자료를 추가하지만 근본적으로 복음사가의 신학적 관점을 변경시키지 않는다. 실제적으로 사랑받는 제자가 복음사가가 아니라면, 편집자라는 주장을 펴는 이는 없다.

## 복음사가와 사랑받는 제자

복음서 중 단지 두 구절에서 복음사가의 신원을 추정해 볼 수 있다.

① "군사 하나가 창으로 그분의 옆구리를 찔렀다. 그러자 곧 피와 물이 흘러나왔다. 이는 직접 본 사람이 증언하는 것이므로 그의 증언은 참되다. 그리고 그는 여러분이 믿도록 자기가 진실을 말한다는 것을 알고 있다"(19,34-35). 여기에서 말하는 목격 증인은 19,26-27의 사랑받는 제자일 가능성이 높다. 그래서 이 본문이 요한 전승의 배후에 있는 사랑받는 제자의 권위를 의미한다고 해석할 수 있다. 아마도 이 구절은 복음사가의 본문에 추가된 삽입구일 것이다. 그래서 복음사가가 복음서 전승을 목격 증인인 한 명의 제자에게 귀속시켰다고 확신할 수 없다. 그러나 복음서 형성 과정의 어느 단계에서 그렇게 귀속시켰다는 소식이 요한 공동체에 널리 퍼진 것은 분명하다.

② "증언이 참되다는 것을 알고 있다"(21,24)라고 말한다. "이 일들을 증언하고 또 기록한 사람이다"란 무엇을 의미하는가? 이 구절의 표층 의미는 사랑받는 제자가 복음사가라는 것이다. 그는 복음서를 기록했다. 사랑받는 제자가 복음사가가 아니라고 생각하는 이들은 이 구절을, 사랑받는 제자가 모든 구절을 쓴 것은 아니라고 본다. 왜냐하면 바로 직전(21,22-23)에 21장이 쓰이기 전에 사랑받는 제자가 죽었음을 가리키는 구절이 있기 때문이다. 그 진술은 그 제자를 21장에서 말하는 대변인인 '우리'와 구별한다. 그리고 이 '우리'는 공동의 구성원인 서곡의 "우리"와 다르다. 그리고 '기록하였다'는 말은 문자적 의미가 아니라 일반적으로 사용된 언어다. 말하자면 사역형으로 '그는 이 일들이 기록하

는 일이 생기게 했다.' 일례로 빌라도가 십자가의 명패를 썼다(19,19)는 표현과 같은 경우라고 보는 것이다.

사랑받는 제자가 목격 증인이었다는 것이 반드시 그가 복음서를 기록했다는 것을 의미하지는 않는다. 사랑받는 제자는 21장의 편집자가 아니며, 21장의 '우리'와 구분된다. 그리고 21,22-23에는 그가 이미 죽었다는 암시가 있다. "우리는 그의 증언이 참되다는 것을 알고 있다"(21,24)에서 이 '우리'가 21장 외의 부분을 전부 보증할 수는 없다. 19,35은 목격 증인의 증언을 제시하는 또 다른 경우이다. 원原저자를 '우리'라고 칭하는 것은 1요한 1,1-4에 나타난다. 그런데 요한 1서에는 사랑받는 제자가 나타나지 않으며, 요한 1서의 저자가 또한 2서와 3서도 썼는데 모두 발신자인 자신을 '원로'라고 한다. 원로가 사랑받는 제자를 가리키는 명칭일 수는 없는 듯하다. 학자들은 목격 증인이 공관복음서를 기록하지 않았다는 의견에 동의한다. 그렇다면 요한 복음서를 목격 증인이 기록했다고 볼 경우, 요한 전승의 고대성과 신뢰도가 한층 견실하다고 기대할 것이다. 그러나 요한 복음서는 목격 증인이 기록한 책이 아니다. 그것은 일례로 예수님께 향유 부은 사건(12,1-7)에서 드러난다. 그러니 복음서 저자와 관련해서 가장 정당한 의견은 사랑받는 제자가 복음서에 기록된 많은 기본 증언을 책임진 목격자였고, 복음서를 구성하고 편집한 책임자는 다른 사람이라는 것이다.

## 복음사가와 요한 학파

요한 공동체 구성원들에게 설교했던 제자 집단이 있었다. 그들은 모두 사랑받는 제자의 제자였다. 그들 중에서 복음서 저술에 기여한 제자들을 찾아본다.

- **복음사가:** 작가의 자질이 뛰어나고 신학적 통찰력이 탁월했던 그는 요한 학파의 구성원 가운데 빼어났다. 이미 글을 쓰기 전에, 요한 복음서에서 현재 발견되는 이야기와 담화의 꼴을 잡은 이도 이 사람이었다. 그는 예수님의 정체 곧 아버지의 생명을 지니셨고 믿는 모든 이에게 그것을 주실 수 있는 하느님의 외아드님이신 그분을 다른 사람들이 잘 이해하도록, 관련된 전승들을 놀랍게 선택하여 구성한 사색가였다. 그 전승의 대부분은 공동체 구성원들을 재판에 회부했던 회당의 권위자들과 논쟁하는 과정에서 법적 양식을 갖추게 되었다.

  복음사가는 그런 자료들을 믿는 이들을 안심시키는 긍정적 가르침으로 전환시켰는데, 특히 지금 그들이 함께할 수 없는 풍부한 유다인 전례와 축제 유산의 용어로 표현하였다. 그는 위대한 목격 증인인 사랑받는 제자, 실존했고 공동체의 경험을 통해 성장했고 예수님과 친밀한 제자의 모범이 된 그에게 입은 은혜를 인정했다. 복음사가의 권위는 그가 참된 증언에 의존한다는 사실과, 사랑받는 제자가 그러했듯이 그도 보호자 성령에게 인도 받아 증언하였다는 사실에서 나온다.

- **서간의 필자:** 복음사가가 작성한 기록은 공동체에서 일부 오해를 받았다. 복음사가는 예수님이 실제 인간이셨으며 도덕적 생활을 요구하셨다는 것을 기정사실로 인정하였다. 이런 일로 회당에서 논쟁한 적도 없고 따로 강조할 필요도 없었다. 그러나 후일 그 복음을 읽는 이들 중 일부에게는 오직 그분이 하느님에게서 오셨다는 사실을 믿는 것만이 주요 관건이 되었다. 그래서 서간의 필자는 그리스도께서 육으로 오셨다

는 것과 예수님이 걸으셨던 대로 사는 것의 중요성을 강조하였다. 복음서에 대한 이해가 너무도 첨예하게 달라서 공동체가 쪼개졌다. 서간의 필자는 그것이 시초부터 알려진 것이라고 강조했으나 복음서에 대한 잘못된 이해를 바로 잡을 수가 없었다.

- 편집자: 그는 복음사가가 포함하지 않았던 요한 자료, 일부는 더 고대의 것들을 추가하여 복음서를 완성하였다. 그는 복음사가의 작업을 매우 존중하여 자료들을 재배열하지 않고 대목의 마지막에 덧붙이는 방식을 취하였다. 여러 차례 단순하게 복음사가의 사상을 보완했다. 그러나 갑작스럽게 공동체가 분리되자 인간 목자의 권위가 필요함을 인식했다는 흔적이 특히 21,15-17에서 나타난다.

## 2) 집필 장소

### 고려할 점

- **지리적 정보**: 이야기에 등장하는 장소는 모두 팔레스티나에 있으며 해당 지역의 특징을 분명하게 보여 준다. 복음서는 예루살렘과 팔레스티나 지형에 대한 정확한 지식을 제공한다. 시카르/스켐과 사마리아 근처의 신성한 산(그리짐산), 예루살렘의 벳자타 못과 실로암 샘, 솔로몬 주랑, 키드론 골짜기는 상당히 정확하게 묘사되었다. 위치가 불분명해 문제되는 곳은 요르단 건너편의 베타니아와 살림 근처의 애논, 광야 지역의 에프라임 등이다. 그러나 다른 지역을 정확히 적은 것을 볼 때, 이런 곳도 현대에 와서야 파악하기 어렵게 되었다고 본다.
- 예루살렘 축제, 초막절의 물과 빛의 예식, 성전에서 도살하는 파스카 양

등 유다인 축제에 대한 지식이 상세하다.

- 대부분의 사건 발생지를 예루살렘으로 제시한 점에서, 그곳을 갈릴래아로 소개하는 공관복음서와 다르다.
- 예수님의 첫 제자들은 세례자 요한의 제자 출신이며, 세례자 요한의 활동에 관한 정보가 많다.
- 사마리아인들의 개종 사실을 복음서가 알고 있다.
- 복음서에서 '유다인들'의 중요성이 부각된다.
- 구약성경 구절을 대부분 그리스어 성경(칠십인역)에서 인용한다(집회서 포함).
- 기본적으로 음역된 히브리어/아람어 단어들(라삐, 메시아)을 그리스어로 옮긴다.
- 그리스인(이방인들)을 언급하여 예수님의 미래 사목 방향을 암시한다. 예수님을 거절한 이방인들은 '세상'으로 묘사된다.
- 예수님을 따르는 다양한 제자 중에 일부는 일치의 희망을 간직하고, 일부는 그분의 신성을 인정하지 못하고 떠난다.
- 요한 1서와 2서에는 예수님의 육화와 윤리 생활을 인정하지 않고 떠나는 신자들이 생긴다. 서간과 복음서에 반영지주의적 요소가 있다.
- 복음서나 서간에서 사도를 언급하지 않으며 교회 구조도 거의 언급하지 않는다.

### 추정되는 집필 장소

- 알렉산드리아: 이집트에서 복음서가 널리 보급되었다는 사실에 근거한다. 그러나 이집트의 기후가 파피루스의 보관에 적합하다는 반론도

있다.

- 안티오키아/시리아: 안티오키아의 이냐시오 주교(?-107년)가 요한 복음서에 의존하여 글을 썼다는 데 근거한다. 두 문서의 신학 주제가 상당히 비슷하여 동일한 지역에서 작성되었을 것이라 추정한다. 또 이냐시오가 요한의 제자였다는 기록도 근거로 작용했다. 그 밖에 요한 복음서의 사랑받는 제자가 베드로와 동등한 위치를 차지하고, 베드로가 안티오키아 교회에서 권위를 인정받았다(갈라 2,11-14)는 점, 요한 복음서와 시리아 작품인 〈솔로몬의 송가〉의 유사성에 근거를 둔 논점, 차명-클레멘스 작품의 배후에 있는 기본 문서들과 루키우스(Leucius) 컬렉션의 〈요한 행전〉이 시리아에서 작성되었다는 가설, 요한 복음서를 영지주의적이라고 추정하는 이들은 저작 장소로 시리아를 꼽는다. 이 지역에서 영지주의 사상의 흔적을 찾았기 때문이다.
- 요르단 건너편의 북쪽: 가울라니티스, 바타네아, 트라코니티스 지역은 거의 기원후 100년까지 유다 임금 아그리파스 2세의 치세 하에 있었다. 이 지역에는 유다인과 이방인들이 함께 살았다. 유다 율법을 존중했던 아그리파스 2세 이래 유다인의 세력이 증대되었다. 가울라니티스는 요르단강에 접한 동쪽 지역이다. 그래서 세례자 요한의 이름과 추종자들은 그 지역에서 아직 중요했다. 바타네아에는 경건한 유다인들이 정착했다. 예루살렘이 멸망하기 전에, 그리스도인들이 가울라니티스 바로 남쪽 펠라로 피신했다는 전승이 있다. 만일 요한계 그리스도인들이 그때 함께 움직였거나 먼저 도망했다면, 그들은 팔레스티나 지형과 유다인 관습에 대하여 명확한 기억으로 표현되는 예수님 전승을 가져갔을 것이다. 회당에서 추방되기 이전이라면 그 일을 거기에서 겪었을 것이

다. 다소 분리된 이 지역의 특성은 요한 공동체가 그들의 특성을 살리는 데에 유리했을 것이다.

- 에페소: 가장 강력한 후보지다. 대부분의 고대 증언이 이곳을 지목하며, 복음사가가 제베대오의 아들 요한이자 묵시 1,1과 4,9에서 말하는 요한인데, 에페소에서 남서쪽으로 104.6㎞ 떨어진 파트모스 섬으로 유배당했다고 전한다(오늘날에는 묵시록과 복음서의 저자가 동일하다고 보지 않는다). 복음서의 반反회당 모티브는 복음서가 에페소 지역에서 작성되었다는 근거가 된다(묵시 2,9; 3,9 참조). 소아시아의 큰 도시에는 유다인들이 많이 살았다. 복음서에 세례자 요한의 제자들을 거스른 논쟁이 나타나며, 신약성경에서 제자들이 세례자 요한의 세례를 받았다고 말하는(사도 19,1-7) 곳은 에페소뿐이다. 만일 요한과 쿰란 문헌 사이에 병행이 있다면, 에페소 지역이 수신처인 콜로새서와 에페소서에서 쿰란 문헌의 병행구를 많이 볼 수 있는 것이 우연은 아닐 것이다. 그리고 사마리아 회당 비문들이 에페소에서 241.4㎞ 떨어진 델로스 섬에서 발견되었다. 초기의 반가현설 논쟁과 반영지주의 논쟁은 에페소에서 일어났을 것이다. 이와 관련하여 묵시 2,6에 에페소의 니콜라오스파가 언급되었다. 열두 제자 중의 하나이며 요한 복음서에 열두 번 언급된 필립보가 이 근처 히에라폴리스에 매장되었다. 스미르나의 주교 폴리카르포는 요한 1서를 알고 있음을 보여 준 첫 증인이다(필리피 신자들에게 보낸 편지 7,1). 에페소 지역이 요한의 내적 증거에 가장 적합하고, 동시에 고대의 증거와 일치하는 장소이다.

## 3) 요한 복음서의 집필 시기

### 집필의 하한下限 시기

오늘날 요한 복음서의 집필 시기로 추정하는 보편적인 연대는 가장 늦게 잡아도 100-110년경이다. 집필 시기를 2세기 후반으로 추정하는 이들은 2세기 초에 활동했던 저자들에게 요한 복음서를 사용했다는 흔적이 없으며 170년경 이후에 복음서가 타치아노, 사르디스의 밀리토, 안티오키아의 테오필로, 이레네오와 다른 이들에게 알려졌다고 주장해왔다. 그러나 학자들은 2세기 초라는 근거를 제시했다. 가장 중요한 자료는 1935년 로버트(C. H. Robert)가 출간한 파피루스 사본 52($P^{52}$)로, 요한 18,31-33.37-38이 실린 이집트 코덱스 단편이다. 이 파피루스의 연대는 135-150년으로 추정되었다. 그 후 2세기 후반이나 3세기 초 요한 복음서가 사용된 것을 입증하는 보드머 파피루스 II($P^{66}$)와 XV($P^{75}$)가 있다. 다른 이집트의 증거로는 150년경 저작된 파피루스 에게르톤(Egerton) 2가 있다.

만일 요한에게 팔레스티나의 장소, 상황, 관습에 관한 정확한 전승이 있었다면, 그 전승은 성전 파괴(70년) 이전에 형성되었거나, 적어도 그 직후의 팔레스티나를 그대로 기억할 수 있었던 목격 증인이 아직 생존해 있던 때에 형태를 갖추었다고 보는 것이 논리적이다. 그리고 복음서가 구성된 다음에 일어나는 일들이 100년 이후로 연장될 수는 없다. 그런 전승은 최종 문서 형태를 취하기 전에는 2세기 후반까지 살아남을 수 없다. 140-200년 사이에 이집트에서 유포된 요한 복음서 사본이 많았다. 일반적으로 추정하듯 요한 복음서가 소아시아에서 기록되었다면, 그곳에서 이집트에 도달하고 거기서 유포되기까지 걸린 시간과 과정을 감안하여 집필 시기를 숙고해야 한다. 그래서 추정하는 집필 시기의 하한下限 연대는 100-110년이다.

### 집필의 상한上限 시기

요한 복음의 집필 시기에 관한 합리적이고 정확한 정보를 회당 추방 기사(9,22; 12,42; 16,20)에서 발견하고, 그 시기를 70년 이후로 보는 학자들이 많다. 일부에서는 85년경 라삐 작은 가말리엘 2세 시대에 소(the Small) 사무엘이 그리스도인을 명기하기 위하여 축복문을 확대하는 일을 했다고 주장했다. 그러나 그것이 유다교의 보편적인 법령으로 기능하였는가와 그 시기는 의심의 대상이 되었다. 지역 회당들이 더는 그리스도인들을 용납하지 않고 축복문에 그들을 명기한 때는 초기가 아니라, 그런 상황이 먼저 있은 연후에 마지막 단계에서 기록되었을 가능성이 크기 때문이다.

요한 복음의 상황은 공관복음서에서 말했던 예수님 활동에 대한 적대자들이 사라지고 단지 성전 권위자들과 바리사이들만 남아 있던 시기, 그리고 예루살렘 파괴 이후 얌니아에서 라삐 유다이즘이 출현한 80년대 상황에 잘 부합된다. 160년경에 기록된 유스티노의 〈트리포와의 대화〉는 2세기에 발전되었던 유다인-그리스도인의 여러 논쟁을 표현한다. 이 기록은 요한 복음에서 회당을 거스른 논쟁과 직접적인 연속선상에 있다. 이 이유로 요한 복음이 최종 형태를 갖춘 상한 시기를 1세기의 너무 이른 시기로 추정해서는 안 된다.

요한 21,18-19은 60년대 중반의 베드로의 죽음을 기억하며, 21,22-23은 사랑받은 제자의 죽음을 반영한다. 베드로가 죽은 뒤로 가장 오랫동안 살았던 예수님 공생활의 목격 증인까지 죽은 것이다. 이 제자의 죽음은 요한 공동체 시대의 끝자락과 목격 증인 시대의 마감을 표시한다. 그래서 저술 연대를 80년 이전으로 추정하는 것은 너무 이르며 90년대가 더 적절하다.

복음서의 기본 신학적 문제들은 70년 이후에 쓰였음을 시사한다. 성령을 예수님의 지속적인 현존으로 이해하는 교의는 나자렛 예수님과의 인간적 연결이 단절되고 목격 증인의 시대가 지나갔음에 대한 적절한 응답이다. 성사聖事들이 예수님의 활동에 뿌리내리는 것을 지향한 복음서의 성사 관련 본문들은, 교회의 삶과 예수님의 역사적 삶의 관계가 어렴풋하게 성상했넌 시대로 가는 길을 가리키는 것처럼 보인다. 요약하면 최종 형태의 요한 복음서는 가장 넓게 잡으면 75년에서 110년 사이로 잡을 수 있으나, 대다수는 이 기간을 90년에서 100년 사이로 추정한다. 편집자는 110년 이전에 복음서 편집을 마무리했을 것이다.

## 4. 문학적 특성과 구조

요한 복음서는 공관복음서와 다른 면모를 지니고 있다. 알렉산드리아의 클레멘스는 요한 복음서를 '영적인' 복음서라고 불렀다. 이 독특한 면모는 특히 신약성경에 나오는 찬미가 중에 가장 독창적이고 가장 아름답다고 평가되는 말씀 찬가에서 볼 수 있다. 이 찬가에서 마치 교향악의 시작이 그렇듯 요한 복음서에서 발전될 주제들이 울려 퍼진다. 그중에는 이원론, 운문 형태의 계시 담화, 몇몇 모티브, 역사적 자료에 근거하되 신앙적 해석을 우선함 등의 주제가 들어 있다. 로고스의 강림降臨이란 비유는 '육화'로 이해되고(1,14), 계시를 통하여 새로운 삶으로 이끄는 그의 중재와 아버지 안에 있음(1,18)은 상징적인 문학 형태로 복음서에서 계속 이야기될 것이다. 즉 아들의 지상 생활이 변천하는 모습으로 나타나는데, 첫 번째 부분(1-12장)에서는 아들의 오심이 표징들과 계시의 담화를 통해 파견된 삶으로 이야기되고, 두 번째 부분(13-20장)에서는 아버지께 돌아가는 이야기가 나온다.

요한은 바오로와 함께 신약성경에서 개성적인 작가라 할 수 있다. 자기 나름의 고유한 저술 방식을 보여 주기 때문이다. 일찍이 문학 비평을 통해 각기 다른 세 가지 자료(영지주의적 계시의 담화들, 숫자를 세며 열거할 수 있는 표징들, 수난 이야기)가 요한 복음서의 원천이며, 서로 대조되는 두 갈래 신학에 의해 두 번 편집되었다는 주장이 있었다. 과연 그런지 학자들이 요한의 언어와 문체를 최근 십수 년에 걸쳐 활발하게 연구한 결과,

요한 복음서가 통일된 문학작품임을 뒷받침할 수 있는 문체 등 각종 자료를 내놓았다.

### 1) 어휘와 문체

요한 복음서의 어휘 수는 빈약하나(요한=1011; 마태오=1691; 마르코=1345; 루카=2055), 평범하지는 않다. 요한이 사용하는 말을 일정한 양식樣式으로 만들어 독창적인 깊은 의미를 부여했기 때문이다. 예컨대 진리(ἀλήθεια), 사랑하다와 사랑(ἀγαπάω, ἀγάπη), 생명과 영원한 생명(ζωή, ζωή αἰώνιος), 증언(μαρτυρία), 세상(κόσμος), 나는 …이다(ἐγώ εἰμί) 등이 그러하다. 공관복음서에 나오는 단어들도 요한 복음서에서는 그 의미가 바뀐다. 예를 들면 하느님의 술어인 '아버지'가 요한 복음서에서는 무엇보다 '그 아드님의' 아버지이고 그분 안에서 '물과 성령으로 난', 즉 하느님에게서 난 자녀들의 아버지이다. 요한 복음서에 자주 나오는 몇몇 단어는 그 빈도수보다 그것들이 드러내는 상징적인 사실 때문에 의미 있다. 반대로 공관복음서에서 전형적으로 쓰이던 단어들이 요한 복음서에는 나타나지 않는 경우가 있다. 이를테면 회심-회개, 회개하다, 비유, 기도하다-기도, 옳은, 복음-복음 선포, 나라(5번), 악령(6번: 요한 복음서에는 구마 사화가 하나도 없다), 백성(3번) 등을 예로 들 수 있다.

한편 요한 복음서는 루카 복음서와 달리 복합동사를 조금 사용하는데 이는 그의 언어가 덜 문학적임을 드러낸다. 요한 복음서에 쓰인 단어 중 24단어를 제외하면 칠십인역(LXX) 그리스어 성경과 요세푸스의 작품에서 85%를, 알렉산드리아의 필로와 헤르메스 총서에서 65%를 발견할 수 있다. 또 쿰란 문학의 전형적인 표현도 발견할 수 있다. 예를 들면 '진리를 실천하다'(요한 3,21; 1QS 1,5; 5,3 …), '진리의 영'(요한 14,17; 1QS 4,21), '멸망하도록 정해진 자'(요한 17,12; CD 6,15) 등이다. 마지막으로 복음서에 나오는 열두어 개의 아람어 단어와 이름은 복음서보다 앞서 있었던 구전 전승이 아람어에서 기원하였음을 드러낸다.

복음사가가 문장을 작성할 때 아람어보다 히브리어-셈어의 영향을 받았다 하더라도 그리스어 문법과 구문론을 존중하였다. 문장 형식은 정확하지만 루카 복음서처럼 그리스어를 능숙하게 사용하지 못했다(요한 복음서는 분사, 미래 직설법, 기원법 같은 그리스어 특유의 어법을 모른다. 그러나 시제는 슬기롭게 사용한다). 비록 그리스 문학에 비하면 중간 수준의 작품이랄 수 있지만, 요한 복음사가는 독자들이 본질적인 것에 집중할 수 있게 하는 위대한 저술가이다.

요한 복음서의 문학 유형에서도 그의 독특한 개성이 드러난다. 그는 사실 '이야기'나 '대화와 담화' 육화된 말씀 안에서 하느님을 계시하는 신학으로 특징지어지는 자기 고유의 문학 형태를 활용한다. 이는 그가 '표징'(2,11)이라고 부르는 이야기에서 잘 드러난다. 하나의 기적 이야기에는 예수님의 영광에 대한 계시가 들어 있다(2,11; 11,4; 9,3 참조). 예를 들어 이야기된 기적들이, 태어나면서부터 눈먼 사람의 치유라든가 무덤에 묻힌 지 나흘이나 지난 라자로를 소생시킨 이야기처럼 공관복음서에서 언급되지 않은 더 초자연적인 기적을 이야기한다 할지라도, 그것은 인간과의 관계에서 그분이 지니신 구원의 능력(빵, 빛, 생명, 부활 등등)을 나타내는 것이다. '표징'이란 말은 외적으로 놀랍게 보이는 것을 일컫지 않고, 계시하기 위하여 구성한 이야기 자체가 지닌 가치의 고유성을 가리킨다.

예수님의 계시 능력은 처음에는 극적인 대화(잊을 수 없는 대화는 사마리아 여인과의 대화와 치유된 태생 맹인과의 대화이다)를 통하여, 다음에는 독자의 흥미를 불러일으키는 기적-표징 이야기를 통하여 발휘된다.

요한의 전형적인 담화 형태는 '나는 … 이다'로 표현되는 '계시의 담화'인데 여기에 쓰인 1인칭 '나'는 절대적 형태(8,24.28; 13,19)와 대명사적 형태로 나뉜다. 이는 운율적인 서술체로 쓰였는데 불트만과 현대 학자들이 절로 나눠 쓰는 것으로 재현하였다. '계시의 대화'라는 문학 형태가 그리스어 구약성경이나 여타의 신약성경에서는 찾아볼 수 없는 반면에 영지주의의 글에서는 나타난다. 그래서 불트만 학파는 이 대화들이 영지주의 문학에 기원을 두고 있다고 본다. 그러나 거꾸로 그들이 요한 복음의 이 문학 형태를 보았거나 변형하여 사용한 것으로 볼 수도 있다. 가령 이 담화의 절대적 형태에서는 이미 제2이사야서에서 이름의 계시를 정리한 예가 있다. 반면에 대명사적 형태는 지혜가 1인칭으로 말하는 지혜 전승에서 따온 것인데, 요한 복음사가의 고유한 형태일 수 있다.

전형적인 이 두 가지 문학 형태 외에 요한 복음서에서 자주 쓰이는 문학적 전개 방식은 다음과 같다.

- **반복 구문(inclusion)**: 한 대목의 마지막에 복음서는 가끔 그 대목의 시작에서 언급했던 것을 회상시키는 암시나 세부 사항을 다시 언급한다. 이것이 처음과 끝을 연결하여 한 단위나 부차적 단위를 한데 묶는 의미로 쓰인다. 2,11과 4,46.54(카나의 두 표징)이 한 예이다.
- **교차대구법(chiasm) 또는 역逆 대구법(inverted parallelism)**: 병행하는 특징을 많이 공유하는 두 단위에서 단위 1의 첫 구절이 단위 2의 마지막 구절에, 단위 1의 두 번째 구절이 단위 2의 마지막에서 두 번째 구절에

나타나는 식으로 구성한다. 6,36-40과 18,28-19,16을 예시할 수 있다.

| | | | | |
|---|---|---|---|---|
| | 1절 | = | 7절 | |
| 단위 1 | 2절 | = | 6절 | 단위 2 |
| | 3절 | = | 5절 | |
| | | 4절 | | |

- **두 가지 의미를 지닌 말과 표현:** 3,3-5의 아노텐(ἄνωθεν)은 '위로부터'와 '새로', 4,10-11의 휘도르 존(ὕδωρ ζῶν)은 '생수'와 '흐르는 물', 7,8의 아나바이노(ἀναβαίνω)는 (예루살렘으로 또는 아버지께로) '올라가다'.
- **오해, 모순, 수수께끼:** 예수님은 수수께끼같이 표현하신다(13,33.36-38; 14,2-9). 그분이 사용하는 상징적인 언어나 이중적 의미들의 단어, 표현을 사람들은 물질적, 물리적으로 이해한다(3,31; 11,17-24; 17,16). 예수님은 제자들이 이해하기를 바라시지만 그 표현은 설명해 주어야 이해될 수 있다(16,12-13).

당시의 사회 · 종교적인 배경에서는 이런 전개 방식의 목적과 기원을 찾아볼 수 없다. 이는 계시된 진리가 '이 세상의 것'이 아닌 실재實在임을 말하는 방식으로, 무엇보다도 복음사가가 초자연적인 계시를 상징적으로 묘사한 것이 두드러진다.

- **풍자(irony):** 오해와 연관된 특징으로, 예수님의 적대자들에게 주어지는 표현에서 발견된다. 9,29("우리는 하느님께서 모세에게 말씀하셨다는 것을 아오. 그러나 그자가 어디에서 왔는지는 우리가 알지 못하오."); 3,10; 4,12; 7,35.42; 11,50 등을 예시할 수 있다.

- 일러두기: 복음사가가 전하는 전승들을 그리스어 독자들에게 이해시키기 위하여 괄호 안에서 자주 설명하는 방식이다. 예컨대 이름(1,38.42), 상징(2,21; 12,33; 18,9), 오해의 교정(4,2; 6,6), 관련 내용 상기(3,24; 11,2), 등장인물 재확인(7,50; 21,20) 등이다.

## 2) 구조

복음사가는 요한 복음서를 어떤 구조로 짰는가? 이 구조에 일관하는 해석법의 기본 정신은 이러하다. 즉 아드님-육화한 말씀은, 부활한 주님에게서 파견된 성령의 도움으로 교회 안에서 이해되고 해석된 아버지 계시의 유일한 중재자시다. 이 계시를 받아들여 예수님을 믿는 사람은 영원한 생명과 미래의 부활이란 약속을 받게 된다.

요한 복음서는 예수님이 그리스도이며 하느님의 아들이심을 믿으면서 그분의 이름 안에서 생명을 얻도록(20,30-31), 사람들 사이에 육화하신 아드님의 계시가 점진적으로 드러나는 구조로 짜여 있다. 요한 복음서의 구조를 자세히 공부할수록 예수님, 그리스도, 하느님의 아드님에 대한 믿음을 불러일으키도록 작품을 구성한 복음사가의 세심한 주의에 감탄하게 된다. 요한 복음서를 풍요롭게 읽을 수 있는 구조들을 아래에 예시한다.

### (1) 요한 복음서 해설서의 구조

- 찬가체의 머리말(1,1-18)과 서술체의 결말(21,1-25)을 보면, 첫 부분

은 기원론(protologia)으로 향하고 마지막 부분은 교회의 역사와 종말론(escatologia)으로 향한다. 다시 말해 첫 대목은 영원과 창조의 과거로부터 현재를 향하고, 끝 대목은 지금부터 미래를 언급하고 있다. 복음서의 중심부도 크게 두 부분으로 구성되어 이 두 방향을 내포하고 있다. 한마디로 요약하면 "예수님께서는 … 당신이 하느님에게서 나왔다가 하느님께 돌아간다는 것을 아시고"(13,3)이다. 좀 더 자세히 살펴보면 다음과 같다.

- 예수님이 아버지에게서 파견됨(1,19-12,50)은 표징, 대화, 담화를 통한 예수님의 역사적 계시로 특징지어지는 첫 번째 부분인데, 네 대목으로 세분할 수 있다.

  - **책에 대한 입문**(1,19-51): 세례자 요한이 두 장면에서 증언하고 다음 두 장면에서는 첫 제자들이 등장한다. 입문은 예수님이 나타나엘에게 하신 다음 말씀으로 끝맺는다. "그보다 더 큰 일을 보게 될 것이다"(1,50). 그리하여 복음사가는 독자들이 표징을 기다리게끔 한다.
  - **카나에서 카나까지**(2,1-4,54): '카나'에서 벌어진 두 개의 표징이 반복 구문을 이룬다. 여기서 표징이 처음 이야기된다. 카나에서 첫 표징이 행해진 다음, 성전을 정화하고 예수님이 선포하신 말씀 가운데 영광의 계시가 나타난다. 그 뒤로 유다인 니코데모(3장), 시카르의 사마리아 여인(4장), 왕실 관리(4,46-54)가 신앙으로 예수님께 다가간다.
  - **유다의 축제들**(5-10장): 안식일(5장), 파스카(6장), 초막절(7-9장), 성전 봉헌 축제(10장) 등이 그리스도론적으로 재해석된다. 이 대목은 세례자 요한에 대한 마지막 언급으로(10,40-42: 1,28과 반복 구문을 이루는 데 유의)

마무리된다.

- **마지막 대목**(11-12장): 예수님의 죽음을 예고하고 준비하는 몇몇 일화가 소개된다. 전체적으로 표징의 책은 이중의 반성으로 끝난다. 곧 표징들을 보고도 믿음을 갖지 못하는 이들에 대한 복음사가의 성찰(12,36ㄴ-43)과 믿지 않는 이들을 심판할 계시의 담화에 대한 예수님의 고찰(12,44-50)이다.

– 예수님이 아버지께 돌아감(13-20장)은 두 번째 부분의 단일 주제로 볼 수 있다. 이 부분은 세 대목으로 세분된다.

- **고별사**(13-17장): 예수님은 제자들의 발을 씻기고 나서, 기도드리며 아버지께 돌아감을 예고하시고 마무리된다.
- **두 번째 대목**(18-19장): 수난을 이야기한다. 사람의 아들이 들어 올려지는 시간, 그분의 활동과(19,30) 마지막까지 이르는 그분의 사랑(13,1)을 완성하는 시간이다. 창으로 그분을 찌른 것은 의미가 있었다(19,31.36-37). 들어 올려진 사람의 아들은 세상의 죄를 없애는 하느님의 어린양이고(1,29) 고통받는 주님의 종이다.
- **세 번째 대목**(20장): 예수님이 성령을 주신 다음 아버지께 되돌아가시는 것을 두 개의 같은 그림처럼(여인들 + 마리아 막달레나에게 나타나심; 제자들 + 토마스에게 나타나심) 이야기한다.

## (2) 요한 복음서의 일반적 개요

- 1,1-18 서언(프롤로그)
- 1,19-12,50 표징의 책
- 13,1-20,29 영광의 책
- 20,30-31 마무리 진술
- 21,1-25 종장(에필로그)

## (3) 표징의 책의 일반적 개요

### 표징들

- 2,1-11 카나에서 물을 포도주로 변화시킴
- 4,46-54 카나에서 왕실 관리의 아들 치유
- 5,1-5 벳자타 못 가에서 병자 치유
- 6,1-15 갈릴래아에서 많은 이를 먹이시다.
- 6,16-21 갈릴래아 호수 위를 걸으시다.
- 9,1-41 예루살렘에서 눈먼 사람 치유
- 11,1-44 베타니아에서 죽은 라자로를 살리시다.

### 표징의 책 구분

- 첫 번째 부분: 예수님에 관한 계시의 시작

- 1,19-34 세례자 요한의 증언-오실 분에 관해, 예수님에 관해
- 1,35-51 예수님의 첫 제자들과 예수님의 자기 계시(라삐, 메시아, 율법과 예언서의 성취자, 하느님의 아드님, 이스

라엘의 임금)

- 2,1-11 앞뒤 연결 장면

– 두 번째 부분: 카나에서 카나까지-예수님 활동에 대한 다양한 반응

- 2,1-11 카나에서의 첫 표징
- 2,13-22 예루살렘에서 성전 정화
- 3,1-21 예루살렘에서 니코데모와의 대화
- 4,4-42 사마리아 야곱의 우물에서 사마리아 여인과 대화
- 4,46-54 카나에서 두 번째 표징

– 세 번째 부분: 예수님과 유다의 주요 축제들

- 4,46-54 앞뒤 연결 장면
- 5,1-47 안식일
- 6,1-71 파스카
- 7,1-8,59 초막절
- 9,1-10,21 초막절의 여파
- 10,22-39 성전 봉헌 축제

– 네 번째 부분: 예수님이 수난과 영광의 때로 나아가심

- 11,1-54 예수님이 사람들에게 생명을 주심
- 12,1-36 파스카와 죽음으로 가는 준비 장면들

– 맺음말

- 12,37-50 예수님 활동에 대한 평가와 요약

### 표징의 책의 일곱 에피소드: 표징과 담화를 연결시킨 구조

- 2,1-4,42 새로운 시작
- 4,46-5,47 생명-생명을 주는 말씀
- 6,1-71 생명의 빵
- 7,1-8,59 빛과 생명
- 9,1-10,21; 10,22-39 빛에 의한 심판과 부록
- 11,1-53 죽음을 이긴 생명의 승리
- 12,1-36 죽음을 통한 생명

### (4) 영광의 책의 일반적 개요: **다섯 부분**

- 13,1-17,26 예수님과 '그분의 사람들'의 마지막 만남(고별 담화)
- 18,1-19,42 예수님의 체포, 재판, 수난과 죽음
- 20,1-29 빈 무덤과 부활하신 예수님의 발현
- 20,30-31 맺음말
- 21,1-25 종장

### 영광의 책 구분

- 첫 번째 부분: 마지막 만남

A 13,1-38 하느님을 알려 주심

B 14,1-31 예수님의 떠남과 그 결과

C 15,1-11 예수님 안에 머무르기

C′ 15,18-16,4ㄱ 거절당하고 미움받고 살해된 예수님 같은 삶

B′ 16,4ㄴ-33 예수님의 떠남과 그 결과

A′ 17,1-26 하느님을 알려 주심: 예수님의 마지막 기도

- 두 번째 부분: 예수님의 체포, 재판과 수난
  - 18,1-11 정원에서 예수님과 적대자들
  - 18,12-27 예수님, 유다인들 앞에 서심
  - 18,28-19,16ㄱ 예수님, 빌라도 앞에 서심
  - 19,16ㄴ-37 예수님의 십자가형
  - 19,38-42 예수님 매장되심

- 세 번째 부분: 예수님의 부활
  - 20,1-18 무덤에서 이루어진 부활 발현 장면
  - 20,19-29 집에서 이루어진 부활 발현 장면

- 맺음말
  - 20,30-31 복음서를 기록한 목적

- 종장
  - 21,1-25 그 외 부활 발현

머리말
(서곡)

# 말씀 찬가 1,1-18

## 1. 개요

### 1) 특징과 주제

요한 복음서의 머리말은 오페라의 한 서곡처럼 읽힐 수 있다. 요한은 이야기 형태를 빌려 복음을 썼는데, 첫머리에 찬가 형식으로 인물, 주제, 사건 그리고 결과를 미리 그리며 전체를 요약하였다. 아주 압축된 내용으로 자신의 신학과 그리스도론을 종합하였다.

서곡에 나타나는 등장인물은 두 부류다. 한편에는 창조 이전부터 있던 하느님의 말씀이요 사람이 되신 예수 그리스도님, 하느님이요 육화한 외아드님의 아버지, 증거자 요한, 모세가 나온다. 다른 한편에는 모든 일, 모든 사람, 세상, 그분의 백성들, 하느님의 자녀들, 우리, 우리 모두가 등장한다.

서곡 말씀 찬가에 선포된 주제는 '생명, 빛, 영광, 은총, 진리'로 각각

비슷한 정도의 가치를 가진다. 그것들에 대해 독자가 어느 정도 미리 알고 있을 수 있으나 아직 완전하게 알아들을 수 없다. 그것들은 이해할 수 있는 것인 동시에 신비스러운 것이기 때문이다. 이 가치들은 주의를 끌고 흥미를 일깨우면서 이제 막 이야기하려고 하는 것에 대해 의문을 갖게 한다. '생명 · 빛 · 진리란 무엇을 의미하는가?'

이제 독자는 그것들을 이해하는 법을 배워야 한다. 이 '가치-주제'들은 불가해하게 주인공 즉 '말씀'과 '세상에서 사람들 사이에 일어난 그분의 사건들'과 연결되어 있다. 연결된 그곳에서 그 뜻을 드러낸다. 말씀 찬가를 읽으면 독자는 즉시 빛-어둠이 대조되어 나타나고 그것이 극적으로 겨루면서 전개됨을 볼 수 있다. 빛이 어둠 속에 비치고 있다. 하지만 "어둠은 그를 깨닫지 못하였다"(1,5: 우 카텔라벤 οὐ κατέλαβεν); "모든 사람을 비추는 참빛이 세상에 왔다. 그분께서 세상에 계셨고 … 세상은 그분을 알아보지 못하였다"(1,9-10); "그분께서 당신 땅에 오셨지만 그분의 백성은 그분을 맞아들이지 않았다"(1,11).

"[그러나] 그분께서는 당신을 받아들이는 이들, 당신의 이름을 믿는 모든 이에게 하느님의 자녀가 되는 권한을 주셨다"(1,12). 여기 나오는 '그러나'(데 δέ)는 말씀 찬가에 딱 한 번 쓰이는데, 말씀-빛을 거부하는 이들과 받아들이는 사람들 사이의 분리를 명확하게 표시한다. 이 후자에게 서곡은 관심을 기울인다. 사실 이 찬가의 마지막 부분에서 믿는 이들의 공동체의 합창이 울려 퍼지는데, 거기에 이 후자의 공동체가 참여하여 자신들의 신앙과 구원 체험을 증언한다. "우리는 그분의 영광을 보았다"(1,14ㄴ); "그분의 충만함에서 우리 모두 은총에 은총을 받았다"(1,16).

서곡에는 독자를 위한 자리도 있다. '모든 것, 사람들, 모든 사람, 세상,

우리 가운데 사셨다, 아무도 하느님을 본 적이 없다'라는 말들을 읊조릴 때, 이것은 독자에 대하여 말하는 것이다. 여기서는 개인적인 신앙을 요구하고 찾는 것이다. 요한 세례자는 "증언하러 왔다. 빛을 증언하여 자기를 통해 모든 사람이 믿게 하려는 것이었다"(1,7). 서곡이 선언하고 복음서가 이야기하려고 준비하는 논쟁은 지나간 과거의 사건이나 먼 세대의 사건을 검토하는 데 그치지 않는다. 모든 독자, 우리 각자를 배려하여 정확한 토론 제목을 선정한 뒤 이들을 생명으로 인도하거나 신앙을 확립하도록 하려는 목적으로 복음서는 독자에게 다가간다(20,30-31 참조). 하느님의 영원한 신적 말씀, 사람들의 생명이며 빛인 말씀은 사람-하느님의 아들, 나자렛의 예수님 안에 육화하기까지 시간 속에서 오래 달려온 여정을 완성하였다. 그분은 모든 사람을 하나의 응답으로 부르고 있다. 즉 신앙인가 또는 죄스러운 불신앙인가? 결과적으로 빛인가 어둠인가? 생명인가 죽음인가?

## 2) 머리말(서곡)의 구조

머리말은 확실히 시적 · 운율적 특징을 지니고 있다. 이는 두세 개의 문장에서 한 행의 마지막 말이 다음 행의 시작에 다시 쓰이면서, 서로 뒷말을 이어가는 문장으로 연결 · 발전되어 간 용어와 주제에서 입증된다. 예를 들면 다음과 같다.

| | |
|---|---|
| Ἐν ἀρχῇ ἦν ὁ λόγος | 한처음에 말씀이 계셨다. |
| καί ὁ λόγος ἦν πρὸς τὸν θεόν | 말씀은 하느님과 함께 계셨는데 |

καί θεὸς ἦν ὁ λόγος　　　　말씀은 하느님이셨다.

그리고 찬가나 시편의 형식인 절節로 머리말을 나누는 것도 확실한 표시이다. 주의 깊게 읽으면 서곡이 단절되는 곳을 두 군데 발견할 수 있다. 증인 요한의 역사적인 파견(6-8절)과 지속적으로 범례가 되는 그의 증언의 기능을(15절) 이야기하는 부분이다. 이 두 곳은 후에 전체의 운율을 방해하면서 덧붙여진 부분인데, 이는 추가 부분이 빠진 형태의 '말씀 찬가'가 이미 있었다는 표시이다. 즉 우리가 바오로 서간에서 읽는 형태의 그리스도론적인 찬가(콜로 1,15-20; 에페 1,3-14; 필리 2,6-11) 말이다. 그런데 요한의 서곡에는 요한 복음서에서 일반적으로 사용되는 단어가 아닌 충만(플레로마 πλήρωμα), 은총(카리스 χάρις), 말씀(로고스 λόγος) 같은 개념어가 나타난다.

고대 시가詩歌인 이 로고스 찬가를 깊이 이해하기 위하여 제안된 문학적 구조는 상당히 많지만, 일반적으로 두 개의 유형 주위에서 맴돈다. 즉 대칭 교열 구조와 점진적인 대구對句 구조다.

대칭 교열 구조는 'ㅂ'을 중심으로 5개의 요소로 절을 나누고 그것들이 서로 대칭을 이룬다고 본다. 즉 ㄱ-ㄴ-ㄷ-ㄹ-ㅁ ㅂ ㅁ'-ㄹ'-ㄷ'-ㄴ'-ㄱ'인데, 여기서 가운데 있는 'ㅂ'(12-13절)이 구조의 중심 역할을 한다[도식 가].

[도식 가]

| | |
|---|---|
| ㄱ 말씀과 하느님(1–2) | ㄱ′ 아버지의 품 안에 계시는 독생자 하느님(18) |
| ㄴ 창조에서의 말씀(3) | ㄴ′ 구원에서 육화한 말씀의 역할(17) |
| ㄷ 말씀의 선물들, 생명, 빛(4–5) | ㄷ′ 육화한 말씀의 선물들(16) |
| ㄹ 요한의 출현, 증인(6–8) | ㄹ′ 요한의 지속적인 증언(15) |
| ㅁ 세상에 말씀이 출현하나 자기 백성의 거부(9–11) | ㅁ′ 말씀의 육화와 공동체에서의 환영(14) |

ㅂ 하느님의 자녀들이 되는 믿는 이들의 말씀 환영(12–13)

점진적인 대구 구조는 ㄱ, ㄴ, ㄷ/ ㄱ$^{1}$, ㄴ$^{1}$, ㄷ$^{1}$/ ㄱ$^{2}$, ㄴ$^{2}$, ㄷ$^{2}$으로 구성된다. 세 가지 요소가 기본 요소로 나타나고 이 셋은 조금씩 변형되고 발전되어 나간다고 본다[도식 나].

[도식 나]

1. ㄱ 하느님과의 관계 안에서 이미 계셨고, 하느님인 말씀(1–2)
   ㄴ 창조에서의 말씀(3)
   ㄷ 말씀의 선물들, 생명, 빛(4–5)
2. ㄱ$^{1}$ 요한의 출현, 증인(6–8)
   ㄴ$^{1}$ 세상에 말씀의 출현과 자기 백성의 거부(9–11)
   ㄷ$^{1}$ 육신 안에 말씀의 출현(육화)과 그 안에서 하느님 자녀들의 출생(12–14)
3. ㄱ$^{2}$ 요한의 지속적인 증언(15)
   ㄴ$^{2}$ 육화한 말씀의 선물들: 은총과 진리의 충만함(16–17)
   ㄷ$^{2}$ 아버지 품 안에 있는 독생자 하느님은 유일한 계시자다.(18)

이 두 가지 구조가 나름대로 서곡의 내용을 파악하는 데 도움을 준다. 어디에 중점을 두고 읽느냐에 따라 강조점이 달라지며 서로 다른 구조를 끌어낸다. 그런데 [도식 가]를 보면 서로 대칭을 이루는 쌍들의 기준이 고르지 않다. ㅁ에는 ㅁ′에 상응하지 않지만 무시할 수 없는 요소가 더 들어가 있는 반면에, ㅁ′는 반대되는 일부 요소로 대칭을 이룬다. ㄷ에서도 ㄷ′에 상응하지 않는 5절의 내용이 있다. 따라서 [도식 나]가 좀 더 적당하게 머리말의 구조를 드러낸다고 본다.

### 삼부작三部作

앞에서 소개한 점진적인 대구 구조의 세 부분을 살펴본다. 이 그리스도 찬가는 병행법을 활용하여 아주 잘 구성된 성경 시가 중 하나다.

서곡 첫 증언의 주어인 '말씀'(1,1)은 14절에서만 주어로 다시 등장한다. 14절은 1절에 비추어 볼 때 점진적인 동시에 대조적인 대구로 나온다.

| | |
|---|---|
| 1 말씀이 계셨다(이미 존재했다). | 14 말씀이 |
| 말씀은 하느님이셨다. | (말씀이) 사람이 되시어 |
| 말씀은 하느님과 함께 계셨다. | (말씀이) 우리 가운데 사셨다. |

그 외에 서곡의 처음 두 대목(1,1-5; 1,6-13)에서 동사들은 모두 3인칭으로 활용되었다. 세 번째 대목에서는 논리적이고 신학적인 계속으로 1인칭 복수로 활용된 동사들이 3인칭으로 활용된 이 동사들과 동행한다. 예컨대 "우리 가운데 사셨다. 우리는 그분의 영광을 보았다"(14절), "우리 모두 은총에 은총을 받았다"(16절). 이러한 관점에서 보면 14절은 두 번째 단락

의 마무리라기보다 세 번째 단락의 시작으로 보이기도 한다. 그러나 다른 한 요소가 14절을 두 번째 단락으로 강하게 이끌어 주제를 부각시킨다.

머리말을 세 부분으로 나누는 것은 최종 편집자가 이미 있던 말씀 찬가의 두 번째 부분의 시작(1,5과 1,9 사이)과 세 번째 부분의 시작(1,14과 1,16 사이)에 증인 요한에 관한 두 개의 삽입구를 넣어 작업했다는 통상의 견해를 전제 조건으로 한다. 이중으로 세례자 요한을 언급하는 부분(6-8.15절)이 1-18절에서 형식적인 문학 구조를 도출해 내는 데 방해가 되는 듯 보이지만, 오히려 찬가의 고유한 의미를 드러내는 구성의 단서가 되기 때문이다. 세례자 요한과 관련된 구절들은 찬가가 셋으로 나뉨을 가리킨다. 그래서 오늘날에는 서곡의 구조를 선재先在(1-2절)와 창조(3-5절), 인간 역사의 진행 과정에서 절정의 시간인 육화에 이르기까지와 말씀의 영접에 관한 부분(6-14절), 그분은 예수 그리스도이시며 은총과 진리를 주시는 계시자(15-18절)로 나누는 것이 주도적인 견해다.

하느님 안에 말씀은 세상의 빛이 된다(1-5절).
말씀의 육화(6-14절)
계시자: 외아드님은 아버지를 향해 있다(15-18절).

머리말의 문학 형식인 찬가는 노래로 불리기 위하여 만들어진다. 아마도 요한의 서곡도 그리스도인들이 어느 정해진 날에 모였을 때, 새벽 동트기 전에 어느 한 신에게 하듯 그리스도께 바치는 찬가들의 한 부분이었을 것이라는 견해도 있다. 비티니아(현재 터키 북서쪽)의 로마 총독인 플리니우스(Plinius, 61/62-113)가 증언한 내용이다(편지 96).

합창단의 일부가(또는 독창자가) 서곡의 첫 부분(1,1-5)을 음에 맞추어 낭송한다. 하느님이면서 하느님께 순종적인 태도로 창조에 앞서 계시는(先在) 하느님의 말씀을("한처음에 말씀이 계셨다"), 영속적으로 생명과 빛을 보증하는 모든 창조의 능동적인 중재자를 시적 형태로 이야기한다.

다른 파트의 합창단은(또는 다른 독창자가) 머리말의 두 번째 부분을(1,6-14) 음에 맞추어 낭송한다. 세상에서 이뤄지는 하느님 말씀의 우주적-신비적 여행을 시적 형태로 계속 이야기한다. 증언하기 위하여 하느님에게서 파견받은 요한의 예언적인 출현이 앞에 나온다. 뒤이어 참된 빛이 사람들의 시간과 공간 안에 들어오시나, '세상'과 '그분의 백성(집안 사람들)'의 불신과 거부 및 그분의 위격을 믿어 하느님의 자녀가 되는 이들의 신앙과 환영이란 두 가지 결과에 부딪친다.

오히려 말씀이 육신이 되신 역사적 과정에 체험적으로 참여했던 이들은 열정적으로 하느님의 영광을 관상하고 그분의 충만함에서 오는 은총과 진리를 받았다. 마지막으로 합창단 전체가 첫 부분과 두 번째 부분을 모두 아우르는 노래를 부른다(1,15-18). 요한의 증언은 더 이상 과거 사건으로 머무르지 않고(6-8절 참조) 그리스도 공동체 전체가 노래 부르는 신앙의 차원에서 다뤄지며 그리스도 공동체의 현재와 미래에 관심이 있는 하나의 실재로 보충이 되었다(15절). 예수 그리스도가 육화한 말씀이며 은총과 진리를 충만하게 주시는 분이고, 하느님의 외아드님으로서 하느님을 알리는 계시자라고 장엄하게 노래한다.

서곡은 말씀 찬가와 복음서 이야기(1,19 이하) 사이를 잇는 18절로 마무리된다. 문학적이고 그리스도론적인 반복 구문인 18절은 시작(1,1)을 상기시킨다. 아무도 본 적이 없는 하느님을 외아드님이요 하느님이신 그분께서 알려 주신다는 것이다. 예수 그리스도님, 지상 여행 중에도 계속 아버지 품을 바라보며 사는 외아드님은 볼 수 없고 말할 수 없고 접근할 수 없는 하느님을 모든 이에게 이야기하여 하느님께 접근할 수 있게 하는 유일한 분이시다.

가 1 한처음에 말씀이 계셨다.
말씀은 하느님과 함께 계셨는데
말씀은 하느님이셨다.
2 그분께서는 한처음에 하느님과 함께 계셨다.

3 모든 것이 그분을 통하여 생겨났고
그분 없이 생겨난 것은 하나도 없다.
4 그분 안에 생명이 있었으니
그 생명은 사람들의 빛이었다.

5 그 빛이 어둠 속에서 비치고 있지만
어둠은 그를 깨닫지 못하였다.

나 6 하느님께서 보내신 사람이 있었는데
그의 이름은 요한이었다.
7 그는 증언하러 왔다. 빛을 증언하여
자기를 통해 모든 사람이 믿게 하려는 것이었다.

8 그 사람은 빛이 아니었다.
빛을 증언하러 왔을 따름이다.

9 모든 사람을 비추는 참빛이 세상에 왔다.
10 그분께서 세상에 계셨고
세상이 그분을 통하여 생겨났지만
세상은 그분을 알아보지 못하였다.
11 그분께서 당신 땅에 오셨지만
그분의 백성은 그분을 맞아들이지 않았다.
12 그분께서는 당신을 받아들이는 이들,
당신의 이름을 믿는 모든 이에게
하느님의 자녀가 되는 권한을 주셨다.
13 이들은 혈통이나 육욕이나
남자의 욕망에서 난 것이 아니라
하느님에게서 난 사람들이다.

14 말씀이 사람이 되시어
우리 가운데 사셨다.
우리는 그분의 영광을 보았다.
은총과 진리가 충만하신
아버지의 외아드님으로서 지니신 영광을 보았다.

다 15 요한은 그분을 증언하여 외쳤다.

"그분은 내가 이렇게 말한 분이시다.
'내 뒤에 오시는 분은 내가 나기 전부터 계셨기에
나보다 앞서신 분이시다.'"

16 그분의 충만함에서 우리 모두
은총에 은총을 받았다.
17 율법은 모세를 통하여 주어졌지만
은총과 진리는 예수 그리스도를 통하여 왔다.

18 아무도 하느님을 본 적이 없다.
아버지와 가장 가까우신 외아드님
하느님이신 그분께서 알려 주셨다.

## 2. 말씀 1,1-2

### 1절

첫 두 절의 주제어는 두 개의 명사 '말씀'과 '하느님', 그리고 동사 '계셨다'이다. 각 단어가 서너 번씩 반복되어 나온다. "한처음"(엔 아르케 ἐν ἀρχῇ)이라는 표현이 머리말의 첫 부분을 시작하고 마무리한다. 그 당시 이방 그리스어권에서 드물게 쓰이는 이 말은 전형적인 성경 표현으로 창세기 1장에서 전 우주의 시작을 가리키는 말이다. "한처음"이라는 표현으로 머리말이 시작되며 말씀을 소개하는 것은 우연이 아니다. 이제 요한 복음서에서 예수님의 '일'(가르침과 표징)로 이루어지는 새로운 창조를 만나게 될 것이다.

창세 1,1의 '한처음'(아르케 ἀρχή) 이전에는 어둠이 심연을 덮고 있었고, 오직 하느님만이 계셨다. 요한 1,1에서는 말씀이 "계셨다"(엔 ἦν)고 한다. '있다, 존재하다'(에이미 εἰμί) 동사의 미완료 시제인 엔(ἦν)은 말씀을 아무것도 존재하지 않았던 한처음의 시간과 공간 밖에 배치한다. 말씀은 인간 역사 이전부터 존재했고, 그 자체를 위하여 존재하지 않았다. 서곡에서 이 동사는 우주, 사람들, 역사, 계시, 구원이 일어나거나 생기는 것을 가리키는 '생겨났다'(에게네토 ἐγένετο) 동사(3.6.10.14.17절)와 대치해 있다. 그리스어 동사에서 미완료, 곧 반과거라는 시제는 과거에 시작된 무언가가 지속되고 있음을 나타낸다. 그래서 반과거 엔(ἦν)은 세상의 시작에서부터 이미 말씀이 계속 존재해 왔음을 묘사하고, 세상의 시초에 이 신적 위격이 존재했으며 하느님 곁에 이미 살고 있었음을 드러낸다.

말씀은 '하느님과의 관계 안에 존재했다'("하느님과 함께 계셨다" πρὸς τὸν θεόν). 전치사 프로스(πρός)는 '~와 함께' 정지된 상태로 있는 것을 넘어 뒤따르는 사람 또는 사건을 향하여 움직인다는 의미를 지닌다. 그래서 말씀은 '하느님을 향해 계시다'라는 뜻이다. 이것은 어떤 방식으로든 전달해야만 하는 관계 안에 있는 활력이다. 복음사가는 시작할 때 하느님의 친밀함에서 한 단어가 말씀될 것임을 암시하기 위해, 그리스어 표현 '호 로고스(ὁ λόγος)'를 선택했다. 한 단어는 무엇인가를 말하기 위해 존재하고, 그래서 복음서를 지배하는 주제 중 하나인 계시가 첫 절에서 나타난다.

그런데 이 "말씀"이란 도대체 누구인가? 예수님의 위격을 가리키는 첫 번째 명칭은 그리스어 '호 로고스' 즉 말씀(the Word)이다. 복음사가는 이 용어를 아무런 설명 없이 사용한다. 이 사실로 이미 이 용어의 의미가 독자에게 알려져 있었음을 추측할 수 있다.

1절은 말씀과 하느님 사이에 있는 강한 친밀감의 결과를 묘사하면서 마무리된다. 말씀은 이미 시간의 시초부터 하느님과 밀접한 관계 속에 살았던 한 위격(persona)이다. 바꾸어 말하면 아버지를 향한 역동적인 열정으로 아버지의 가슴을 향해 살았던 한 위격이다. 나아가 "말씀은 하느님이셨다." 하나의 신격神格이다. 사실 이것은 14절과 18절의 병행구에서 명백히 밝히는 대로 아버지의 외아들에 대하여 말하는 것이다. 1ㄷ절에서 "하느님"이라는 말이 서술적 명사로 쓰였다 할지라도 그 명사가 첫 자리에 쓰였기 때문에 그 위치상 말씀의 신성神性을 강조한다. 저자는 '이다' 동사 앞에 보어 하느님을 관사 없이 배치하며, 말씀과 하느님이 같은 존재라고 말하는 것을 피한다. "말씀은 하느님이셨다"(καὶ θεὸς ἦν ὁ λόγος).

말씀과 하느님은 그들의 친밀감에서 나오는 일치에도 불구하고 각자의 독특함을 유지한다.

그리스도교가 생긴 지 이천 년이 다 된 후대 사람인 우리는 야훼 외에 하느님이라고 부를 수 있는 분으로 예수 그리스도가 존재한다는 것을 당연시한다. 그러나 요한 복음사가 시대의 유다인들에게 야훼 외에 다른 한 격에게 신성을 부여한다는 것은 요한 복음서가 보여 주는 대로(5,18; 8,58-59 참조) 전례 없는 물의를 일으키는 일이었다.

이 신격을 하느님의 말씀이라는 기능과 본성을 가리키기 위하여 '말씀'이라고 부른다. 달리 말하면 하느님의 인격화한 계시이고 그분의 완전한 모상이다. 사실 사도 바오로가 말하는 대로 예수님은 세상에 대한 관계에서뿐 아니라 아버지와의 관계에서도 하느님의 말씀이다(2코린 4,4; 콜로 1,15 참조). 그러니 '말씀'이란 말은 단순히 기능적인 칭호가 아니다. 즉 단순히 구원의 계시를 밝히면서 인간들에게 신적 생명을 말씀하시는 하느님의 아들이 가진 기능만 가리키지 않는다. 그것은 하느님과 같은 본성을 표현하는 동시에 아버지의 아들이며 완전한 모상임을 표현하는 말이다.

예수님은 말씀, 즉 만물과 만민에게 생명을 주는 창조력이다. 창세기 1장에 따르면 하느님께서 말씀하시면 모든 것이 생겨났다. 하느님의 말씀은 존재와 생명을 준다. 예수님이 바로 그 생명을 나누어 줄 수 있는 말씀이시다.

## 2절

1절의 말씀(λόγος)이 인칭대명사 "그분"(οὗτος)으로 지칭된다. 이 대명사는 앞에 나온 남성형 단어 로고스(ὁ λόγος)와 이어 나올 인간 역사와 함께하는 인물 양쪽을 가리킨다. 1-2절에서는 많은 것이 선포되었다. 말씀의 선재, 그것과 하느님의 친밀한 관계, 말씀에 의해 이야기된 역사를 통하여 인간 역사에 자리한 궁극적인 계시에 대한 첫 암시들이 그러하다. 말씀이 묘사되었다. 몰로니는 바레트(C. K. Barrett)가 1절에 관해 한 말이 1-2절에 적용될 수 있다며 인용한다. "요한은 그의 복음서 전체가 이 구절의 빛으로 읽히기를 의도했다. 예수님의 행동과 말씀이 하느님의 말씀이고 행동이다. 만일 이것이 사실이 아니라면 이 책은 불경不敬이다"(바레트, *Gospel* 156).

## 3. 말씀의 중재: 창조와 역사에서 1,3

반의적反意的 대구로 형성된 3절에는 “모든 것-하나도”가 처음과 끝에 배열되어 대치하고 있다. 대명사 “모든 것”은 단지 우주에 존재하는 것만을 가리키지 않고 인류 보편의 의미를 가진다. 그러니까 역사까지 포함하는 것이다. 병행절인 10절 “세상이 그분을 통하여 생겨났다”도 창조 안에서 이루어진 말씀의 중재를 강조하며, 구원의 역사와 계시 안에서 행한 중재적인 일을 확실하게 밝힌다는 것을 암시한다. 여기서 사용된 동사의 시제를 살펴보면, 그동안 ‘이다’(εἰμί) 동사의 반과거를 사용했는데 갑자기 원과거(아오리스트)형이 등장한다. 이것은 모든 것(판타 πάντα)이 말씀을 통하여 출현했을(에게네토 ἐγένετο) 과거 시점을 보게 한다. 창조에서 이 중재하는 존재 없이는 아무것(우데 헨 οὐδὲ ἕν)도 생겨나지 않는다. 창조의 계시 행위가 말씀을 통하여(디 아우투 δι' αὐτοῦ) 일어났을(ἐγένετο) 과거의 한순간이다. 그리고 시제는 원과거에서 완료형 시제(호 게고넨 ὃ γέγονεν)로 다시 바뀐다. 이는 사건이 과거에 일어났지만 그 사건의 의미는 현재에도 계속되고 있음을 가리킨다.

전치사 ‘…을 통하여’(디아 διά)는 창조와 구원의 역사에서 이루어진 말씀의 중재를 가리킨다. 이 전치사는 우주의 창조(1,10)와 진리의 선물을 위한 예수 그리스도의 중재(1,17)에서 언급된다. 그 외에도 요한 복음서에서 소유격과 함께 나타나는 ‘디아(διά)’는 항상 육화 전 또는 후에 말씀이 세상을 향하여 내려가거나 혹은 하느님께로 올라가는 중재를 가리킨다. 3ㄷ절과 4절에서 처음으로 육화에 관하여 언급하는 것을 감지할 수 있다. 말씀은 인간 역사에 개입했고, 삶을 지속적인 가능성으로 만들었다. 생명의 말씀이 출현하면서 빛을 가져왔다. 구원의 역사는, 아직 확인할 수 없는 한 인간 존재를 통해 인간 역사에 개입하는 생명과 빛을 계획하는 말씀의 선재先在에서부터 구상되었을 수 있다.

육화한 말씀, 예수 그리스도의 중재는 창조에서 매우 오래된 그리스도론적인 사실이다. 사실 이미 사도 바오로는 공언하기를, 모든 것이 하나이신 주님, 예수 그리스도님으로 말미암아 존재한다고 했다(1코린 8,6). 그 외에 콜로새인들에게 보낸 편지에서 그리스도 찬가는 하늘과 땅에 있는 모든 것이 아드님을 통하여 창조되었다고 선언하고(콜로 1,16), 히브리인들에게 보낸 편지 서두에서 이 세상은 아드님을 통하여 만들어졌다고 명시한다(히브 1,2). 전치사 '…없이'(코리스 χωρίς)는 3절에서 '…을 통하여'에 대조되어 나타나는데, 말씀의 중재에 대한 부정否定을 의미한다. 다시 말해 이는 그분 없이 생겨난 것이 아무것도 없음을 단언하는 표현이다. 긍정적 단언과 부정적 단언을 함께 활용하는 이런 식의 표현 방식은 셈족 언어의 관행으로 성경에도 자주 쓰인다.

## 4. 말씀: 사람들의 생명, 빛 1,4-5

4-5절은 말씀이 가져온 계시가 세상에 왔다는 것을 확언한다. "그분 안에 생명이 있었으니 그 생명은 사람들의 빛이었다. 그 빛이 어둠 속에서 비치고 있지만 어둠은 그를 깨닫지 못하였다."

말씀의 신적 생명은 사람들의 빛이었다. 성경 전승에서 빛의 이미지는 하느님 말씀이 구원의 계시啓示임을 뜻한다. 요한 복음서는 예수님을 단순히 세상의 빛이라고 선언하는 것이 아니라(8,12ㄱ; 9,5; 12,46) 생명의 빛을 주시는 분이라고 한다(8,12ㄴ). 신적 생명을 계시하고 전달함으로써 육화한 말씀은 빛을 주신다. 계시자啓示者 예수님은 당신의 말씀으로 사람을 밝히고 그에게 구원을 주신다. 신적 생명은 육화한 말씀이란 구원의 계시로 인간에게 전달되었다.

이 신적 빛이 어둠 속에서 비치고 있다(1,5ㄱ). 그런데 어둠이란 무엇인가? 이 은유적 표현은 하느님이 빛이라는 계시와 대조되는 신비로운 사실을 의미한다. 하느님은 빛이시고 그분 안에는 어둠이 없다는 선언(1요한 1,5)은 매우 의미 있다. 어둠 속에는 형제를 미워하는 사람이 산다. 반면에 형제를 사랑하는 사람은 빛 속에 머문다(1요한 2,10). 어둠 속을 걷지 않기 위해서는 예수님을 믿어야만 한다(8,12). 그러니까 어둠은 하느님과 반대되고 예수님의 계시에 반대되는 사탄의 세상을 뜻한다. 말씀의 빛은 이 악마적인 세상에서 어둠을 물리치기 위해서, 즉 하느님과 그분의 아들에게 적대적인 악의 세력을 이기기 위해서 비치고 있다. 그래서 빛과 어둠 사이에는 하나의 싸움이 뒤얽혀 있다. 빛이 비치다의 현재형 동사 "비치고 있다"(파이노 φαίνω)가 지적하듯이, 빛은 지금도 여전히 제자들의 공동체에 맡겨지고, 믿는 이들의 마음을 뚫고 들어간 예수님의 계시를 통하여 계속되고 있다. 또 이 동사는 말씀의 역사적인 출현이 세상에 왔다는 것뿐 아니라, 육화로부터 어둠의 세상에 옮겨진 신적 생명의 힘이 복음사가 시대를 넘어 지금의 독자에게도 계속 활동하고 있음을 의미한다.

"그 빛이 어둠 속에서 비치고 있지만(καὶ τὸ φῶς ἐν τῇ σκοτίᾳ φαίνει), 어둠은 그를 깨닫지 못하였다(καὶ ἡ σκοτία αὐτὸ οὐ κατέλαβεν)"(5절). 이 문장은 빛이 인간에게 비치고 있으나 인간은 그 빛을 받아들이지 않았다는, 인간의 결정적인 거부를 시사한다. '맞아들이다'(람바노 λαμβάνω) 동사는 예수님이 전하시는 하느님의 계시에 인간이 응답하는 자세를 이야기하는데, 복음서에서 규칙적으로 나타난다. 그런데 5ㄴ절은 빛을 "이기지 못하였다"(οὐ κατέλαβεν)라고 번역할 수도 있다. 이 문장은 빛과 어둠 사이의 투쟁을 지적한다. 불신과 미움이 특징인 사탄의 세상은 말씀의 계시를 이기거나 능가하지 못할 것이다. 빛과 어둠 사이의 분쟁은 복음적 역사의 한 단면을 구성하는 동시에 인류 역사 전체의 한 단면을 제시한다. 어둠과 빛, 예수님과 어둠의 권력자 내지는 이 세상 권력자 사이의 싸움 주제는 요한 복음의 전형적인 주제이다. 예수님은 당신이 십자가의 왕좌에 높여짐으로써 이 세상의 지배자는 패배했고 쫓겨났다고(12,31-32) 아니 심판받았다고(16,11) 선언하신다. 그렇게 예수님은 세상을 이기셨고(16,33) 하느님의 아들을 믿는 이는 이 승리에 동참한다(1요한 5,4-5). 빛은 어둠 속에서 계속 빛나고 있다. 인간의 부정적 응답을 선포하는 것 이상의 무언가를 머리말에서 이야기하기에는 너무 이른 감이 있다. 신앙 안에서 받아들여야 하는 것이 무엇인지 세부 사항은 이어지는 대목에서 펼쳐질 것이다.

## 5. 빛에 대한 요한의 증언 1,6-8

1-5절의 시어詩語는 사라지고 6-8절에서는 세례자 요한이라는 인물과 그의 역할을 이야기 풍으로 묘사한다. 많은 이가 이 대목을 머리말에 이차적으로 추가된 부분으로 보고 있으나, 현재의 구조와 메시지에서 이 절들은 필수적이다. 3ㄷ-5절에서 역사적 사건에 연관된 말씀을 암시하였는데, 곧바로 요한이라는 이름으로 역사에 들어온(Εγένετο) 인물이 소개된다. 요한은 단순히 어떤 사람이 아니라 "하느님께서 보내신 사람"(6절)이었다. 요한 복음에서 예수님과 요한 외에 '하느님께서 보내신 사람'이라고 표현된 사람은 아무도 없다. 따라서 이는 매우 중요한 선언이다. 요한은 하느님 계획의 일부이다.

세례자 요한은 사람들의 빛이며 생명인 빛, 곧 말씀을 증언하기 위하여 나타났다. 말씀이 빛이라는 주제는 4ㄴ-5절에서부터 계속되고 있다. 요한은 빛이 아니다. 그의 역할은 빛을 증언하는 것이다. 여기에서 혼동이 없어야 한다. 그는 위대한 인물이었으나 빛이 아니었다. 그의 파견은 두 번씩이나 반복된(1,7ㄴ.8) 마지막 문장("빛을 증언하러 왔을 따름이다")이 의미하는 대로 증언하는 일로 마감되었다. 요한의 증언은 요한 복음서 전체가 말하는 대로 극소수에게밖에 받아들여지지 않았다 하더라도 모든 이의 신앙을 불러일으키려는 목적을 가졌다. 자기로 말미암아 모두 믿게 하려는 것이었다. 이 믿음의 대상은 이 구절에 표현되지 않았더라도 십중팔구 육화한 말씀이다. 요한 복음서에서 신앙의 대상은 거의 배타적으로 예수님의 인격이기 때문이다. 더 정확히 말하자면 복음사가가 설명하는 대로 "예수님께서 메시아시며 하느님의 아드님"(20,31)이라는 사실이다. 신적 계시자와 구원자의 위격에 집중되어 있는 그리스도론적 신앙이다. 빛에 대한 세례자의 증언이라는 주제는 서곡의 세 번째 부분의 시작에서(15절) 명백히 나타났고, 다시 요한 복음서의 첫 번째 이야기에서(1,19 이하) 그리고 니코데모와 만나시는 예수님 이야기에 이어지는 대목에서(3,27 이하) 좀 더 자세하게 묘사되었다.

## 6. 빛이 세상에 왔다 1,9-11

세례자가 빛이 아니라는 그의 공언을 정당화하기 위하여 복음사가는, 모든 사람에게 생명의 빛을 주는 유일한 참된 빛(토 포스 토 알레티논 τὸ φῶς τὸ ἀληθινόν)이 세상에 왔다고 선언한다. "(그 말씀은) 모든 사람을 비추는 참 빛이셨다"(Ἦν τὸ φῶς τὸ ἀληθινόν, ὃ φωτίζει πάντα ἄνθρωπον). 말씀은 '참된 빛'이라고 불린다. 형용사 알레티노스(ἀληθινός)는 복음사가 요한이 쓰는 특징적인 용어로 '틀린'과 '거짓된'에 반대되는 말이다. 이 단어는 '정말'이라는 의미를 가지고 있지 않고 '참된'이라는 뜻을 가지고 있다. 예수님은 인격화한 진리로서(14,6) 참된 빵인 것처럼(6,32) 참된 빛이시다. 육화에 대한 암시는 이미 3ㄷ-4절에서 시작되었다. "세상에 왔다"(ἐρχόμενον εἰς τὸν κόσμον)는 언급을 14절까지 미룰 수는 없다.

진리의 이 신적 빛이 모든 사람을 비추고 있다. 신약성경에서 유일하게 나오는 이 문장은 육화한 말씀이 신적 계시의 보편성을 가지고 있음을 뜻한다. 예수님을 세상의 빛으로 소개한 문장(8,12; 9,5; 12,46)과 같은 뜻이다. '세상'이라는 말은 요한 복음서에서 자주 계시와 구원이 필요한 인류 전체를 의미한다(1,29; 3,16 등 참조).

"그분께서 세상에 계셨다"(10절ㄱ). 이 문장에서 명사 "세상"은 뒤 문장("세상이 그분을 통하여 생겨났다")에서 가리키는 대로 우주, 창조된 전체를 의미한다. 반면에 "세상은 그분을 알아보지 못하였다"(10ㄷ절)라는 표현에서 "세상"은 빛을 거부하는 인류를 가리킨다. 그리하여 1,9에서 "세상"

은 우주적, 인간학적, 악마적 의미를 모두 지니고 있다. 결국 "세상"이란 단어를 통하여 9절과 10절이 밀접하게 연결됨을 관찰할 수 있다.

"세상은 그분을 알아보지 못하였다"는 문장은 어둠의 자식들 편에서 말씀-빛을 인정하지 않음을 뜻한다. 성경에서 '안다'는 말은 지성 외에 '한 사람을 수락한다'는 것을 뜻한다. 요한이 사용한 앎, 인식이란 개념은 헬레니즘이나 영지주의에서 사용한 순수 합리적이거나 사색적인 것을 뜻하지 않고 실존적 의미를 가진다. 그래서 이 문맥에서 볼 때 '세상'은 빛의 원수들의 힘으로 형성되었다. 사실 그들은 예수님과(7,7) 그분의 제자들을 미워한다(15,18-19; 17,14). 그리고 사탄을 임금으로 모시며(12,31; 14,30; 16,11), 그런 이유로 세상은 진리의 성령을 받을 수 없다. 이 악마적인 어둠의 세상은 제자들이 처신했던 것과 달리, 아버지를 몰랐던 것처럼 말씀-빛을 몰랐거나 혹은 인식하지 못했다. 그러니 앎의 결핍, 곧 '알지 못함'은 한 사람을 거부하는 시작을 의미하며, '알아보지 못하는' 대상은 '하느님'과 '예수님의 제자들'이다. "세상이 우리를 알지 못하는 까닭은 세상이 그분을 알지 못하였기 때문입니다"(1요한 3,1). 복음사가는 사탄의 세상이 말씀을 알기를, 인정하기를 거부했다고 증언한다(1,10-11). '알아보지 못한다'(우크 에그노 οὐκ ἔγνω)는 관용구는 빛에 적대적이고 어두운 세상이 갖는 불신의 시작을 의미하며, 반대로 동사 '안다'(기노스코 γινώσκω)는 신앙의 시작을 표현한다.

10절의 두 주제는 11절에서 좀 더 구체화되어 다시 다뤄진다. "그분께서 당신의 장소/땅(에이스 타 이디아 εἰς τὰ ἴδια)에 오셨지만"(11ㄱ절)의 문장은 좀 더 개괄적인 "세상에 왔다"(9절)라는 문장을 취하며 육화의 방향에서 말씀의 오심을 구체화한다. "오셨다"라는 의미의 엘텐(ἦλθεν) 동사는

'오다'(에르코마이 ἔρχομαι) 동사의 원과거 시제로 쓰였다. 이 시제의 엘텐은 지나간 사건, 한정된 사건인 말씀의 육화를 가리킨다. 11ㄴ절의 대명사 "그분의 백성/사람들"(호이 이디오이 οἱ ἴδιοι)은 "당신 땅에 오셨다"(εἰς τὰ ἴδια)고 할 때와 같은 대명사 이디오스(ἴδιος)를 사용하였다. 영지주의에서 사용하던 이 말이 요한 복음서의 첫 독자들에게는 친숙했으나 그 단어의 의미는 근본적으로 변형되었다. '그분의 땅에', '그분의 백성'이란 말은 마치 구약성경에서 하느님 고유의 백성이던 이스라엘을 가리키는 것 같다. 요한 복음서에서 이 말은 신앙(13,1) 또는 혈육으로(1,11) 연관된 민족의 무리와 갖는 한 사람의 특별한 관계를 가리키는 것 같다(10,3-4.11; 13,1 참조). 그러나 서곡에 나오는 말씀과 우주의 밀접한 관계를 볼 때, "그분의 백성"은 인류 전체를 일컫는다. 거기서 선택받은 백성은 최고의 대표이다. 이런 의미에서 대명사 이디오스는 '세상'이라는 단어의 발전 또는 계속인 듯하며 이것은 3절의 "모든 것"을 취할 수도 있다.

"그분의 백성은 그분을 맞아들이지 않았다"라는 문장은 말씀-빛을 알아보지 못하는 어두운 세상이란 10절의 주제를 취하며, 이 신적 인간과 그분의 계시를 거부한다는 뜻이다. '맞아들이다'(παραλαμβάνω) 동사는 사실 신약성경에서 자주 복음 메시지 또는 예수님을 환영함을 뜻한다(1코린 15,1-2; 갈라 1,9; 콜로 2,6; 1티모 2,13). 그러니 '맞아들이지 않는다'는 것은 어떤 사람을 또는 제공된 어떤 것을 거부한다는 뜻이다. 11절에서 복음사가는, 유다인들 편에서 육화한 말씀을 거부하는 것을 증언하고, 요한이 다루는 큰 주제 중의 하나인 '예수님 앞에 선 유다인들의 불신앙'을 예고한다.

# 7. 믿는 이들이 하느님의 아들이 되는 선물 1,12-13

여기서 복음사가는 말씀을 받아들인 사람들 곧 그분의 이름을 믿은 사람들을 위해 마련된 행복한 운명에 대하여 말한다. '받아들이다'(람바노 λαμβάνω)와 '믿다'(피스테우오 πιστεύω) 동사 둘을 병행한 표현을 통해, 그들은 하느님의 자녀들이 된다고 말한다(12절). 그들은 하느님에게서 난 사람들이기 때문이다(13절). "당신을 받아들이는 이들"(ὅσοι δὲ ἔλαβον αὐτόν)과 "당신의 이름을 믿는 모든 이"(τοῖς πιστεύουσιν εἰς τὸ ὄνομα αὐτοῦ), 이 관용구는 신앙에 대하여 말하며 12절의 주제를 마무리한다. '당신의 이름을 믿는 이들'이라는 문장은 전형적인 요한계 문장으로 제자들의 존재 목적을 표현하며 육화한 말씀의 위격에 집중되어 있음을 나타낸다. '이름'이란 사람을 가리키기 위한 셈어의 표현법이다(12,28; 15,21 참조). 수난이 시작되기 전에 드린 기도에서 예수님은 제자들에게 아버지의 이름 곧 당신의 신적 위격을 알렸다고 아버지께 말씀드린다(17,6.26). 요한 복음사가에게 예수님에 대한 실존적인 신앙은 현재로부터 영원까지 생명의 원천이다(3,15 이하; 6,40.47; 20,31 참조).

나아가 그것을 통하여 그들은 "하느님의 자녀"가 되는 권한을 받았다. 이 권한은 약속이 아니라, 받아들이고 믿는 이들에게 성취된 사실이다. 말씀을 맞아들이는 이들 즉 그의 위격을 생생하게 믿는 이들에게 허락된 특별한 선물이다. "하느님의 자녀가 되는 권한을 주셨다"(ἔδωκεν αὐτοῖς ἐξουσίαν τέκνα θεοῦ γενέσθαι)는 구句에는 부정사절('되다 γίνομαι' 동사의 부정사 원과거인 γενέσθαι)이 들어 있다(5,27 참조). '…이 되다'로 부정사 원과거 게네스타이(γενέσθαι)를 선택한 것은 요한계의 신앙과 소위 '실현된 종말론'이 지속적인 전념을 요구한다는 것을 가리킨다. 전통적인 종말론에서 믿는 이는 부활과 영원한 생명과 삶의 마지막 선물들을 받기 위한 시간의 끝을 기다린다. 요한 복음서에서 이 선물들은 예견되었을 뿐 아니라 지금 믿는 이들에게 유효하니, 이미 실현된 것이다.

여기서 '권한'(엑수시아 ἐξουσία)은 자신 안에 갖는 생명의 선물과 함께 병행으로 놓인 심판하는 아들의 신적 권한을 의미한다. 또 신적 권능으로 하느님의 자녀가 되는 놀라운 호의를 뜻하기도 한다. 10,18에서 권한은 자유로이 생명을 주기도 하고 가져갈 수도 있는 예수님의 고유한 권한을 뜻한다. 17,2에서 이 명사는 모든 사람 위에 있는 예수님의 왕적 권위를 나타낸다.

요한 1서에서도 유사한 생각이 표현되었다. "예수님께서 그리스도이심을 믿는 사람은 모두 하느님에게서 태어났습니다"(1요한 5,1). 이 요한계 대목은 '하느님의 자녀가 된다'와 '하느님에게서 난다'를 병행구로 이해할 수 있음을 확인해 준다. 사실 1요한 5,1에서 신앙은 하느님에게서 태어나는 것과 직결되어 있다. 요한계 문헌에서 명사 '자녀'(테크논 τέκνον)는 예수님에게 적용된 적이 한 번도 없고 제자들에게만 적용되었다. 하느님의 자녀들(테크나 테우 τέκνα θεοῦ: 1,12; 11,52; 1요한 3,1.2.10; 5,2)은 예수님을 믿는 사람들이며 그리스도 공동체를 이루는 사람들이다. 제자들이 단지 하느님의 자녀들이라고 불리기만 한 것은 아니다. 설사 아버지를 보게 될 때 자신에게 나타날 온전한 그 모습이(1요한 3,1-2) 아직은 안 나타났다 할지라도 실제로 그들은 자녀이다. 요한에게 하느님의 자녀 됨은 예수 그리스도님, 계시자 말씀에 대한 신앙의 열매이다(요한 1,12; 1요한 5,2 참조).

이 하느님의 자녀들은 "혈통이나 육욕이나 남자의 욕망에서 난 것이 아니라 하느님에게서 난 사람들이다"(13절)라고 명시되었다. 달리 말하면 이 신적인 산출은 인간적이거나 육적인 요인에 의하지 않고 하느님의 창조에 의해 생겨났다는 것이다. "하느님에게서 난 사람들이다"(οἳ ἐκ θεοῦ ἐγεννήθησαν). 에겐네테산(ἐγεννήθησαν)은 '되다 또는 낳다'(겐나오 γεννάω) 동사의 원과거 수동태 3인칭 복수다. 한 사람이 성장 과정을 통하여 하느님의 자녀가 되는 일, 그런 유년시절은 아직 인간 경험이나 이해로 설명될 수 없다. 그 일은 인간이 주도하여 생긴 결과가 아니기 때문이다.

3,3-8에서도 매우 비슷한 주제가 다뤄졌다. 그 대목에서 예수님은 위로부터 또는 성령으로부터 태어나야 할 필요성을 선언하신다. 이 성령이 마음속에 신앙을 낳아야만 한다. 이 새로 낳음은 육의 출생에 미뤄 볼 것이 전혀 없다. 자연 법칙을 완전히 초월하기 때문이다. 1,12-13에서 복음사가는 말씀-빛을 믿는 이는 누구나, 다시 말해 그분의 신격을 믿는 이는 누구나 하느님의 자녀가 된다고 한다. 그는 인간적 요소로 나지 않고 하느님에게서 나기 때문이다.

## 8. 말씀의 육화 1,14

14절은 말씀, 사람들의 빛, 생명에 대한(4절), 세상에 오심에 대한(9절), 세상에 현존하는 것에 대한(10절), 자기 백성 사이에 왔다는 것에 대한(11절) 신비적인 언어를 알아듣는 열쇠를 제시한다. 그것은 이러하다. "말씀이 사람/육신이 되시어 우리 가운데 사셨다/거처하셨다"(Καὶ ὁ λόγος σὰρξ ἐγένετο καὶ ἐσκήνωσεν ἐν ἡμῖν). 신약성경에서 유일하게 나오는 이 문장은 명백하게 말씀의 육화를 뜻하며 1절의 확언과 대조를 이룬다. 거기서 이 위격은 시간과 피조물들의 시초에 "계셨다", 아니 나아가 "하느님이셨다"라고 노래되었다. 14절 문장의 시작에서 주목할 것은 '카이(Καὶ)'라는 단어이다. 이 말은 세상 한가운데에 있는 말씀의 존재를 묘사하는 장場의 시초를 선언한 것이다. 《200주년 신약성서》에서는 이 단어를 "정녕"으로 잘 표현하였다. "정녕 그 말씀은 육신이 되시어…."

하느님의 아들이 육신(σὰρξ)이 되셨다. 바꾸어 말하면 사람이 되셨다. 실제 성경 언어로서 명사 '사륵쓰(σὰρξ)'는 약하고 부서지기 쉬운 인간 본성을 뜻한다. 잠시 이사 40,7을 생각해 보면, 하느님의 영원성과 하루 만에 시드는 풀이나 사람 삶의 길이는 대조를 이룬다. 이 구절의 칠십인역 본문은 사람을 지칭하는 말로 '사륵쓰(σὰρξ)'를 쓴다. 수난 전에 예수님은 기도를 시작하며 아버지께서 아들에게 '모든 사람'(파세스 사르코스 πάσης σαρκός)을 다스릴 권능을 주셨다고 선언하신다(17,2). 여기서 '사람'이라고 번역된 곳에도 이 단어가 쓰였다. 이제 1,14에서 복음사가는 말씀께서,

영원으로부터 하느님과 함께 계셨던 그분께서 사람이 되셨다고 선언한다. 그분은 하느님이시면서 약하고 부서지기 쉬운 인간의 본성을 당신의 것으로 받아들이셨다. 말씀은 단순히 예수님께 내려오고 그 안에 들어가고 그 안에 사는 것에 제한되지 않으신다. 말씀은 당신이 창조하신 인간 본성 '사륵쓰(σὰρξ)'가 되셨다. 그렇기 때문에 예수님의 삶은 육화한 말씀의 역사이고, 또한 제한된 시간의 범위에서 말씀이 사람 및 세상과 맺는 계속적인 관계들의 역사와 동일시된다. 그러니 14절은 하느님의 아들이란 육화의 실재에 관한 좀 더 뚜렷한 확약들 중의 하나인 셈이다. 육화한 말씀은 신화적 인물이 아니고 역사적 인물이다. 그 말씀은 인간이라는 종種에 깊숙이 들어왔다. 나아가 구원 역사의 정점을 형성한다. 그러니 요한 복음서의 서곡은 밀도 높은 그리스도론을 포함하는 동시에 근본적으로 역사에 근거하고 있다.

## 말씀이 우리 가운데 사셨다

말씀의 육화에 대해 명확하고 사실적으로 확언한 후에 복음사가는 전형적으로 성서적인 다른 표상으로 같은 실재를 소개한다. "말씀이 우리 가운데 '사셨다(εσκήνωσεν)'"(14ㄱ절). 이 구절을 글자 그대로 번역한다면 "말씀이 우리 가운데 '천막(σκηνή)을 치셨다'이다. 그리스어 동사 스케노오(σκηνόω)는 히브리어 동사 샤칸(שָׁכַן)과 연결되어 있다. 지혜 찬가는 창조주가 당신의 천막에서 쉬신다고 이야기한다. 그러니 야곱의 땅에 천막을 치라는 하느님의 명령을 보도하고(집회 24,8) 주님의 것인 영광스러운 백성 안에, 바꾸어 말하면 이스라엘에 뿌리를 내렸음을 공언한다(집회 24,12). 그래서 이 시詩에서 선택된 백성 안에 하느님의 지혜가 육화됨이 선포되었다. 다른 대목들에서 예언자들은 주님께서 시온에 살며 그분의 거룩한 도성에 사신다고(요엘 4,17), 또는 사시리라고(요엘 4,20) 말한다. 그래서 기쁨으로 초대한다. 왜냐하면 만군의 주님이 딸 시온에 머무르시며(즈카 2,14), 예루살렘 한가운데 거처하실 것이기 때문이다(즈카 8,3). 에제 43,4-7은 특히 흥미롭다. 거기서 예언자는 예루살렘 성전에 주님께서 돌아오시는 것을 묘사하며 주님의 영광이 성전을 가득 채우며 들어왔다고 말한다. 그리고 주님의 말씀을 인용한다. "이곳은 내 어좌의 자리, 내 발바닥이 놓이는 자리이다. 내가 이스라엘 자손들 가운데서 영원히 살 곳이다"(7절). 여기 나오는 '거처한다, 산다'는 단어에는 천막(σκηνή)이 기본 의미로 들어가 있다. 유목민 생활의 거처는 천막을 기반으로 하기 때문이다.

구약성경에서 다루는 주제와 결부해 볼 때 요한 복음서는 '육화한 말씀이 사람들 사이에 있는 하느님의 성전'이라고 선언하는 것이다. '말씀'이 예수님의 형상으로 우리 사이에 사셨다고 말할 때, 유다인의 영성에 의하면 예수님의 형상이 살아 있는 하느님의 현존 장소라는 것을 뜻해야만 하고 뜻할 수 있었다. 당신 백성 사이에 있을 주님의 미래 거처에 대한 예언자의 약속이 예수님 안에서 실현되었다. 육화한 말씀을 통하여 하느님께서는 당신 불변의 장막을 치셨다. 즉 새로운 계약의 백성 사이에, 곧 교회에 영속적인 거처를 정하셨다.

## 외아드님의 영광

육화한 말씀과 당신 백성 사이에 그분이 거처하시니 우리는 그 결과로 하느님 외아드님의 영광을 관상할 수 있게 된다. "우리는 그분의 영광을 보았다. 은총과 진리가 충만하신 아버지의 외아드님으로서 지니신 영광을 보았다"(14절). 단순하게 눈으로 보는 것이 아니라 신앙의 관상이다. 1요한 1,1에서 생명의 말씀에 대한 봄視은 관상과 구분되었다. 처음에는 눈으로 보고 두 번째는 신앙으로 본다. 요한은 다른 사도들과 함께 단순히 눈으로만 육화한 말씀의 인성을 보거나 손으로 만진 것이 아니라 그분 영광의 계시에서 그분의 신성神性을 관상하였다. 그가 본 것은 아버지의 외아드님으로서 지니신 영광이다. 처음에 말씀과 하느님으로 묘사되었던 관계가 지금은 '아들'과 '아버지' 사이로 표현되었다. 막 시작하려는 이야기를 위한 기본 관계가 밝혀졌다.

육화한 말씀의 영광을 관상한 사람들은 예수님의 제자들이다. 그들은 카나의 표징에서(2,11) 십자가 왕좌 위에 사람의 아들이 높이 들리기까지(12,23 이하; 17,1) 예수님의 신성이 계시된 자리에 참석하였다. 그들은 하느님의 아들을 보았다. 그래서 그분이 세상의 구세주라고 증언하는 것이다(1요한 4,14). 육화한 말씀의 '영광'은 바로 '아버지에게서 오신 외아드님'의 영광이다. 그것은 예수님의 위격과 아버지의 사랑이 계시되는 데 있다. 사실 예수님은 세상을 만드시던 처음부터 이 영광을 소유하셨고(17,5.24) 그것을 당신이 이룩한 표징으로 계시하셨다(2,11; 11,40). 그중에 제일 반향이 큰 것은 그분의 죽음과 부활이다(2,18 이하; 17,1.5).

'아버지에게서 오신 외아드님'은 아버지의 품안에 살면서(1,18), 인류에게 선물되고(3,16) 세상에 파견된(1요한 4,9) 하느님의 외아드님이다. 아버지 가까이에 사는 말씀은, 더욱 확실히 말한다면 아버지와 극히 내면적 관계에 있는 말씀은 신적 생명을 계시하고 전달하도록 세상에 보내셨다. 왜냐하면 그분은 은총과 진리로 충만하기 때문이다. 육화한 말씀은 독생자(모노게네스 μονογενής)라고 불린다. 그분은 엄밀히 말해 하느님에게서 나신 외아드님이기 때문이다. 믿는 이들도 하느님에게서 나고(1,13) 혹은 성령에게서 나서(3,5 이하) 하느님의 자녀가 된다(1,12). 그러나 엄밀하게 함축적인 의미에서 하느님의 아들은 한 분뿐이니, 육화한 말씀, 예수 그리스도이시다. 그분은 인류를 구원하기 위하여 이 세상에 파견되었다(3,16–17; 1요한 4,9).

14절의 마지막 문장 플레레스 카리토스 카이 알레테이아스(πλήρης χάριτος καὶ ἀληθείας)는 전통적으로 '은총과 진리가 충만하신'이라고 번역되었다. 이 문장은 탈출 34,6의 '자애와 진실이 충만하며'(워라브 헤세드 웨에메트 וְרַב־חֶסֶד וֶאֱמֶת)를 떠오르게 한다. 이 또한 가능한데, 히브리어 헤세드(חֶסֶד)와 닮은 의미를 지닌 '은총'의 그리스어 카리스(χάρις)가 요한의 서곡에서 '간청되지 않은 선물'이라는 그 본래 의미를 유지하기 때문이다. 육화한 말씀은 은총과 진리가 가득한, 종말론적인 계시의 선물이 가득한 분이었다고 복음사가는 노래한다. 사실 요한이 말한 진리는 가득 차고 완전한 신적 생명의 계시를 뜻한다. 육화한 말씀에는 '은총과 진리가 충만하다'고 말한다. 정확히 말하자면 계시한 모든 것인데, 그 계시의 내용은 다음 말 곧 "아버지의 외아드님으로서 지니신 영광"(δόξαν ὡς μονογενοῦς παρὰ πατρός)이 뜻하는 것이다. 그분은 "진리"이시다. 결국 결정적인 계시, 아버지 곁에 있으며 아버지에게서 온 외아드님으로서 자신을 계시하심으로써 그분은 "진리"이다. 이 진리는 아버지의 은총이다. 즉 아버지께서 우리에게 주신 최고의 선물이다. 이 "은총"은 구체적으로 육신이 된 말씀의 "진리"를, 예수님에게 이루어진 외아드님의 계시를 명시한다. 종말론적인 시대의 새벽에 있었던 요한에게 이 "진리"는 최고의 은총, 아버지와 최고로 일치된 선물이었다.

# 9. 계시자: 외아드님은 아버지를 향해 있다 1,15-18

## 육화하신 말씀에 대한 요한의 증언

서곡의 두 번째 부분은 세례자 요한이 빛을 증언하는 것을 소개하면서 시작하는데(6절 이하), 세 번째 부분도 육화하신 말씀에 대한 요한의 증언으로 다시 시작한다(15절). 세례자의 증언을 다루는 이 두 병행구는 단순한 반복이 아니라 일종의 심화이다. 명백히 하고 현실화하는 것이다. 사실 빛에 대한 요한의 신비적인 증언은(7-8절) 1,27.30에 언급된 증언에서 참조되는 것처럼, 여기서 육화한 말씀 곧 예수님에 대한 증언을 분명하게 구체화시킨다.

## 육화한 말씀의 충만한 선물

세례자의 증언을 괄호 안에 닫고 복음사가는 14절의 주제를 계속 발전시켜서, 믿는 모든 이들이 육화한 말씀의 충만함으로부터 모세의 법이라는 선물을 대신하여 계시의 종말론적인 선물을 받았다고 선언한다. 말씀이 세상에 오셨다고 말하는 것으로 충분하다(3-4.9.14절 참조). 복음사가는 즉시 말씀의 선물에 대한 인간의 환대와 응답에 대한 마지막 처리로 옮겨간다. 복음서의 원原독자와 청중들에게 경종을 울릴 수 있는 언어를 사용하면서, 이 충만함에서 우리는 모든 것을 받을 수 있다고 설명한다. 그런데 이 잘 알려진 언어들은 놀랄 만큼 새로운 방식으로 사용되었다. 영지주의자들에게 '충만'(πλήρωμα)은 천상 영역에나 존재했다. 그러나 요한 복음서에서는 믿는 이들이 인간 존재 안에서 이 충만을 받는다. 그들은 완전하게 하는 선물, 곧 이전 선물을 마지막 지점으로 가져다 주는 선물을 받는다. 보통 그리스어 카리스(χάρις)는 '은총'이라고 읽힌다. 비평가들은 '카린 안티 카리토스(χάριν ἀντὶ χάριτος)에서 카리스의 목적격 명사형과 소유격형의 두 단어를 연결한 전치사 안티(ἀντί)의 의미에 대해 의아해한다. 만일 그리스도교 신학적 감각으로 이 표현을 본다면, 어떻게 한 '은총'이 다른 '은총'에 거슬러 놓일 수 있는지 이해하기가 어렵다. 일반적으로 안티(ἀντί)를 '…대신에'보다 '…위에'로 본다. 그러나 몰로니는 카리스를 '선물'로 번역하여 하나가 다른 것을 완전하게 하는 자리에 두 '선물'이 있을 수 있다고 말한다.

"그분의 충만함에서 우리 모두 은총에 은총을 받았다." 여기서 그분의 충만함이란 진리의 충만을 뜻한다. 바꾸어 말하면 교회에 전달된 결정적인 구원 계시의 충만이다. 14절에 의하면 육화한 말씀은 은총과 진리가 가득한 분이다. 즉 그리스도는 계시자이다. 나아가 계시 자체이며 진리 자체이다(14,6 참조). 16절에서 믿는 이들의 공동체는 답례 감사로 고백한다. "그분의 충만함에서 우리는 모두 … 받았다." 우리는 모두 그분과 함께 있던 진리의 그 선물에 참여하였다.

### 모세 법의 선물과 진리의 은총

이 두 가지 선물과, 그들의 관계는 17절에서 즉시 설명된다. 인간 역사에서 하느님께서 주신 선물이 두 가지 있다. 첫 자리에서 하느님께서 모세를 통하여 율법을 주셨다(διὰ Μωϋσέως ἐδόθη). 이제 또 다른 선물이 있는데 이미 14절에서 "은총과 진리가 충만"(πλήρης χάριτος καὶ ἀληθείας)이라고, 16절에서는 "은총에 은총을"(χάριν ἀντὶ χάριτος)이라고 언급되었다. 그 선물은 곧 진리(17ㄴ절 은총과 진리 ἡ χάρις καὶ ἡ ἀλήθεια)인데, 모세를 통하여 받은 이전의 선물(17ㄱ절)을 완성하고 능가한다. 그것은 예수 그리스도를 통하여(διὰ Ἰησοῦ Χριστοῦ) 이루어졌다(ἐγένετο).

17절에서 비교하는 것은 두 중재자, 모세와 예수 그리스도이다. 무엇보다도 계시의 두 종류가 비교된다. 그러나 단순히 동등한 대조가 아니라 완전히 능가한 것의 대조이다. 사실 모세는 하느님 계시의 불완전한 중재자인데, 그저 한 인간일 뿐이기 때문이다. 반면에 예수님은 완전하고 종말론적인 중재자신데, 하느님의 외아들이시기 때문이다. 그 외에도 모세의 법은 불완전하게 부분적으로 신적 계시를 담고 있으나, 반면에 진리의 은총은 신적 생명의 완전한 계시를 이루고 있다. 그러니까 17절은 바오로 서간과 같이 율법과 은총 사이에 반대되는 것을 말하지 않고, 모세의 법과 예수 그리스도를 통해서 온 종말론적인 하느님의 선물인 진리를 대조하여 본다.

## 아버지의 유일한 종말론적인 계시자

서곡 중간 대목의 끝에 그리스도인 신앙의 객체는 아버지의 외아드님으로 묘사되었다(14절). 이 아드님(14절)은 육화하신 말씀이시고(1-2.14절), 이제 그 이상으로 묘사되었는데, 그분은 하느님 선물의 완성이고, 그분의 이름은 예수 그리스도이시다(17절). 이야기로 들어가기 전에 복음사가가 해야 하는 그 이상의 요점이 있다. 이야기를 막 시작하려는 지점에 예수 그리스도께서 하신 일에 대한 묘사를 진전시켜야 한다. 그리스도인 공동체가 아드님에게 하느님의 영광의 계시를 보았다(14절)고 아무리 많이 주장한다 해도, 아무도 하느님을 본 적이 없다(18ㄱ절). 단 하나의 역사적인 인간, 외아드님만이 세상과 함께한 하느님의 길을 이야기했다(ἐξηγήσατο). 엑쎄게사토(ἐξηγήσατο)는 동사 '설명하다, 해석하다'는 뜻의 동사 엑쎄게오마이(ἐξηγέομαι)의 원과거형이다. 이제 펼쳐질 이야기 전체에서 아드님의 주의력은 아버지께 집중하여 흩어지지 않을 것이다. 선재한 말씀과 하느님 사이의 관계처럼, 그렇게 또 아드님, 예수 그리스도는 계속 아버지 쪽으로 향해 있다. "아버지와 가장 가까우신 외아드님 하느님"(μονογενὴς θεὸς ὁ ὢν εἰς τὸν κόλπον τοῦ πατρὸς)의 그리스어를 직역하면 '아버지의 품속에 계신 외아드님 하느님'이다. 그렇기에 그분이 하느님을 알려 주신다(해설해 주신다). 그래서 18절은 모세가 아니라 예수 그리스도를 통하여 진리와 은총이 왔다고 선언한 바로 앞 17절의 근거를 제시한다. 종말론적인 구원의 계시를 다 담을 수 있었던 것은 모세를 통하여 온 법이 아니라 진리의 선물뿐이었다. 오직 예수님, 육화한 말씀만이 하느님을 보았기 때문이다. 아버지의 품에 계셨던 육화한 말씀만이 신적 생명을 계시하셨다. 더욱 확실히 말한다면 그분은 인격화한 계시이다.

18절 시작에 "아무도 하느님을 본 적이 없다"는 단언은 그 누구도, 모세조차도 하느님의 얼굴을 못 보았다는(탈출 33,18-23) 성경 전통과 결부된다. 지혜문학의 전승에 의하면 세상의 그 누구도 하느님의 삶을 알거나 계시할 수 없다(잠언 30,4; 지혜 9,16-17; 집회 18,4; 43,31). 예수 그리스도는 하느님의 인격화한 계시이다. 그분은 아버지의 품 안에 있는 외아드님이시기 때문이다. 이 문장은 아버지를 향한 예수님 사랑의 활력을 확실히 밝힌다. 사람의 가슴을 가리키는 '품'은 성경에서 흔히 사랑, 애정, 친밀감을 표현한다. 요한 복음사가는 육화한 말씀이 지상에 계시는 동안 항상 아버지와 밀접한 사랑의 관계로 사셨다고 선언한다.

서곡은 요한 복음서에서 가장 유명한 대목이다. 여기에 기초하여 요한 복음사가의 상징이 독수리로 정해졌다. 더 중요한 점은 여기에서 다음과 같은 그리스도교의 주요한 그리스도론적 신조信條들을 표현하고 있다는 것이다. 예컨대 말씀은 하느님과 함께 창조 이전에 선재하셨다, 창조는 말씀을 통하여 이루어졌다, 하느님의 자녀 됨이 믿는 이들에게 가능하다, 예수 그리스도는 하느님의 육화이다, 말씀이 사람이 되셨다 등이다.

## 말씀(ὁ λόγος, 호 로고스)

말씀 찬가에 나오는 이 단어의 배경에 대한 논란이 많다. 이 단어는 그리스의 헤로도토스에서부터 헬레니즘 시대의 필로까지, 고대 종교 문학에서 널리 사용되었다. 다양한 영지주의 학파에서도 사용되었다. 그 단어의 용례에는 그리스적 유다이즘의 지혜(소피아)와 히브리어 성경 전체 특히 예언자들이 주님(*YHWH*)의 말씀을 전하는 것에 병행되는 부분이 많다. 라삐 문학이나 타르굼 문학에서 하느님의 이름을 사용하거나 하느님의 존재를 소개할 때 그 자리를 자주 아람어 *memra* ('말씀')로 대체했다. 요한 복음서 이전 그리스도인들에게 '하느님의 말씀'은 교회가 선포하는 구원의 메시지를 가리켰다(루카 8,11; 사도 13,5; 1테살 2,13; 2티모 2,9; 묵시 1,9 참조). 호 로고스의 사용에 결정적인 영향을 미친 요소를 단정하는 것은 매우 어렵다. 그러나 요한 복음서와 함께 이 단어는 수많은 독자와 청중에게 익숙하게 되었다. 여기에 사용된 로고스를, 말씀은 본질적으로 통교에 관련된다는 보편적인 진실의 관점에서 볼 수도 있다. 브라운에 따르면, '말씀'은 계시라는 뜻을 지니는데 신의 이념(divine idea)이 아니라 신의 통교(divine communication)이다.

# 제1부

# 첫 시간

서곡인 찬양시가 찬양하고 있는 분은 말씀이며, 예수 그리스도님이시다. 그래서 일명 말씀(로고스) 찬가이다. 이 찬가에는 두 번의 증언이 삽입되어 있다. 그 증인은 요한, 세례자 요한이다. 그의 첫 번째 증언은 말씀이 어떤 분이신지에 대해, 두 번째 증언은 말씀이 사람이 되시어 나타나신 예수 그리스도에 대한 것이다. 이제 본격적으로 산문체 글이 시작된다. 첫 이야기는 사람들이 세례자 요한이 누구인지 알아보러 온 사건이다.

## 1. 요르단강 건너편 베타니아 1,19-28

"당신은 누구요?" 세례자 요한의 첫 증언은 1,19-36에 나타난다. 두 번째는 3,22-36이다. 이후로 세례자 요한이 직접 등장하는 대목은 없다. 첫 증언은 두 장면과 연관된다. 첫 장면에서 요한은 요르단강 건너편 베타니아에서 유다인들이 보낸 사제들과 레위인들을 대면한다. 둘째 장면에서 요한은 지나가는 예수님을 제자들과 함께 바라본다.

### 1) 당신은 누구요? - 1

첫 이야기는 세례자 요한의 증언으로 시작한다. 그의 증언은 자신이 누구가 아닌지를 밝히는 것으로 시작해서 마침내 자신이 누구인지를 말한다. 이 첫 대목에서 그들이 찾는 사람을 알게 된다. 그들이 찾는 사람은 누구인가? 이름을 모르는 것이 아니다. 다만 그가 도대체 누구인가? 오기는 했는가? 존재하는가? 존재한다면 누가 그인가가 관건이다. 그를 어떻게 알아볼 수 있는가?

요르단강가에 요한이 있다. 28절에 의하면 그가 있던 곳은 요르단강 건너편 베타니아이다. 그곳으로 유다인들이 예루살렘에서 사제들과 레위인들을 보냈다.

광야의 사람과 사제와 레위인이 마주섰다. 낙타 털로 된 옷을 입고 허리에 가죽 띠를 두른 사람. 메뚜기와 들꿀을 먹으며 광야에서 살았다니(마태 3,4 참조) 식생활과 주거환경에 비추어 볼 때, 마른 몸의 30대 남자다.

"당신은 누구요?"(수 티스 에이 σὺ τίς εἶ;)

요한 복음서에서 처음 듣는 사람의 말소리다. 질문이다. 당신은 누구냐고 사제와 레위인들이 묻는다. 그들은 '유다인들이 보낸' 사람들이다(19절). '우리를 보낸' 사람들에게 전해야 하니(22절) 제대로 대답하라며 당신은 자신을 무엇이라 생각하느냐고 재차 묻는다. 그들은 '바리사이들이 보낸' 사람들이었다(24절).

그들이 와서 알고 싶었던 것은 요한이 과연 그분인가이다. "당신은 누구요?"라는 질문의 의도를 알기에, 그는 '나는 요한이요. 또는 '~하는 이요' 하는 대신 "그리스도가 아니요"라고 대답한다. 복음사가는 이렇게 표현한다.

"요한은 서슴지 않고 고백하였다"(카이 호몰로게센 카이 우크 에르네사토 카이 호몰로게센 호티 καὶ ὡμολόγησεν καὶ οὐκ ἠρνήσατο, καὶ ὡμολόγησεν ὅτι)(20절).

두 차례 나오는 호몰로게센(ὡμολόγησεν)은 동사 호몰로게오(ὁμολογέω 공언하다, 보장하다, 고백하다)의 직설법 원과거이다. 에르네사토(ἠρνήσατο)는 동사 아르네오마이(ἀρνέομαι 부인하다, 거부하다)의 직설법 원과거이다.

그래서 이 문장을 직역하면 '공언(고백)하고 거부하지 않았으며, 공언(고백)하기를'이다. 요한은 '고백하기를 거부하지 않고 고백하기를' "나는 그리스도가 아니다"라고 대답한 것이다.

요한의 이 대답과 복음사가의 이 서술은 '당신은 누구냐?'는 질문에 '당신이 그리스도요?'라는 질문이 내포되었음을 암시한다. 그래서 그가 하는 대답은 고백이 된다. 자신은 그리스도가 아니라는 고백으로 당신들이 찾는 사람이 아니라고 대답한 것이다. 이것은 그들의 두 번째 질문으로 확인된다. "그러면 누구란 말이오?" 그리스도가 아니라면 누구인가? 그들은 종말에 오기로 되어 있는 사람들을 읊는다. "엘리야요?" 요한은 여전히 아니라고 '대답한다.' 여기서는 평범하게 말하다라는 뜻의 레고(λέγω) 동사를 사용한다. 그러자 그들이 다시 "그러면 그 예언자요?" 하고 묻는다. 요한은 "아니다" 하고 대답한다. 여기서는 글자 그대로 '대답하다'(아포크리노마이 ἀποκρίνομαι) 동사가 쓰였다. 이 두 동사의 사용으로 20절에 사용된 호몰로게오 동사와 아르네오마이 동사가 특별히 선별된 단어임을 알게 된다.

요한의 서슴지 않은 고백은 바리사이들이 찾고 있는 사람이 '그리스도'임을 드러낸다. 요한의 존재와 활동은 그리스도를 연상케 했으며 적어도 종말에 오기로 되어 있는 그 예언자를 떠올려 주었다. 이것이 요한의 첫 증언이다. 첫 질문 "당신은 누구요?"(수 티스 에이 σὺ τίς εἶ;)는 정중하였다. 주격의 인칭대명사(σύ)를 주격의 의문대명사(τίς)와 함께 사용하여 질문하였다. 이에 걸맞게 요한 역시 주격의 인칭대명사(ἐγώ)를 사용하여 고백하였다. 그 이후 질문은 간결해지고 요한의 대답 역시 점점 간결해진다.

① 나는 그리스도가 아니다(ἐγὼ οὐκ εἰμὶ ὁ χριστός)　　　　그리스도?

② 나는 아니다(οὐκ εἰμί) 엘리야?

③ 아니다(οὔ) 그 예언자?

## 2) 당신은 누구요? - 2

그들이 다시 묻는다. "당신은 누구요?"(티스 에이? τίς εἶ;)(22절) 이름을 묻지 않는 것은 확실하다. 당신에게서 풍기는 분위기로 볼 때 종말과 연관되어 이스라엘이 기다리는 그분이 아니라면 누구인가?

"당신은 자신을 무엇이라고 말하는 것이오?"(티 레게이스 페리 세아우투 τί λέγεις περὶ σεαυτοῦ)(22절)

이제는 당신이 누구인지 밝히라고 촉구한다(25절). 여기서 그들이 알고 싶은 것은 그가 무슨 권위로 세례를 베풀고 있는가이다. 다시 말해 도대체 당신이 무엇이기에 세례를 베풀고 있느냐는 뜻이다. 앞에서(23절) 한 요한의 대답이 그들에게 아무런 답도 되지 않았던 것이다.

요한이 말하였다. "나는 이사야 예언자가 말한 대로 '너희는 주님의 길을 곧게 내어라.' 하고 광야에서 외치는 이의 소리다"(23절).

- 그가 말(확언)했다. 나는 광야에서 외치는 이의 소리(에페. 에고 포네 보온토스 엔 테 에레모 ἔφη · ἐγὼ φωνὴ βοῶντος ἐν τῇ ἐρήμῳ)
- '주님의 길을 곧게 내어라'(에우투나테 텐 호돈 퀴리우 εὐθύνατε τὴν ὁδὸν κυρίου)
- 예언자 이사야가 말한 대로(카토스 에이펜 이사이야스 호 프로페테스 καθὼς εἶπεν Ἠσαΐας ὁ προφήτης)

요한은 자신이 광야에서 "주님의 길을 곧게 내어라" 하고 외치는 이의 소리라며 이사야 예언자의 예언이 성취되었음을 이야기한다. 주님이 오고 계시기에 준비하고 있다는 것이다. 요한은 여전히 그리스도와 관련하여 이야기한다. 준비하고 있다고 말한다. 그리고 그리스도니, 엘리야니, 그 예언자니 하는 말을 듣지만 자신은 그분과 비견할 바 못 되는 광야에서 외치는 이의 소리에 불과하다고 말한다. 여기서 요한은 제2이사야 예언자의 말씀을 들어 해방과 기쁨을 위한 길을 걸으라고 촉구하는 것이다. 이사 40,3은 주님의 길을 이야기한다. '주님을 위한 길'이 아니라 '주님의 길'이며 그 길을 곧게 내라고 한다. 곧 주님께서 우리가 걷기를 바라시는 길을 걸어라, 회개하라고 외치는 광야의 소리라는 것이다.

그러나 그들은 아무것도 알아듣지 못했다. 그래서 그의 말은 대답이 되지 못했다. 그래서 재차 묻는다. "당신이 그리스도도 아니고 엘리야도 아니고 그 예언자도 아니라면, 세례는 왜 주는 것이오?"(25절) 세례를 주는 이유를 묻는다. 이 질문에 대한 답변은 굳이 예루살렘에서 사제들과 레위인들을 보내서 그것을 알아보아야 하는 이유와 맞닿아 있다.

"세례는 왜 주는 것이오?"(티 운 밥티제이스? τί οὖν βαπτίζεις;)(25절)

세례가 무엇인가? '세례를 주다'의 그리스어 밥티조(βαπτίζω)는 본래 '담그다'는 의미로 물에 잠기는 유다인의 전례욕을 가리켰다. 구약성경의 정결례는 속죄 제사를 바쳐 부정을 벗는 예식이다. 시간이 흐르면서 물 뿌리는 예절이 전례에 도입되고 일상생활에서 물로 씻는 규정들이 강화되었다. 정결례 의식은 유다인의 생활 전반에 골고루 영향을 미쳤다. 기원후 1세기 유다 지역에는 침례 운동이 성행했다. 율법 학자들과 바리사이들은 '씻는 예절'을 상당히 중요시했다. 예루살렘 성전 산 주변에서 발견된 수많은 미크베(전례 욕조) 유적이 당시의 정화 의식에 대한 사회 종교상을 보여준다. 정결과 부정의 상태는 사실 합당한 경신례를 드리기 위하여 생긴 규정에 따른 구분이었다. 그런데 정화 규정과 의식들이 점차 세분되고 까다로워지면서 사회적 종교적 집단들 사이에 파벌이 생겼다. 게다가 직업이나 생활 여건상 규정을 지키기 어려운 '부정한 사람들'이나 '땅의 백성'은 죄인으로 낙인 찍혀, 구원은 점점 멀어지고 하느님께 나아가는 길이 막히게 되었다. 당대 사회에 만연한 이 모순을 해결하는 과도기적 현상으로서 침례 운동이 활발했다고 본다. 종말이 다가와 심판의 날이 임박했으니 죄를 용서받기 위해 회개하고 물에 몸을 담그는 침례를 통해 구원받도록 하자는 운동이다.

요세푸스는 세례자 요한에 대하여 증언하며 세례에 대해 말한다. "그는 유다인들에게 서로 의를 행하고 살 것과 하느님 앞에서 경건하게 살 것을 강조하면서 그렇게 하고 와서 세례를 받으라고 주장하였다. 의를 행하지도 않은 채 그저 죄(만)를 씻기(용서받기) 위해서 세례받는 것은 아니었다. 이미 의로 인해 영혼이 완전히 정결하게 되었음을 믿고 이제는 몸을 정결하게 하기 위해서 세례를 받는다고 생각하는 사람만이 물로 세례를 받을 수 있다는 태도였다"(《유다 고대사》 18.5.2). 일반적으로 물에 몸을 담그는 것 자체가 죄를 씻는 행위가 아니라는 것은 약간의 합리적인 사고와 신심만 있으면 알 수 있다.

그런데 요한에게 독특한 점은 그가 자신의 권위로 죄의 용서를 위한 세례를 베풀었다는 점이다. 정결하기 위하여 스스로 씻거나 몸을 담그는 것도 아니고, 사제가 정화수의 채로 물을 뿌려 주는 것도 아니다. 죄 사함을 위하여 누군가가, 곧 요한이 다른 사람을 씻기는 또는 몸을 물에 담그게 하는 것은 위의 정화 예식과는 전혀 다른 일이다. 정결해졌음을 확인하는 일을 성전에서 사제나 레위인이 하지 않고 요한이 하였다는 것이 문제의 관건이었다. 요한 스스로 정결케 하는 과정을 주도하고, 정결하다고 판결하는 것이다. 그러니 무슨 자격으로 죄의 용서를 말하는 세례를 주느냐고 그들이 문제시한다.

요한은 그들의 질문에 자신이 무슨 자격으로 그 일을 하고 있는지 대답하지 않는다. 대신 뜬금없는 대답을 한다. "그런데 너희 가운데에는 너희가 모르는 분이 서 계신다. 내 뒤에 오시는 분이신데, 나는 그분의 신발 끈을 풀어 드리기에도 합당하지 않다"(26-27절). 자신은 물로 세례를 주고 있으며 누군가가 온다고 증언한다. 이것은 무슨 말인가?

'너희 가운데 있으나 너희가 모르는 분'에 대한 증언. 이것을 이해하자면 바로 앞의 25절에 나온 파견된 조사단의 말을 염두에 두어야 한다. 요한이 그 말에 답하고 있기 때문이다. 그들의 말은 그리스도, 엘리야, 그 예언자라면 죄의 용서를 위한 세례를 베푸는 것이 합당하다는 요지다. 그런데 당신 요한은 그리스도도 아니고 엘리야도 아니고 그 예언자도 아닌데 왜 세례를 주느냐고 물으니, 이에 요한은 그리스도요, 그 예언자인 분이 이미 너희 가운데 있는데도 너희가 모르고 있다고 증언한다. 요한은 여기서 너희 가운데 있는 그분, 너희가 못 알아보는 그분, 그리스도이고 그 예언자, 종말에 오기로 되어 있는 분의 존재로 관심을 돌린다. 이미 그분이 오셨다는 것이다. '나는 그분의 신발 끈을 풀어 드리기에도 합당하지 않으니' 자격 운운할 것도 없다고 말한다. 내 뒤에 오신다는 표현은 그분의 공적公的 출현이 임박했다는 예고다. 실상 맞는 말이다. 그들은 요한이 하는 일을 보고 혹시 그리스도인가? 아니면 그에 버금가는 인물인가? 해서 조사단을 보내어 확인하려고 했다. 요한이 자신은 아니라고 답했다(19-21절). 그리스도가 나타나도 그들 스스로는 못 알아볼 가능성이 훨씬 더 크다.

하느님에게서 파견된 이 사람은 '주님의 능력 있는 오심을 예루살렘의 마음에 부르짖는'(이사 40,1-10 참조) 신선한 목소리로, 긴긴 밤의 기다림 뒤에 오고 있는 새벽을 알리는 파수꾼으로 자신을 소개한다. 더구나 그 목소리는 그저 '어느 한 소리'로 소개된다. 특정한 고유의 목소리로 표현되지 않는다. 그 목소리는 오직 예수님을 위하여 아껴둔다. 그분의 목소리는 신랑의 목소리(3,29), 하느님 아들의 목소리(5,25), 사람의 아들의 목소리(5,27-29), 목자의 목소리(10,3-5.16.27), 진리의 증언자의 목소리(18,37)다.

그러니 유다인들이 보낸 사람들은 주소를 잘못 찾았나. 그들은 다른 문을 두드렸다. 요한은 그들이 계속 찾도록 하며 그의 증언을 끝맺는다. "너희 가운데에는 너희가 모르는 분이 서 계신다"(26ㄴ절). 그분을 알기 위하여 진짜 주인공을 찾으라고, 즉 그 신비를 알아채고 맞아들이라고 요한은 유다인들에게, 또 독자에게 촉구한다. 그러나 여기에 함정이 있다. 오늘의 독자인 우리에게도 유다인들에게 그러했듯 진짜 메시아는 항상 알지 못하는 분으로 남아 있다(1,11-12 참조).

**요한의 증언(1,19-27)**

그리스도의 전조前兆, 존재 부각시킴

세례 – 죄의 용서

그리스도가 이미 오셨다. 사람들 가운데 계시다.

## 베타니아

이 중요한 사건은 요르단강 건너편 베타니아에서 일어났다. 복음사가는 세례자의 첫 번째 증언을 마무리하면서 두 번째 증언으로 가기 전에 그 일이 일어난 장소를 지적한다. 요르단강 건너편 '베타니아'가 어딘가 하는 문제는 매우 오래되었다. 오리게네스는 요르단강 하류에 있는 '베타바라'라는 지명으로 대신하였다. 왜냐하면 예수님의 친구 라자로가 사는 동네 이름도 베타니아인데 그 마을은 예루살렘에서 얼마 떨어지지 않은 데에 있기 때문이다. 요르단강 건너편에 있다는 이 베타니아와는 구분되기 때문에 이 세례 터가 어디인지 정확히 알 수가 없어 문제였다. 베타니아라는 단어의 뜻이 '증언의 집'이므로 하나의 상징적 장소일 것이라는 의견을 내놓는 학자들도 있다. 하지만 요한 복음사가는 정확한 지명을 묘사하는 데 관심이 많다(1,28; 3,22-25; 4,5 이하).

## 사제들과 레위인들을 파견한 이는 누구인가?

유다인들이라 한다. 그러면 요한 복음서는 누구를, 어느 무리를 유다인이라 지칭하는지를 살펴보자. 그들이 왜 사제들과 레위인들을 보냈는가?

요한 복음서가 쓰였던 시기는 대략 90-100년 사이이다. 그렇지만 지금 이 장면은 성전이 아직 존재하고 예루살렘에서 사제들과 레위인들이 유다인 공동체를 위하여 봉사하고 있을 때를 전제한다. 세례자 요한이 활동하던 시기, 곧 예수님이 공생활을 시작하실 무렵의 사회상을 볼 수 있도록 문을 여는 등장인물이 바로 이 사제들과 레위인들이다. 70년 성전이 완전히 파괴되고 난 후에 유다에 성전이 다시 세워지고, 사제에 의해 희생 제사가 바쳐진 적이 없다. 성전이 사라지면서 성전에서 백성을 위해 봉사하던 사제들과 레위인들은 거의 한순간에 그 위치를 잃게 된다. 70년 이후 성전이 존재하지 않는 유다인 공동체의 모습이 분명하게 드러나기에, 사제와 레위인에 대한 언급은 시대의 정보를 제시하는 실마리가 된다.

## 베타니아

예루살렘에서 베타니아로 가는 길은 이러하다. 마알레 아둠밈(아둠밈 오르막길)을 거쳐 미즈페 예리코 방면 1번 도로로 22km 이동, 세 갈래 길에서 좌회전해서 90번 도로를 타고 5.9km 가서 우회전한 뒤 3.3km 직진하면 카스르 알 야후드(Qasr al Yahud)에 도착한다. 이스라엘에서 일명 '예수님의 세례 터'라고 알려진 곳이며 요르단강가이다. 마주 보이는 요르단강 건너편은 현재 요르단 영토로, 성경에서 말하는 세례 터를 그 구역 일대로 추정할 수 있다. 요르단 국가에서도 '요한의 세례 터'로 보존하는 지역이다.

요르단 쪽 세례 터

요르단 쪽 세례자 요한의 세례 지역 동굴 / 이스라엘 쪽 세례 터

# 요르단강 건너편 베타니아

참조-인터넷 구글 어스

## 기원후 30년대의 유다의 배경

세례자 요한이 광야에 등장한 시기는 대략 기원후 30년 전후다. 그가 태어날 때 유다 임금은 헤로데 대왕이며(루카 1,5), 로마 황제는 아우구스투스였고, 시리아 총독은 퀴리니우스였다(루카 2,1-2). 그로부터 30여 년 후, 헤로데 대왕의 아들 헤로데 안티파스가 갈릴래아 영주로, 헤로데 필리포스가 이투래아와 트라코니티스 지방의 영주로, 아르켈라오스가 다스렸던 유다 지역에는 로마 총독 빌라도가 있었고, 당시 로마 황제는 티베리우스 황제로 그의 치세 십오 년(루카 3,1) 전후 시기다. 그런데 필리포스가 34년에 죽고 헤로데 안티파스는 39년에 추방당하니, 요한 복음서에서 세례자 요한의 첫 증언이 나오는 장면의 배경은 30년대의 유다 상황이 되겠다. 그런데 이 복음서의 독자들은 90년대 내지 100년대의 유다 땅과 지중해 연안을 배경으로 살던 사람들이다. 30년대 전후에 그 시기를 가늠할 수 있는 큰일이 유다 내부에서나 그 통치 세력인 로마에서 확인된 것은 없다. 그 시대 상황이 형성된 시기는 최소한 기원전 63년경부터 보는 것이 합당하다. 그 뒤로 큰일이 발생한 때는 기원후 66~70년이다.

### 로마의 영향력

- 기원전 66년 로마의 폼페이우스가 파르티아의 미트라다테스 토벌군의 사령관으로 임명되어, 로마의 동방 속주에 대한 전권을 받고 소아시아로 원정을 온다. 그는 미트라다테스와 싸워 승리하고 기원전 63년에는 동방 속주의 영역을 확장하고 강화한다. 아르메니아 임금 티그라네스는 6000 탈렌트를 선물 받고 로마의 친구요 동맹자, 곧 위성국가가 되었다고 한다. 폼페이우스는 미트라다테스를 고립시키고 유프라테스 강은 물론 흑해 연안의 콜키스와 카프카즈 남쪽까지 세력을 확장하였다.
- 기원전 63년 폼페이우스의 로마 군대가 세포리스(찌포리)를 정복한 뒤 세포리스는 시리아 총독 가비니우스의 치하에 들어갔다. 가비니우스는 세포리스를 갈릴래아의 행정 중심지로 선언했다.

- 기원전 47년 헤로데(대왕)가 갈릴래아의 영주로 임명되었고, 그의 치세 34년간 세포리스를 갈릴래아의 수도로 삼았다. 기원전 37년에는 로마로부터 '유다 임금' 칭호를 받고 돌아왔다. 기원전 4년 헤로데가 죽은 뒤 유다인들이 로마에 저항하여 봉기하고 세포리스를 점령했다. 그러나 로마 군대가 공격하여 도시를 불사르고 유다인 시민들을 노예로 팔아버렸다. 헤로데의 아들 헤로데 안티파스가 갈릴래아의 영주가 된 뒤 세포리스를 재건하고 강화했다.
- 기원전 32~20년 바빌론 유배 이후 페르시아의 유다 속주로 축소되어 예루살렘 주변의 극히 작은 지역이었던 유다의 영역은 헤로데 대왕의 치세 동안 최대로 확장된다. 요르단강 건너편 나바태아인 지역 에스부스는 물론, 가자와 해안지방, 갈릴래아 호수 동남쪽 가다라, 히푸스를 로마에게 받아 영토가 확장된다. 기원전 23~20년에 바타네아, 트라코니티스, 아우라니티스, 파니아스, 가울라니티스까지 영토가 확장된다(《성경 지도》 지도 132번 참조)
- 기원전 20년 헤로데는 유다인들의 지지를 받고자 성전 재건축을 시작한다. 토라에 의한 성전 건물 자체는 18개월 만에 완성되나, 성전 산 성벽 등 전체 건축에는 오랜 기간이 소요된다. 성경에는 46년 걸렸다고 나온다.
- 기원전 4년 헤로데 대왕이 죽고, 유언장이 카이사르의 추인을 받아 공개되었다. 유다를 셋으로 나눠 그의 아들인 필리포스, 안티파스, 아르켈라오스에게 맡겼다.
- 기원전 48~기원후 68년 로마는 율리우스-클라우디우스 왕조 시기다. 율리우스 카이사르(기원전 44년 사망), 아우구스투스(율리우스 카이사르 옥타비아누스: 기원전 27~기원후 14년), 티베리우스(14~37년), 칼리굴라(37~41년), 클라우디우스(41~54년), 네로(54~68년).
- 기원후 69~96년 로마는 플라비우스 왕조 시기이다. 시리아 주둔 로마 군사령관으로 유다 항쟁을 진압하던 베스파시아누스(69~79년)가 황제가 되고 큰아들 티투스(79~81년), 둘째 아들 도미티아누스(81~96년)가 차례로 황제가 되며 플라비우스 왕조를 형성한다.

## 유다

[ 기원전 ]

- 164년 유다 마카베오가 예루살렘 성전을 정화하다.
- 141년 유다의 형 시몬이 예루살렘의 아크라(요새) 정복.
- 63년 폼페이우스의 점령, 로마가 유다를 지배하다.
- 63~40년 히르카노스가 대사제로 일하다.
- 37년 헤로데가 하스모네아 왕조를 끝장내고 예루살렘과 유다를 다스리다.
- 27년 헤로데가 카이사리아, 사마리아에 로마 황제 신전을 건축하다.
- 20년 헤로데가 성전 재건축을 시작하다.
- 4년~기원후 6년 아르켈라오스가 대사제이자 유다의 통치자로 다스리다.

[ 기원후 ]

- 8년 로마 총독의 직접 지배 시작. 예루살렘 성전에서 로마 황제를 위한 번제를 드리다.
- 14~37년 로마 황제 티베리우스의 재위 시기.
- 26~36년 유다 총독 본시오 빌라도의 재임 시기.
- 30/33년 예수님의 수난과 죽음으로 공생활이 끝나다.
- 41~44년 아그리빠스 1세 통치. 도성 강화.
- 66~70년 유다인 1차 항쟁 시기.
- 68년 쿰란에 거주하던 사해 공동체(에세네파) 도주하다.
- 70년 로마의 티투스가 예루살렘을 함락하고, 성전을 불태우다. 유다인 추방.
- 73년 로마의 실바노가 마사다를 함락하다.
- 80년 라삐들이 야브네(얌니아)로 모여 유다교 학문의 터전을 이루다.
- 130년 하드리아누스 황제가 예루살렘을 로마 도시인 아일리아 카피톨리나로 바꾸다.

• 132~135년 2차(바르 코크바) 항쟁 이후 유다인들은 예루살렘 입성이 금지되다.
• 285년 로마 10군단이 예루살렘을 떠나다.

## 유다인들

유다인들이 사제들과 레위인들을 세례자 요한에게 보낸다(1,19). 요한 복음서에 '유다인', 또는 '유다인들'이라는 용어는 70회나 등장한다. 이 단어는 인종, 지리, 종교적 측면에서 두루 쓰인다. 다른 민족과 구별되는 또는 지리적으로 구분되는 개념으로 사용할 때도 있지만, 유다교라는 종교적 동일성을 지닌 유다인들을 가리키는 용례로 가장 많이 쓰인다. 이 범주에서도 '유다인'은 두 계층으로 나타난다. 하나는 예수님을 빌라도에게 넘긴 동족과 수석 사제들(18,35), 곧 유다 백성들의 지도자 무리에 속한 이들을 가리킨다. 다른 하나는 그 당시 유다 땅에 살면서 유다교를 믿는 유다인들(3,25; 11,19; 18,20; 19,20)을 가리킨다.

니코데모는 유다인들의 최고 의회 의원 중에 하나였다(3,1; 7,45-52). 최고 의회 의원들은 30년경 유다인 공동체의 공적 활동의 주체 세력이었는데 요한 복음서에서는 '유다인'이라고 불리는 집단으로 대변된다. 그렇다면 요한 복음서의 산문체 첫 문장(1,19)에 등장하는 "유다인들"이란 사제들과 레위인들을 증인으로 파견할 수 있을 만큼의 힘을 지녔던 집단을 가리키는 말이다. 최고 의회 의원들이나 대사제들, 수석 사제들, 또는 둘 다를 포함할 수 있다.

70년 유다 항쟁이 진압되면서 예수님 시대의 여러 종파가 사라졌다. 성전이 파괴된 뒤에도 존속하면서 유다교를 지킨 중심 세력은 바리사이들이었다. 요한 복음서에서 예수님이 재판을 받고 처형되는 데 최고 의회가 주요 역할을 하기에, 결국 세례자 요한이 누구인지 혹시 메시아가 아닌지 알고자 하는 이들은 바리사이들로 대변된다.

– 최고 의회

로마 시대에 부각되는 최고 의회(산헤드린)의 기원은 기원전 63년으로 올라간다. 그때 시리아 총독 가비니우스는 폼페이우스의 명에 따라 예루살렘을 포함한 유다 국가를 재정비하면서 전국을 5개 지역으로 나누고 각 중심지(예루살렘, 가다라, 아마투스, 예리코, 세포리스)마다 의회를 두었다. 그중에서 예루살렘 의회가 특별히 중요했고, 정치적 제도로 사법 집행권을 가졌다. 대사제가 의장으로 중대한 범죄 사건을 처리하고, 유다인들의 사회 종교생활의 규범을 관리 실행하였다. 그러나 라삐 문헌들에 의하면, 성전이 파괴된 뒤 최고 의회는 종교 문제를 총괄하는 학자(라삐) 단체로 바뀌었고, 바리사이파 지도자 두 명이 의장을 맡았다. 여기서 예수님 공생활 시기의 최고 의회와, 요한 복음서가 기록되던 당시의 최고 의회 사이에는 시대가 바뀌면서 구성원이 변화했음을 확인할 수 있다.

예수님이 재판을 받으실 때 최고 의회 의장은 대사제 카야파였고(마태 26,57; 루카 3,2; 요한 11,49-51; 18,13-14.24.28), 야고보를 심리한 의장은 대사제 아나누스였다고 한다(《유다 고대사》 20,9,1). 최고 의회는 수석 사제와 율법 학자, 바리사이, 사두가이, 원로로 구성되었고 전체 의원은 일흔한 명이었다.

## 율법 학자

기원후 1세기 예루살렘에는 성경 지식이 해박한 사제들이 많았다. 율법 학자 가운데에는 고위 사제들도 있었고 하위 성직자들도 있었다. 사두가이파의 전통을 확립한 명문가 출신들도 있었으나 예루살렘 율법 학자들의 직업은 다양했다. 성전 요새 사령관, 상인들(포도주 장수, 기름 장수), 목수, 삼나무빗 제조자, 천막 제조자, 못 대장장이, 날품팔이꾼(힐렐). 바오로같이 전통 있는 가문 출신도 있었고, 순수한 이스라엘 혈통이 아닌 이도 있었으니, 율법 학자는 오로지 지식, 성경 지식으로 구분되었다. 선생과 개인적으로 교류하여 모든 전승 자료와 할라카의 해석 방법을 통달하여 종교법과 형법상의 모든 문제들을 판결할 수 있어야 했다. 40세가 되면 서품을 받고 율법 학자단에 가입한다. 가입 후에는 형사소송의 재판관으로 재판에 참여한다. 민사소송 때는 단독으로 또는 합동으로 판결한다. 라삐라는 칭호를 가진다. 예수님도 라삐라고 불렸는데, 그 시대에는 정규적인 교육과정을 이수하지 않은 사람도 라삐 칭호로 불릴 수 있었다. 다만 정규 라삐 과정을 밟지 않았기에 '배우지 않고도 글을 아는 자'로 간주하였고, 율법 학자 무리가 누리는 특권은 가질 수 없었다. 정식으로 인정받은 율법 학자만이 토라에서 유래한 전승들의 전달자이고 권위자였다. 그들의 판결은 이 세상의 유다인들을 영원히 풀기도 하고 매기도 하였다. 그들은 최고 의회에 들어갈 수 있는 자격이 있었다.

율법 학자들이 막강한 힘을 가질 수 있었던 가장 중요한 근거는 가르침의 비의적祕義的 성격 때문이다. 모든 구전 전승은 물론 성경 본문에도 비의적 성격이 있다고 보았기에, 성경을 주해하는 선생이 필요했던 것이다.

선생은 전통, 관습, 구전을 가르치는 사람으로 처음에는 '현자'로 불렸다가 후대에 '라삐'로 불린다. 유다교에서는 문자로 기록된 토라(성경) 외에 문자로 기록되지 않은 토라 곧 구전 율법을 매우 중시하였다. 기록되지 않은 율법을 기억하여 대대손손 전해 주는 것이 유다 현자의 중요한 역할이었고, 제자 양성은 전통의 맥을 잇는 중요한 사명이었다. 현자들의 첫 세대는 기원전 5세기부터 기원후 1세기까지 활약한 소페림(soferim)으로 성경에 율법 학자로 나타나는 이들이다. 다음 세대가 대학자 힐렐과 샴마이부터 라삐 유다 하나시 시대까지 기원후 1-2세기에 활동한 현자들이다. 그들은 구전 율법을 연구하고 발전시켰는데, 라삐 유다 하나시가 구전 율법을 정리 편찬하여 펴낸 것이 미슈나(Mishnah)이다. 기록된 이후에도 구전이라고 부르는 것이 이상하지만, 전승이기에 그렇다고 말한다.

예루살렘 성전 파괴 이전까지 구전 전승, 특히 할라카는 선생에게서 학생에게로 강의로 전달하지 문서로 작성되지 않았다. 2세기 그리스도교에서 자체 문헌을 신약성경으로 정경화하자 이에 대응하기 위하여 구전 율법을 기록하여 누구나 읽을 수 있도록 하였다. 사실 기원후 1세기의 지도적인 율법 학자들은 아람어가 민중언어였어도 구약성경의 아람어 번역본이 유포되는 것을 반대했다. 한 예로 기원후 30년경 성전 광장에 모인 이들이 라삐 가말리엘 1세에게 욥기의 아람어 번역본을 주니, 그는 금서니까 건물 밑바닥에 파묻으라고 하였다고 한다. 여기서 율법 학자들이 지닌 사회적 지위를 알 수 있다. 하느님에 관한 비의적 지식을 가지고 있다고 여겼기에 그들은 예언자들의 직계 상속자, 후계자로 대접받았다. 바빌론의 날품팔이 출신인 힐렐 역시 학식만으로 존경받는 유명한 라삐가 되었다. 그의 제자는 80명이나 되었다. 예수님 시대 당시 바빌론 학교도 유명했으나 예루살렘이 유다 신학과 법학의 중심지였다. 당대의 내로라 하는 라삐와 재판관인 힐렐, 하단, 나훔 등이 예루살렘으로 수학하러 왔다. 우리가 잘 아는 사울도 가말리엘 1세에게 수학하기 위해 타르수스에서 예루살렘으로 왔다.

율법 학자들의 말은 절대적 권위를 지녔으며, 특히 바리사이파 공동체는 바리사이파 율법 학자들에게 무조건 순종하였다. 성전 파괴 이전에도 바리사이파 율법 학자들이 사두가이파 율법 학자들보다 더 많았고 공공생활에서 더 우세하였다. 2세기 이후에 나온 문서들은 거의 다 바리사이파에서 유래한다. 이처럼 당시 백성에게서 높은 명망을 누린 율법 학자들과 예수님이 대적한 것이 어떤 충격을 주었을지 추정해 보게 된다.

## 바리사이파

바리사이파는 대부분 상류계급이 아니라 성경 지식이 없는 민중 출신이다. 그러나 바리사이파 율법 학자들이 정한 십일조와 정결 규정 등을 철저하게 지켜 다른 유다인들과 구별되었고, 스스로 이스라엘의 참된 공동체이고 성도라고 표방하였다. 이들은 단순히 여기저기 흩어져 율법을 철저히 사는 다수가 아니라 종교 단체로서 목적을 추구하였다. 지나칠 정도로 율법을 준수하고 선행을 하는 습관과 특별히 고정된 기도 시간을 엄수했던 것이 이들의 특성이었다. 성전이 파괴되기 이전에는 예루살렘에 존재했고, 파괴된 이후에는 야브네(얌니아)가 중심지였다.

유다인 전승에 의하면 라삐 벤 자카이가 긴밀한 작전 끝에 로마 군사령관 베스파시아누스를 만나 야브네 도시를 파괴하지 말아 달라고 부탁했다고 한다. 야브네는 지중해 연안 도시로 경제력은 없으나 성경을 기르치는 학자들이 많았다고 한다. 벤 자카이는 예루살렘의 멸망을 막을 수가 없으니 유다인을 지킬 수 있는 성경과 그 선생인 라삐를 지켜야겠다고 생각했다고 한다. 예루살렘이 파괴되었을 때, 벤 자카이는 야브네에서 성경을 읽었고, 학교의 선생과 학생들은 상복을 입었다. 벤 자카이는 그곳에 최고 의회를 재건했고, 더는 하느님께 희생 제사를 드릴 수 없지만 기도하는 것이 희생 제사를 올리는 것과 똑같다는 새로운 전통을 세웠다. 라삐들이 율법을 가르치는 곳을 예시바 또는 베트 미드라쉬라 부른다.

예루살렘의 바리사이파 공동체는 가입 규정이 상당히 엄격하여, 1년간의 시험 기간 동안 정결 규정을 지킬 수 있는 신뢰성을 입증해야 들어갈 수 있었다. 시험 기간 후 가입자는 율법 학자 앞에서 공동체의 의무 곧 바리사이파적 정결 규정과 십일조 규정 의무를 반드시 수행하겠다고 맹세한다. 헤로데 왕국이 확장되던 시기에 바리사이파 구성원은 6천 명 이상이었다고 한다. 이 숫자는 예루살렘에 바리사이파 공동체가 적지 않았음을 입증한다(당시 예루살렘 인구는 2만 5천에서 3만 명, 사제와 레위인은 대략 1만 8천 명으로 추정).

바리사이파 공동체의 지도자와 유력자들은 율법 학자였다. 구성원 중 사제들도 있었으나 압도적인 대다수는 성경에 대한 지식이 없으나 진실하고 헌신적으로 사는 상인, 수공업자, 농부 등 평민이었다. 그들은 규정대로 살기 위하여 늘 노심초사하였기에 '율법에 저촉이 된다, 안 된다'라는 율법 학자들의 판별을 무척 소중하게 여겼을 것이다. 이런 구성원들이 뒤에 있었기에 기원전 알렉산드라 여왕 시기에도, 헤로데 시대에도 바리사이파들은 국가 통치의 실세로 큰 힘을 지녔다. 제2성전 시대에 최고 의회 바리사이파 사람들이 회의에서 한 발언은 결정적인 영향력을 가지고 있었다. 헤로데 안티파스와도 긴밀한 관계를 유지하고 있었다(마르 3,6; 12,13; 루카 13,31; 마태 12,15-16).

성전 파괴 이전 모든 사법과 예배 규정은 바리사이파 규정에 따라 제정되었고, 달력 전체와 특히 레위 23,11에 나타나는 오순절은 바리사이파 날짜 계산에 따라 확정되었다(필로의 증언). 이미 기원전 20년에 바리사이파 지도자 힐렐은 안식일에도 파스카 양을 도살할 수 있다는 규정을 관철시켜 사두가이파의 관습을 철폐했다. 백성의 대다수가 무조건 바리사이파를 지지하였다. 그들은 율법 규정보다 더 많은 것을 철저하게 수행했던 바리사이파 사람들을 경건의 모범으로 보았고, 신적이고 비의적 지식을 지닌 율법 학자들이 제시하는 이상을 실현한 자들로 여겨 존경하고 순종했다.

요한 복음서에서 바리사이들이 한 말과 행동을 보여 주는 구절은 다음과 같다(4,1; 7,32.45-49; 8,3.13; 9,13-16.24.34; 11,46-47.57; 12,19.42; 18,3). 이 구절들은 유다인 공동체에서 바리사이들과 율법 학자들이 지녔던 권위와 자리를 여실히 드러낸다.

## 2. 요르단강 건너편 베타니아 1,29-34

두 번째 장면은 세례자 요한이 있는 곳 요르단강 건너편에 - 최종 본문의 흐름상 - 예루살렘 조사단이 왔다간 이튿날의 장면이다.

**두 번째 장면**(1,29–34)

예수님이 자기 쪽으로 오시는 것을 요한이 본다. 그리고 말한다.

29절: "보라, 세상의 죄를 없애시는 하느님의 어린양이시다."
("Ἴδε ὁ ἀμνὸς τοῦ θεοῦ ὁ αἴρων τὴν ἁμαρτίαν τοῦ κόσμου)

31절: 내가 와서 물로 세례를 준 것은, 저분께서 이스라엘에 알려지시게 하려는 것이었다."(ἵνα φανερωθῇ τῷ Ἰσραὴλ διὰ τοῦτο ἦλθον ἐγὼ ἐν ὕδατι βαπτίζων)

32절: 요한은 또 증언하였다. "나는 성령께서 비둘기처럼 하늘에서 내려오시어 저분 위에 머무르시는 것을 보았다."

33절: "물로 세례를 주라고 나를 보내신 그분께서 나에게 일러 주셨다. '성령이 내려와 어떤 분위에 머무르는 것을 네가 볼 터인데, 바로 그분이 성령으로 세례를 주시는 분이다.'" (οὗτός ἐστιν ὁ βαπτίζων ἐν πνεύματι ἁγίῳ)

34절: "과연 나는 보았다. 그래서 저분이 하느님의 아드님이시라고 내가 증언하였다."
(κἀγὼ ἑώρακα, καὶ μεμαρτύρηκα ὅτι οὗτός ἐστιν ὁ υἱὸς τοῦ θεοῦ)

요한은 여기서 첫 장면에 이어 예수 그리스도님을 증언한다. 유다인들이 요한에게 죄의 용서를 위한 세례를 문제 삼았는데, 아예 세상의 죄를 없애시는 어린양이라고 예수님을 소개한다. 그리고 이제 물로 세례를 주는 이유를 밝힌다. 저분이 세상에 밝혀지도록 하기 위해서 세례를 주었다고 한다. 요한에게 세례 주는 사명을 주신 분은 하느님이다. 예수님을 이스라엘에 알려지게 하기 위해서이다. 그분을 알아보는 표지는 성령이 내려와 그분 위에 머무르는 것이었다. 요한은 말씀하신 대로 보았고 그래서 증언한다는 것이다.

### 세상의 죄를 없애시는(ὁ αἴρων τὴν ἁμαρτίαν τοῦ κόσμου) 하느님의 어린양

호 아이론(ὁ αἴρων)은 들어 올리다, 없애다, 제거하다는 뜻을 지닌 '아이로(αἴρω)' 동사의 현재분사로서 어린양을 수식한다. 용서하다에는 일반적으로 '아피에미(ἀφίημι)' 동사를 사용하지만(마태 6,12; 18,21) 여기서는 '제거하다'와 '용서하다'를 모두 의미할 수 있는 '아이로' 동사가 사용되었다는 것이 의미심장하다. 이 동사가 용서하다의 뜻으로 사용된 예는 사울이 사무엘에게 용서를 청할 때(1사무 15,25), 아비가일이 다윗에게 나발의 죄를 용서해 달라고 청할 때(1사무 25,28)에서 볼 수 있다. 이 두 의미를 내포하는 이 동사의 분사형이 하느님의 어린양을 수식한다. 여기서 하느님의 어린양이 주어로 나타나고, 아이로 동사가 그 주어의 술어로 쓰이지 않고 수식어로 사용된 데에서 이 두 의미는 묘하게 조화를 이룬다. 어린양 자체가 아니라 하느님의 어린양으로서 하는 역할이기 때문이다. 그분은 하느님께서 그를 통하여 세상의 죄를 없애실 수 있는 유일한 분이시다. 하느님의 어린양으로서 예수님의 역할은 그분이 하느님에게서 오셨다는 사실에 근거한다. 하느님과 세상, 그리고 하느님의 어린양과의 관계를 이보다 더 잘 드러낼 수는 없을 듯하다.

여기서 "어린양"의 의미는 무엇인가? 이 단어를 통해 우리는 주님의 종의 넷째 노래에 나오는 고난받는 종(이사 53장)의 모습을 연상하거나, 묵시록에서 계시되도록 봉인을 여시는 승리의 어린양(묵시 5-7장)을 기억할 수 있다. 유다인이 아니더라도 즉시 파스카 축제의 어린양을 기억할 수 있다. 파스카 축제와 연결되는 것은 명백한 일(요한 19,14)이고, 그것은 이스라엘의 폭넓은 전례 관습으로 잘 설명된다. 이스라엘 백성이 죄를 지은 후에 양을 친교와 화해의 희생 제물로 바침으로써 하느님과 그들의 관계는 갱신되며 새로 확립된다. "예수님은 어린양이시지만 제사의 제물은 아니다. 그분은 하느님께 기원을 둔다. 용서를 받고 친교를 이루는 전통적인 방법이 하느님의 어린양을 통하여 그 한계를 초월한다. 곧 예수님은 제의祭儀의 희생물이 아니라, 하느님께서 그분과 함께 화해를 제공하시면서 그분을 통하여 인간 역사로 들어오시는 바로 그분이시다. 요한 복음서에서는 자주 옛 상징이 새로운 방법으로 사용되고 있다"(몰로니, *Gospel* 59).

## 세상의 죄를 없애시는 분

요한 복음서의 시작에 있는 '세상의 죄'란 주제는 상징적인 면을 드러낸다. 나중에 복음서는 죄와 세상에 대하여 말할 것이다. 세상에 사람들의 개인적인 죄가 적지 않으나 그것이 죄의 바탕은 아니다. 세상의 죄는 오늘날 무엇보다도 죄의 구조의 신비와 복합성을 가리키는 상징으로 쓰인다. 각자의 눈앞에서 벌어지는 거짓, 불의, 제도의 폭력이 구조적인 죄의 상징이다. 요한 복음서는 죄라는 단어를 주로 단수로 사용한다(12번, 복수는 3번). 이것으로 죄의 속성과 죄를 불러일으키는 뿌리에 관심이 있음을 드러낸다. 진짜 죽을죄는 알려진 빛-계시-진리를 의식적으로 거부하고 방해하는 것이다. 이것 때문에 죄는 스스로 종말론적인 가치를 내포하고 있다.

요한 복음서에서 '세상'은 두 가지 의미로 사용된다. 하나는 하느님께서 창조하셨고 구원하기 위하여 당신의 외아들을 보내신(3,16-17) 인간적인 세상을 가리키는, 긍정적 의미로 사용된 것이다. 또 하나는 자기 스스로를 닫고, 진리-계시에 대해 닫고, 말씀의 빛을 모르며(1,10), 그리스도를 미워하고 제자들도 미워할 세상(15,18-25), 사탄을 우두머리로(12,31) 한 세상을 가리키는, 부정적이고 극적인 의미로 사용된 것이다. 이 부정적 세상을 위하여 그리스도는 기도하지 않으신다(17,9). 사실 그분은 그런 세상이 그대로 남아 있도록 기도하실 수 없었다. 예수님의 기도 대상으로 될 수 있는 유일한 조건은 이 세상이 그 자체로 세상이기를 그만두는 그것일 것이다.

## 보았다-표지

이스라엘에 예수님을 알리게 하려고 그전에 요한에게 그분을 알아볼 표지를 주셨는데, 성령께서 비둘기처럼 내려와 그분 위에 머무시는 것이었다. 이것이 요한을 파견하신 분이 알려 주신 표지였다. 성령께서 비둘기 형상으로 내려왔다는 증언은 공관복음서에서도 동일하게 나타나는 내용이다.

공관복음서에서는 한 목소리로 예수님이 세례를 받으실 때 성령께서 그분 위에 내려왔다고 말한다. 마태오와 마르코 복음사가는 그것을 예수님이 보셨다고 기술한다("당신 위로 내려오시는 것을 보셨다": 마태 3,16; 마르

1,10). 루카 복음서는 목격자의 존재를 알아챌 단어는 내보이지 않고, 간략하게 하느님에 의해 일어난 일로 생각하도록 사건을 묘사한다(루카 3,21-22 참조). 그런데 이어서 들려오는 소리가 직접화법 2인칭 단수로 표현되어 예수님을 향한다. 직접 표현하지는 않으나 그것을 들으신 예수님이 내려오시는 성령도 보셨음을 암시하는 것이 아닐까 추정해 볼 수 있다.

그런데 요한 복음서에서는 뚜렷한 목격자를 제시한다. 바로 요한이다. 하느님께서 요한에게 세례를 베풀라고 하시며 예수님을 이스라엘에 알리는 일을 맡기셨고, 그래서 그분을 알아보는 표지로 "성령이 내려와 어떤 분 위에 머무르는 것을 네가 볼 터인데(ἴδῃς), 바로 그분이 성령으로 세례를 주시는 분이다"(33절)라는 예언까지 들었다. 여기 나오는 '이데스(ἴδῃς)'는 호라오(ὁράω) 동사의 가정법 원과거 능동태 2인칭 단수 형태다. 과연 요한은 그것을 "보았다(ἑώρακα)"고 증언한다(34절). 여기에 쓰인 헤오라카(ἑώρακα)는 호라오(ὁράω) 동사의 직설법 완료형 1인칭 단수 형태이다. 사용된 동사의 형태도 그가 본 사실이 현재에 직접 일어난 실재임을 온전하게 드러낸다. 게다가 "과연 나는 보았다"(카고 헤오라카 κἀγὼ ἑώ-ρακα)라고 하여 1인칭 단수 인칭대명사를 생략하지 않고 덧붙임으로써 이 문장에 무게를 실어 '내가 보았다'는 사실을 강조한다.

이야기의 첫머리에서 요한이 자신을 파견한 분으로부터 들은 말씀, 곧 "…을 볼 터인데" 그것을 보고 그분이 성령으로 세례를 줄 분임을 알아보게 된다고 증언하는 것은 중요한 의미를 지닌다. 요한 복음서에서 처음 나온 '보다' 동사는 점차 그 의미와 중요성이 드러낼 것이다. 곧 이어지는 장면에서 예수님은 당신의 첫 제자가 될 이들에게 "와서 보아라" 하고 초대하실 것이다(39절). 요한에 이어 첫 제자들, 그다음은 독자들에게 '보라'는 권유를 하신다.

이 '보다' 동사를 바탕으로 '증언하다'라는 동사가 나란히 나타난다. "나는 보았다. 그래서 …을 증언했다(카고 헤오라카 카이 메마르튀레카 호티 κἀγὼ ἑώρακα καὶ μεμαρτύρηκα ὅτι)"(34절). 메마르튀레카(μεμαρτύρηκα)는 '증언하다'는 마르튀레오(μαρτυρέω) 동사의 직설법 완료형 능동태 1인칭 단수이다. 32절에서도 이 동사의 직설법 원과거 능동태 3인칭 단수 에마르튀레센(ἐμαρτύρησεν)이 '요한'이라는 주어와 함께 사용되었다. 그리스어에서 요한이라는 단어는 29절에 등장하지 않고 여기 32절에 등장한다. 그의 증언은 '예수님이 하느님의 아들이시다'로 집중된다. 그는 자기를 파견한 분에게서 "그분이 성령으로 세례를 주시는 분"이라는 말씀을 들었고, 이를 근거로 하느님의 아들을 보고 증언하는 것이다.

## 3. 요르단강 건너편 베타니아 1,35-51

이어지는 대목(1,35-51)은 예수님이 제자들을 부르시어 첫 제자단이 형성되는 이야기다. 여기에 나타나는 장면은 네 개다. 곧 요한의 두 제자가 예수님을 따라가는 장면(1,35-39), 안드레아가 베드로를 예수님께 데려가는 장면(1,40-42), 필립보가 나타나엘에게 예수님 이야기를 하는 장면(1,43-46), 나타나엘이 예수님을 만나는 장면(1,47-51)이다.

이 네 장면에서 중요한 구절이 하나씩 부각된다. 첫 제자들과 예수님의 대화, 제자들 사이의 대화에서 드러나는 진리이다. 세례자 요한의 제자 또는 이스라엘 백성, 구약의 백성으로서 가지고 있던 하느님에 대한 앎과 메시아를 기다림 같은 구약의 정신(유다이즘)이 예수 그리스도를 만나 새롭게 갱신되고, 성취 또는 완성되어 나타난다. 다시 말해 이스라엘 역사의 흐름에서 가장 중요한 기다림, 메시아에 대한 기다림, 예수 그리스도에 대한 증언이 이 대목에 집약되어 나타난다. 예수님의 첫 제자들의 입에서 나오는 증언이다.

### 1) 장면 1: 예수님과 두 제자 1,35-42

이 대목에서 요한의 증언 장면과 예수님의 첫 제자들의 등장 장면이 겹쳐진다. 세례자 요한의 제자가 예수님의 제자가 되는 과정과 그들이 발견한 것이 두드러진다.

### (1) 듣고, 따라가고 1,35-37

이튿날 요한이 자기 제자 두 사람과 함께 그곳에 다시 서 있다. 예수님이 또 지나가신다. 전날의 증언이 어떤 사람들 앞에서 행해진 증언인지는 구체적으로 밝혀져 있지 않다. 자기 고백의 형식이든 모여든 익명의 청중에게 들려준 이야기 형식이든, 예수님에 대한 요한의 보편적인 증언으로 본다. 그런데 오늘의 증언은 구체적인 인물 두 명이, 그것도 그의 제자들이 증언을 듣고 그를 떠나가는 이야기로 시작한다.

요한은 "보라, 하느님의 어린 양이시다." 제자(마세테스 μαθητής)와 함께 서 있다가 예수님을 알려 준다.

> 그 두 제자는 요한이 말하는 것을 듣고(카이 에쿠산 호이 듀오 마테타이 아우투 랄룬토스 καὶ ἤκουσαν οἱ δύο μαθηταὶ αὐτοῦ λαλοῦντος) 예수님을 따라갔다(카이 에코뤼테산 토 예수 καὶ ἠκολούθησαν τῷ Ἰησοῦ).

37절의 주요 동사는 '듣다(아쿠오 ἀκούω)'와 '따르다(아코뤼세오 ἀκολουθέω)'이다. 여기서 아코뤼세오 동사는 누군가의 뒤를 따르다, 누군가를 제자로서 따르다, 제자가 되다, 지키다, 순종하다의 의미가 있다. 이 두 동사는 이곳에서 절묘한 상황을 연출한다. 말하는 이는 요한이다. 요한의 제자들이 그 말을 듣고 누군가의 뒤를 따르는데, 그 누군가가 예수님이다. 그러니 요한을 떠나는 상황인데, 이 대목은 그들이 요한을 떠난 것으로 묘사하지 않는다. 그들은 스승의 말을 믿고 따른다. 스승 요한의 말을 듣고 순종한다. 그래서 그가 가리킨 사람 예수님의 뒤를 따른다. 그리고 그분의 제자가 될 것이다. 너무도 자연스럽게 요한은 제자들을 자기보다 앞서신 분 예수님께 보냈다. 그가 돋보이는 이유 중 하나이다. 요한의 증언은 예수님을 믿고 그분의 뒤를 따르게 하는 것에서 그 소명을 다한다.

### (2) 만났소 1,38-42

#### 무엇을 찾느냐?

예수님은 돌아서시어 그들이 따라오는 것을 보시고 "무엇을 찾느냐?"(티 제테이테 τί ζητεῖτε;) 하고 물으신다. 제테오(ζητέω) 동사는 무엇인가를 발견하고자 노력하는 것이다. 그들은 무엇을 찾는 젊은이였을까? 무엇을 찾고 있었기에 요한의 말을 듣자 곧 그분의 뒤를 따랐을까? 그 질문을 받고 둘은 대답했다. "라삐, 어디에 묵고 계십니까?" 이 질문은 우선적으로는 뜬금없는 대답 같기는 하나, 라삐라는 호칭과 함께 그분에게 더 내밀하게 다가가 무엇인가를 찾고 싶은 원의를 드러낸다. 문맥에서 그들이 찾고 있는 바에 대한 궁극적이고 실제적인 응답은 41절에서 볼 수 있다. 거기서 안드레아는 베드로에게 말했다. "우리는 메시아를 만났소"(헤우레카멘 톤 메시안 εὑρήκαμεν τὸν Μεσσίαν). 헤우라카멘은 '발견하다', '찾다'라는 뜻을 지닌 헤우리스코(εὑρίσκω) 동사의 직설법 완료형이다. 직역하면 '우리는 메시아를 찾아냈소. 발견했소'이다. 이렇게 41절의 헤우리스코 동사가 38절의 제테오(찾는다) 동사와 맞아떨어진다. 예수님이 질문에 사용한 이 동사(제테오)는 그들이 자신들의 근원적인 원의를 직면하도록 돕는다. 누구를 찾느냐고 묻지 않으셨다. 이미 세례자 요한이 예수님을 "그분"이라고 가리켰다. 제자들은 요한이 증언한 것을 그들의 체험으로 발견해야 한다. 예수님에게서 그들이 발견해야 한다. 그들이 찾는 바가 있는지를.

## 라삐, 어디에 묵고 계십니까?

그들은 그 시대 자신들의 삶에, 이스라엘의 삶에 메시아가 오셔야만 하는 상황을 절감하며 살고 있었을 것이다. 메시아를 고대하고 있었을 것이다. 그들이 세례자 요한의 제자가 된 까닭도 그 맥락에서 찾아진다. 들꿀을 먹고 거친 낙타 털옷을 입고 광야에 살며 회개하라고 외치는, 세례자 요한을 따르는 이유가 무엇이었을까? 그에게서 하느님께 인도하는 목소리를 들었기 때문이었을 것이다. 참된 생명을, 참된 삶을 살기 위해 그를 따랐을 것이다. 사실 간단한 것 같지만, 인간의 삶이 복잡하게 얽혀 있기에 그들이 찾는 것을 한마디로 답하기가 쉽지 않다. 그래서일까? 그들은 무엇을 찾느냐는 질문에 "라삐, 어디에 묵고 계십니까?"(라삐 푸 메네이스 ῥαββί ποῦ μένεις;) 하고 되묻는다. 여기에 '머문다, 거한다. 체재한다'는 뜻을 지닌 메노(μένω) 동사가 사용되었다. 이 동사는 요한 복음사가가 관계의 긴밀함을 드러내는 데 즐겨 사용하는 단어인데, 신약성경에서 사용된 빈도는 다음과 같다.

| 신약성경 / 동사 | 요한 | 요한 서간 | 요한 묵시록 | 공관복음서 | 그 외 신약 |
|---|---|---|---|---|---|
| 메노(μένω) | 40 | 27 | 1 | 40 | 10 |
| 총 118회 | 요한계 문헌 68회 | | | 50회 | |

요한이 이 동사를 자주 특별한 의미로 사용하면서 드러내는 것은 아버지와 아들의 관계, 그 아들과 그리스도인의 관계가 갖는 영속성이다. 그러

니까 상호 내재를 가리키는 데 메노를 사용한다. 그렇지만 1,39에서는 일반적 의미로 사용되었다. 무엇을 찾느냐는 질문에, 그분을 좀 더 탐색하기 위해 그분이 머무는 곳을 알고 싶어 한다. 그들은 그분에게서 목적하는 바를 발견하기까지 그분이 머무는 곳에 함께 머물러야 할 것이다. 믿는다는 것은 점차적으로 예수님 곁에(1,38-39), 예수님 안에(6,56; 15,4-8), 예수님의 말씀 안에(8,31), 그분의 사랑 안에(15,9-10), 자기의 생명을 주기까지 추구하는 따름 안에(12,26) 자기 거처를 정하는 것이다. 이 여정은 믿는 이가 예수님과 함께 영원히 있을 때, 하늘의 아버지 집에서 끝날 것이다(14,2-4; 17,22-24). '그분의 제자 됨'을 다시 전치사 중심으로 보면 그분의 사랑 안에 머물면서, 예수님 곁에(파라 παρά) 예수님 안에(엔 ἐν), 예수님과 함께(메타 μετά) 존재하고 - 거처하고 - 머무는 것이다. 그 반대로는 멀리 있고, 밖에 있고, 없이 있을 수 있다.

## 와서 보아라

예수님은 흔쾌히 말씀하신다. "와서 보아라"(에르케스테 카이 옵세스테 ἔρχεσθε καὶ ὄψεσθε). '보라'는 초대가 나타난다. 성경의 의미심장한 단어 '보다'(호라오 ὁράω) 동사가 등장했다. 옵세스테는 호라오 동사의 직설법 미래 2인칭 복수형이다. 또 다른 동사는 '오다'이다. 예수님께 간다. 예수님 편에서는 당신께로 온다. '와라', 얼마나 친근한 초대인가! 요한 복음서에서 예수님을 찾아, 예수님께 '오다'는 믿음과 생명의 은혜를 얻게 되는 길로 묘사되어 있다[나타나엘이 오는 것을(1,47); 빛으로 나아간다(3,21); 군중이 당신께 오는 것을(6,5); 나에게 오는 사람은(6,35.37.44); 목마른 사람은 다 나에게 와서(7,37)].

그래서 그들은 말씀하신 대로 가서 그분이 머무시는 곳을 보았다. 그리고 그날 그분과 함께 묵었다. 오후 네 시쯤에 가서 묵었다는 것은 거기서 밤을 지냈다는 것이리라. 초면에 만나서 긴 시간을 예수님과 함께하며 묵은 것이다. 아마 저녁식사도 함께하고 긴 이야기도 나누며 묵었을 것이다. 예수님과 함께 묵는 장면을 상상해 볼 수 있는 대목이 루카 복음에도 있다. "그들은 '저희와 함께 묵으십시오. 저녁때가 되어 가고 날도 이미 저물었습니다.' 하며 그분을 붙들었다. 그래서 예수님께서는 그들과 함께 묵으시려고 그 집에 들어가셨다"(루카 24,29). 여기에 '묵는다'는 말에 같은 메노(μένω) 동사가 사용되었다.

그들은 "그날 그분과 함께 묵었다. 때는 오후 네 시쯤이었다"(호라 엔 호스 데카테 ὥρα ἦν ὡς δεκάτη)"(39절). 그리스어로 데카테는 '10'이다. 이 '열'은 몇 시인가? 로마식인가? 유다식인가? 여기의 '열시'란 로마식으로 오전 10시를 가리킨다고 하는 등 여러 이견이 있다. 그러나 요한 복음서에서 정보를 찾아보면, 예컨대 예수님께 십자가형 선고가 내린 시각을 그리스어로 보면 호라 엔 호스 헥테(ὥρα ἦν ὡς ἕκτη) 곧 "때는 육 시경이었다"(19,14)이다. 여기에 헥테는 6(육)이다. 이것을 로마식으로 보면 오전 6시는 법정이 열릴 시간도, 죄인을 십자가형에 처할 시간도 아니다. 오후 6시라고 볼 경우, 그 시간은 유다인 사회에서 법정에 나가고 뒤를 쫓아가 사형 집행을 구경할 때가 아니니, 마땅히 "때는 낮 열두 시쯤이었다"가 적절하다. 이것을 근거로 보면 1,39은 "때는 오후 네 시쯤이었다"가 마땅하다. 여기서 하루의 낮은 오전 6시부터, 밤은 대략 오후 6시부터 시작되는 방식으로 계산했다.

스승과의 첫 만남, 너무나 의미 깊은 만남을 개인은 매우 인상 깊게 기억한다. 이렇게 해서 오후 네 시는 완성된 시간의 상징으로 나타난다. 오후 네 시는 신앙의 순례자들이 긴장을 풀고 탐구를 그치며 고요히 안정을 취하는 시간이고, 묵상 속에서 기쁨을 맛보는 시간이 된다. "우리는 메시아를 만났소"(41절).

## 두 사람 가운데 하나는

그날, 의미심장한 만남이 있던 그날, 요한과 함께 있다가 예수님을 따라간 사람 중 하나는 시몬 베드로의 동생 안드레아였다. 다른 하나는 누구였을까? 다른 제자들의 이름은 모두 언급되어 있는데 단 한 명의 이름이 없는 것은 이상하다. 더욱이 예수님과 첫 두 제자의 개인적인 만남의 기억을 기재하는 분위기(35-39절)에서 한 사람을 익명匿名으로 소개하는 것은 특별한 의도가 있는 듯하다. "예수님께서 사랑하시는 제자"라는 이름으로 13,23에 처음 등장하는 제자 역시 익명이다. 학자들에 의하면 복음서 이야기의 시작 부분에 등장하는 이 신비로운 익명인은 의미 없는 존재일 수가 없다. 복음사가는 독자들의 호기심을 자극하면서 동시에 숙고하게 하며 그를 부각시킨다. 이 사람은 '예수님께서 사랑하시는 바로 그 익명의 제자'를 가리킬 수도 있다는 것이다. 다른 이들 중에서 예수님이 사랑하시던 제자는 요한 복음서에 의하면 언제나 그 장면에 나타나는 것들을 '보는'(vision) 은혜를 특별하게 받았다(19,35; 20,8; 21,7 참조). 그런데, 첫 두 제자들에게 예수님이 말씀하셨다. "와서 보아라." 그들은 같이 가서 그분이 머물러 계시는 곳을 보고(1,39) 메시아를 발견하고 그것을 다른 이에게 증언하여(1,41), 다른 이가 예수님께 가도록 한다. 이렇게 예수님을 따르는 이들이 생겨났고 이들은 벌써 다섯 명이다. 그들에게 예수님은 약속하셨다. "너희는 하늘이 열리고 … 보게 될 것이다"(1,51). 그 뒤로 그들은 '제자', '제자들'이라는 이름으로 이야기에 등장한다(2,2 이하).

그런데 여기에 첫 제자 중 하나를 이름 없이 소개하며 복음사가는 특별한 자리를 하나 마련한다. 곧 독자를 위한 자리다. 예수님이 가장 잘 보이고 그분의 말씀을 가장 깊이 들을 수 있는 자리에서, 독자는 이어지는 이야기들을 통해 신앙의 봄(vision)으로 이끌리고 믿음으로 초대되어 제자로 부름 받는다. 장 루이 스카(J. L. Ska)가 처음 제시한 다음과 같은 의견은 주목할 만하다. "설화說話 관점에서 볼 때 복음사가는 그의 독자를 위한 주행거리를 처음부터 계획한다. 예수님을 동행하고자 하는 이는 복음서를 읽으며 계획된 여정을 발견한다. 거기에는 그를 위한 한 자리가 보존되어 있는데 '가는 것과 보는 것'을 받아들인 그 사람의 자리, '예수님께서 사랑하시는' 그 사람의 자리이다. 21,24에 나타난 증언이 그런 방법으로 소개된 것인데, 복음서를 읽는 이는 '익명으로 나온' 그 제자의 자리에서 신앙으로 이끄는 전체 여정을 통과하면서, '볼' 수 있는 기회를 갖는다."

이렇게 예수님을 발견하고 만나도록 안내하는 이 여정에서 독자는 예수님의 호칭들을 만난다. 그 호칭은 모두 일곱 개인데 전부 다 1장에서 공개되며 예수님이 메시아이심을 미리 충분히 확언한다.

| 하느님의 어린양 | 36절 | 라삐 – 스승님 | 38.49절 |
|---|---|---|---|
| 메시아 | 41절 | 모세가 율법에 기록하고 예언자들도 기록한 분 | 45절 |
| 하느님의 아드님 | 49절 | 나자렛 출신으로 요셉의 아들 예수라는 분 | 45절 |
| 이스라엘의 임금님 | 49절 | | |

이렇게 예수님과 관련된 호칭을 전체적으로 소개한 연후에, 복음서는 이야기하려는 '표징과 예수님의 가르침'을 2장 1절부터 시작한다. 그 여정에서 이 일곱 호칭의 내용을 한층 넓고 깊게, 풍요롭게 제시해 줄 것이다. 독자는 그 익명의 제자 자리에 서서 함께 가며 아주 새롭게 예수님의 모습을 뵙고 만나게 될 것이다.

## 그는 먼저 자기 형 시몬을 만나

안드레아는 먼저 자기 형 시몬을 발견한다(헤우리스케이 후토스 프로톤 톤 아델폰 톤 이디온 시모나 εὑρίσκει οὗτος πρῶτον τὸν ἀδελφὸν τὸν ἴδιον Σίμωνα). 여기 나온 헤우리스케이의 원형은 발견하다, 마주치다는 뜻의 동사 헤우리스코(εὑρίσκω)다. 또 여기서 '처음' 또는 '먼저'라 번역된 프로톤(원형은 '프로토스')보다 '이른 아침'을 뜻하는 프로이(πρωΐ)가 더 적합할 수 있다고 제안하는 이도 있다. 그러나 만일 프로이를 사용하여 예수님과 함께 묵은 다음날이라는 의미가 들어갈 경우, 복음서 앞부분의 구도와 잘 맞지 않는다. 복음서는 첫머리에 운문체의 말씀 찬가를 소개한 다음 1,19에서 산문체의 증언을 시작하여 29절, 35절, 43절에 '이튿날'을 밝히고, 2,1

에서는 '사흘째 되는 날'로 적어 이야기 다섯 개가 7일 동안에 일어나는 것으로 묘사한다. 물론 1,41은 암묵적으로 그다음 날을 내포하는 듯하다. 그러나 요한 복음서 전체의 고유한 구조, 즉 예수님 공생활의 앞부분에 한 주일간의 이야기(1,19-2,1)와 뒷부분에 한 주일간의 이야기(12,1-20,19)를 배치한 것을 감안하면, 여기에서는 날짜를 더 계산해야 하는 프로이(이른 아침)보다 프로톤(먼저)이 더 타당한 듯하다. 게다가 파피루스 사본 66번과 75번, 시나이 사본, 알렉산드리아 사본, 바티칸 사본 등 그리스어 사본 다수가 프로톤을 지지하고 있다. 안드레아가 만난 첫 사람이 시몬이다.

| 요한 복음서의 구조 | | | | | |
|---|---|---|---|---|---|
| 일 | 장절 | 공생활 시작 | 일 | 장절 | 공생활 마무리 |
| 1 | 1,19 | 유다인들이 예루살렘에서 사제들과 레위인들을 요한에게 보내어 | 1 | 12,1 | 파스카 축제 엿새 전에 베타니아로 가셨다. |
| 2 | 1,29 | 이튿날 요한은 예수님께서 … "보라, 세상의 죄를 없애시는 하느님의 어린양이시다." | 2 | 12,12 | 이튿날, 축제를 지내러 온 많은 군중이…. |

| 3 | 1,35 | 이튿날 요한이 자기 제자 두 사람과 함께 그곳에 다시 서 있다가, |
|---|---|---|
| 4 | 1,43 | 이튿날 예수님께서는 갈릴래아에 가기로 작정하셨다. 그때에 필립보를 만나시자…. |
| 7 | 2,1 | 사흘째 되는 날, 갈릴래아 카나에서 혼인 잔치가 있었는데, |

2,1에 나오는 사흘째 날은 필립보와 나타나엘을 부르신 때부터 사흘째 되는 날로 본다. 요르단강 부근의 베타니아에서 갈릴래아 카나까지 물리적으로 이동하는 데 걸리는 시간을 계산해서이다.

| 4 | 13,1 | 파스카 축제가 시작되기 전, |
|---|---|---|
| 4 | 13,38 | 닭이 울기 전에 너는 세 번이나 나를 모른다고 할 것이다. |
| 5 | 18,28 | 예수님을 카야파의 저택에서 총독 관저로 끌고 갔다. 때는 이른 아침이었다. |
|  | 19,14 | 그날은 파스카 축제 준비일이었고 때는 낮 열두 시쯤이었다. |
| 6 |  | 파스카 축제 |
| 7 | 20,1 | 주간 첫날 이른 아침, 아직도 어두울 때에 마리아 막달레나가…. |
|  | 20,19 | 그날 곧 주간 첫날 저녁이 되자, 제자들은…. |

19,14에서 파스카 축제 준비일 낮 열두 시쯤에 예수님은 처형장으로 끌려가시고, 그날 처형되어 돌아가셨다. 우리에게는 전례력으로 성금요일이 된다. 그다음 날이 유다인들의 파스카 축제일이며 우리에게는 성토요일이다. 유다인들은 토요일이 안식일이다. 20장에 표현된 주간 첫날이 예수님이 돌아가신 지 사흘째 되는 날이며, 부활하신 날로 지금의 주일이다.

안드레아를 비롯한 두 제자는 예수님과 함께 머문 후에 그분이 누구신지 통찰하게 되었다. 요한 복음서에서 진정한 제자 신분은 예수님이 누구신지를 정확히 이해하는 것과 연관되어 있다. 안드레아는 형 시몬에게 "우리는 메시아를 만났소" 하고 말한다. 그는 시몬을 예수님께 데려간다. 예수님을 알아본 첫 사람 세례자 요한은 예수님에 대하여 증언하였고, 예수님이 메시아이심을 알게 된 안드레아는 다른 이를 그분께 인도한다. 시몬을 보시자 예수님은 그를 눈여겨보시고는 말씀하셨다. "너는 요한의 아들 시몬이구나. 앞으로 너는 케파라고 불릴 것이다"(1,42). 예수님은 사람을 꿰뚫어보시고 다 아시기에 시몬에게 새 이름을 주시고, 구원 역사에서 베드로가 감당할 역할을 알려 주신다. 복음사가는 나중에 다른 기회에 들려준다. "그분께는 사람에 관하여 누가 증언해 드릴 필요가 없었다. 사실 예수님께서는 사람 속에 들어 있는 것까지 알고 계셨다"(2,25). 케파라는 아람어 이름은 전승의 고대성을 드러낸다.

## 2) 장면 2: 예수님과 제자들 1,43-51

### 나를 따라라

이튿날 예수님은 갈릴래아로 가기로 작정하신다. 요한 복음서에서 처음으로 예수님이 주체적으로 움직이신다. 여기에 의지를 드러내는 동사가 사용되었다. "가기로 작정하셨다"(에텔레센 엑셀테인 ἠθέλησεν ἐξελθεῖν). 여기서 에텔레센의 원형은 원하다, 바라다는 뜻의 텔로(θέλω) 동사다. 그리고 필립보를 만나신다. 이때 의도하지 않고 우연히 만나게 되었을 때 주로 사용하는 헤우리스코(εὑρίσκω) 동사가 쓰였다(같은 예로 마태 18,28). 아는 사이에 마주오며 만나는 경우에는 휘판타오(ὑπαντάω) 동사를 사용한다. 여기는 알고 있던 사람 필립보를 다시 발견한다기보다 새로운 사람 필립보를 예수님이 만나시는 장면으로 본다. 그에게 "나를 따라라" 하고 이르시며 그를 제자로 삼으신다.

필립보는 공관복음서의 열두 제자 목록에 항상 등장하지만 말과 행동은 전혀 나타나지 않는다. 그러나 요한 복음서에는 그가 말하는 장면이 여러 번 나온다. 그는 나타나엘을 예수님께 인도하고(1,46), 빵의 기적 전에 먼저 예수님께 말을 건네고(6,5 이하), 예수님을 뵙기 원하는 이방인들을 예수님께 인도하고(12,21-22), 마지막으로 예수님께 아버지를 보여 달라고 청한다(14,8-9). 이렇게 필립보는 요한 복음서에서 안드레아와 시몬 베드로에 이어 예수님의 제자들 중 좀 더 두드러진 이들 가운데 하나로 나타난다. 그도 안드레아와 베드로의 고향인 벳사이다 출신이다. 벳사이다는 갈릴래아 호수 북쪽 요르단강 하구에 위치하며, 그 지명의 뜻은 '어부의 집' 또는 '고기의 집'으로 어부들의 마을이다. 이 정보로 복음사가는 필립보, 안드레아, 베드로가 어부임을 알리며 지인들에게 예수님을 알리고 증언하는 그들의 역동성을 보여 준다.

필립보는 나타나엘을 만나자 제자들의 체험을 전한다. "우리는 … 만났소"(헤우레카멘 εὑρήκαμεν)라고 1인칭 복수로 표현하여 그들이 공유한 체험임을 드러낸다. 나타나엘은 히브리 이름으로 '하느님의 선물'이라는 뜻이다. 이 제자는 요한 복음서에만 나오는데(1,45-48; 21,2), 갈릴래아 카나 출신이다(21,2). 나타나엘이 '열두 제자' 가운데 하나였는지에 대해서는 논란이 많다. 전승에서 그는 바르톨로메오와 동일시된다. 사도들의 명단에서 필립보에 이어 바로 나오기 때문이다. 아무튼 갈릴래아 호수의 주변 마을에서, 이른바 갈릴래아 출신들(7,52 참조)이 함께 어울려 베타니아에 온 모양이다. 요한의 소리, 예언자의 목소리를 듣고 요르단강 주변에 와 있던 유다인 젊은이들이 보인다. 길을 찾는 사람들, 영원한 생명을 찾는 사람들의 모습을 본다. 그들 사이에 만나고(1,41) 만나고(1,43), 또 만나고(1,45) 만나며 이뤄지는 일들이 의미심장하다.

## 모세가 율법에 기록하고 예언자들도 기록한 분

필립보는 안드레아가 그의 형 시몬에게 했던 말처럼, "모세가 율법에 기록하고 예언자들도 기록한 분을 만났소"(45절) 하고 증언한다. 그들은 모세가 율법에 기록한 분을 알고 있고, 찾고 있었다. 율법에서 말하는 분과 예언서에서 말하는 분이 같은 분이요, 메시아임을 알고 있다는 것을 전제한다. 그들 사이에는 자세한 설명이 필요 없는 부분이다. 필립보의 말은 앞서 나온 안드레아의 말, "우리는 메시아를 만났소"를 반향하고 있다. 모세는 사실 예수님에 관하여 썼다(5,46). 예언자 이사야도 마찬가지로 그에 관하여 썼다(12,16). 사실 나타나엘도 그것을 즉시 알아들었기에 "나자렛에서 무슨 좋은 것이 나올 수 있겠소?"(46절) 하고 반문할 수 있었던 것이다.

필립보에게 기다리던 메시아는 요셉의 아들로서 나자렛 출신 예수님이다. 신약성경의 작가들 중에 요한 복음사가만이 예수님을 "요셉의 아들"(1,45; 6,42)이라고 부른다(루카 3,23에서도 예수님은 요셉의 아들로 여겨졌다고 한다). 그렇다고 그가 성령으로 말미암아 동정녀에게서 예수님이 탄생하셨음을 부인하는 것은 아니다. 그에게도 예수님의 유일한 아버지는 하느님이시다. 요한 복음사가는 예수님이 하느님을 자기 아버지라 하며 자기를 하느님과 동일시하셨기 때문에 유다인들이 그분을 죽이려 했다는(5,18) 것을 알려 준다. 복음사가가 필립보의 입에 "요셉의 아들 예수"라는 말을 담아 준 것은 백성 사이에 알려진 사실을 전하는 것뿐이다. 백성의 판단에 의하면 예수님은 요셉의 아들이다. 이 시점에서 예수님이 동정녀에게서 탄생하셨음을 알고 있는 이는 오직 마리아와 요셉뿐이다.

여기서 나타나엘은 나자렛 사람에게서 메시아를 발견했다는 필립보의 말에 회의적으로 반응한다. 그는 나자렛 출신이라는 데 주목하여 반문한다. "나자렛에서 무슨 좋은 것이 나올 수 있겠소?"(46절) 유다 전통에서 볼 때 나자렛은 구약성경이나 고대 유다 작품에 전혀 언급되지 않아 조금도 중요하지 않은 곳이다. 그러므로 예언자나 더구나 메시아가 나올 수 없는 지역으로 여겨졌다. 나타나엘은 성경을 알고 있기에 그렇게 반문한 것이다. 이 말을 굳이 나자렛과 카나 간의 경쟁을 암시하는 것으로 볼 필요는 없다. 성경에 의하면 메시아 임금의 고향은 베들레헴이다(미카 5,1). 실제로 율법 학자들은 갈릴래아에서 예언자가 나올 수 없다고 밝히며(7,52), 많은 유다 백성도 그리스도는 갈릴래아에서 나올 수 없고 베들레헴에서 나야 하며 다윗 후손이어야 한다고 믿는다(7,41-42). 이는 "당신도 갈릴래아 출신이라는 말이오? 성경을 연구해 보시오. 갈릴래아에서는 예언자가 나지 않소"(7,52) 와 같은 내용이다.

## 무화과나무 아래에 있는 것을 내가 보았다

예수님은 나타나엘을 어떤 이중성이나 거짓이 없는 진짜 이스라엘 사람이라고 일컬으며 찬사를 보내신다(47절). "이스라엘 사람"이란 말은 아주 자주 쓰이는 "유다인들"과는 다른 뜻으로 긍정적인 가치를 지닌다. 부사 '참으로'는 - 요한 복음서에는 드물게 쓰이는데 - 그 확언이 조금의 거짓도 없이 진리임을 강조하는 표현이다. 마치 예수님이 사마리아 사람들에게는 '참으로' 세상의 구원자이신 것처럼(4,42), 빵의 표징을 본 이들에게는 예수님이 '참으로' 종말에 올 그 예언자이신 것처럼(6,14), 예수님에게 나타나엘은 이스라엘 백성의 진짜 구성원이다. 그런데 "저를 어떻게 아십니까?" 하며 반문하는 나타나엘에게 예수님이 말씀하신다. "필립보가 너를 부르기 전에, 네가 무화과나무 아래에 있는 것을 내가 보았다"(48절). 이 문장은 나타나엘의 무엇과 통할까? 어디에 강조점이 있는가? 너의 인품을 아는 것뿐만 아니라 보지도 않고 필립보가 부르기 전에 있던 곳까지 아신다는 사실인가, 아니면 특별하게 무화과나무 아래 있는 너를 본 것과, 그의 인품이 연관됨을 짚으신 것일까?

미드라쉬에 의하면 무화과나무는 일반적으로 기도의 장소이고 라삐의 젊은 학생들이 즐겨 찾는 곳이다. 만일에 필립보가 나타나엘을 부를 때 그가 명확하게 무화과나무 아래 있었다면, 기도하고 있었을 수 있다.

1세기 유다인의 가르침에는 누군가 기도할 때 메시아의 오심을 위해 기도하지 않으면 그는 기도하지 않은 것이라는 내용이 있다. 근본적으로 성경으로 돌아가자는 바리사이 운동이 부흥하면서 메시아 도래의 희망도 다시 일고 있었다. 그것은 모든 사람의 마음 안에 있었고, 모든 사람의 기도 안에 있었다. 따라서 만일 나타나엘이 기도하고 있었다면 그는 메시아의 도래를 위해 기도하였을 것이다. 그의 신앙이 메시아의 오심을 기다리는 데 집중되어 있기에, 예수님은 나타나엘을 '참으로 이스라엘 사람'이라고 하셨을 수 있다. 예수님은 그에게 '네가 무화과나무 아래에 있는 것을 보았다'고 말씀하심으로써 나타나엘이 올바른 결론을 끌어내도록(추론하도록) 이끄신 것이다. 오직 메시아 한 분만이, 메시아를 위한 그의 고독한 기도를 듣고 아실 수 있다.

나타나엘은 즉시 모든 것을 통찰하고 고백한다. "스승님, 스승님은 하느님의 아드님이십니다. 이스라엘의 임금님이십니다"(49절). 예수님이 나타나엘에게 믿음을 고백하게 하셨다. 그분이 나타나엘에게 보여 주신 것은 요한 복음서의 맥락에서 독특하다. 곧 안드레아와 익명의 제자는 예수님을 '보았고', 나타나엘은 예수님의 말씀을 '듣고' 믿게 된 것이다. 짧은 이야기에서 예수님에 대한 여러 증언, 곧 세상의 죄를 없애시는 하느님의 어린양, 하느님의 어린양, 메시아가 나타났는데, 이제 요한 복음서에서 드러내고자 하는 그리스도론의 정점인 '하느님의 아드님' 증언이 제자의 입을 통해서 처음으로 드러났다.

나타나엘이 자신에 관한 예수님의 판단에 놀라며 "저를 어떻게 아십니까?"하고 되물었을 때, 부사 '어떻게'의 원어는 포텐(πόθεν)으로 '어디서부터, 어디서'라는 뜻의 의문부사이다. 이 단어는 자주 어떤 실재의 신비로운 기원을 가리키는 데 쓰인다. 이를테면 예수님의 비상한 지식(1,48), 카나의 좋은 포도주(2,9), 바람(3,8), 예수님에게서 오는 생수(4,11)가 그러하다. 이것들은 특별한 방법으로 메시아(7,27-28), 또는 예수님의 신비로운 기원을(8,14; 9,29-30; 19,9) 암시한다. 나타나엘은 예수님의 신비로운 기원을 깨달은 것이다. 이 진짜 이스라엘 사람은 예수님이 하느님의 아드님으로 입양된 메시아 임금임을 인식한다. 이 문맥에서 하느님의 아드님이라는 표현은 유다인의 메시아 희망을 내포하고 있다. 구약성경의 신탁神託에서 종말에 약속된, 다윗의 후손 이스라엘의 임금은 하느님의 아드님이라고 불렸다(2사무 7,12-14; 시편 2,7; 89,27-28 참조). 그러니까 나타나엘이 예수님을 이스라엘의 임금으로 선언하였는데, 이 칭호는 하느님의 아들처럼 하느님께 입양된 이로서 하느님과 밀접하게 결속된 관계에 있음을 뜻한다. 그리스도인들이 고백하는 그런 차원이 아니라 종말 시대를 위해 기다리던 메시아처럼 인식했던 것이다. 요한 복음사가는 메시아 임금을 기다리는 백성의 기대를 부각시킨다. 빵의 기적 후에 군중은 예수님을 임금이라고, 메시아 임금이라고 선언하려 했다(6,14-15). 그분을 종말의 그 예언자로 인식했기 때문이다.

예수님은 그에게 더 큰 표징을 약속하신다. "네가 무화과나무 아래에 있는 것을 보았다고 해서 나를 믿느냐? 앞으로 그보다 더 큰 일을 보게 될 것이다"(50절). 나타나엘은 예수님의 계시를 향해 열린 진짜 이스라엘 사람이다. 이 행동은 유다인들의 태도와 매우 대조적이다. 그들은 예수님이 하신 더 많은 표징을 보았는데도 그분을 믿지 않으며 석대석이다. 나타나엘에게 약속된 더 큰 일은 이어지는 구절에서 설명될 것이다. 그것은 카나의 표징에서 시작해서 예수님의 죽음과 부활의 표징까지, 은총과 진리가 충만하신 하느님의 외아드님으로서 지니신 영광(1,14)을 보는 것이다.

예수님이 약속하신 '더 큰 일들'(메이조 투톤 μείζω τούτων)은 천사들이 하느님의 아들 위로 오르내림을 보는 것으로 구체화될 것이다. "내가 진실로 진실로 너희에게 말한다. 너희는 하늘이 열리고 하느님의 천사들이 사람의 아들 위에서 오르내리는 것을 보게 될 것이다"(51절). 도입부인 "내가 진실로 진실로 너희에게 말한다"라는 표현은 이어지는 내용의 중요성을 강조하는 말이다. 하늘은 신성神性의 장소이다. 거기서부터 성령과(1,32) 하느님의 아드님이(3,13) 내려오고, 하늘에서 아버지께서 참된 빵을 내려 주시고(6,32) 당신의 목소리를 듣게 하신다(12,28).

'열린 하늘을 본다'는 것은 예언문학과 묵시문학에서 계시啓示를 표현하는 데 사용하는 전형적인 표현이다(에제 1,1; 묵시 4,1; 19,11). 공관복음서에서는 예수님의 세례 때 하늘이 열렸다고 이야기한다. 그때 성령이 내려오셨다. 그런데 요한 복음서는 여기서 예수님의 세례 때 있었던 신의 현현顯現을 말하는 것 같지 않다. 그 사건은 이미 세례자 요한의 증언에서 언급되었다(1,31-32). 여기서는 장차 볼 것을 가리키고 있으며, 볼 대상도 성령이 아니라 '하느님의 천사들이 사람의 아들 위에서 오르내리는 것'이기 때문이다. 이 문장은 야곱의 꿈(창세 28,12)과 아주 비슷하다.

오래된 타르굼 전승에 의하면 땅 위의 천사들은 올바른 사람을 관상하도록 내려오라고 하늘에 살고 있는 천사들을 초대하기 위해 올라간다고 한다. 요한 복음사가가 타르굼 전승에서 영감을 받았음이 불가능하지는 않다. 그러니 예수님은 베텔에서 있었던 일과 비슷한 신의 현현을 약속하는 것이다. 실제로 예수님은 카나의 표징(2,11)을 당신의 죽음과 부활로 오게 될 최고 계시의 전조로 삼아 당신의 영광을 드러내려 하신다.

## 사람의 아들

그런데 무슨 이유로 예수님을 사람의 아들이라 부르는가? 요한 복음서에서 이 칭호는 거의 항상 십자가와 부활의 영광과 관련되어 나타난다(3,13-14; 6,62; 8,28; 12,23.34; 13,31). 이 칭호로 예수님의 인간성을 강조한다는 가설은 아주 그럴듯하다. 예수님은 죽은 이들로부터 부활하시어 십자가의 왕좌 위에서 영광을 받으실 것이다. 1,51의 예고는 바로 이 사람 예수님을 통하여 하느님의 최고 계시가 올 것이며, 그것은 십자가의 왕좌 위에 사람의 아들을 들어 올리는 데서 정점에 다다르리라는 것이다. 그때 사람들은 자기들이 찌른 이를 바라볼 것이다(19,37). 그러니까 '사람의 아들'은 하느님의 계시가 충만하게 나타나는 베텔이며, 거기서 하느님은 신앙의 눈으로 바라보는 이들에게 당신의 영광을 드러내신다. 예수님을 믿는 이들은 하느님께서 당신을 드러냄을 볼 것이다. 말하자면 예수님이 신적 영광의 장소, 하늘과 땅의 접촉점이다. 따라서 요한 복음서의 이 칭호는 공관복음서처럼 묵시문학적 의미에서 취한 것이라고 볼 수 없다. 여기서 '사람의 아들'이란 칭호는 예수님의 지상 현존에 관한 언급이다.

## 벳사이다

갈릴래아 호수 북동쪽에 위치한 성읍으로 데카폴리스 지역 경계에 있었다. 12,21에서 명백하게 드러나듯이 갈릴래아 지방과 벳사이다를 연결하여 갈릴래아의 벳사이다 출신이라고 표현한다. 그런데 예수님의 공생활 당시 벳사이다는 헤로데 안티파스의 관할 지역인 갈릴래아 지방이 아니라, 다른 영주인 헤로데 필리포스의 관할 지역인 가울라니티스 지역에 속했다. 이는 기원후 80년대의 정치 행정 상황이 반영된 것으로 갈릴래아 지방의 영토가 확장되어 벳사이다를 포함하는 것으로 본다.

## 무화과나무

무화과는 약속의 땅, 이스라엘 땅에 축복으로 내린 일곱 가지 식품 중 하나이다. "밀과 보리와 포도주와 무화과와 석류가 나는 땅이며, 올리브 기름과 꿀이 나는 땅이다"(신명 8,8). 히브리 성경에서 무화과는 포도주와 함께 매우 중요한 토산물

로 16번 등장한다. 평화와 안전이 보장되는 이상적인 시대를 묘사하는 표현이 "사람마다 자기 포도나무와 무화과나무 아래에서 마음 놓고 살았다"는 말이다(1열왕 5,5; 참조 미카 4,4; 즈카 3,10). 그래서 예언자들은 반복적으로 포도나무와 무화과나무의 파괴를 경고하며 회개를 촉구했다(예레 5,17; 8,13; 호세 2,14; 하바 3,17). 무화과는 질 좋은 꿀을 지녀 영양가가 무척 높은 식품이다. "바위에서 나오는 꿀"(신명 32,13)과 "바위의 꿀"(시편 81,17)은 분명히 바위가 많은 광야 지역에서 자라는 무화과나무의 꿀을 가리킨다. 히즈키야 임금의 질병에 치료제로 쓰이기도 하였다(2열왕 20,7 참조).

무화과나무는 다른 나무들과 달리 잎이 나기 전에 열매가 맺힌다. 그것은 마치 나무의 옷처럼 드러나는데 실제로는 참 열매의 결실을 거둔 여파로 생기는 것이다. 그래서 의례와 공식 예배의 복장으로 드러나는 종교적 준수의 실제가 결실을 얻는 행동과 연관됨을 상징하기도 한다.

# 제2부

# 예수님의 가르침과 제자들

## 개요

공생활 3년 동안 예수님은 갈릴래아와 예루살렘을 오가며 제자들에게 표징을 보여 주신다. 그 여정을 기술한 2부에서 다음 두 가지 사항을 먼저 살펴본다.

### 1) 2,1-12의 위치

첫 단어 '사흘째 되는 날'이란 표현이 이 대목과 앞 대목을 연결한다. 이 시간적 표현은 1,19에서 시작한 일련의 일들이 한 주간 동안 일어났고 이 대목이 그 마지막 이야기임을 드러낸다. 당시 필립보와 나타나엘을 만난 유다 지방 요르단 계곡에서 갈릴래아 지방 카나까지 가려면 이틀 정도 걸린다고 추정한다. 그럼에도 '사흘째 되는 날'이란 표현으로 한 주간을 마무리하였다. 내용 면에서 볼 때 1,19-51에서 예수님을 믿고 따르는 사람들이 생기기 시작하고 급기야 "제자"라는 단어가 2,2에 등장한다. 예수님과 제자들이 함께 나타나며, 다른 무리와 구분되는 한 공동체로 소개된다. "예수님도 제자들과 함께 그 혼인 잔치에 초대를 받으셨다"(2,2). 그리고 이 대목은 의미심장하게도 제자들이 신앙을 얻게 되는 이야기로 마무리된다. "그리하여 제자들은 예수님을 믿게 되었다"(2,11). 그 뒤로 예수님과 제자들은 요한 복음서의 전체 구조에서 반대편에 서 있는 유다인들을 상대로 계속 논쟁한다.

한편 이 대목을 1,19-51 단락에서 분리하는 의견을 제시한 이들이 많다. 우선 장소가 바뀐다. 예수님은 갈릴래아로 가기로 결정하셨고 실제로 그곳에 계신다. 그리고 예수님의 제자들과 더불어 예수님의 어머니(2,1)라는 새로운 인물이 등장하고, 혼인 잔치의 관계자(일꾼들-7절, 과방장-8절, 신랑-9절, 형제들-12절)가 여럿 등장한다. 또한 이야기의 형태도 세례자 요한이 유다인들에게 응답하는 형태의 증언, 예수님 제자들의 증언 이야기에서 표징 이야기로 바뀌었다. 2,1-12은 그리스어로 볼 때, 헤메라(ἡμέρα 날日) 단어가 앞뒤로 나오면서 한 대목을 구성한다. 1절의 시작은 카이 테 헤메라 테 트리테(καὶ τῇ ἡμέρᾳ τῇ τρίτῃ)이고, 12절의 마지막 단어는 폴라스 헤메라스(πολλὰς ἡμέρας)다. 예수님은 이 대목에서 첫 번째 표징을 행하시고, 좀 더 지난 다른 날 같은 장소에서 두 번째 표징(4,43-54)을 일으키신다. 그런데 그 이야기에서 카나 혼인 잔치의 첫 표징을 기억하며, 또한 그 대목의 구조적 요소들이 이 부분과 잘 어울린다. 이러한 여러 가지를 고려해 볼 때 이 대목을 뒤이은 단락들과 한 덩어리로 보는 것이 더 타당하다.

## 2) 구조

### (1) 2,1-4,42

첫 표징 이야기(2,1-12) 다음에 예수님은 바로 예루살렘으로 가신다. 예루살렘에서 성전 정화 사건 이야기가 전개되고(2,13-22), 축제 기간 중에 행하신 표징들이 소개되며 이것을 보고 믿게 된 이들이 언급된다. 하지만 그들의 믿음이 그다지 굳세지 않음을 증언하고(2,23-25), 믿는 이들과 믿기 어려운 부분들을 니코데모와 예수님의 만남(3,1-21)을 통하여 소개한다. 유다 땅으로 장소가 옮겨졌으나 여전히 같은 주제가 이어진다(3,22-36). 이러한 일련의 사건 후 예수님은 다시 갈릴래아로 가는데, 사마리아를 거치신다. 그때 사마리아에서 뜻밖의 수확을 거두시는데, 사마리아인들이 예수님을 믿게 된 것이다(4,1-42).

- 2,1-12 갈릴래아 카나
- 2,13-21 예루살렘, 파스카 축제
- 2,22-36 유다 땅, 애논
- 4,1-42 사마리아

### (2) 4,43-5,47

갈릴래아에 다시 오신 예수님은 카나에서 왕실 관리의 아들을 치유하시며, 그들을 믿음으로 이끄는 두 번째 표징을 행하신다(4,43-54). 그런데 이어지는 이야기에서 예수님은 다시 예루살렘에 등장하신다. 벳자타 못 가에서 병자를 치유하신다. 3장에서도 예루살렘에 계셨으나 그 장소는 명시되지 않고 다만 예루살렘으로 추정될 뿐이다. 최고 의회 의원인 니코데모가 찾아온 어느 장소인데 성전과의 지리적 거리가 전혀 나타나지 않는다. 그런데 5장의 무대는 성전산 북쪽 자락이다. 이때 예수님은 유다인 한 사람과 대화하며 가르치지 않고 유다인들을 대상으로 가르치며 논쟁하신다. 유다인들이 반론을 제기하기 때문이다.

- 4,43-54　　갈릴래아 카나
- 5,1-47　　예루살렘, 유다인들의 축제

### (3) 6,1-8,59

예수님은 다시 갈릴래아 지방에 나타나셨다. 티베리아스 호수 건너편으로 가신다. 표징들에 대해 언급한 후 보리 빵 다섯 개와 물고기 두 마리로 오천 명을 먹이는 표징을 행하신다. 그 시기는 유다인들의 축제인 파스카가 가까운 때라고 소개된다(6,1-15). 이 표징에 뒤이어 유다인들이 또 다른 표징을 요청하자, 예수님은 생명의 빵에 대해 길게 가르치신다. 이 담화로 갈릴래아 지방에서 믿고자 하는 이들, 제자들 사이에서 논쟁이 벌어지고, 많은 이가 되돌아간다. 이때 열두 제자는 영원한 생명의 말씀이 있는 주님께 머물기로 믿음을 고백한다(6,16-71).

유다인들의 초막절이 가까워 오는데 갈릴래아에 계신 예수님과 그분의 형제들이 대화를 나눈다(7,1-9). 예수님은 다시 예루살렘에 가신다. 그러나 남모르게 가신다. 이제 갈릴래아에 계신 예수님 이야기는 더 이상 나오지 않을 것이다. 부활 이야기의 대미인 21장을 제외하고는 말이다. 드디어 예수님은 성전에 나타나 가르치신다. 초막절 동안 성전에 여러 날 나타나신다(7,10-52). 이어지는 대목에서 예수님은 여전히 예루살렘에 계시며 올리브 산과 성전 등에 모습을 보이신다. 유다인들이 예수님의 진리와 생명의 말씀을 이해하지 못하고 받아들이지 못하는 양상은 더욱 극대화된다. 급기야 그들이 돌을 던지려 하자 예수님은 몸을 숨겨 성전 밖으로 나가신다(8,1-59). 이 단락에서는 예수님이 예루살렘에 남모르게 들어오셨다가 성전에서 몸을 숨겨 밖으로 나가시는 구조를 이룬다.

- 6,1-71　　티베리아스 호숫가
- 7,1-9　　갈릴래아
- 7,10-52　　예루살렘 초막절
- 8,1-11　　올리브 산
- 8,12-59　　성전

### (4) 9,1-11,57

예수님이 길을 가시다가 태어나면서부터 눈먼 사람을 만나신다. 장소는 언급되지 않는다. 그 이전 장면에서 성전 밖으로 나오셨고, 복음서가 예수님이 어디로 가셨다고 전해 주지 않으니 여전히 예루살렘에 머물러 계신다고 추정한다. 태어나면서부터 눈먼 사람이 예수님에게 치유를 받으면서 이를 둘러싼 논쟁이 벌어지고 급기야 치유받은 이를 회당 밖으로 내쫓는 일이 벌어진다. 고고학적 발굴에 의하면 예루살렘 성전 외에 회당이 있었다는 증거가 발견되었으니 충분히 가능하다. 또한 이어지는 유다인들, 바리사이들과의 격렬한 논쟁과 그들이 지도자들에게 문의하지 않고 유다인을 회당 밖으로 내쫓는 권한을 행사하는 것을 보면 중앙, 곧 예루살렘에서 벌어진 일로 보는 것이 타당하다. 예수님의 자기 계시는 더욱 본격화된다. 그분이 주님이신 하느님을 아버지라 부르며 목숨에 대한 권한을 이야기하시자, 유다인들의 의심은 더욱 심화된다.

이어지는 대목은 여전히 예루살렘 성전 봉헌 축제 이야기다. 때는 겨울이다. 예수님은 성전 안 솔로몬 주랑 근처에서 유다인들에게 질문을 받으신다. 여기서 유다인들은 복음서 시작 때 사람들을 보내어 세례자 요한에게 했던 질문을 드디어 예수님에게 직접 던진다. "당신이 메시아라면 분명히 말해 주시오"(10,24). 예수님에 대하여 원천적이고 직접적인 대답을 요구하는 유다인들에게, 예수님은 당신과 아버지는 하나라고 응답하신다. 유다인들이 그분께 돌을 던지려 하고 그분을 잡으려 하나, 예수님은 그들의 손을 벗어나 예루살렘을 떠나신다.

예수님은 이후 요르단강 건너편으로 물러가셨는데, 베타니아에 사는 라자로가 앓다가 죽는 일이 벌어지자 유다로 돌아오시어 무덤 속에 들어간 그를 다시 살리며 하느님의 영광을 드러내신다. 이 사건을 계기로 대사제가 결정적인 발언을 하고 수석 사제들과 바리사이들은 예수님을 죽이기로 결의한다. 예수님은 지명수배가 되었다(11장). 그분은 광야에 가까운 에프라임 고을에 머무셨다.

- 9,1-10,21　　성전 밖
- 10,22-39　　성전 봉헌 축제, 성전 안
- 10,40-11,16　　요르단강 건너편
- 11,17-44　　베타니아
- 11,45-57　　광야에 가까운 에프라임 고을

### (5) 12,1-26

그동안 겨울이 지나고 봄이 왔다. 파스카 축제 엿새 전 예수님은 베타니아로 가신다. 베타니아에서 그분을 위한 잔치가 마지막으로 벌어지고 (12,1-11), 이튿날 예수님은 예루살렘에 들어가신다. 이때 축제를 지내러 온 많은 순례자가 "'호산나! 주님의 이름으로 오시는 분은 복되시어라.' 이스라엘의 임금님은 복되시어라" 하고 외치며 예수님을 환영한다. 그분은 이스라엘의 임금님으로, 주님의 이름으로 오시는 분으로서 예루살렘에 장엄하게 입성하신다. 이야기는 다음 장면에서 완전히 다른 국면으로 들어갈 것이다.

# 제1장 첫 번째 표징과 그 이후 2,1-12

## 1. 갈릴래아 카나 첫 표징: 2,1-12

앞 이야기에서 예수님의 제자단이 구성되었다. 예수님은 그 제자들과 함께 카나에 가셔서 첫 번째 표징을 행하신다. 이로써 첫 번째 제자들이 예수님을 믿게 되었다는 기록이 나온다. 시간적인 '지시'(이튿날, 사흘째 되는 날 등)를 고려하여 함께 묶인 대목에서 제자 공동체의 형성은 더욱 뚜렷하게 부각된다. 이제부터 예수님은 언제나 제자들과 함께 움직이신다. 이 첫 번째 기록은 예수님의 제자들을 위한 표징이었을 것이다. 실제로 그 표징에 대한 다른 사람의 반응은 전하지 않고, 단지 제자들의 응답만 전해 준다.

### 사흘째 되는 날

"사흘째 되던 날 갈릴래아의 카나에 혼인 잔치가 있었는데, 예수님의 어머니도 거기에 계셨다"(1절). 히브리 백성은 혼인 잔치를 장엄하게 치른다. 일반적으로 잔치는 일주일간 계속된다. 야곱의 혼인 때 일주일간 잔치를 하였고(창세 29,27-28), 토비야의 혼인 잔치는 이 주간 계속되었다(토

빗 8,20; 10,8).

갈릴래아의 카나는 나자렛에서 그렇게 멀지 않은 마을이다. 신약성경에서 카나는 요한 복음서에만 기록되었다(2,1.11; 4,46; 21,2). 요한 복음사가는 이곳에서 예수님의 첫 표징과 둘째 표징이 나타났다고 기록하는데, 관련되는 두 대목을 반복 구문으로 형성하여 예수님의 중요한 계시를 권위 있게 소개한다.

첫머리에 나오는 '사흘째 되는 날'은 무엇을 암시할까? 구약성경에서는 주님께서 시나이 산에서 주시는 계시와 계약을 기억할 수 있다(탈출 19,16 참조). 신약성경에서는 바로 뒤의 성전 정화 이야기에서 예수님은 파괴된 당신 몸을 사흘 안에 다시 일으키리라고 선언하신다. 오래된 그리스도교 전승에서 '사흘째 되는 날'이란 어구는 흔히 예수님의 부활과 연관되었다(1코린 15,4; 사도 10,40; 마태 16,21; 17,23; 20,19; 루카 9,22; 18,33; 24,7.46). 그러니 "사흘째 되는 날"이란 표현이 예수님의 부활을 암시한다고 해석할 수 있다. 카나의 표징은 죽음과 부활로 들어 높여지는 예수님의 '때'를 예고하고 예상한다. 복음서의 첫 시작을 한 주간에 배치하고 마지막을 또 한 주간에 배치하는 전체 구조에서도, 마지막 한 주간의 이야기를 부활로 마무리한다면 첫 한 주간의 이야기에서 부활을 암시하는 것은 구성상 어색하지 않다. 사실 혼인 잔치의 설정은 성경에서 메시아 시대, 잘 익은 술과 살지고 기름진 음식을 넉넉하게 즐긴다고 표현되는 '메시아적 충만'이란 이미지(호세 2,21-22; 이사 25,6-8; 예레 2,2; 아가)를 연상시킨다.

### 예수님의 어머니: "포도주가 없구나"(1-3절)

예수님의 어머니도 이 혼인 잔치에 참석하셨다. 복음사가는 그분이 참석한 이유를 전혀 언급하지 않는다. 예수님의 어머니는 요한 복음서에서 한 번도 본인의 이름으로 불리지 않으며, 단 두 장면에만 나타난다. 즉 예수님 공생활의 시작 부분인 혼인 잔치 장면(2,1-12)과, 공생활의 마지막 부분인 십자가 아래 장면(19,25-27)이다. 예수님의 어머니는 그분의 제자들과 함께 공적으로 나타나 신비롭게 관계를 맺으신다.

복음사가는 예수님이 초대를 받으셨을 때 그분의 어머니가 이미 잔칫집에 계셨다고 밝혀, 예수님 일행이 잔치 도중에 그곳에 왔음을 알린다. 카나 사람 나타나엘이 수선하여 그분이 초대를 받으셨다는 의견도 있다. 그분이 제자들과 함께 초대를 받으셨다는 것은 추종자들이 하나의 공동체를 이룰 정도로 결속되어 있음을 드러낸다. 그러나 그들이 '열두 제자'를 가리키진 않는다. 요한 복음사가는 열두 제자와 제자들을 구분하기 때문이다. 설령 이 열두 제자가 예수님의 추종자이고 몇몇 경우에 그들을 단순히 제자들이라고 언급하더라도(12,4; 13,5; 20,24-26), 요한 복음서에서 말하는 제자들의 범위는 그 열둘보다 훨씬 넓다.

예수님의 어머니와 함께 '형제들'(아델포이 ἀδελφοὶ)이 거론되는데(12절), 그 단어 자체가 친형제 간인지 사촌 간인지를 명확히 드러내지 않으나 아무튼 예수님의 일가친척이 와 있었다고 추정할 수 있다. 그런데 누구든 잔치 주관자와 밀접한 관계에 있지 않다면 잔치 상차림이나 과방 상황을 제대로 파악할 수가 없다. 과방장도 잘 모를 정도의 상황을 알고 있고, "포도주가 없구나"(3절) 하며 알리고, 일꾼들에게 말하는 대로 그들이 실행한다면, 그는 그 집안에서 비중 있는 인물이다. 예수님의 어머니는 그런 위치에서 무언가를 하고 계시다. 단순히 나자렛에서 가까운 동네여서 카나의 혼인 잔치에 온 마을 사람 정도가 아닐 것이며, 예수님과의 친분으로 오신 것도 아니다. 오히려 어머니와 연관되어 예수님도 초대를 받으셨다고 보는 것이 더 타당하다. 왜냐하면 어머니가 예수님보다 잔치 주관자의 처지에 더 호의적이고 관심을 더 쏟기 때문이다.

여기서 예수님의 어머니가 아들에게 기적을 청했는가는 여전히 논란되고 있다. 몇몇 저자는 그런 요구가 모순이라고 한다. 예수님의 어머니는 아들이 그런 기적을 하리라고 상상하지 못했으리라 보기 때문이다. 단지 아들을 신뢰하는 마음으로 그 상황을 알렸을 뿐이라고 한다. 반면 영성학자들은 예수님의 어머니 마리아가 당신 삶과 인격으로 영신 식별의 본보기를 제시한다고 주장한다. 혼인 잔치에서 포도주가 다 떨어졌을 때, 청하면 예수님이 무엇인가 해 줄 것을 직관적인 식별로 알았다고 본다. 예수님의 성령 잉태와, 이어진 신비로운 기억들을 마음속에 새기며 그의 성장을 지켜본 어머니, 어느 날 장성한 아들이 처음으로 추종자들을 거느리고 사람들의 모임에 나타난 것을 보았을 때 아무런 느낌이 없었을까? 불가능한 일이다. 아들의 변화는 어머니가 제일 잘 안다. 더구나 특별한, 이해 못할 놀라운 사건들을 가슴에 깊이 간직하고 그 의미를 곰곰이 생각하는, 이미 신비스러운 체험을 한 어머니라면…!

어쩌면 어머니 편에서 볼 때 예전과 다른 예수님의 이상한 말씀, 예컨대 "여인", "저의 때가 오지 않았습니다" 역시 어머니에게는 예수님이 제자들과 잔치에 나타난 것과 더불어 또 다른 표징일 수 있다.

## "여인이시여"(4ㄴ절)

여기서 예수님은 왜 어머니를 "여인"이라 부르시는가? 아들이 어머니를 여인이라고 부르는 것은 이상하다. 십자가 위에서 죽어가는 예수님이 십자가 아래 있는 어머니를 부르실 때도 이 말을 쓰신다(19,26). 여기서 '여인'이란 단어의 의미를 찾아본다. "여인이시여, 이 사람이 어머니의 아들입니다"(귀나이 이데 호 휘오스 수 γύναι, ἴδε ὁ υἱός σου). 그리스어 원문을 직역하면 "여인이시여, 당신의 아들입니다"이다. 그리고 그 제자에게는 "네 어머니시다"(헤 메테르 수 ἡ μήτηρ σου)라고 하셨다. 어머니(메테르)와 아들(휘오스) 두 단어가 두 사람을 엮는다. 이 대목에서는 줄곧 "그분의 어머니"(25절), "당신의 어머니"(26절), "어머니에게"(26절) 하며 예수님의 어머니를 강조한다. 예수님은 사랑하시는 제자에게 그분을 어머니로 주셨다. 어머니에게 그를 아들로 맺어 주셨다. 예수님이 어머니의 아들로서가 아니라, 하느님의 아들로서 떠나며 맺어 주시는 관계이다. 예수님은 계속 하느님의 아들로서 말씀하신다. 그렇다면 여인이라는 호칭이 조금도 이상할 게 없다.

공생활의 마지막 장면인 이 대목에 등장하는 어머니는 공생활 초기인 카나의 혼인 잔치에도 등장하는데, 내용의 주요 요소가 많이 유사하다. 초기 장면에서 주체로 활동하는 분은 어머니시며, 그 표징의 결과는 제자들에게 떨어진다. 두 장면 다 예수님을 가운데에 둔 예수님의 어머니와 제자 사이에 일어나는 일이다. 아직 다가오지 않은 때를 말씀하시는 예수님은 하느님의 시간 속에서, 하느님의 아들로서 어머니에게 말씀하고 계신다고 본다. 한편 '여인'이라는 호칭이 창세기 3장을 떠올려 마리아를 새로운 하와, 살아 있는 이들의 어머니로 소개하려는 의도로 볼 수도 있다.

### “아직 저의 때가 오지 않았습니다”(4ㄷ절)

이 문구는 아무것도 입증하지 않으며 다양하게 해석될 수 있다. 예수님의 이 반응은 거절로 보인다. “저에게 무엇을 바라십니까?”(4ㄴ절) 달리 말해 “당신이 저와 무슨 상관이 있습니까?”라는 이 셈어적 표현은 항상 두 대담자 사이에 있는 거리 또는 차이를 표현한다. 예수님이 마치 어머니와의 관계를 의문에 부치시는 것 같은 인상을 준다. 이 응답을 부드럽게 풀어보려고 아무리 애써도 아들에게 기대할 수 있는 응답이 아닌 것은 분명하다. 예수님과 어머니 사이에 ‘간격’이 있다는 것 역시 부인할 수 없는 사실이다.

“아직 저의 때가 오지 않았습니다”라는 표현은 이제 앞으로 전개되는 이야기에서 발전될 주제에 관해 이야기한다. 당신의 삶은 ‘때’를 향해 가는 사건들로 특징지어질 것이다. 서곡 말씀 찬가에서 그토록 강조하고(1,14-18) 세례자 요한이 증언했듯이(1,29-34), 예수님은 하느님의 아들이시다. 아들의 삶은 아버지와 맺는 관계에 의해 결정된다. 그런데 인간의 영역에서 일어날 사건, 나자렛 예수 이야기의 일부인 예수님의 때는 아직 아니라는 것이다. 이제 시작했을 뿐인 이야기는 예수님 때의 완성을 내다본다. 무슨 상관이 있느냐고 하는 예수님의 첫 질문과 ‘때’에 관한 말씀은 그분과 그분 어머니 사이에 거리가 있으며, ‘그분이 일할 때 적용하는 원칙이 그분에게 부과되어 있음’(슈나켄부르크)을 가리킨다. 예수님과 하느님 사이에 있는 세계, 예수님의 어머니는 그 세계 밖에 있다. 4절의 예수님 말씀은 그분의 어머니에게 그런 경우를 단호하게 알리신 것이다. 이러한 몰로니의 해석은 개연성이 높다.

2,4 주위의 문맥을 보면 예수님의 ‘때’는 이미 왔다는 결론을 내릴 수

밖에 없다. 왜냐하면 2,11에서 복음사가는 예수님이 카나의 표징으로 당신의 영광을 드러내셨다고 하기 때문이다. 그런데 '때'에 관하여 유의해야 하는 관점이 있다. 요한 복음서의 전체 문맥에 따르면 수난 전에는 예수님의 '때'가 아직 다다르지 않는다(7,30; 8,20). 그럼에도 예수님이 또는 복음사가가 그 '때'가 다다랐다고 선언한 경우가 있다(12,23; 13,1; 17,1). 실제로 예수님의 '때'는 그분이 수난, 죽음과 부활로 영광을 받기 시작할 때 온다. 그 '때'는 부활과 아버지의 오른편으로 올라가는 영광의 전주곡으로, 십자가에서 예수님이 들어 높여지는 시간이다. 이런 전체 문맥을 고려하면 카나의 표징은 예수님의 '때'를 묘사하고 그 안에서 그분의 신적 영광을 드러냈다고 보겠다. 이렇게 보면 그다음에 오는 예수님 어머니의 지시를 이해할 여지가 생긴다.

### "무엇이든지 그가 시키는 대로 하여라"(5절)

'때'가 다다르자 예수님은 혈육 관계로부터 거리를 두신다. 후견後見을 해제하신다. 공관복음서에서도 예수님은 어머니와 친척들 앞에서 이와 비슷한 태도를 취하신다(마르 3,31 이하; 마태 12,46 이하; 루카 8,19 이하; 2,48-49). 앞에서 살펴본 대로 4절의 예수님 말씀이 어머니를 무례하게 대하거나 부인否認하는 것이 아니라 해도 부드러운 거절임에는 틀림없다. 그런데 이어지는 어머니의 반응이 놀랍다. 이 대목에서 예수님의 대답에 이어 또 한 번 심상치 않은 어머니의 반응이 나타난다. "무엇이든지 그가 시키는 대로 하여라." 예수님의 그런 말씀 앞에서 어머니는 어떻게 이런 말을 하실 수 있었을까?

어머니는 아주 주의 깊게 선별한 말로 지시한다. 일꾼들은 어머니가

하라고 시키는 어떠한 행동이든 해야 할 것이다. 말씀 찬가에서 예수님을 하느님 말씀이라고 알리지만 어머니는 예수님이 하느님 말씀이심을 아직 모른다. 그럼에도 어머니는 그분 말씀의 능력을 무조건 신뢰하며 일꾼들에게 지시한다. 어머니는 예수님의 말씀을 신뢰하는 것이 그분의 현존에 대한 가장 명확한 응답임을 행동으로 보이는 첫 사람이다. 어머니는 표징으로 드러나는 일련의 일들이 일어나게 하는 기적의 기폭제 역할을 하신다. 물이 포도주가 되고(8-10절), 예수님의 영광과 제자들의 신앙이 드러났다(11절). 제자들의 초기 신앙 고백(1,35-49)이 있은 후에 예수님은 "앞으로 그보다 더 큰 일을 보게 될 것이다"(1,50) 하고 이르셨는데, 예수님의 어머니가 진정한 신앙의 특성을 보이는 첫 사람이 되신다. 어머니는 거부와 책망에 직면해서도 예수님 말씀의 능력을 무조건 신뢰하신다.

바누아(A. Vanhoye)는 말하기를, "공관복음서는 예수님이 당신 친척들에게 어떤 태도를 취하셨는지는 표현하였으나 거기에 대한 마리아의 반응에 대해서는 아무 말도 하지 않는다. 요한 복음사가는 예수님의 어머니가 지닌 놀라운 유연성을 드러내며 의문을 풀어 준다. 어머니는 제시된 단념에 동의하지 않을 뿐더러 다른 이들을 완전한 순종으로 인도한다. 이로써 예수님의 육적 어머니 역할에서 믿는 이들의 영적 어머니 역할로 옮겨 간다."

## 말씀(6-10절)

"물독에 물을 채워라"(7절). 예수님이 일꾼들에게 독마다 물을 가득 채우라고 명령하시면서 기적이 시작된다. 거기에는 유다인들의 정결례에 쓰이는 돌로 된 물독 여섯 개가 놓여 있었는데 모두 두세 동이들이였다. 그들이 물독마다 가득 채웠다. 가득 채워진 이 큰 독들의 물은 반향이 큰 표징을 준비하고 있으며 예수님이 주시는 선물의 풍성함을 보여 준다. 일꾼들은 예수님의 명령에 따라 그 물을 과방장에게 가져간다. 과방장은 그리스어로 아르키트리클리노스(ἀρχιτρίκλινος)다. 트리클리노스(τρίκλινος)는 길고 낮은 평상 3개가 놓인 연회장이니 규모가 제법 되는 곳이다. 그러니 잔치 식탁의 진행을 조절하며 음식이나 음료를 제일 처음 맛보는 사람이 필요할 것이다. 예수님과 관련된 사람들(제자들, 어머니와 형제들)만 해도 적어도 10여 명이니, 혼인 잔칫상의 규모를 대충 짐작할 만하다. 아마도 엄청나게 준비했을 포도주가 바닥이 난 모양이고, 두세 동이들이 정결례 물독 여섯 개 정도는 채워야 할 것으로 알고 진행하시는 예수님을 보아도 그 잔치의 규모가 보인다. (한편으로는 얼마나 많은 사람이 오길래 정결례 물독이 그리도 많은가!)

과방장이 포도주가 된 물을 맛보았다. 그는 어디서 그 술이 나온지 모르는 채, 기적의 포도주를 맛본다. 이 순간에 항아리의 물은 확실하게 포도주로 변하였다. 과방장은 포도주 맛을 보고는 찬사를 하기 위해서 신랑을 부른다. "누구든지 먼저 좋은 포도주를 내놓고, 손님들이 취하면 그보다 못한 것을 내놓는데, 지금까지 좋은 포도주를 남겨 두셨군요"(10절). 예수님의 선물은 양도 풍부할 뿐만 아니라 품질도 최고이다. 가득 넘치도록 후하게 베푸시는 주님이시다. 여기서 복음사가는 좋은 포도주의 놀라운 기원에 대해 강조한다. "과방장은 … 그것이 어디에서 났는지 알지 못하였지만, 물을 퍼 간 일꾼들은 알고 있었다"(9절). 일꾼들은 물독에 물을 채우라는 예수님의 말씀에 따라 물독마다 물을 가득 채웠고(7절), 이제 (그것을 퍼서) 과방장에게 날라다 주어라고 말씀하시니, 그들은 (그것을) 날라 갔다(8절).

물은 언제 포도주로 변했을까? "물독에 물을 채워라" 하고 말씀하실 때 물(휘도르 ὕδωρ)의 소유격(휘다토스 ὕδατος)이라는 보어가 나타났다. '물독'을 '물'로 채웠다. 그다음부터는 그리스어 문장에도, '물독마다 가득 채웠다고 할 때나, 퍼서 날라다 주어라고 하실 때나, 그들이 날랐다고 할 때'에도 목적어나 보어를 사용하지 않았다. 물인지, 포도주인지 표기하는 것을 의도적으로 피한 듯하다. 그리스어에서 물(휘도르 ὕδωρ)은 중성 명사이고 포도주(오이노스 οἶνος)는 남성 명사다. 대명사를 사용해도 표시가 날 터인데, 대명사조차 사용하지 않았다. 그런데 과방장이 맛본 "포도주가 된 물"(토 휘도르 오이논 게게네메논 τὸ ὕδωρ οἶνον γεγενημένον)(9절)이란 표현에서 물과 포도주가 모두 목적어로 나타난다. 그런데 드디어 "물을 퍼 간 일꾼들은 알고 있었다"에서 명백히 밝혀진다. '물을 퍼 간' 일꾼들, 그렇다. 그들은 물을 퍼다 주었다. 아직 물이었다. 과방장이 마신 포도주가 된 물은 예수님 말씀의 결과임을 일꾼들은 알고 있다. 예수님의 어머니가 이르셨다. '무엇이든지 그가 말씀하시는 대로(호 티 안 레게 ὅ τι ἂν λέγῃ) 하여라(포이에사테 ποιήσατε)'. 예수님은 두 번 말씀하셨다(레게이 λέγει, 7절과 8절). 일꾼들은 아무 말 없이 그 말씀에 순종하였다. 그분의 말씀을 듣고 따르는 것이 이 표징이 드러나는 데 결정적인 한몫을 하였다. 그래서 어머니는 예수님 '말씀'에 순명하라고 이르신 것이다.

## 표징-믿음(11-12절)

예수님의 이 포도주는 그분이 주시는 물처럼(4,11) 그분이 기적으로 많게 한 빵처럼(6,5) 신비로운 기원에서 유래한다.이 선물들은 신비롭다. 예수님의 위격과 계시적인 일들을 상징하기 때문이다. 사실 그분의 기원 역시 신비롭다(8,14; 9,29-30; 19,9).

예수님이 행한 기적은 요한 복음에 의하면 표징이다. 그것이 예수님의 영광을 드러내기 때문이다. 공관복음서에서는 예수님이 행하신 놀라운 일을 언급할 때 '능력'(뒤나미스 δύναμις)이라는 말을 쓴다(마태 11,20-23; 마르 6,2 등). 반면에 요한 복음사가는 그 일들을 예수님이 누구신지를 드러내는 표징(세메이온 σημεῖον)으로 나룬다. 요한은 무엇보다도 기적의 의미에 관심을 쏟는다. 예수님의 영광은 하느님 곁에 계신 외아드님으로서 지니신 영광인데(1,14), 그분이 세상이 세워지기 전에 이미 갖고 계시던 영광이다(17,5.24). 그러니 이 구절은 하느님의 아드님이라는 신적 신분을 다루는 것으로, 예수님이 당신의 삶과 표지들로 특별히 계시하신 것이다.

예수님 때의 '아직'(우포 οὔπω)(4절)과 기적 이야기의 '지금'(아르티 ἄρτι)(10절) 사이의 긴장이 화자가 말하는 '표징들의 시작'(첫 표징, 아르켄 톤 세메이온 ἀρχὴν τῶν σημείων)(11절)에서 해소된다. 예수님의 영광(독싸 δόξα)이 나타났고, 제자들은 그분을 믿게 되었다. 이것이 시작(아르케 ἀρχή)이다. 서곡은 예수님 안에서 말씀의 육화에서 드러난 영광을 보았는데(1,14), 그것은 먼저 받은 선물인 율법을 완성하는 하느님 은총의 충만함이었나(1,16)고 말한다. 지금 표징 이야기에서 그 일이 일어났다. 물이 포도주로 변한 것은 세상에서 말씀이 하신 첫 행동이고 앞으로 올 변화의 한 유형이다. 제자들은 그분의 영광을 보자 믿는다(11절). 이 믿음은 그들이 지녔던 메시아 희망(1,35-50)을 넘어서는 것이다.

표징은 믿으려는 모든 이에게 주는 계시의 한 방법이다. 여기서 복음사가는 처음으로 예수님 제자단의 신앙을 언급한다. 앞에서 예수님은 나타나엘의 믿음을 칭찬하셨지만(1,50), 복음서는 아직 명백하게 제자들이 공동으로 예수님을 믿는다고 말하지 않았다. 이어서 복음사가는 제자들의 신앙을 말하고(2,22), 그들이 예수님을 믿는다고 고백할 것이다(6,69). 그러나 이스라엘이 율법의 선물을 받고 충실함, 평범함, 실패의 긴 역사를 거쳤듯이, 제자들도 예수님을 통하여 예수님 안에서 그들이 경험하는 하느님 계시의 한계에 부딪칠 것이다.

아무튼 예수님은 이 신앙의 시초를 충분하게 여기시지 않는다. 당신이 라자로를 다시 살리기 전에 제자들에게 그 표징이 그들을 믿게 하리라고 선언하시기 때문이다(11,15). 최후의 만찬에서 예수님은 제자들이 겪을 일을 일러 주시며(13,19; 14,29) 하느님과 당신을 믿도록 격려하신다(14,1.11). 아무튼 그들이 믿었다는 것을 인식하신다(16,27; 17,8). 제자들의 신앙에는 여러 단계가 있다. 그것은 성장해야 하고 또 성장할 수 있다. 여기서(2,11) 표현된 신앙은 아직 초보 단계이다. 또 여기에 처음 언급되는(2,12) 예수님의 형제들은 카나의 표징이 드러난 자리에 함께 있었다 할지라도, 다른 기회에 복음사가가 명백하게 말하는 대로(7,5) 예수님을 믿지 않는다. 사실 11절도 그들의 신앙은 언급하지 않고 '제자들의' 믿음만 밝힌다.

당신 아들의 말씀에 대한 무조건적인 믿음, 예수님 어머니의 그 믿음이 일련의 사건을 일으키고 하느님의 영광이 계시되도록 이끌었다. 예수님이 말씀하신 것은 행해졌고, 그분의 영광은 그분의 말씀을 조건 없이 수용한 결과로 드러났다. 그런데 이 계시는 장차 올 그 '때(시간)'에야 마지막으로 완성될 것이다. 예수님의 어머니, 여인은 그 '때' 다시 나타나실 것이다(19,25-27 참조).

## 유다의 혼인 풍습

신랑이 신부의 집에 가서 신부를 데리고 와, 신랑의 집에서 저녁에 혼인식을 치른다. 신랑과 신부가 후파에 도착하면 신랑이 후파 주위를 일곱 바퀴 돈다. 둘이 후파 아래로 들어가고, 후파 아래서 혼인식이 진행된다. 신랑이 크투바(혼인계약서)에 서명한 뒤 숄라못 반지(온전한 반지: 무늬를 내거나 보석을 달기 위해 흠을 내지 않은 반지)를 신부에게 혼인반지로 준다.

※ 후파는 4개의 장대 기둥으로 받쳐진 차일 혹은 닫집과 같은 것이다. 오늘날에는 신랑 친구들이 장대를 잡고 있기도 한다. 이전에는 기도숄(탈리트)을 신랑과 신부의 머리 위에 펼쳐서 후파로 사용하기도 했다고 한다.

※ 크투바는 언제 어디서 신랑 누구와 신부 누구가 혼인한다는 계약서로 시작하여, 둘이 지켜야 할 의무, 주고받은 폐물의 명세 기록, 신랑과 신부와 증인들의 서명이 있다. 신랑이 신부에게 주는 크투바는 여권女權이 존중받지 못했던 고대 사회에서 여성을 위한 제도였다. 현존하는 제일 오래된 크투바는 엘레판틴에서 발견된 것이다. 기원후 1-2세기의 크투바 유물들은 신약 시대에 이미 그것이 유다인 풍습으로 자리 잡았음을 입증한다.

※ 혼인 잔치는 보통 7일간 계속한다. 이스라엘의 성조 야곱의 혼인 기간에서 비롯하였는데(창세 29,27), 기간이 길어 포도주가 떨어질 수 있다.

카나의 혼인 잔칫집에 있는 돌로 된, 두 세 동이들이 물독 여섯 개는 정결례의 중요성을 보여 주면서 잠시 후에 일어날 표징을 준비하는 역할을 한다. 돌 항아리는 점토 항아리에 비해 튼튼하여 전례적으로 부정한 것과 접촉하지 않기 때문에 아주 귀하게 다뤄졌다. 한 동이는 대략 40리터에 해당한다. 두세 동이면 80리터 내지 120리터로 700밀리리터짜리 마주앙 병 약 114-171개에 해당한다.

1세기 정결례용 물독

# 갈릴래아 지방 지도

북
동
남
서
갈릴래아 호수
티베리아스
타보르산
나자렛
세포리스
가다라
헤르몬산
카이사리아 필리피
쿠네이트라
벳사이다
가믈라
막달라
하초르
메론산
이즈르엘 평원
길보아산
카르멜 산
키손 강
므기또
나인
수넴
엔 도르
도탄
나하리야
프톨레마이스
티로
수르
시돈
단
메툴라
도르(도라)

## 2. 예루살렘, 파스카 축제 때 2,13-3,36

### 1) 성전 정화 2,13-25

예수님은 갈릴래아 카나에서 첫 표징을 행하시고 카파르나움으로 내려가셨는데, 이제 예루살렘에 나타나신다. 그분이 예루살렘에서, 성전에서 하시는 첫 일은 정화淨化다.

성전 정화 대목은 무엇보다도 예수님의 죽음과 부활의 표징을 품고 있다. 앞에서는 예수님의 첫 번째 표징이 이야기되었는데, 이 대목에서는 예수님이 행하신 표징 가운데 제일 큰 표징이 예고된다. 카나의 표징은 파스카 표징의 예표이고 앞당김이다. 이것이 두 대목 사이의 밀접한 관계를 보여 준다. 카나의 표징과 성전 정화 표징 사이의 닮은 점은 이야기 끝에 제자들의 신앙을 언급한다는 점이다(2,11.22).

카나의 표징은 갈릴래아에서 있었는데 성전 정화의 표징은 예루살렘에서 일어난다. 이런 방법으로 많이 닮은 이 두 이야기는 일종의 완성이란 의미를 지닌다. 왜냐하면 두 표징은 정통 팔레스티나를 형성하는 두 구역 갈릴래아와 유다에서 확인되기 때문이다.

#### 예루살렘으로

예수님은 카파르나움에서 예루살렘으로 올라가신다. 이것이 제자들을 모으신 후 갈릴래아에서 예루살렘으로 가는 첫 번째 여행이다. 그분의 활동이 시작된 것이다. 그때는 파스카 축제를 앞둔 시기다. "유다인들의 파스카 축제가 가까워지자…"(13절). 이 문장은 완전히 요한계 문장이다(2,13; 6,4; 11,55). 요한 복음서에서 예수님의 계시는 유다의 큰 전례 축제와 연관되어 드러난다. 예시하면 예수님의 첫 번째 파스카 축제(2,13 이하), 생명의 빵을 주신 파스카 축제(6,1 이하), 초막절(7,2 이하), 성전 봉헌 축제(10,22 이하), 예수님의 마지막 파스카 축제(11,55 이하)이다.

여기에서 언급하는 "유다인들의 파스카 축제"는 이 장엄 예식을 예수님의 부활을 기념하는 그리스도인들의 파스카로부터 구별하거나, 복음사가가 더는 유다인들의 파스카 축제에 참석하지 않는다는 단언일 가능성이 높다. 여기서 복음서 저술 시기를 감안할 때, 예수님 당시나 초기 제자들이 당연히 파스카 축제를 지내던 시기와는 이미 다른 시대를 살고 있기 때문이다. 파스카 축제는 이제 유다인들의 축제라고 여기게 된 것이다. 2,13에 기억된 파스카 축제는 예수님의 공생활 중에 처음으로 지낸 파스카 축제다.

예루살렘으로 가신 이 첫 여행에서 예수님은 성전에서 장사하는 상인들과 환전꾼들을 발견하신다. 공관복음서의 병행구절들은 비둘기만 언급하지 소나 양을 이야기하진 않는다. 끈으로 채찍을 만들어 소와 양과 상인들을 쫓아내시는 예수님의 행동에 대해서도 언급하지 않는다. 요한 특유의 편집 부분이다. 게다가 공관복음서들은 성전 정화 사건을 공생활 뒷부분에 놓는데, 요한은 시작 부분에 배치한다. 화자는 이 일화의 시작을 명백하게 설정하고(13절), 이 일화를 마무리하며 니코데모 이야기로 이끄는 결말(23-25절)을 준비했다.

- 13절 장면 설정
- 14-17절 예수님의 행동 묘사-16절 강조
- 18-20절 유다인들의 반응–유다인과 예수님의 대화
- 21-22절 화자의 설명-행동의 해석
- 23-25절 사람들의 반응

## 성전

예수님은 성전 구역에서 성전 제사에 필요한 짐승들을 파는 상인들을 발견하신다. 또 이교도 신이나 황제의 모습이 새겨진 로마 동전, 그리스 동전을 성전에 바칠 수 없으니 적법한 화폐, 티로 주화로 바꾸어 주는 환전꾼들도 있다. 그들의 일이 영예롭지는 않지만 그렇다고 본질적으로 틀린 일도 아니다. 그러나 예수님이 끈으로 채찍을 만들어 양과 소와 함께 쫓아내시고 환전상들의 돈을 쏟아 버리고 탁자들을 엎어 버리심으로써, 그들의 일은 무질서로 설정되었다.

14-15절에서 예수님은 아무 말씀 없이 행동하신다. 연속으로 빠르게 진행되는 모든 행동의 주어는 예수님이다. 14-16절에 나오는 성전(히에론 ἱερόν)은 성전 구역 전체를 가리킨다. 예수님은 성전의 남용을 공격하신다. 종교와 상거래가 손을 잡으면(教經癒着), 하느님은 사랑으로 사람을 살리는 분이 아니라 백성의 생명을 희생 제물로 요구하는 신神으로 제시된다. 성전은 장사하는 집이어서는 안 된다. 그곳은 '당신 아버지의 집'이다. '집'(오이코스 οἶκος)은 "그날에는 만군의 주님의 집 안에 더 이상 장사꾼들이 없을 것이다"(즈카 14,21)라는 예언 말씀을 떠올려 준다. 성전은 이제 집이다. 사람들이 모여서 주님께 예배를 드리는 성전(히에론)이고, 남

자와 여자들 사이에 예수님께서 '내 아버지'라고 부르시는 이스라엘의 하느님이 거하시는 집(오이코스)이다. 공관복음서에서는 이사 56,7을 인용하여 예수님이 성전을 '나의 집'(마르 11,17; 마태 21,13; 루카 19,46)이라 하신다. 그런데 요한 복음서의 그리스도론에서는 예수님 중심의 초점을 채택하지 않는다. 예수님은 당신 너머를 보시며 이스라엘의 성전 남용에 이의를 제기하신다. 이스라엘은 성전을 통하여 하느님과 관계를 맺는데, 예수님은 그들의 성전이 그분께 특별한 방법으로 속해 있다고, 곧 그분 아버지의 집이라고 청중에게 이야기하신다. 성전은 장사하는 집으로 전락했는데, 아버지께서 보내신 분이 '내 아버지의 집'이라고 선언한다.

### 유다인들

이 장면에서 유다인들은 예수님의 상대자로 두드러지게 등장하여 바로 앞 장면과 대조를 이룬다. 유다인 마을 카나의 유다인 혼인 잔치에서 유다인 여인인 예수님의 어머니가 예수님 말씀에 의심 없는 신뢰를 보인 데 반해, 예루살렘 도성 의 성전에서 유다인 축제에 유다인들이 예수님께 보이는 반응은 다르다. 두 장면을 비교해 보면 다음과 같다.

| 카나의 혼인 잔치(2,1–12) | 공통 내용 | 성전 정화(2,13–25) |
|---|---|---|
| 1–2절 | 도입 | 13절 |
| 3–10절<br>대화–행동–대화 | 대화와 행동 | 14–20절<br>행동–대화 |
| 11–12절 | 화자의 설명 | 21–25절 |
| 11절<br>표징 | 표징 | 18절–표징에 대한 질문<br>23절–표징들을 봄 |

이때 제자들은 "당신 집에 대한 열정이 저를 집어삼킬 것입니다"(시편 69,10)라는 구절을 기억한다. 여기서 집어삼키다(카테스티오 κατεσθίω)의 미래형 카타파게타이(καταφάγεταί)가 쓰였는데, 칠십인역 시편 69,10에는 "당신 집에 대한 열정이 저를 불태웠고"라고 과거형 카테파겐(κατέφαγέν)이 사용되었다. 제자들은 예수님의 행동이 결국 삶과 죽음의 투쟁으로 이끌 것이라고 추측한다. 여기서 중요한 진실은 제자들이 예수님의 미래를 인식한다는 것과 수난의 메아리가 있는 것이다.

## 예수님과 유다인들

여기서 유다인들과 예수님은 같은 방식으로 대화를 주고받는다. 그리스어를 직역하면 다음과 같다.

> 18절: 그래서 유다인들은 그분께 대답하며 말했다
> (ἀπεκρίθησαν οὖν οἱ Ἰουδαῖοι καὶ εἶπαν αὐτῷ)
> 19절: 예수님께서 그들에게 대답하시며 말씀하셨다
> (ἀπεκρίθη Ἰησοῦς καὶ εἶπεν αὐτοῖς)

이 구조는 청중 또는 독자로 하여금 말하는 내용에 주의를 기울이게 한다. 내용의 핵심은 '표징'이다. 유다인들은 예수님의 행동을 정당화할 수 있는 특별한 증거로 표징을 요구한다. 예수님은 "이 성전을 허물어라"(19절) 하고 대답하신다. 이 말씀에 나오는 "성전"(나오스 ναός)은 좁은 의미의 성전인 성소聖所를 가리킨다. 반면에 앞에서 정화하신 성전(히에론 ἱερόν)은 성소와 부속 건물, 뜰 전체 등 전용구역 일체를 말한다. 따라서 '성전

(나오스)을 허물면 사흘 안에 다시 세우겠다'는 예수님의 말씀은 건물 이상의 것을 시사한다. 그분은 유다인들의 도전을 받아들이고 완성할 수 있는 표징들 중에 제일 큰 것, 당신의 부활을 예고하신 것이다. 이 문맥에서 표징의 의미와 성전의 파괴-재건의 다의성多義性은 뚜렷이 보인다. 사실 유다인들이 말하는 표징은 하늘의 기적을 의미한다. 반면에 예수님은 이 말을 당신의 신격神格을 계시하는 기적의 의미로 취하신다. 그분의 죽음과 부활은 그분의 신성과 아버지의 사랑을 최고로 드러내는 것이다. 지금 성전을 허물고 다시 세운다는 말을, 유다인들은 돌로 만든 성전을 무너뜨리고 다시 건축하는 것으로 여긴다. 하지만 예수님은 이를 당신 몸의 죽음과 부활로 언급하신다. 요한 복음서에서 자주 만나게 되는, 이중 의미와 의도된 다의성을 지닌 분명한 표징들 중 하나가 제시된 것이다[새로 남(3,3 이하), 살아 있는 물(4,10 이하) 등 참조].

'사흘'은 시간의 짧은 간격을 가리킨다. 그런데 이 말이 초기 교회 전통에서 예수님의 부활을 의미하는 동사 '다시 일으키다'와 밀접하게 연결되면서(로마4,24-25; 6,4.9; 8,11; 1코린 6,14; 15,4.12 이하; 사도 3,15; 4,10; 5,30), "내가 사흘 안에 다시 세우겠다"라는 문장은 예수님의 부활을 가리키게 되었다.

예수님의 말씀을 듣고 '유다인들'은 당황한다. 사실 어둠이 빛을 깨닫지 못했지만 빛은 어둠 속에서 비치고 있다(1,5). 그분의 백성은 그분을 맞아들이지 않았지만, 그분을 맞아들이고 그분의 이름을 믿는 이들에게는 하느님의 자녀가 되는 권한을 주실 것이다(1,11-13 참조). "이 성전을 마흔여섯 해나 걸려 지었는데, 당신이 사흘 안에 다시 세우겠다는 말이오?"(20절) 유다인들은 성소-성전이신 예수님을 볼 수 없기에, 그것(예수님 말씀)을 그들 눈앞에 서 있는 성전 건물, 헤로데 대왕이 기원전 20-19년에 시작하여 46년 걸려 완공한 돌로 지은 예루살렘 성전에 적용한다. 유다인들은 예수님의 말씀을 받아들일 수도 없고 내켜 하지도 않는다.

### 복음사가의 짧은 글(21-22절)

복음사가의 짧은 글은 이 장면이 지닌 다의적 의미를 밝힌다. 예수님은 죽음으로부터 부활할 당신 몸을 성전이라고 알려 주신다. 예수님의 몸이 '하느님의 성전'이라는 단언은 육화에 대한 요한의 신학이다. 육화한 말씀이 당신의 장막을 사람들 사이에 세우신 것은 그곳을 하느님 현존의 지상 장소가 되도록 하기 위해서이다. 이것이 16절과 연결되어 그 의미를 뚜렷이 드러낸다.

- 16절의 성전: "내 아버지의 집"
- 21절의 성전: "당신 몸"

여기서 '나'와 '당신'은 예수님을 일컫는 말이니, 결국 예수님이 아버지의 현존을 나타내신다는 뜻이다. 성전에서 하느님의 현존은 예수님의 몸이라는 성전의 파괴와 부활에서 발생하는 계시로 완성될 것이다. 예루살렘에 성전이 없어진 때에 요한 복음서의 청중인 믿는 이들은 십자가에 못 박혔으나 다시 살아나신 예수님의 존재를 그들의 '성전'으로 경험할 것이다.

성전 표징 대목의 마지막 구절(22절)은 앞 단락의 마지막 구절(17절)과 병행한다. 17절에서 제자들은 하느님의 집을 위한 거룩한 사람의 열정을 말한 성경 말씀을 기억했는데, 22절에서 그런 '기억'만으로는 충분치 않다는 것이 분명해진다. 죽은 이들 가운데에서 예수님이 부활하신 이후에 '사흘 안에 성전을 다시 세우겠다'는 그분의 수수께끼 같은 표현이 그 의미를 뚜렷이 드러냈다. 예수님은 사실 사흘 후에 부활하셨다. 그래서 제자들은 그 기회에 예수님 말씀을 기억하면서 믿게 되었다.

## 믿음의 역동성(23-25절)

표징들의 내용은 기록되지 않았지만 예수님이 예루살렘에서 행하신 표징들을 보고 많은 사람이 믿었다고 전한다. 나타나엘이 예수님께 보인 첫 응답(1,49-51)은 표징들이 충분하지 않았다고 입증한다. 카나에서 보인 표징은 믿음을 낳았다(2,11). 예수님 말씀의 효능을 무조건 신뢰한(2,5) 결과로 주어졌지만, 그 표징은 눈에 보이는 것이 아니었다. 표징이 주어졌는데도 유다인들은 표징을 요구한다(2,18-20 참조). 그래서 그 표징이 그들을 신앙으로 이끌지 못했다. 그들이 기대했던 종류의 표징이 아니었기 때문이다. 흥미롭게도 이 대목에 두 번 나오는 '믿다'(피스테우오 πιστεύω) 동사는 엇갈리는 표현으로 나타난다.

> 23절: "많은 사람(유다인)이 믿었다"(πολλοὶ ἐπίστευσαν).
> 24절: "예수님께서는 그들을 신뢰하지 않으셨다"(Ἰησοῦς οὐκ ἐπίστευεν αὐτὸν).

말씀 찬가에서는 다음과 같은 상호성을 약속하였다. "그분께서는 당신을 받아들이는 이들, 당신의 이름을 믿는 모든 이에게 하느님의 자녀가 되는 권한을 주셨다"(1,12). 그러나 여기에는 그런 상호성이 없다. 기적의 결과로 예수님을 향하는 이들이 같은 신뢰의 응답을 받지 못한다. 여기에서 요한 복음사가가 생각하는 믿음의 역동성이 극명하게 드러난다.

이 첫 번째 파스카 축제 때에 예수님은 여러 가지 표징을 행하셨다(2,23; 3,2). 제자들에게 먼저 당신의 영광을 보인 뒤에 유다인 군중 앞에 나타나셨다. 이 표징들을 보고 유다 백성은 예수님을 기적을 행하는 이로 믿게 되었다. 그래서 아무 조건 없이 하느님의 아들에게 무조건 전 인격적으로 이끌리는 데서 생기는 깊은 신앙이 터져 나오지 못했다. 예루살렘 사람들과 니코데모가 예수님을 믿지만, 단지 기적을 행하는 사람으로 여기고 믿을 따름이다. 그러니 이 신앙은 하느님 아들의 신비를 발견하고 받아들이기에 충분하지 않다. 여기서 위로부터, 다시 말해 성령으로 다시 태어날 필요가 있게 된다. 그래야 믿는 이마다 모두 멸망하지 않고 영원한 생명을 얻게 하려고 세상에 오신 예수님을 진정으로 알아볼 수 있게 된다.

## 2) 니코데모와의 담화와 세례자 요한 3,1-36

니코데모 이야기와 세례자 요한의 마지막 등장은 예수님의 표징 때문에 그분을 믿게 된 많은 사람의 신앙을 언급한 뒤에 이어지는 대목이다. 복음사가의 견해를 밝히는 마지막 구절(2,25: 모든 것을 알고 계신 예수님)과 니코데모의 신원을 이야기에 소개하는 구절(3,1)은 밀접하게 연결되어 있다. 또 이 대목의 전체 구조에 들어 있는 요소들을 보면 니코데모 이야기와 세례자 요한 이야기는 많이 관련된다. 이 둘은 데칼코마니처럼 닮았다. 각 부분에서 중심인물은 니코데모와 세례자 요한이다. 둘 다 유다이즘 세계에 확고하게 자리하고 있다.

| 1-10절 | ① 니코데모 | 이야기 | 바리사이, 유다인들의 최고 의회 의원(1절), 이스라엘의 스승(10절) |
|---|---|---|---|
| 11-21절 | | 담론 | |
| 22-30절 | ② 세례자 요한 | 이야기 | 정결례, 이스라엘 |
| 31-36절 | ② 세례자 요한 | 담론 | |

니코데모는 예루살렘에서 예수님을 만난다. 예수님은 도성에 도착하신 뒤 자리를 옮기신 적이 없다(2,13 참조). 세례자 요한이 사마리아 지역 애논에 있다 하더라도 이스라엘과 연합되어 있는 것은 잘 알려진 사실이다. 요한의 제자들과 어떤 유다인 사이에 정결례를 두고 말다툼이 벌어졌는데, 그 기회에 요한은 자신과 예수님의 연관성을 증언한다.

각 이야기 부분은 담론 형식의 자료(11-21절; 31-36절)로 이어지고, 각기 두 단계의 토론으로 구성된다. 양쪽 다 예수님이 하늘 일의 유일한 계시자라고 선언한다(12-15절; 31-35절). 그리고는 그 선언의 논리적 귀결로 움직인다. 곧 이 계시를 수용하느냐 거부하느냐에 따라 구원이냐 심판이냐가 도출된다. 이 대목의 뒤에 어떤 전승이 놓여 있건 간에, 문맥상 이것은 앞 단락(2,23-25)과 밀접하게 연관되어 있다. 내부의 통일성은 예수님과 이스라엘 세계의 인물들이 계속 만난다는 것을 보여 준다.

## (1) 니코데모와의 담화 3,1-21

예수님의 말씀과 그에 대한 니코데모의 응답은, 카나의 표징(2,1-12)과 성전 정화(2,13-22)와 같이, 앞부분(3,1-10)에서 이야기를 결정짓는다. 게다가 11절에서 예수님은 '진실로'를 두 번 거듭 사용하시며 말씀을 시작하신다(1,51도 같다). 예수님이 니코데모에게 직접 하시는 이 말씀들은 그와 토론하는 내용을 마무리하는 것으로 해석되었다. 그러나 11절 뒷부분에서 즉시 '너희는' 하고 2인칭 복수가 쓰이면서 니코데모에게 직접 말씀하시는 부분은 사라진다. 이렇게 11-12절은 1-12절을 마무리하고 동시에 11-21절을 여는 고리 역할을 한다. 니코데모가 예수님의 담론(11-21절)을 듣는 배경에 남아 있을 수 있다. 담론은 독자에게 말을 건네며, 예수님과 니코데모의 만남을 권위 있게 해설한다.

| | |
|---|---|
| 가. 1-2ㄱ절: | 장면 설정 - 밤. 등장인물은 두 명, 예수님과 니코데모 |
| 나. 2ㄴ-11/12절: | 예수님과 니코데모의 대화 |
| (ㄱ) 2ㄴ | 니코데모, 예수님께 말씀드리다. 그의 예수님 이해 |
| (ㄴ) 3-9 | 예수님의 가르침-영으로 다시 남; 니코데모의 몰이해 |
| (ㄷ) 9-10 | 니코데모, 예수님의 가르침 이해 불능 |
| (ㄹ) 11-12 | 연결구 |
| 다. 11/12-21절: | 예수님의 담론 |
| (ㄱ) 11-12 | 연결구 |
| (ㄴ) 13-15 | 사람의 아들 안에서 하늘 일 계시 |
| (ㄷ) 16-21 | 계시의 수용 여부에 따른 구원과 심판 |

① **장면 설정**(3,1-2ㄱ)

예수님께 호감을 가진 유다인들의 입장과 관계를 묘사한 후에(2,23-25) 복음사가는 전형적인 대표 인물로 니코데모를 소개한다. 니코데모는 존경받는 바리사이파 사람으로 나중에 회중들이 가득 모인 자리에서 예수님을 변호할 용기를 낼 것이고(7,50-52), 예수님의 시신에 바르려고 몰약과 침향 섞은 것을 가져올 것이다(19,39). 이 인물을 "니코데모라는 사람"(3,1)이라고 부른다. 여기서 '사람'(안트로포스 ἄνθρωπος)이라는 표현은 단지 앞 구절과 연결시키기 위한 것이 아니라, 일반적인 사람을 한 인물 안에서 구체적으로 표현하려는 의도에서 쓴 것이다. 그리하여 니코데모도 예루살렘 사람들처럼 아직 너무 육적이어서 하느님의 아들 예수님을 깊이 믿어 인간 본성의 한계를 넘는 데까지 이르지 못했음을 강조하려는 것이다.

니코데모는 밤에 예수님을 찾아왔다. 이에 대해 세 가지 해석이 가능하다. 그가 유다인들을 두려워하여 밤에 왔을 수 있다. 아니면 밤에 율법을 공부하고 토론하는 라삐들의 관습 때문에 그럴 수도 있다. 또는 밤에 움직인 배신자 유다처럼 그가 지닌 불신앙의 어둠을 암시하려는 표시일 수도 있다. 니코데모는 예수님께 호감을 갖고 있지만 실제로 불신앙의 밤에 살고 있다. 예수님에게서 단지 하느님에게서 온 스승의 모습과 놀라운 기적을 일으키는 이의 모습만 보기 때문이다.

한편 유다인 지도자 니코데모가 예수님을 향해 움직이는 것은 밤의 어둠에서 빛으로 오는 것이다. 이는 하느님을 알리도록 보내진 이를 수용하고 믿는(1,11-14 참조) 데로 향하는 의미 있는 움직임이다. 말씀 찬가의 내용을 기억할 수 있다. 말씀은 '생명이고 빛'(1,4)이다. 빛이 세상에 왔다

(1,9). 그 빛이 어둠 속에서 빛나고 있지만 어둠은 그를 깨닫지 못하였다(1,5).

**② 예수님과 니코데모의 대화**(3,2ㄴ-11/12절)

니코데모는 말한다. "저희는 … 알고 있습니다"(2절). 여기에 쓰인 '저희'라는 1인칭 복수 대명사는 아마도 본인을 포함하여 예수님을 믿는 유다인들이 많이 있음을 알리는 것이다(2,23). 이 표현은 예루살렘의 많은 사람이 그분이 하신 표징들을 보고 그분의 이름을 믿어서(2,23-25) 그분께 왔음을 가리키는 한 예일 수 있다. 아무튼 이스라엘의 스승인 니코데모는 하느님께서 예수님과 함께 계심을, 곧 예수님이 하느님과 특별히 친밀한 앎의 관계를 지니심을 인식하는 데 이르렀다. 실제로 예수님은 당신을 보낸 아버지와 특별한 방법으로 일치해 있다(8,29).

예수님은 표징을 보고 당신께 온 니코데모에게 새로 태어날 필요성을 가르치신다. 예수님의 신비를 발견하고 그분을 따르기 위해서는 표징에 근거하는 것만으로는 충분치 않고 위로부터 새로 태어나야 한다. "누구든지 위로부터 태어나지 않으면 하느님 나라를 볼 수 없다"(3절). 예수님은 이 말씀으로 니코데모를 한 차원 높이 오르도록 초대하신다. 그분이 쓰신 단어 "위로부터"(아노텐 ἄνωθεν)는 두 가지 의미를 지닌다. 하나는 시간-수평적 축에서 '다시'라는 의미고, 다른 하나는 공간-수직적 축에서 '위로부터'라는 의미다. 즉 두 번째 태어남과 높은 곳에서의 태어남을 동시에 가리킬 수 있다. 의도적으로 사용된 이 다의적 표현에서 니코데모와의 담화는 발전한다.

여기서 '하느님의 나라를 본다'는 것은 아버지의 외아드님, 메시아, 예수님 안에서 구체적으로 현존하는 하느님의 구원을 체험한다는 뜻이다. 다시 말해 이 말은 하느님 나라에 들어간다는 것과 같다. 그런데 요한 복음사가에게는 그 나라에 들어가는 것이 미래의 종말 시대까지 유보되지 않는다. 하느님 나라는 예수님과 결속되어 있다. 하느님 나라는 예수님의 나라다. 진리의 증언에 관한 한(18,37), 또는 신적 생명을 밝히고 전하는 것에 관한 한, 그 나라의 임금은 예수님이다(18,36 참조). '하느님 나라를 보는 것'과 '하느님 나라에 들어가는 것'은 메시아와 하느님의 아들에 관한 계시를 깊은 신앙으로 받아들이면서 현존하는 예수님의 구원을 경험하는 것, 그분의 인격과 생생한 통교에 들어가는 것을 의미한다.

니코데모는 다음과 같이 질문하면서 안전한 곳으로 물러선다. "이미 늙은 사람이 어떻게 또 태어날 수 있겠습니까? 어머니 배 속에 다시 들어갔다가 태어날 수야 없지 않습니까?"(4절) 이 질문은 '위로부터'라는 단어의 다의를 충만히 깨달을 수도 없고, 그가 조절하고 이해하는 세계 밖으로 나갈 수도 없는 니코데모의 처지를 보여 준다.

여기서 니코데모는 시간적으로 두 번째라는 의미를 지닌 '다시'(데우테론 δεύτερον)라는 단어를 사용하여 '위로부터'의 의미를 배제하였다. 그는 어머니에게서 태어나는 아기라는 물리적 출생의 의미로만 이해하여 '두 번' 출생하는 것은 불가능하다고 반문한다. 그는 앞에 나온 예수님의 말씀을 자기에게 적용한다. 실제로 예수님의 신적 신비를 받아들이기 위해서 새로 태어나야 하는 이는 니코데모다. 그런데 최고 의회와 율법을 표상하는 니코데모는 예수님이 새로운 것을 가져다주실 수 있음을 믿지 않는다. 그는 예수님이 자기에게 신체적 의미로 다시 태어나라고, 자기 어머니의 태중에서 다시 나오라고 요구하신다고 생각한다. 이런 니코데모에게서 눈이 먼 상태 즉, 율법에 가려 눈이 먼 상태가 나타난다.

니코데모가 오해하자, 예수님은 다시 응답하시면서 새로 태어남에 대해서 의미를 좀 더 밝히고 심화하신다. 5절은 거의 3절을 글자 그대로 취한다. 부사 "위로부터" 자리에 "물과 성령으로"(엑쓰 휘다토스 카이 프네우마토스 ἐξ ὕδατος καὶ πνεύματος)를 넣으면 이어지는 구절들이 설명되고 다시 태어남의 신비가 밝혀진다. 예수님은 성령의 열매를 육의 기준으로 잴 수 없다는 것을 전제하신다. 영과 육은 서로 반대되는 두 실재이기 때문이다.

'위로부터' 받는 선물은 하느님 나라를 보고 들어가는 데 본질적이다. 그렇다면 예수님에 대한 믿음은 단순히 인간이 응답한 결과가 아니다. 하느님이 주도하신 결실로, 새롭게 태어나 하느님의 자녀가 되는 것은 예수님을 믿고 받아들인 결과라고 이미 서곡에서 알렸다(1,12-13). 거기에는 성령과 연관되는 '물'로 새로 태어난 역사적 경험이 있었다. 세례자 요한은 자기는 물로 세례를 주지만, 그들 가운데 있는 알려지지 않은 분이 성령으로 세례를 줄 분이라고 증언하였다(1,26-34). 위로부터 새로 태어남은 '물'로 받는 세례 의식의 연속으로 표시되었고, 이제 예수님으로 말미암아 오신 성령의 세례로 완성되었다. 니코데모는, 그러니까 서곡을 읽지 않았거나 세례자 요한의 증언을 듣지 않은 이는 우선 예수님의 말씀과 분투해야 한다. 서곡의 약속과 세례자 요한의 예언은 이 말씀들로 실현되었다.

예수님의 신적 신비 위에 빛을 비춰 깊은 신앙의 불꽃이 마음속에서 솟구치게 하는 분은 성령이시다. 그런데 초자연적인 태어남은 성령의 열매로만 소개되지 않고 물에 의한 요소도 포함하고 있다. '물'을 통한 인간의 경험과 '성령'을 통한 영적 체험이 하느님 나라에 들어가기 위하여 요구된다. 물로 다시 태어나는 것은 세례를 통해 다시 태어남이라는, 금방 알 수 있는 암시이다. 그리스도교 전통에서 세례의 물은 정화하는 씻김이며(에페 5,26 참조), 구원을 얻기 위한 방법(1베드 3,20-21 참조), 나아가 다시 태어남의 씻김(티토 3,5 참조)을 표현한다. 이 절의 "물로"란 표현에 대해 논란이 많았다. 후에 삽입한 말이라는 의견이 있는데, 원전비평에서도 그 의견을 입증하지는 못하였다. 문학비평에서는 같은 저자가 나중에 덧붙인 말로 본다. 이어지는 구절에서 그 말이 빠져 있기 때문이다.

'하느님 나라'는 기본적으로 종말론적 이미지다. 요한 복음에서 이 종말론적 언어는 그리스도인의 경험을 더 잘 표현하는 데 사용되었다. 하느님 나라는 믿는 이들의 공동체, 요한 복음이 이해한 것처럼 예수님을 고백하고 그분 말씀대로 살려고 노력하는 그리스도인들을 말한다. 요한 복음서의 원 독자들은 성전이나 회당을 다니며 지녔던 이전의 신앙과 생활 방식에서 떠나서 그리스도인 신앙과 실천으로 결속된 공동체로 옮기는 것을 인식하고 있었다. '물'로 다시 태어나면서, '성령'께서 위로부터 주신 선물의 결과로 그 공동체는 하느님 나라를 보고 들어갈 수 있게 되었다.

예수님은 영으로 다시 태어남을 계속 설명하며 니코데모에게 놀라지 말라고 하신다. 자연에도 인간의 머리를 능가하는 신비들이 있기 때문이라고 하신다. 예수님의 신비를 받아들이고 살기 위하여 위로부터 또는 성령으로부터 태어나야 한다는 필요성을 기이하게 여기지 말아야 한다. 바람이 부는 것은 예수님의 동시대 사람들에게는 신비였다. 이성적으로 설명할 수 없으니 인간 논리의 능력을 뛰어넘는 것이었다. 지금도 바람의 움직임을 설명하고 예측하여 기상대에서 예고하기도 하지만, 태풍의 방향은 결국 불고 싶은 곳으로 움직이는 것을 결과적으로 볼 수 있다. "영에서 태어난 이도 다 이와 같다"(8절). 영에서 태어난 이의 움직임, 그의 삶은 틀에 박히지 않는다. 영에서 태어나는 과정은 밝히지 않았지만, 성령으로 다시 태어난 이의 삶에 대해서는 언급한 것이다. 그리스어 프네우마(πνεῦμα)는 '영'과 '바람'이라는 이중의 뜻을 지녀서 다의어로 쓰기에는 안성맞춤이다.

"그런 일이 어떻게 이루어질 수 있습니까?"(9절) 하고 니코데모는 예수님 말씀에 두 번째로 회의를 표시한다. 이것은 질문이 아니라 이상하게 여김이자 불신이며, 이후로 대화는 더 이상 진전되지 못한다. 예수님은 이제 주변 사람들에게로 향하신다. 니코데모와의 대화를 기회로 관련된 가르침을 주신다.

③ **예수님의 담론**(3,11/12-21)

그런데 11절을 분석해 보면 인칭의 수가 다르다. 앞부분에서는 "너에게" 하며 2인칭 단수를 썼고, 뒷부분에서는 "너희는…" 하며 2인칭 복수를 썼다.

예수님과 니코데모의 일대일 토론 이야기(1-10절)가 담론(13-21절)으로 옮겨가는데, 11-12절이 둘을 연결한다. 예수님과 유다이즘의 대표자가 토론을 공유한다. 예수님의 공동체가 이스라엘에게 말한다. 11절에서 예수님은 지금까지 일어난 일을 주해하신다. 대화에서 니코데모의 답변은 예수님의 권위 있는 목소리, 논의할 여지가 없는 진실 공표(3.5-6.8절 참조)를 받아들일 수 없음을 보여 준다(2.4.9절 참조). 이제 예수님은 더 이상 개인 니코데모와 말씀하시지 않는다. 물론 둘이 대화하던 중에도 둘레에는 사람들이 있었을 것이다. 첫 제자들을 부르신 이후로 예수님은 혼자 계시지 않았다. 예수님의 이름만 언급되어도 늘 그분을 따르는 이들과 함께 (공동체 안에) 계신 것이 전제되었다. 실제로 예수님께서 혼자 계실 때는 특별한 때로서 홀로 계시다는 표현이 직 · 간접으로 들어간다(요한 4,6-8; 6,15-17.22; 마태 26,39; 마르 1,35; 루카 6,12). 이제 예수님은 대화의 범위를 넓히며 주의를 환기시키신다. 니코데모 외에도 전체를 둘러보시며 말씀하시기 시작하셨을 것이다. 니코데모와 같은 신분의 사람들을 "너희는"이라 부르고, 당신을 따르는 주위 사람들을 가리켜 "우리는"이라고 하신다. 니코데모가 "저희"라고 표현한 것과 대칭을 이룬다(3,2).

"너희는 우리의 증언을 받아들이지 않는다"(11절). 예수님의 증언을 받아들이지 않는다는 것은 그분의 계시를 믿지 않는 것이다. 예수님은 이 점을 12절에서 분명히 밝히신다. 앞에서 유다인의 대표 니코데모는 예수님의 계시(성령으로 태어남)를 믿지 않았는데, 이제 스승이 말하려는 하늘의 계시를 어떻게 받아들일 수 있겠는가? 이 구절은 반의적 대구로 형성되어 있다(세상일 - 하늘 일 // 믿지 않는데 - 믿겠느냐?).

지금까지 이스라엘의 최고 전승들을 거론했는데, 이것의 진실은 '세상일'(타 에피게이아 τὰ ἐπίγεια)로 묘사된다. 만일 '유다인들'의 지도자이면서 이스라엘의 스승인 니코데모가 이 일들을 믿는 데 무능함을 드러낸다면, 더구나 '하늘 일'(타 에푸라니아 τὰ ἐπουράνια)을 계시하는 예수님을 유다인들이 믿기란 얼마나 더 어렵겠는가. 그러나 예수님은 니코데모와 세상일의 풍부함을 나누셨고(1-10절), 하늘 일에 대해 계속 말씀하신다(13-21절). 11-12절의 요점은 유다이즘이 틀렸다고 주장하는 게 아니라, 이스라엘의 종교 전승(세상일)에 안주하는 것으로 행복할 수 있는 사람들에게 구원을 위해 더 필요한 것(하늘 일)을 이야기하는 것이다.

유다 문학에서는 하늘 일이 세상일을 다스리고 능가한다는 것을 가르치기 위하여 자주 그 둘을 대조하였다(지혜 9,16 참조). 세상일은 예수님이 이미 말씀하셨듯이, 땅에서 나와 땅에 있는 사람은 '다시 태어날' 필요가 있다는 것이다(3,31). '새로 태어남'은 이 땅 위에서 이뤄지는 일이다. 반면에 하늘 일은 이제 예수님이 하시려는 것으로, 아드님을 내주시는 아버지의 사랑을 계시하는 일이다.

13절에서 예수님은 신적 실재에 대해 권위 있는 계시자로서 하신 앞의 말씀의 정당함을 증명하신다. 오직 예수님만이 보는 것을 드러내신다. 그분만이 하늘에서 내려왔기 때문이다. 곧 이스라엘의 위대한 계시자는 하늘에 있었고, 하늘의 비밀을 보았고, 그것을 계시하기 위해 내려왔다고 말씀하시며, 당신 외에는 아무도 없다고 사람의 아들이 주는 계시의 유례없음을 확언하신다. 아무도 "하늘로 올라간 이가 없다"(13ㄴ절). 유일하게 한 사람만이 권위를 가지고 하늘 일을 계시할 수 있다. 하늘에서 내려온 이, 곧 사람의 아들이다(13ㄱ절).

## 들어 올려지다(14-15절)

14-15절에서 이 계시가 어떻게 일어날 것인지 말한다. 이 대목은 이미 예고한 하늘의 일로, 십자가의 왕좌에 높여진 아들을 내주시는 아버지의 사랑에 대한 최고의 계시를 말한다. 이집트에서 탈출한 이스라엘 백성이 광야에서 그들의 죄로 고통받다가 모세가 기둥 위에 달아 놓은 구리 뱀을 통해 살아났듯이(민수 21,8-9), 그렇게 영원한 생명은 십자가 위에 높여지신 사람의 아들을 믿는 이에게 올 것이다(15절). 사람의 아들은 신앙으

로 그분을 바라보는 모든 사람에게 구원의 원천이 된다. 요한 복음서의 중심 주제가 다시 표현된다. 하느님께서 선택하신 백성에게 주시는 최고의 선물이 지금 아드님의 선물에서 완성된다(1,17 참조).

'들어 올리다'(휩소오 ὑψόω) 동사가 이중의 의미를 지니고 처음 나타났다(8,12; 12,32 참조). 요한 복음서에는 공관복음서에 나타난, 세 차례의 수난 예고 부분이 없다. 하지만 공생활 초기에 이미 이 단어로 십자가 죽음을 언급한다. 광야에서 기둥 위에 구리 뱀이 들어 올려졌던 것(ὕψωσεν)처럼 사람의 아들도 십자가에 들어 올려져야(ὑψωθῆναι) 한다고 밝힌다. 십자가에 예수님을 매다는 행동과 하느님의 영광으로 높이는 행동, 십자가 위 죽음에서 예수님의 영광스러운 찬양이 시작된다. 인간 예수님을 십자가 위에 들어 높이는 것, 이 찬양은 그분의 신성을 공인하는 데 필요한 조건을 묘사한다(8,28). 그 왕좌에서 예수님은 모든 이를 자기에게 이끌어 들일 것이다(12,32). 사람의 아들의 들어 높임에 대한 이 세 대목이(3,14; 8,28; 12,32) 공관복음서에 나오는 세 차례 수난과 부활 예고와 같은 의미인 것 같다.

영원한 생명을 얻으려면 살(肉)이 되신 하느님의 아들 예수님을 믿을 필요가 있다. "믿는 사람은 누구나 사람의 아들 안에서 영원한 생명을 얻게 하려는 것이다"(15절). '사람의 아들'이란 호칭은 예수님의 인간성을 강조하려는 의도이다. 영원한 생명, 바꾸어 말하면 완전하고 가득 찬 구원은 인간 예수님 안에서, 즉 그분의 인성을 매개로 얻을 수 있다. 육화한 말씀은 신적 생명과 구원의 도구이다. 예수님은 당신이 '하느님의 아드님'임을 계시함과 동시에 온전히 한 인간임을 자주 표현하신다.

## 하느님 사랑과 파견(16-17절)

십자가 위에 예수님이 들어 올려지게 된 까닭은 하느님께서 세상, 또는 대속과 구원이 필요한 죄인들을 사랑하시기 때문이다. 그분은 이미 세상의 죄의 상태를 알고 계신다(17절의 "세상을 심판하시려는 것이 아니라"는 말에 그것이 전제되어 있다). 그러나 사람을 죄와 절망 속에 버려두지 않으셨다. 그에게 관심이 있으며 그를 구원하도록 당신의 외아드님을 보내어 도우러 오셨다. 근원에 사랑이 자리하고 있다. 그리스어 원문에서는 '사랑하신다'(에가페센 ἠγάπησεν)는 말을 강세를 받는 앞자리에 놓아 하느님의 사랑을 강조한다. 파견은 사랑에서 이루어지는 일이다. 사랑으로 아들을 세상에 보내어 이루시고 싶은 목적은 사람들이 영원한 생명을 얻는 것, 사람을 살리는 일이다. 이렇게 16절은 하느님의 의지를 드러낸다.

동기: 하느님께서는 세상을 너무나 사랑하신 나머지(οὕτως γὰρ ἠγάπησεν…)
방법: 외아들을 내주시어,
목적: 그를 믿는 사람은 누구나 멸망하지 않고 영원한 생명을 얻게 하셨다.

16절과 같은 내용이 17절에서도 파견에 강세를 두고 거듭 설명된다.

방법: 하느님께서 아들을 세상에 보내신 것은(γὰρ ἀπέστειλεν…)
목적: 세상을 심판하시려는 것이 아니라 세상이 아들을 통하여 구원을 받게 하시려는 것이다.

하느님의 이 구원 계획은 인류가 생명을 주는 사랑을 실천함으로써 이루어진다. 하느님 스스로 인류가 생명을 온전히 누리도록 당신이 가진 모든 것을(외아드님까지) 우리에게 넘겨 주신다. 예수님이 행하시는 모든 일은 인류에게 생명을 주고 구원하기 위한 것이다.

## 믿음의 거부와 심판(18-19절)

하느님께서 심판이 아니라 구원을 위하여 아들을 선물로 내주셨는데도 불구하고 심판은 벌어진다. 그것은 아드님 안에서 제시되는 하느님의 유일한 계시를 수용하느냐 거절하느냐에 따라 이루어진다. 하느님께서 사람들을, 세상을 살리려고, 영원한 생명을 얻게 하려고, 구원하려고 외아들을 보내셨는데, 일차적으로 그 아들을 믿어야 할 게 아닌가, 그분의 말을 들어야 할 게 아닌가, 믿고 말을 들어야 살 길을 보여 줄 게 아닌가. 믿지 않는다면 살 길은 없다. 영원히 살게 하려고 유일한 방법(길)을 제시했는데 그 길을 따르지 않으면 멸망밖에 없다. 그러니 이미 심판을 받았다는 것이다. 아들도 아버지도 심판관으로 행동하지 않으신다. 믿기를 거부하는 것이 자기 자신을 심판한다. 다음 절에서 이것이 더 확실하게 드러난다.

"그 심판은 이러하다"(19절). 여기서 심판이란 단죄나 처벌이 아니라 심판의 상태를 가리킨다. 빛의 거절은 어둠 속에 머물러 있겠다는 뜻이다. 어둠을 더 사랑한다는 말은 악한 행실을 한다는 것이다. 그러니 어둠의 지배 아래 머물러 있다는 것은 곧 악의 지배 아래 있다는 말이다. 하느님이 보내신 이를 믿지 않는 것은 빛을 거부하는 것이다. 여기서 육화한 말씀이 참 빛이라는 서곡의 말을 상기할 수 있다. "그분 안에 생명이 있었으니 그 생명은 사람들의 빛이었다. 그 빛이 어둠 속에서 비치고 있지만 어둠은 그를 깨닫지 못하였다"(1,4-5).

이 심판은 현재에 이뤄진다(3,18-19). 예수님에게서 나오는 생명이 미래의 부활에만 국한되지 않고 역사적, 지상적 세계의 삶까지 포함한다면, 심판 역시 지금 현재의 삶에서 이뤄지게 된다.

## 자기가 한 일(20-21절)

예수님의 담론은 믿는 이와 믿지 않는 이의 상태에 대한 말씀으로 마무리된다. 사람이 아들 안에 드러난 하느님의 계시를 거스르느냐 수용하느냐에 대해 결정하는 때는, 하느님의 말씀이 결정적으로 드러나는 순간 곧 빛과 진리가 완전히 결정되는 순간에 한정되지 않는다. 오히려 하느님의 계시를 지속적으로 거절하거나 수용하는 태도에서 그의 상태가 형성된다.

선한 삶이 빛으로 이끌리는 것처럼, 악을 행하는 이는 어둠을 택하고 불명확함을 어둠에 숨기며 어둠을 사랑한다. "악을 저지르는 자는 누구나 빛을 미워하고 빛으로 나아가지 않는다"(20절). 어둠의 왕자인 악의 지배 아래 있는 사람은 세상의 빛인 예수님을 미워하고 그분의 말씀을 믿지 않으며 그분께 끌리지 않는다. "자기가 한 일이 드러나지 않게 하려는 것이다." 세상과 악은 어둠을 사랑한다. 그래서 그들의 행실은 예수님의 계시에서 빛을 받을 수 없다. 여기서 복음사가는 그리스도의 빛 앞에서 빛보다 어둠을 더 사랑했던 사람들, 즉 마음속에서 근본적으로 그리스도를 거스르는 선택을 했던 극적인 역사적 사건을 설명하려고 한다.

앞 구절과 대조되는 내용이 병행 구절로 소개된다. "진리를 실천하는 이는 빛으로 나아간다. 자기가 한 일이 하느님 안에서 이루어졌음을 드러내려는 것이다"(21절). 좋은 행동들을 하기 위한 지속적인 노력은 빛에 더 깊이 참여할 필요가 있고 계속되는 그 빛의 계시의 일부가 될 필요가 있다. 21절의 말씀은 예수님의 계시에 동화하는 과정을 가리킨다. 진리를 실천하는 이는 빛으로 나아가고 빛 속에서 산다. 바꾸어 말하면 세상의 빛인 예수님을 믿는다. 이런 가운데서 제자의 행실이 드러난다. 그들이 하느님에게서 기원하였기 때문이다. 사람들을 예수님께 인도하시는 분은 사실 아버지이시다(6,44). 그분이 그들에게 당신의 아들을 주신다(6,37). 예수님을 믿는 것은 사실 아버지의 선물이며, 그 목적은 하느님과 통교하는 생명을 주는 데 있다. 그러니 제자의 행실은 하느님 안에서 한 일이다. 왜냐하면 그들은 하느님에게서 기원하고 하느님과 통교하면서 생명을 받기 때문이다. 하느님은 믿음과 생명의 시작이며 마지막이다.

## 파스카 축제

이집트에서 해방됨을 기념하는 기쁨의 축제로 과월절, 혹은 해방절이라고도 불린다(탈출 12장 참조). 이스라엘의 삼대 축제 중에 하나로, 한 해의 첫 달인 니산 달 14일에 거행하였다. 유다인들은 이 축제 때 예루살렘 성전에 가서 제물을 잡아야 했기 때문에, 기원후 70년 성전이 파괴되기 전에는 이 축제가 예루살렘 도성의 주요 연례행사였다.

유다인들은 아주 공들여서 파스카 축제를 준비했다. 먼저 누룩을 완전히 제거해야 했는데, 이집트에서 나올 때 누룩 없는 빵을 먹었던 일을 기억하기 위해서다. 파스카 식사를 하는 방은 꽤 커야 했는데, 그 이유는 식사에 필요한 모든 것을 놓고 자유인으로서 비스듬히 누워 느긋하게 먹으며 축제를 즐겼기 때문이다. 양은 일 년 된 흠 없는 것으로 골라 성전 안뜰에서 죽여서 통구이를 했다. 율법에 쓰인 대로 규정을 철저히 따르며 준비했는데, 니산 달 14일 오후에 시작해서 저녁이 되기 전에 – 해가 짐과 동시에 이스라엘 달력으로는 새 날이 시작된다 – 마쳐야 했다. 온 가족이 파스카 전례 때 파스카 식탁에 모였다. 자세한 내용은 미슈나의 '페샤임'에 나온다. 이 글은 기원후 2세기에 쓰였지만 예수님 시대의 전례와 크게 다르지 않다.

## 파스카 만찬 순서

오늘날의 파스카 만찬 순서(페삭 세데르): 하가다에서 정리한 15가지

(1) 카데쉬– 가장이 첫 번째 포도주 잔을 들고 축복하면서 시작하여 포도주를 마신다.

(2) 우르하쯔– 손을 씻는다. 채소를 먹기 위한 준비이다.

(3) 카르파스– 채소란 뜻인데, 주로 파슬리를 소금물(종살이할 때 흘린 고통의 눈물을 상징)에 찍어 먹는다.

(4) 야하쯔– 빵 자르기. 식탁 위의 맛짜(누룩 없는 빵) 세 개 가운데 두 번째 것을 반

으로 갈라 반은 먹고 반은 숨긴다(숨긴 맛짜의 반을 '아피코만'이라 부름).

(5) 막기드- 두 번째 포도주 잔을 준비하나 아직 마시지 않은 채, 어린아이가 네 가지 질문을 하고 이에 아버지가 대답하는 예식이다. 질문은 "어떤 면에서 이 밤은 다른 모든 밤과 구분이 되나요? 왜 다른 밤들은 누룩 든 빵을 먹는데 이 밤은 누룩 안 든 빵을 먹나요? 모든 다른 밤에는 굽고 삶고 졸인 고기를 먹는데 이 밤에는 오직 구운 고기인가요?" 등이다. 그러면 가장은 왜 파스카 음식이 보통의 식사와 다른지 설명한다.

(6) 라하짜- 두 번째로 손을 씻는다. 맛짜를 먹기 위한 준비한다.

(7) 모찌- 맛짜를 들고 빵을 축복한다.

(8) 맛짜- 맛짜를 축복하고 나누어 먹는다.

(9) 마로르- 쓴 나물을 하로셋에 찍어 먹는다. 쓴 나물은 종살이의 쓰라림을, 하로셋은 석살색 소스로 벽돌 쌓을 때 사용하던 코르타르를 싱징한다.

(10) 코레흐- 쓴 나물을 맛짜 사이에 넣어 샌드위치처럼(힐렐의 샌드위치) 만들어 먹는다.

(11) 슐한 오레흐- 시편을 읊은 뒤에 두 번째 잔을 마시고 구운 닭이나 칠면조 등 파스카 축제 음식을 먹는다.

(12) 짜푼- 숨겼던 맛짜(아피코만)를 아이들이 찾게 한다. 파스카 만찬 예식을 전승하기 위한 풍습이다.

(13) 바레흐- 식사 후의 영광이란 뜻으로, 세 번째 포도주 잔을 들고 축복의 기도를 한다. 끝 무렵 네 번째 잔을 채우기 전에 엘리야의 잔에 포도주를 따른다. 이는 메시아를 대망하는 의식이다.

(14) 할렐- 네 번째 잔을 채우고 일명 '할렐' 시편이라 부르는 축제 시편(113-118편)의 첫 부분을 노래한다.

(15) 니르짜- 만찬을 끝내는 선언. '내년에는 예루살렘에서 만나자.'

# 성전의 구조

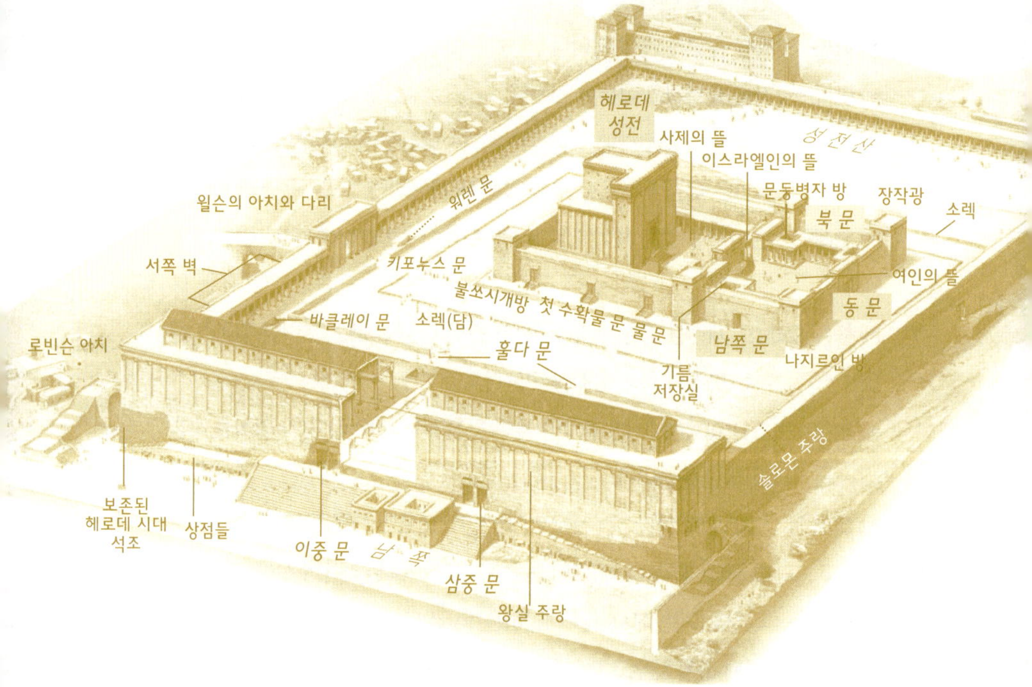

헤로데 성전
사제의 뜰
성전산
이스라엘인의 뜰
문동병자 방
장작광
소렉
북 문
윌슨의 아치와 다리
워렌 문
서쪽 벽
키포누스 문
여인의 뜰
불쏘시개방
첫 수확물 문
물 문
동 문
바클레이 문
소렉(담)
남쪽 문
로빈슨 아치
훌다 문
기름 저장실
나지르인 방
솔로몬 주랑
보존된 헤로데 시대 석조
상점들
이중 문
남 쪽
삼중 문
왕실 주랑

## 파견의 의미

요한 복음서에는 '보내다'라는 동사가 굉장히 많이 나온다. 그 뜻으로 쓰이는 동사는 '아포스텔로'(ἀποστέλλω)와 '펨포'(πέμπω)인데, 펨포 동사가 더 많이 쓰였다(신약성경에 쓰인 79번 중 요한 복음서에만 32번). 이 펨포 동사가 요한 복음서에서 두드러지는 이유는 예수님이 당신을 아버지께서 보내신 이로 계속 말씀하시기 때문이다. 1장에서 우리는 예수님이 누구신지 증언하며 지칭하는 여러 말을 보았다. 거기에 하나 덧보태야 하는 것이 바로 예수님이 당신을 누구라고 소개하는가이다. 우선 가장 분명한 것은 먼저 하느님에게서 파견받은 아들로 소개한다는 것이다. 여기서 파견의 의미를 잠깐 살펴보자.

세상에 '온다'는 것을 파견의 측면에서 본다. '파견'은 파견받아 시작되며, 하느님을 보고 그 말씀을 듣는 것으로 지속되고, 마침내 세상에 옴으로써 완성된다. 요한 복음서는 예수님이 아버지에게서 파견되었고 그분으로부터 모든 것을 받았음을 강조하듯이, 그분이 이 세상에 오셨음도 강조한다. 그러나 이 세상은 그분께 전혀 낯선 곳이 아니다. 이미 그분은 이 세상에 계셨고(1,10) 모든 것은 그분을 통해 생겨났고 그분 없이 생겨난 것은 하나도 없으니(1,3), 그분은 자기 나라에 오신 것이다(1,11). 그러나 그분의 백성은 그분을 맞아 주지 않았고 세상은 그분을 알아보지 못하였다(1,10). 사람들은 그분을 기다리거나 인정하거나 환영하지 않았다. 그분이 그들 가운데 왔지만 예수님의 말과 그들의 강한 자의식 사이에는 아무런 공명도 없었다.

어찌되었든 초대하지 않은 예수님이 온 것이다. '파견된 자'는 원래 어떤 좋은 순간을 기다릴 수 없을 뿐 아니라 그런 순간은 결코 오지도 않을 것이다. 파견되는 행위 자체가 그런 순간을 창조해 내지 않으면 안 된다.

현대의 인문과학은 여러 문화 사이의 차이를 강조하고 문화 상호간의 소통이 얼마나 어려운지 역설한다. 확실히 문화는 분리된 채 상대적으로 자존적이며 서로 용납하지 않는 방향으로 진행되어 왔고 또 그 방향으로 나아가고 있다. 이러한 이론에 따르면, 그리스도교는 전적으로 인간 문화의 울타리 밖에서 생겨난 것이므로 전혀 이해하지 못하는 이 세상과 공존할 수 없는 것이라고 볼 수도 있다.

이러한 문화적 이질성 이론 때문에 교회는 가끔 해당 문화와 비슷해지지 않으면 복음화가 성공할 수 없다는 생각에 빠지곤 하였다. 그러나 반대로 요한 복음서는 본질적인 복음화란 전혀 생소한 자의 행위여야만 가능하다는 것을 보여 준다. 유유상종의 메시지는 흔히 독백의 형태가 되고 만다. 듣는 사람들이 기쁨과 만족을 느끼는 것은 그들이 자신의 말을 듣고 자기 자신을 느끼기 때문이다. 이런 조건 아래서 복음화는 불가능하다. 누군가가 밖에서 새로운 것, 듣는 자에게 완전히 새로운 요구를 제시하는 것을 가져와야만 한다. 예수님이 바로 그런 이방인이셨다.

그렇다고 파견이 두 문화의 만남이거나 한 문화가 다른 문화로 옮겨지는 것을 의미하진 않는다. 파견은 모든 문화를 넘어서서 아버지의 사랑에서 나와 사람들에게 가는 것, 모든 방어체제를 뛰어 넘어 완전히 무방비의, 서로 받아들이는 개방된 사람들에게 나아가는 하나의 움직임이다.

## (2) 예수님과 세례자 요한 3,22-36

니코데모에 이어 유다이즘의 다른 인물 '세례자 요한'과 예수님의 접촉 이야기를 듣는다. 여기서 둘은 직접 만나지 않으나, 그 어떤 만남보다도 명백하게 둘 사이에 존재하는 바른 관계를 표현해 준다.

- 22-24절: 도입, 상황 설정(시간, 두 장소, 세례, 중심인물 등장)
- 25-30절: 세례자 요한의 증언
    - 25-26절: 제자
    - 27-30절: 요한의 답변
- 31-36절: 복음사가의 담론-주해
    - 31-35절: 아들에게 하늘 일 계시
    - 36절: 구원 또는 심판

### 예수님-유다 땅

"그 뒤에"(22절)라는 말은 평범한 시간적 안내로, 앞의 이야기와 구분되는 새로운 장면을 소개한다. "예수님께서는 제자들과 함께 유다 땅으로 가시어…." 요한은 대체로 장소를 정확하게 밝히는 편인데 이곳에는 유다 땅 어디라는 정확한 지명이 없다. 예수님이 예루살렘을 떠났다는 사실을 가리킬 뿐이다. "그곳에서 제자들과 함께 머무르시며 세례를 주셨다." 예수님이 제자들과 함께 머무신다는 표현인데, 그분이 제자 공동체와 함께 하시는 생활양식을 암시한다. 특정 사건을 보고하지 않고 일반적인 움직임, 생활의 한 단면을 소개하는 것 같다. 여기서는 예수님이 세례를 주셨다고 기록하나, 뒤에서는 좀 더 명확하게 제자들이 세례를 준 것이라고 밝힌다(4,2). 그러나 거기에도 바리사이들이 '예수님께서 요한보다 더 많은 사람을 제자로 만들고 세례를 준다'(4,1)라는 소문을 들었다고 한다. 아무튼 "세례를 주셨다"(에밥티젠 ἐβάπτιζεν)는 동사가 '세례를 주다'(밥티조 βαπτίζω) 동사의 미완료형인 것으로 보아 세례가 반복적으로 행해졌음을 짐작할 수 있다.

## 요한-애논(23-24절)

요한 역시 다른 장소인 애논에서 아직 세례의 임무를 계속 수행하고 있다. 이제는 베타니아가(1,28) 아니고 살림에서 가까운 애논이다. 이곳의 위치에 대해서는 논란이 많다. 일반적으로 유다 땅 북쪽, 물이 많은 사마리아 지역으로 본다. "사람들이 가서 세례를 받았다"(23절). 여기도 마찬가지로 '세례를 주다'의 수동태 미완료형 동사(ἐβαπτίζοντο)를 사용하여 요한이 계속하던 일임을 드러낸다. 중요한 두 인물이 서로 다른 장소에서 세례 주고 있음을 강조하며 묘사한다. 두 세례 사이에 질적 차이가 있는지 여부는 전혀 암시되지 않는다. 초점은 둘이 세례를 베풀었다는 사실에 모아질 뿐이다.

그런데 이 모든 것은 요한이 감옥에 갇히기 전의 일이다(24절). 요한이 아직 감옥에 갇히지 않았다는 것은 공관복음서의 전승을 전제로 한다(마르 6,17; 마태 14,3; 루카 3,20). 요한 복음서는 다른 곳에서 따로 세례자의 투옥 사건을 전하지 않고, 여기서 '아직' 감옥에 갇히지 않았다는 표현으로 그 후에 있을 투옥 사실을 암시할 뿐이다.

### 논쟁(25-26절)

세례자 요한의 제자들이 어떤 유다인과 논쟁을 벌였는데, 다른 내용은 없고 단지 주제가 정결례라는 것만 전한다(25절). '정결례'를 두고 벌어진 말다툼은 아주 일반적인 용어로 기술되는데, 문맥상 22-24절과 관련된다. 세례자 요한과 예수님이 행한 세례에서 아직 해결되지 않은 문제가 있다는 것이다. '정결례'란 말을 이렇게 풀이할 때에만 제자들이 세례자 요한에게 한 말을 이해할 수 있다. "스승님, 요르단강 건너편에서 스승님과 함께 계시던 분, 스승님께서 증언하신 분, 바로 그분이 세례를 주시는데 사람들이 모두 그분께 가고 있습니다"(26절). 미묘한 문제다. 아마도 두 세례자의 우월 또는 그들이 주는 세례의 의미와 가치에 대해 논쟁했을 텐데, 이제 그들 중 하나에게 의견을 묻는다. 제자들은 이야기에서 예수님을 증언해 왔던(1,6-8.15.19-34 참조) 요한의 역할을 기억한다. 예수님이 한때 요르단강 건너편에서 요한과 함께 있었다는 증언은 역사적 기억의 한 조각일 수 있다. 지금 둘이 떨어져 있는데도, 요한의 제자들이 염려하는 것은 예수님이 요한과 같은 세례 임무를 수행하실 뿐만 아니라 모두가 그분께 가고 있기 때문이다.

### 요한의 답변-마지막 증언(27-30절)

세례자는 제자들에게 직접 대답하지 않고 초점을 계시의 영역으로 옮긴다. 세례자 요한과 예수님은 그들의 권한을 하느님에게서 받았다(예수님: 1,1-2; 3,13-14.16-17; 요한: 1,3.33). 예수님과 요한 각자의 역할을 결정하는 주제는 세례 의식이 아니라 '하늘로부터 주어진 것'(27절)이다. 세례자는 첫마디로 제자들의 염려가 부당함을 표시한다. 이 대목에서 각 개인의 파견과 능력에 대한 일반적인 성격을 명확히 표현한다. 만일 위로부터, 곧 하늘로부터 받은 것이 아니라면 그 누구도 역할이나 권리를 횡령할 수 없다(3,31; 6,32; 12,28 참조). 예수님도 재판받을 때 빌라도 앞에서 비슷한 말씀을 하신다. "네가 위로부터 받지 않았으면 나에 대해 아무런 권한도 없었을 것이다"(19,11). 실제로 예수님은 하느님에게서 파견되었고 모두를 당신께 이끄는 선물을 받았다(12,32). 결과적으로 믿는 이들은 아버지에게서 받은 선물이다(6,37). 그분이 그들을 당신 아들에게 이끄신다(6,44.65). 그러니 만일 모두가 예수님께 가고 있다면 그것은 하느님의 뜻에, 하늘의 뜻에 부합하는 것이다.

요한은 그가 처음에 한 증언(1,20 이하)을 상기시킨다. 자신은 "그리스도가 아니라 그분에 앞서 파견된 사람일 따름"(28절)임을 강조한다. 비록 하느님께 기름부음 받은 이(메시아)가 아니더라도 그는 하느님에게서 파견된 사람이기에(1,6), 예수님에 대한 그의 증언은 하느님의 계획과 부합한다. 그는 예수님의 증인으로서 의심할 여지 없는 권위를 가지나 그리스도는 아니다.

여기서 세례자는 혼인 이미지를 사용한다. 그 이미지의 출처로, 먼저 구약성경에서 이스라엘이 하느님의 신부로 자주 소개된다(이사 62,4-5; 예레 2,2; 에제 16,8; 호세 2,21 참조). 또 신약성경에서 교회가 자신을 이야기할 때 그리스도의 신부라는 이미지를 사용한다(2코린 11,2; 에페 5,25-27.31-32; 묵시 21,2; 22,17 참조). 신부를 차지하는 이는 신랑이다. 새로운 이스라엘의 머리는 그가 아니라 당연히 그리스도, 예수님이시다. 요한이 자처하는 '신랑 친구'(29절)라는 이미지는 당대의 혼인 풍속에서 나온 것이다. 신부는 물론 새 이스라엘 백성이다. 유다인들의 혼인식에서 신랑 친구의 역할은 매우 중요하다. 그들은 신부를 준비시켜 신랑에게 인도하며 신방 관리까지 맡는다고 한다. 아무튼, 이 대목에서 중요한 요소는 요한이 예수님의 성공을 크게 기뻐한다는 것이다. "신랑 친구는 신랑[그]의 소리를 들으려고(ἀκούων αὐτοῦ) 서 있다가, 그의 목소리를 듣게 되면[신랑의 소리 때문에(διὰ τὴν φωνὴν τοῦ νυμφίου)] 크게 기뻐한다"(29절). 이 절에서 '소리'(포네 φωνή)와 '듣다'(아쿠오 ακούω)가 강조되며 그 안에 큰 기쁨이 있음을 밝힌다. 요한은 신랑의 '목소리를 듣는' 친구의 자리에 자신을 놓는다.

"내 기쁨도 그렇게 충만하다"(29절). 신랑의 목소리를 듣고 기쁨이 그토록 충만하다. 요한은 충만하다(플레로오 πληρόω) 동사의 완료 수동태(페플레로타이 πεπλήρωται)를 사용하여, 자신이 이미 작아질 준비가 되어 있음을 드러낸다. 세례자의 중요성이 줄어들고 예수님이 중심 역할을 하리라고 암시하여 이 시점부터 역사에서 무슨 일이 일어날 것인지 주목하게 한다. 그러나 일어날 일에 대한 묘사보다 더 중요한 것은 세례자 요한의 이 증언이다. 앞에서 예수님의 어머니는 예수님 말씀에 무조건적인 믿음과 신뢰를 보인 사상 첫 사람이 되었다(2,5). 말씀이라는 단어나 관련 단어들이 사용되지 않고 '목소리'(29절)라는 단어가 쓰였지만 그 어머니와 요한은 엇비슷하다.

"그분은 커지셔야 하고 나는 작아져야 한다"(30절). 이는 앞에서 한 증언의 정점이다. 예수님은 당신의 명성을, 구원의 영향력을 점점 증대시켜야 한다. 구원사의 장場에 이제는 오로지 하나의 삶, 메시아가 떠올라야 한다는 것이다. 세례자는 물러가야 한다. 자기 임무를 완수했기 때문이다. 그는 주님의 길을 준비하였고 이스라엘에서 예수님의 계시를 용이하게 하였다. 증인에 지나지 않는 세례자 요한의 역할은 예수님을 알려 주어 사람들로 하여금 그분의 길을 따르게 하는 데 있다. 이스라엘 백성을 자기에게 매어 두려는 중개자들은 예수님과 하느님에게서 그들을 빼앗아 가는 셈이다(10,7-10 참조). 백성은 오로지 하느님과 예수님에게만 속한다(10,14-15). 세례자 요한은 자신이 장면에서 사라질지라도 예수님 말씀에 활짝 열려 있음을 나타낸다. 이 때문에 복음사가는 11-21절의 병행 대목으로 31-36절을 제시한다.

### 복음사가: 위에서 오시는 분의 계시

31-36절은 세례자의 선언을 계속하는지 복음사가의 증언인지 확실하지 않다. 《성경》이나 《200주년 신약성서》에 의하면 세례자 요한의 말은 30절에서 끝난다. 그러나 《예루살렘 성서》나 독일어 번역본에서는 일반적으로 세례자 요한의 말처럼 31-36절까지 이어져 나온다. 일반적으로는 복음사가가 예수님의 자기 계시에 관하여 복음 선포적으로 해설한 것이라고 보는 경향이 우세하다.

세례자는 예수님과 경쟁하지 않는다. 예수님은 위 곧 하늘에서 왔기에 모든 이 위에 있고, 자신은 땅에 속해 있기 때문이다. 예수님의 신적 기원은 요한 복음서에서 반복적으로 선포된다. 특히 카파르나움 담화에서는 예수님을 하늘에서 내려온 살아 있는 빵이라고 선언한다(6,41.51). 실제로 그분은 하느님 말씀이고, 세상에 와서 사람이 되셨다(1,9-14). 모든 사람이, 그러니까 요한까지 땅에 속해 있다는 말은 업신여기는 표현이 결코 아니다. 이 문맥의 강조점은 무엇보다도 예수님의 초월성이다. 예수님은 하늘의 실재에 관해 말하는 유일하게 권위 있는 계시자이다. "하늘에서 오시는 분은 모든 것 위에 계신다. 그분께서는 친히 보고 들으신 것을 증언하신다"(31-32ㄱ절).

그러나 아무도 그 증언을 받아들이지 않았다는 사실을 11절에서처럼 예수님의 계시에 바로 이어 보고한다(32ㄴ절). 이미 말한 대로 그분의 증언을 받아들이지 않는 것은 그분의 말을 믿지 않는 것이다. 그런데 여기서 불신앙의 범위가 더 넓혀져 "너희"(11절)뿐 아니라 "아무도" 예수님의 증언을 받아들이지 않았다고 한다(32ㄴ절). 이것은 분명히 과장이다. 뒤이어 어떤 이들은 예수님을 믿었다고 암시하기 때문이다. "그분의 증언을 받아들이는 사람은 하느님께서 참되심을 확증한 것이다"(33절). 위로부터 온 계시자의 증언을 받아들이는 것은 그분을 통하여 하느님께 동의하고, 보내신 분의 말씀에 담긴 신적 진실을 인정하는 것이다.

"하느님께서 보내신 분께서는 하느님의 말씀을 하신다. 하느님께서 한량없이 성령을 주시기 때문이다"(34절). 하느님은 아낌없이 성령을 부어, 보내신 분이 하는 말을 통하여 당신의 말씀을 알게 하신다(17절 참조). 예수님은 하느님께서 승인한 사절로서 하느님의 말씀을 전하기 때문이다. 예수님은 자기 자신의 이름이 아니라 하느님의 이름으로 오며, 자신의 말을 가지고 오지 않고 하느님의 말씀을 가지고 오신다. 34절의 앞뒤 문장에서 모두 이유를 나타내는 '가르(γὰρ)' 단어가 반복된다: "하느님께서 한량없이 성령을 주시기 때문이다." 하느님께서 성령을 한량없이 주시어 당신이 파견하신 예수님의 말을 성령이 충만한 신적인 말씀으로 만드신다는 뜻이다. 따라서 예수님의 증언이나 계시는 완전하고 결정적이어서 누구도 능가할 수 없다.

아들의 이 권위 있는 계시 뒤에는 아들에게 아버지 하느님을 알리는 임무를 맡기며, 아버지와 아들을 결합하는 사랑이 있다(35절). 예수님에 대한 아버지의 사랑은 아들의 역량에 모든 것을 맡길 만큼 강력하다.

### 화자: 구원과 심판

이 구절은 니코데모와 대화를 시작하는 부분에서 이미 다뤘던(3,15-21) 신앙과 불신앙의 주제를 발전시킨다. 앞에서(31-35절) 계시 주제를 집중해서 다뤘다면, 여기서는 신앙과 관련하여 죽음과 심판 주제를 다룬다. 신앙은 영원한 생명을 가져오지만, 이 계시를 수용하지 않는 이에게는 하느님의 진노가 따른다. "아드님을 믿는 이는 영원한 생명을 얻는다. 그러나 아드님께 순종하지 않는 자는 생명을 보지 못할 뿐만 아니라, 하느님의 진노가 그 사람 위에 머무르게 된다"(36절). 예수님을 믿느냐에 생명이 달려 있다고 거듭 선언된다. 아들을 믿지 않는 이는 영원한 생명에 참여하지 못한다는 것이다. 이 말이 미래형으로 표현되어 일반적으로 종말 시기를 생각하나 앞의 전체 설명에서도 언급했듯이, 세상 끝 날에 있을 영원한 생명만을 이야기하지 않고 현재의 생명까지도 포함한다. 미래의 생명은 지금 살고 있는 이 생명의 완성이다. 그냥 존재하는 것이 아닌 참 생명이 지금부터 시작되는 것이다.

3,22-36은 유다이즘 세계에서 온 유다인들, 니코데모, 세례자 요한이 차례로 예수님을 만나는 삼부작의 마지막 대목이다. 그 중심에 '예수님의 말씀'과 '세상'이라는 주제가 있다. 말씀 찬가(1,1-18)에 의하면 하느님의 구원 계시는 "말씀"이 육화한 예수 그리스도 안에 자리한다(1,14-18). 그러므로 이야기에서 '예수님의 말씀'은, 역사의 등장인물들이 예수님 안에서 예수님을 통하여 하느님께서 하시는 일을 만나는 장소다. 이 기준으

로 볼 때 '유다인들'은 신앙이 전혀 없음을 드러냈고, 니코데모는 자기 범주로 예수님을 이해하여 신앙의 한계를 드러냈다. 반면에 세례자 요한은 친구 목소리를 듣는 것을 기뻐하는 신랑 친구로 자신을 보았고, 할 수 있는 모든 것을 걸고 '예수님의 말씀'을 온전히 수용하였다. "그분은 커지셔야 하고 나는 작아져야 한다"(30절). 그는 예수님의 어머니처럼 예수님의 말씀에 자신을 열며(29절), 신뢰할 수 있는 신앙의 모범이 되었다.

유다이즘 세계의 인물들이 집중해서 나오는 것은 요한 신학의 계시론과 구원론에서 이스라엘이 배제되지 않았음을 보여 준다. 예수님과 유다인들의 쓰라린 만남은 이후에 전개되는 이야기에서 더욱 심화될 수 있다. 예수님의 공생활을 연 이 만남들은 서곡에서 말한 사항(1,16-18)을 보여 주었다. 하느님께서 먼저 주신 선물인 율법은 예수 그리스도의 말씀으로 주신 하느님 계시라는 선물에서 완전하게 되었다. 요한 공동체는 유다이즘에 그 뿌리를 두고 있기에, 요한의 그리스도론은 유다인들 사이에서 나온 확실한 신앙의 결실이었다. 이 만남의 삼부작(2,13-3,36)은 그러한 신앙이 이스라엘에서 늘 가능하다는 것을 보여 준다. 이야기는 유다이즘의 경계를 넘어 다른 세계로 뻗어간다.

## 3. 사마리아 4,1-42

사마리아에 묵으셨던 예수님의 이야기와 담화는 아주 깊고 풍부한 내용을 전해 준다. 파스카 때 유다에서 첫 공적 활동을 마친 뒤 예수님은 갈릴래아로 돌아가시려 한다. 요한 복음서에는 갈릴래아와 유다를 오가는 예수님의 여행이 몇 차례 묘사되는데(2,12-13; 5,1; 7,9-10 등) 그중 여기서만 사마리아를 거쳐 가신다고 언급한다(사마리아를 거쳐 가는 것이 지름길이라 할지라도). 이는 4장이 특별한 신학적 · 역사적 의미를 담고 있다는 증거이다.

이 대목은 예수님 안에서 구약성경과 유다이즘이 완성된다는 주제로 앞장과 연결된다. 또 '물'이라는 단어가 공통으로 쓰였다. 앞에서 물은 제의적 정결의 수단으로(2,6), 종교 의식의 물질적 요소로(3,5) 나타났다. 앞에서는 물이 술로 바뀌고 뒤에서는 성령의 요소와 결합됨으로써, 물 자체가 초월적 의미를 지니게 되었다. 4장에서 예수님은 인간이 마실 수 있는 '생명의 물'을 제공하신다. 이것을 매개로 복합적인 주제들이 다뤄지고 있다.

이야기는 네 장면으로 된 한 편의 단막극 같다. 구성은 다음과 같다.

| 1–15절 | 예수님과<br>사마리아 여인 | 배경 설정. 예수님이 사마리아를 거쳐 가신다.<br>야곱의 우물가에서 여인을 만나 물을 청하신다. |
|---|---|---|
| 16–26절 | 예수님과<br>사마리아 여인의<br>대화 | 예수님과 사마리아 여인의 만남과 내화<br>예수님의 계시와 여인의 믿음 |
| 27–38절 | 예수님과<br>제자들 | 제자들과 예수님의 대화–설명 |
| 39–42절 | 예수님과<br>사마리아 주민들 | 사마리아인들과 예수님의 만남<br>사마리아인들의 신앙고백 |

## 1) 예수님과 사마리아 여인의 대화1 4,1–15

먼저 사마리아 여인과의 대화 자체가 특이한데 그것은 서로 대화가 이루어질 수 없는 남자와 여자, 유다인과 사마리아인 사이의 대화이기 때문이다. 여기서 마실 것을 달라는 예수님의 청은 이중적인 대조와 대구對句를 표현한다. 첫 번째는 샘에서 나오는 물과, 영원한 생명을 주기에 '생명의 물'이라고 불리는 예수님이 주시는 물 사이의 대조와 대구이다.

### (1) 유다를 떠나시다 4,1–3

예수님이 유다를 떠나시는 동기는 분명하게 무엇인가? "예수님께서는 당신이 요한보다 더 많은 사람을 제자로 만들고 세례를 준다는 소문을 바리사이들이 들었다는 것을 알게 되셨다"(1절). 이 말은 무슨 뜻인가? 바리사이들을 두려워했다는 말은 아닐 것이다. 아직은 예수님이 바리사이들을 피하실 이유도 없다. 힌트는 2절에 있다. 2절이 3,22이나 4,1을 명시적으로 부정한다고 해서 나중에 첨가된 부분으로 보는 견해도 있다. '비록' 또는 '사실은'(카이토이게 καίτοιγε)이라는 접속사도 성경에서 유일하게 여기에만 나타나므로 후대의 삽입임을 암시한다. 공관복음서에서는 예수님이 세례를 베푸셨다는 보도가 전혀 없는데, 이 점에 대해서도 상반된 의견이 있다. 아무튼, 예수님이 세례를 베푸셨다면 그 세례는 세례자 요한의 것과는 분명히 다른, 회개의 세례를 능가한 세례였을 것이다. 만일 제자들만 세례를 베풀었다면, 세례자 요한의 제자들 중 일부가 예수님을 따르도록 세례를 베풀었을 것이고 예수님은 다만 그것을 허락하셨을 뿐이라고 학자들은 추정한다.

하여튼, 최종 본문에서 이 구절이 의미하는 바는 무엇인가? 여기서 세례자들의 확산이 두드러져 보인다. 역사적으로도 그렇고 요한 복음서에서도 그런데, 예수님의 의의와 중요성은 그분의 세례 운동에 있지 않았다. 그분은 하느님을 알려 주시는 분이다(1,14.18; 3,11-21.31-36 참조). 예수님이 세례자로 알려지거나 기억되어서는 안 되지만, 제자들의 공동체에서 세례 의식은 중요했을 것이다. 앞에서 예수님의 세례 직무를 이야기한(3,22; 4,1) 화자는 이제 그 직무에서 예수님을 물러나게 하는 설명을 추가한다(4,2). 세례를 준 이는 예수님이 아니라 그분의 제자들이라는 것이다. 바리사이들은 예수 운동이 확산되는 종교적 위협에 대항하여 움직일 좋은 이유가 생겼다. 요한이라는 세례자가 한 명 있다가(1,28), 요한과 예수님 둘이 되었다(3,22-23). 그러다 이제는 예수님의 제자들까지 세례자가 되었다(4,2). 세례자들이 확산된 것이다. 예수님의 제자들이 세례를 주는 목적은 더 많은 사람을 자기 스승께로 끌어들이기 위해서이다. 바리사이들이 이것에 주목하기 시작하였다는 것을 알게 되셨을 때, 예수님은 유다에서 물러나시어 갈릴래아로 향하신다. 그분은 제자들의 규모 문제 따위로 바리사이들과 상면하거나 충돌하고 싶지 않아서 유다를 떠나 갈릴래아로 가시는 듯하다.

## (2) 사마리아를 가로질러 가셔야 했다 4,4-6

오늘날 유다에서 갈릴래아로, 곧 남에서 북으로 가는 길은 세 갈래다. 고대 해변 길에 놓인 고속도로로 왼쪽에 펼쳐진 지중해 바다를 보며 가는 길이 하나 있다. 두 번째는 유다 산지에서 예리코를 거쳐 요르단 계곡 길을 따라 올라가는 길인데, 1세기에 많이 다니던 길이었다(현대의 90번 국도). 세 번째는 유다 산등성이와 사마리아 산등성이에 난 길을 거쳐 가는, 일명 '족장의 길'이었다. 사마리아를 통과해야 한다면 가장 짧은 지름길일 수 있다. 로마가 통치하면서 이전 시대보다는 안전해졌으나 요세푸스에 의하면 여전히 위험한 길이었다.

그런데 화자는 예수님이 그 길을 가셔야만 하는, 어떤 제약을 받는 것으로 전한다. "그때에 사마리아를 가로질러 가셔야 했다"(Ἔδει δὲ αὐτὸν διέρχεσθαι διὰ τῆς Σαμαρείας)(4절). 그런데 지형적으로는 타당한 근거가 없다. 예수님의 활동과 관련한 제약 때문에 사마리아를 거쳐 가셔야 했다고 추정할 수 있으나, 뚜렷이 드러난 것은 없다. 이 단계에서는 예수님의 사마리아 통과를 하느님 섭리의 결과로 본다. 곧 그분이 이스라엘 너머 세계로 들어가셔야 했다고 보는 것이다. 예수님은 소외되고 주변으로 내

몰린 사람들 가운데를 지나가셔야만 했다는 것이다. 거기서 사마리아 여인을 만난다. 이 만남이 그 여인에게 인생의 의미와 목적을 준다. 이 '사마리아 여인'은 유다인들이 불결하고 우상을 섬긴다고 경멸하는 모든 사마리아인을 표상한다. 예수님은 사마리아를 거쳐 가시며, 유다인들과 활동을 놓고 세력다툼이 될 기회는 피하시나 그들이 멸시하는 사마리아인들과 마주칠 기회는 피하지 않는다. 그분은 마주칠 때와 물러갈 때를 분별하신다.

"야곱이 자기 아들 요셉에게 준 땅에서 가까운 시카르라는 사마리아의 한 고을에 이르셨다"(5절). 이 구절은 야곱이 준 선물(창세 33,19; 48,22; 여호 24,32)이라는 성경과 유다에 친숙한 주제를 소개한다. 이는 예수님과 여인이 우물과 물이라는 선물에 대해 대화하는 데 중요한 배경을 설정한다. 정오 무렵 여행에 지치신 예수님은 야곱의 우물 곁에 앉으셨다(6절). 예수님의 피곤에 대하여 말하는 유일한 성경 구절이다. 여행을 많이 다니시는 예수님의 모습을 그려볼 수 있다. 그분이 걸어 다니시는 길과 기후 사정을 헤아려 볼 수 있다. "때는 정오 무렵이었다"(6절). 복음사가는 특별한 환경에서 시간을 정확히 묘사하는 데 정성을 들인다. 이곳의 정오는 기후 사정상 사람들이 수월하게 다니기에는 너무나 뜨거운 시간이다. 대체로 여인이 물을 길으러 오는 시간이 아닌 '정오 무렵'은 여인의 정체를 파악하게 하는 기술로 보거나, 빌라도에게 재판받던 12시(19,14)를 떠올리게 하여 예수님이 구세주로 선포되는 시간을 암시한 것으로 추론하기도 한다.

4-6절 뒤에는 상당히 많은 의미가 숨어 있다. 예수님은 긴 여행 끝에 정오에 우물가에서 쉬신다. 사마리아라는 위치와 야곱의 우물을 배경으

로 선물이라는 주제와, 우물이 제공하는 휴식이라는 주제를 소개한다.

### (3) 여인에게 물을 청하신다 4,7-9

구약성경에서 성조사를 보면 특수 임무를 띤 남자, 피곤하고 지친 남자가 선택된 여인과 우물가에서 만나는 이야기가 곧잘 나온다. 레베카와 아브라함의 종의 만남(창세 24,11 이하), 야곱과 라헬의 만남(창세 29,1 이하), 모세와 르우엘의 딸들의 만남(탈출 2,15 이하)이 그 예이다. 지금 예수님의 모습은 이집트에서 도망 나와 배고프고 지쳐서 우물가에 앉아 쉬는 모세와 비슷하다. 사람에게 생명의 물을 주는 우물은 율법과 제노, 또는 지혜, 모든 사람이 찾는 인생의 의미와 목적 등을 상징하기도 하였다. 성경의 백성에게 우물은 지속적으로 생명을 주는 장소였다.

예수님이 여인에게 말씀하신다. "나에게 마실 물을 좀 다오"(7ㄴ절). 그 당시 통용되는 습관으로 볼 때, 이 부탁은 정말 보통 일이 아니었다. 사실 여자는 멸시받았고 하류계급으로 취급되었다. 라삐가 공적으로 여인에게 말을 건네면서 그렇게 자신을 낮출 수는 없었다. 더구나 이 여자처럼 사마리아 여인은 이중으로 멸시받았다. 유다인들은 다른 사람이 없는 데서 여인과 얘기하지 않았고, 상대가 사마리아 여인이라면 말을 건네기는커녕 만남 자체를 기피하였다. 따라서 사마리아 여인의 놀람은 이해할 만하다. 남자가 여자에게 말을 건넸을 뿐 아니라, 이 남자가 유다인이기 때문이다. 예수님은 여기서만 '유다인'이라고 불렸다. 사실 유다인들은 사마리아인들을 멸시하여 상종하지 않았다(9ㄴ절). 그렇게 된 역사의 뿌리는 깊다(집회 50,25-26 참조).

여인의 대답은 이 만남이 범상치 않음을 확실히 드러낸다. "선생님은 어떻게 유다 사람이시면서 사마리아 여자인 저에게 마실 물을 청하십니까?"(9절) 이 특별한 지적으로 이야기 시초부터 야곱의 우물가에 앉아 있는 이 사람은 다른 라삐들과는 뭔가 다르다고 밝힌다. 예수님은 민족적이며 종교적인 문제에 직면하여 보통 유다인과는 다르게 행동하신다. 그분은 사람들이 관례와 습관에 따라 차별하고 서로 간에 심연을 만들며 높이 세운 장벽을 염두에 두지 않는다. 모든 이를 동등하게 보신다. 남녀는 모두 하느님의 창조물이다. 그들을 위해 구세주가 세상에 오셨으니 그들이 하느님의 호소를 듣게 해야 한다. 그분이 파견되는 곳과 전하는 메시지에는 국적이나 특별한 문화 장벽이 존재하지 않는다.

마실 물을 달라는 예수님의 청은 그분이 하느님 말씀이 육화된 실제 인간임을 보여 준다. 복음서에서 신학적 특징이 잘 드러나는 장면 중의 하나다. 육화한 말씀은 아주 높은 수준의 계시를 하려 할 때 항상 가장 낮은 곳에서 출발하신다. 제자들이 먹을 것을 사러 고을에 갔다는 설명(8절)은 예수님이 자유롭게 사마리아 여인을 만나시는 환경을 설정해 준다. 그들은 여인이 막 떠나기 전에 돌아올 것이다(27-28절).

이 짧은 만남의 첫 장면에서 세 가지 요소가 드러났다. 예수님은 사마리아 여인과 대화할 준비가 되었다(7절). 물의 주제가 도입되었다(7.9절). 그리고 이곳이 유다이즘의 세계가 아님을 강조하는 뜻에서 '사마리아' 단어가 네 번 쓰였다(7절에 1회, 9절에 3회).

### (4) 누구인지 알았더라면 4,10-15

예수님은 여기서 대화의 차원을 바꾸신다. 9절에서 '물'과 '마시는 일'은 단지 육체적이고 물질적인 차원에서 다뤄졌다. 이는 사마리아 여인에게뿐 아니라 예수님에게도 마찬가지이다. 그러나 10절부터 예수님은 여인이 예기치 못한 차원으로 대화를 이끌어 가신다. 니코데모와의 대화처럼 계시 말씀은 계속 발전할 주제를 담고 있다. 가르침은 외적 상황에서, 계시하시는 분과 함께 인간의 내적 차원으로 이동한다.

예수님은 여인의 9절 질문에는 답하지 않으시고, 그 여인이 두 가지 진실, 곧 하느님의 선물과 "너에게 말하는 이가 누구인지 알았더라면", 오히려 그녀가 청하고 그녀에게 "생수"가 주어졌을 것이라고 말씀하신다. 예수님이 약속하시는 "하느님의(τοῦ θεοῦ) 선물"에는 소유격(~의)을 사용하여 그 선물의 출처가 하느님임을 명시한다. '생수'(휘도르 존 ὕδωρ ζῶν)라는 단어에는 두 가지 의미가 있다. 하나는 우물이나 저수조에 고여 있는 물과 대조되는, 시내나 샘에서 흘러나오는 물을 뜻한다. 다른 하나는 성경이나 오래된 종교(유다인, 그리스도인, 그리스인)에서 줄곧 쓰이는, 물의 물리적 실재 너머를 지적하는 표현이다. 누군가가 여인에게 주겠다고 말하고 있는 하느님의 선물은 생명을 주는 하늘의 계시를 가리키고, 그것은 오직 예수님만 주실 수 있다. 그분 홀로 하느님을 알려 줄 수 있다(1,18; 3,13).

예수님의 신원 파악은 여인과 다르다. 예수님은 상대방을 '한 사람'으로 대하신다. 마실 물을 달라는데 다른 말만 하는 여인의 말에 진지하게 대답하신다. 사마리아인이라는 지역적, 민족적 조건과 여성이라는 성

性을 문제 삼지 않으신다. 그 여인도 하느님의 피조물인 한 사람이다. 예수님은 그가 당신을 제대로 파악하지 못했다고 이르신다. "네가 하느님의 선물을 알고 또 '나에게 마실 물을 좀 다오' 하고 너에게 말하는 이가 누구인지 알았더라면"(10ㄱ절). 제대로 신원을 알고 나면 오히려 네 쪽에서 나와 관계 맺기를 바랄 것이라고 말씀하신다. 관계가 없는 것이 아니라 오히려 뗄 수 없는, 만나기를 고대하는 관계임을 암시하신다. 일단 인간 사이의 차별의식을 깬 다음 예수님은 그 여인의 '목마름'을 건드리신다. 그분은 인간의 가장 깊은 목마름을 풀어 줄 수 있는 하느님의 현존이시다. "오히려 네가 그에게 청하고 그는 너에게 생수를 주었을 것이다"(10ㄴ절). 이는 네가 찾고 싶고, 찾고 있는 사람이 나라고 알려 주시는 말씀이다. 여기서 '생수'란 그 여인의 영혼 깊은 곳에 있는 갈망을 충족시켜 주는 것이다.

여인은 '생수'의 물리적 의미만 안다. 예수님 말씀의 뜻을 알지 못한다. 여인은 예수님을 파악하는 데 초점을 맞추지 못하고 그분의 외적 조건에, 자신이 알고 있는 상황 주변을 맴돈다. 말하시는 기품 때문에 예수님을 '퀴리에(κύριε)'라고 호칭하는데, 여기서는 단순히 '선생님' 정도의 의미다. 여인이 보기에 예수님은 여전히 평범한 유다인이다. 예수님은 관계에서 형성되는 것의 질質을 말씀하시는데 여인은 여전히 물질적 매개인 '물'이라는 한계를 넘지 못한다. 그래서 자기가 보기에 그분에게 부족한 조건을 언급한다. "선생님, 두레박도 가지고 계시지 않고 우물도 깊은데, 어디에서 그 생수를 마련하시렵니까? 선생님이 저희 조상 야곱보다 더 훌륭한 분이시라는 말씀입니까?"(11-12절) 여인은 자신이 알고 있는 야곱 전승의 용어로 물의 기원을 설명하며, 이 유다인은 선조 야곱과 연관된 이 물의 기원에 필적할 수 없다고 생각한다. '생수'의 물리적 이해를 넘어서지 못할 뿐 아니라 자신의 전승에 스스로를 가둔다. 예수님의 말씀을 수용할 수 없는 여인의 무능력은 13-14절의 약속에 대한 응대에서 더 분명하게 드러난다. 예수님은 그 여인이 확실하게 알고 있는 것을 매개로 다시 이야기를 시작하신다. '물'의 질적 차이를 설명함으로써 당신이 그녀가 파악한 상태를 훨씬 뛰어넘는 분임을 드러내신다. "이 물을 마시는 자는 누구나 다시 목마를 것이다. 그러나 내가 주는 물을 마시는 사람은 영원히 목마르지 않을 것이다. 내가 주는 물은 그 사람 안에서 물이 솟는 샘이 되어 영원한 생명을 누리게 할 것이다"(13-14절). 말씀은 매일 마시는 물로 시작하여, 당신이 주시는 선물인 물로 마친다. 그리고 그 물을 마시는 사람은 누구든지 결코 목마르지 않을 것이라고 약속하신다. 이 말씀은 예수님 이야기의 미래의 어느 순간과 연관되어 있다. 그분은 그 물을 "주실"(δώσω: '주다' δίδωμι 동사의 미래 1인칭 단수) 것이고, 그 물은 그 사람 안에서 물이 솟는 샘이 "되어"(γενήσεται: '되다' γίνομαι 동사의 미래 3인칭 단수) 영원한 생명을 누리게 할 것이다. 예수님이 주시는 선물을 결정하는 것은 이 시간이 아니라, 미래의 어느 시간이다. 예수님의 약속은 이 사람, 이 장소, 이 물, 이 우물, 이 시간을 초월하여 보편적인 청중을 향해 나아간다.

여인이 응답한다. "선생님, 그 물을 저에게 주십시오. 그러면 제가 목마르지도 않고, 또 물을 길으러 이리 나오지 않아도 되겠습니다"(15절). 이 말로 여인은 예수님의 말씀, 곧 미래에 영원한 생명을 주는 물이 샘솟는 선물의 약속을, 자신의 갈증을 해소하는 이 물(τοῦτο τὸ ὕδωρ), 이 장소(ἐνθάδε), 이 시간의 자기 문제로 전환한다. 예수님의 말씀과 여인의 말은 대조를 이룬다.

| 14절 예수님의 말씀 | 15절 여인의 말 |
|---|---|
| 내가 주는 물을 마시는 사람은<br>영원히 목마르지 않을 것이다. | 그 물을 저에게 주십시오.<br>그러면 제가 목마르지도 않고, |
| ἐκ τοῦ ὕδατος οὗ ἐγὼ δώσω αὐτῷ,<br>οὐ μὴ διψήσει εἰς τὸν αἰῶνα | δός μοι τοῦτο τὸ ὕδωρ,<br>ἵνα μὴ διψῶ |
| 그 사람 안에서 물이 솟는 샘이 되어<br>영원한 생명을 누리게 할 것이다. | 물을 길으러<br>이리 나오지 않아도 되겠습니다. |
| γενήσεται ἐν αὐτῷ πηγὴ ὕδατος<br>ἁλλομένου εἰς ζωὴν αἰώνιον | μηδὲ διέρχωμαι ἐνθάδε ἀντλεῖν |

여인은 예수님의 말씀을 이해하지 못한다. 그러나 유다인들이 예수님과 대화하던 때(2,20)의 적의는 없다. 오히려 호칭을 '유다 사람'에서 '선생님'으로 바꾸는 데서 보듯이, 존경심이 조금씩 커지는 모양새다. 그리고 그 물을 달라고 청한다. 잘못 이해했어도, 위 표에서 보듯이 부분적으로 알아들은 만큼 수긍하며 청한다. 성전 정화 사건에서 '유다인들'은 이해하지 못하고 적의를 드러내며 물러났다가(2,13-22), 공공연히 적개심을 드러내며 돌아올 것이다(5,16-18). 그런데 사마리아 여인은 이야기 속에 계속 머문다. 그에게는 기회가 있다. 마침내 예수님이 그리스도가 아닐까 생각하게 될 것이다(25.29절 참조).

이제 그 사람 본연의 모습을 주제로 대화를 나눌 준비가 된 셈이다. 예수님이 누구신지와 자신이 누구인지에 대한 규명이 동시에 이뤄질 것이다.

### 2) 예수님과 사마리아 여인의 대화2 4,16-30

이 단락의 주요 주제는 "너에게 말하는 이가 누구인지 알았더라면"(10ㄴ절)과 관련된 것이다. 예수님이 여인의 과거를 꿰뚫어보시니, 여인은 그분을 예언자로 인식한다. 그래서 유다인들과 사마리아인들 사이에 잘 알려졌던 문제, 곧 예루살렘과 그리짐 산을 놓고 진정한 예배 장소를 가리고자 팽팽히 맞섰던 문제를 질문한다. 예수님은 구약성경의 모든 것을 예배를 통해서 성취하신다. 하느님께서 영이고 예수님 자신이 성령(생명의 물)을 주시기에, 예배에 필요한 중재자와 동력을 제공해 주시기에 그분은 그렇게 하실 수 있다. 여인은 제기된 문제의 중요성을 알고 있다. 오직 메시아만이 그 문제를 완전히 알고 답변하실 수 있다. 이에 예수님은 자신이 메시아라고 선언하신다.

16-19절: 예수님은 여인이 걸려 넘어질 수 있는 주제로 대화를 재개하신다. 여인의 답변이 예수님의 정체성으로 논점을 옮긴다.

20-26절: 예수님은 주도적으로 논점을 예언에서 진정한 예배로 옮기신다. 여인의 이해가 깊어지도록 이끌어 가신다. 여인은 예수님을 오랫동안 기다려 온 메시아로 알아차리기 시작한다. 이에 예수님은 바로 당신이라고 알려 주신다.

27-30절: 제자들이 돌아오니 여인이 떠난다. 그 여인이 사마리아 주민들에게 한 말은 증언인 동시에 예수님의 자기 계시에 담긴 충만한 의미를 온전히 파악하지 못했음도 드러낸다. 사마리아인들은 직접 확인하기 위해 나온다.

## (1) 선생님은 예언자시군요 4,16-20

예수님은 그 여인에게 주의를 돌리신다. 당시 관습상 여인의 신분은 남편에게 귀속되어 있으므로 "가서 네 남편을 불러 이리 함께 오너라"(16절) 이르신다. 명령형 동사 세 개가 이어진다. 가라(ὕπαγε), 불러라(φώνησον), 와라(ἐλθὲ)이다. 즉각 대화의 초점이 여인의 부부 상황에 모이고 물이라는 선물 주제는 사라졌다. "저는 남편이 없습니다"(17ㄱ절). 이 대답은 여인의 상황을 정확히 반영한다. 그녀는 현재 살고 있는 남자와 결혼하지 않은 처지다. 그래서 그녀 자신을 위하여 불러올 남편, 자신이 필요할 때 움직여 줄 사람, 자신의 신원을 보장해 줄 사람이 없다.

"'저는 남편이 없습니다.' 한 것은 맞는 말이다. 너는 남편이 다섯이나 있었지만 지금 함께 사는 남자도 남편이 아니니, 너는 바른 대로 말하였다"(17ㄴ-18절). 예수님은 여인이 사실을 말하고 있음을 받아들이며 그녀가 인식하는 것보다 훨씬 더 정확히 그녀의 처지를 보신다. 예수님은 나타나엘을 꿰뚫어보고 아시듯이 여인을 아신다. 높은 긍지라는 창을 통해 나타나엘을 보셨다면, 지금 이 여인의 경우에는 아픔이 응집된 부분에서 실마리를 끄집어내신다. 예수님은 여인의 대답을 통해 그의 처지를 규명하신다.

이 절의 핵심은 여인의 내밀한 삶의 비밀을 아시는 예수님의 힘에 있다. "너는 바른 대로 말하였다"(τοῦτο ἀληθὲς εἴρηκας)는 예수님의 칭찬은 여인이 말한 삶의 내막을 '사실에 대한 진술'로 읽도록 이끄신다. 이 '사실들'에 대한 예수님의 앎이 이야기의 전환점이다. 생수를 주신다는 그분의 선언은 여인의 이해력을 넘어섰으나, 자기 삶의 내막을 알고 이야기하는 사람에게 그녀는 주의를 기울인다. 그러나 여인은 만만치 않다. 나타나엘은 이쯤에서 "스승님, 스승님은 하느님의 아드님이십니다"(1,49) 하고 알아보았다. 믿었다. 여인은 다시 주제를 예수님에게 돌린다. 자기 문제를 더 이상 파고 들어가고 싶어 하지 않는다. 여인의 상처가 그만큼 깊은 탓이리라. 예수님은 그 여인이 매우 깊은 상처를 입은 사람임을 익히 아신다. 그래서인지 그분의 인내와 끈기도 대단하다.

여인이 말한다. "선생님, 이제 보니 선생님은 예언자시군요"(19절). "보니"라는 말에 '인지認知하다'(θεωρῶ) 동사를 사용해서 한정된 고백으로 이해하기도 하지만, 예수님에게서 예언자적 자질을 보았다는 여인의 말에서 깊은 영적 통찰력은 보이지 않는다. 그래도 여인이 예수님을 "한 유다인", "선생님"으로 인식하던 것에서는 현저하게 진보했다. 여인은 예수님을 유다 예언자로 추측하며, 자신에게 떠오른 다른 문제를 제기한다. 예수님은 그녀를 데리고 그 문제를 넘어 계시의 본 내용으로 가실 것이다.

여인은 예수님이 사실을 알고 계심을 부인하지 않으나 자기 삶과 무관한 분으로 보고 있다. 자신의 삶에 초점을 맞추고 싶어 하지 않는다. 그래서 훌륭하고 뛰어난 사람이 관여해야 하는 문제로 빨리 주제를 돌려 '예배' 문제를 제기한다. "저희 조상들은 이 산에서 예배를 드렸습니다. 그런데 선생님네(그리스어 원문에는 '당신들', ὑμεῖς)는 예배를 드려야 하는 곳이 예루살렘에 있다고 말합니다"(20절).

'저희 조상들', '당신들'이라고 하여, 여전히 사마리아 여인이 예수님을 유다인이라는 범수로만 인식하고 있음을 드러낸다. 사마리아 오경은 신명 27,4-8에 언급된 에발 산에 대한 규정을 그리짐 산에 적용한다. 반면에 유다인들에게 유일한 예배 장소는 예루살렘 성전뿐이다. 유다인들이 예루살렘 성전을 재건한 후에 사마리아인들은 그리짐 산에 주님(야훼)의 성전을 세웠다. 기원전 128년에 하스모네아 왕조의 요한 히르카노스가 이 성소를 부수었지만 사마리아인들은 이 산에서 계속 예배를 드렸다. 예배 장소가 완전히 분리되면서 사마리아인들과 유다인들 사이의 적대감은 더욱 커졌다. 이 문제가 두 민족 사이에서 분쟁의 핵심이었다.

## (2) 유다이즘 안에서 유다이즘을 넘어 4,21-26

### 그리스도라고도 하는 메시아

"여인아, 내 말을 믿어라"(πίστευέ μοι, γύναι)(21절). 예수님은 이 말씀으로 여인이 당신의 인격과 역할을 더 깊이 이해하도록 이끌고자 하신다. 긴 대화를 통해서도 예수님을 믿는 데 다다르지 못하게 막는 그녀의 장벽을 넘도록 도와주시는 것이다. 그분은 여인의 질문에 성실하게 대답하신다. "너희가 이 산도 아니고 예루살렘도 아닌 곳에서 아버지께 예배를 드릴 때가 온다"(21절). 미래에는 예배 장소를 둘러싼 유다인과 사마리아인의 논쟁이 무의미하게 될 것이다. 이 대목에서 여인이 조상을 언급할 때(12.20절) '아버지'라는 뜻의 그리스어 파테르(πατήρ)를 사용하는 것이 두드러진다. 그것은 여인의 유일한 자부심으로 보인다. 그런데 예수님도 같은 단어로 '아버지께 드리는 예배'로서 하느님 예배를 말씀하신다. 아버지 개념의 지평이 혈육(지파)의 조상을 넘어 하느님 아버지께로 넓어진다. 그러면서 예배 '장소'에 대한 질문은 진정으로 '누구에게' 예배를 드리는가에 대한 인식의 문제로 넘어간다.

"너희는 알지도 못하는 분께 예배를 드리지만, 우리는 우리가 아는 분께 예배를 드린다. 구원은 유다인들에게서 오기 때문이다"(22절). 여기서 1인칭 복수 "우리"를 사용하시어 당신을 유다인들 사이에 자리매김하시고, 유다인 전승이 사마리아 전승보다 우위라고 밝히신다. 예수님의 외적 조건인 유다인이 구세사에서 갖는 위치를 확인하신다. 예수님은 하느님께서 당신 자신을 계시해 오신 긴 구세사 전승에서 한 부분을 차지하신다. 그분이 구원을 가져오시는데, 그분은 이야기의 처음부터 '유다인'이라고 불리셨다(9절). 그분, 유다인 예수님에게서 구원이 온다. 구원은 유다인들에게서 오기 때문이다(22절). 사마리아 여인과의 만남은, 예수님과 비非유다인 세계의 만남이고, 유다이즘 전승은 예수님이 가져오는 구원에서 정점을 이룬다. 예수님은 비유다인 세계에 당신 자신을 계시하시고 아버지께 이르는 길을 계시하신다. 유다이즘에서 하느님이신 주님(야훼)에 대한 신앙과 인식이 나오기에, 그 토대 위에서 그 주님을 '아버지'라고 계시하실 수 있는 것이다.

이어서 예수님은 전승을 초월하는 말씀을 하신다. "그러나 진실한 예배자들이 영과 진리 안에서 아버지께 예배를 드릴 때가 온다. 지금이 바로 그때다"(23절). 여기서 예수님은 아버지께 예배를 드릴 새로운 시간과 장소를 일러 주신다. 예수님이 여인에게 처음으로 새 시간을 알리신 데에서 요한 복음의 실현된 종말론이 나타난다. "지금이 바로 그때다"(23ㄴ절). 그리고 새로운 장소는 예수님이신데, 그분이 현존하시기 때문에 진정한 예배 장소는 이미 존재하는 것이다. 예배 행위를 묘사하는 동사 프로스퀴네오(προσκυνέω)는 구약 전통에서 흔히 드러나는, 경배드릴 분이 계시는 방향으로 엎드려 땅에 이마를 대는 행위를 가리킨다. 이 문맥에서 거룩한 산(성전 산, 그리짐 산)과 성소들은 완전히 배제되었다. 진정한 예배는 아버지 쪽으로 자기 자신을 정향하는 것이다.

"아버지께서는 이렇게 예배를 드리는 이들을 찾으신다"(23ㄷ절). 아버지께서 찾으신다는 의미는 그분이 지닌 수동적인 원의가 아니라 그분이 사람 안에 일으키시는 행동을 말하며, 그것 없이 인간의 진정한 응답은 불가능하다. "하느님은 영이시다"(24ㄱ절). 유다인과 사마리아인의 구분은 물리적인 육의 세계에서 일어나며, 영적 세계의 문제가 아니다. 영이신 분께 영과 진리 안에서 예배를 드린다는 것은 이미 그리짐 산과 예루살렘을 넘어서며, 유다인과 사마리아인을 넘어선다. 하느님은 유다인과 사마리아인을 넘어 존재하는 모든 인간의 아버지시며, 그 아버지는 모든 당신 자녀가 진실하게 예배하도록 요구하신다. 예수님은 23ㄱ절을 반복하여 말하며 마무리하신다. "그러므로 그분께 예배를 드리는 이는 영과 진리 안에서 예배를 드려야 한다"(24ㄴ절).

예수님은 참된 예배에 대해 말씀하시면서 당신을 드러내셨다. 하느님을 아버지라고 부르신 것이다. 의도적인지 우연인지 여인은 하느님이라는 호칭을 쓰지 않는다. 예수님은 예배를 받으시는 분을 '아버지'라고 거듭 말씀하신다(21절-1번; 23절-2번). 그리하여 당신이 하느님의 아들임을 밝히신다. 이것이 "여인아, 내 말을 믿어라"(21절) 하고 말할 수 있는 근거이다. 동시에 진실한 예배자들에게도 그분은 아버지시다. 예수님은 참된 예배와 더불어 아버지를 알려 주신다(1,18 참조).

여인이 말한다. "저는 그리스도라고도 하는 메시아께서 오신다는 것을 압니다. 그분께서 오시면 우리에게 모든 것을 알려 주시겠지요"(25절). 예수님이 말씀하신다. "너와 말하고 있는 내가 바로 그 사람이다"(26절). 그리스어 본문을 직역하면 "나다(ἐγώ εἰμι). 너와 말하고 있는 나(ὁ λαλῶν σοι)"이다. 이는 "'나에게 마실 물을 좀 다오.' 하고 너에게 말하는 이(ὁ λέγων σοι)가 누구인지 알았더라면"(10절) 하는 말씀을 기억나게 한다. 같은 단어와 문장 구조를 사용하여 복음사가는 처음부터 예수님이 의도하신 대화의 초점이 이것이었음을 밝힌다. 당신을 '유다인 남자'라고 단정한 여인에게 예수님은 당신을 바로 알도록 차원을 천천히 높여 가며 대화하셨다. 그리하여 마침내 당신이 누구신지 계시하시는 순간에 이른 것이다. 처음부터 여인은 예수님의 정체를 단정하고 있었다. 대화 내내 그녀는 자기와 말하고 있는, 자기가 지금 만나고 있는 이에게 특별한 관심을 보이지 않았다. 다만 그 여인 안에는 그리스도를 고대하는 기다림이 있었다. 그 기다림에 예수님은 응답하실 수 있었다.

"나다"(ἐγώ εἰμι)는 복음사가가 전하는 예수님의 정체성을 단언하는 중요한 표현 중의 하나다(8,24.28.58; 13,19; 18,5 참조). 이 표현은 구약성경의 전통에서 오래되었다. 하느님께서 모세에게 당신의 이름을 계시할 때(탈출 3,14) 처음 사용하신 표현인데, 예언자들에게 점점 중요해졌다(이사 43,10; 45,18 참조). 이 표현은 항상 당신 백성에게 자신을 알리시는 살아 계신 하느님의 존재를 언급할 때 사용되어 왔다. 예수님을 알고 이해하는 그의 한계를 넘도록 니코데모를 인도하시듯이(3,1-10), 예수님은 자신의 내밀한 삶을 안다고 하여 예수님을 인식하게 된 그 앎을 넘어서도록 여인을 인도하신다. 예수님의 정체성은 그리스도라 하는 메시아를 넘어 도달한다. 그분은 살아 계신 하느님을 알게 하는 분이시다. "너와 말하고 있는 내가 바로 그 사람이다"(ἐγώ εἰμι, ὁ λαλῶν σοι)(26절).

여인은 동네로 가서 사람들에게 말한다. 그리스어 어순으로 보면 "와서 보십시오(δεῦτε ἴδετε). 제가 한 일을 모두 알아맞힌 사람이 있습니다. 그분이 그리스도가 아니실까요?"(29절)라고 한다. 앞에서 "그분(그리스도라는 메시아)께서 오시면 모든 것을 알려 주시겠지요(ἀναγγελεῖ ἡμῖν ἅπαντα)"(25절) 한 말과 연관된다. 예수님이 여인에게 들려준 말씀이 많은데, 그녀는 자신과 관련된 동네 사람들이 모두 아는 그 사실을 그리스도께서 알고 계시다는 사실에서 출발한다. 여인의 말은 물론 초대이다. 예수님께 사람들을 모으는 증언이다. 동네 사람들에게 자기를 속속들이 알고 있는 사람을 만났노라고, 그분이 그리스도일지도 모르겠다고 말한다. '와서 보시오'는 요한 복음 초기부터 예수님의 신원을 드러내는 중요한 시점에서 사용하던 말이다. 예수님을 만난 이가 "우리는 메시아를 만났소"(1,41) 하는 증언보다는 좀 약하지만, 신중한 이 표현으로 그들이 판단하고 선택하도록 이끈다.

### 3) 예수님과 제자들의 대화 4,27-38

중간에 나오는 예수님과 제자들의 대화(31-38절)는 양식의 은유에서 시작하여 추수의 은유로 옮겨 간다. 공관복음서에서 수확은 임박해 있지만 항상 미래의 사건으로 남는, 가깝고도 풍성한 결실을 의미한다. 하느님 나라는 예수님의 선교 기간 중에 현존하고 있지만 아직 싹으로 배태되어 있을 뿐이다. 그러나 요한 복음에서는 파종과 수확 사이 넉 달이라는 간격이 사라진다. 하느님 나라에 대해서는 아무 말도 없다. 그러나 사람들이 성령 안에서 영이신 하느님과 연합할 때가 왔고 지금이 바로 그때이다. 따라서 생명의 물을 줄 수 있게 되었다.

### (1) 시작 4,27-30

제자들이 돌아왔을 때 예수님은 아직도 사마리아 여인과 대화하고 계셨다. 앞에서 말한 여러 사회적 요인으로 제자들은 그 광경을 보고 '놀랐다'(θαυμάζω). 그러나 감히 개입하지 못한다. 예수님을 존경하고 존중하기 때문이다. 제자들이 돌아오자 여인은 물동이를 버려둔 채 마을로 달려간다. 사람들을 피해 정오에 물을 길으러 우물가에 왔던 여인, 그녀가 오히려 마을 사람들을 찾아가, 자신의 삶을 명시적으로 언급하며 주민들에게 그리스도를 증언한다. 물동이 없이 갔다는 것은 활기차고 가볍게 달려가서 전하는 모습으로 보인다. 이때의 사마리아 여인은 전적으로 그리스도를 증언하는 사람이다.

### (2) 예수님의 양식 4,31-34

여인이 마을로 달려가 예수님 이야기를 하고 있는 동안에, 제자들은 예수님과 대화를 나눈다. 그들은 고을에서 사 온 음식을 예수님께 권한다. 그러나 그분은 "나에게는 너희가 모르는 먹을 양식이 있다"(32절)고 말씀하신다. 지금 그분은 뭔가로 충만해 계시다는 뜻이다. 제자들은 수군거린다. "누가 스승님께 잡수실 것을 갖다 드리기라도 하였다는 말인가?"(33절) 그런 말들을 할 수밖에 없다. 예수님은 오랜 여행으로 지쳐서 우물가에 앉으셨다. 시장하셨다. 예수님도 제자들도. 그래서 그들은 먹을 것을 사러 갔다 왔다. 그 사이에 무엇을 드셨는가? 아니다. 독자는 알고 있다. 그분은 아무것도 드시지 않았다. 물 한 모금도 아직 마시지 못했다.

그런데 예수님은 음식을 드시라고 권하는 것을 그리 반기지 않으신다. 다른 것에 몰두해 계신다. 시장하다고 하지 않으신다. 무슨 일이 있었을까? 제자들뿐 아니라 그들이 없는 사이에 사마리아 여인과의 대화를 듣고 있던 독자도 의아해진다.

예수님은 32절부터 제자들에게 "너희"(ὑμεῖς)라고 부르신다. 35-38절에서는 더 확연하게 "너희는"(ὑμεῖς) 하고 이르시는데, 마치 청중에게 말씀하시는 양상이다. 예수님이 당신의 삶과 사명(34절)의 신학적 기초를 밝히면서 그 사명에 동참하도록 초대하실 때(35-38절), 독자도 제자들 옆에서 같이 그 말씀을 듣는다. 이 대목 전체(31-38절)가 제자들이 스승께 음식을 권하면서(31-33절) 촉발된 담화라 할지라도, 이에 대한 예수님의 대답(34-38절)은 현재 벌어지는 상황에만 국한된 답변은 아닌 듯하다. 유다인과 예수님의 첫 만남과 대화 뒤에 설명으로 볼 수 있는 대목(2,23-25)이 붙었듯이, 이 부분도 카나에서 시작하여 다시 카나로 가시는 여행(2,1-4,54) 동안 사마리아 지역에서 지금까지 일어난 모든 일에 대한 예수님의 설명으로 볼 수 있다.

예수님은 음식을 드시라고 권하는 제자들의 권유에 응하지 않고 다른 대답을 하신다.

> "나에게는 너희가 모르는 먹을 양식이 있다."
>
> (ἐγὼ βρῶσιν ἔχω φαγεῖν ἣν ὑμεῖς οὐκ οἴδατε.)

여기서 "있다"로 옮겨진 단어는 '가지다' 동사의 직설법 현재형 에코(ἔχω)이다. '항상 가지고 있다'는 뜻이다. 목적어인 양식(βρῶσις)이라는 단어는 여기에만 사용되었다. 4,8에는 "먹을 것"으로 번역된 음식(τροφή)이라는 단어를 사용하고, 4,31에는 스승님께 목적어 없이 "잡수십시오"(φαγε)라고만 권한다. 또한 33절에서 "잡수실 것"으로 옮겨진 단어도 그냥 '먹고 마시다'는 동사(φαγεῖν)이다. 특별히 구성된 32절 문장은 예수님의 답변이 통상적인 음식의 범주를 넘어서는 말씀임을 알려 준다. 제자들은 물리적인 음식의 개념 너머를 못 받아들이기에 알아듣지 못한 채로 남아 있다. 그들은 유다인이라는 우월한 조건을 가졌는데도 불구하고 사마리아 여인이 예수님과의 첫 대화에서 알아듣지 못했던 것보다 더 낫지 않다.

예수님은 당신이 무엇으로 충만해 있는지 밝히신다. "내 양식은 나를 보내신 분의 뜻을 실천하고, 그분의 일을 완수하는 것이나"(34절). 당신을 보내신 분의 뜻을 채우는 것이 양식이라고 한다. 지금 그 양식을 드셨다는 것이다. 결국 사마리아 여인이 당신이 누구인지 알게 된 것을 가리키는 말씀이다. 그리고 예수님은 그 여인의 증언으로 사마리아 사람들에게 당신을 계시하게 된다. 이러한 그분의 모습은 공관복음서에서 묘사하는 예수님의 모습과 같다. "그때에 예수님께서 성령 안에서 즐거워하며 말씀하셨다. '아버지, 하늘과 땅의 주님, 지혜롭다는 자들과 슬기롭다는 자들에게는 이것을 감추시고 철부지들에게는 드러내 보이시니, 아버지께 감사를 드립니다. 그렇습니다, 아버지! 아버지의 선하신 뜻이 이렇게 이루어졌습니다'"(루카 10,21). 파견했던 일흔 두 제자가 선교여행에서 돌아온 후에 하신 기도이다. 예수님은 보잘것없는 사람들이 육화하신 말씀을 통해 하느님을 다시 느끼고 하느님의 말씀을 알아듣게 되는 것을 너무나 기뻐하신다. 요한 복음서에서도 예수님은 같은 맥락에서 충족해 하신다. 그분은 자신의 뜻을 찾지 않는다. 당신을 보내신 분의 뜻을 찾는다. 여기서 우리는 "사마리아를 가로질러 가셔야 했다"(4절)고 말하는 의미를 알아듣는다.

### (3) 제자들의 사명 4,35-38

34절의 마지막에서 대화의 요점은 음식에서 그분을 보내신 분이 맡기신 일을 완수하는 것으로 옮겨졌다. 이제 요점은 제자들의 사명에 있다. 예수님은 제자들이 하게 될 수확에 대해 교육하신다. 먼저 일반적인 속담과 같은 어구를 상기시키며 말씀을 시작하신다. "너희는 '아직도 넉 달이 지나야 수확 때가 온다.' 하고 말하지 않느냐?"(35ㄱ절)

제자들은 물리적 세상인 주변 들판을 배경으로 말한 일반상식을 떠올린다. 그런데 예수님은 이것을 반박하며, 사마리아인들이 다가오는 것을 볼 수 있도록 눈을 들라고 이르신다(30절 참조). "눈을 들어 저 밭들을 보아라. 곡식이 다 익어 수확 때가 되었다"(35ㄴ절).

"곡식이 다 익어"의 그리스어는 '하얗다'(λευκαί εἰσιν)이다. '이미 하얗게 된' 밭이란 파종한 밭이 수확 준비가 다 되었다는 뜻이다. 예수님은 수확할 수 있게 하얗게 된 들판을 관찰하라고 제자들에게 촉구하신다. 아마도 들녘을 거쳐 당신께로 가까이 모여드는 사마리아 사람들을 가리킨 말씀이리라. 사마리아 사람들은 긴 흰 옷을 즐겨 입었다. 예수님은 그들을 수확해야 할 들판으로 보셨다.

사마리아 여인이 신앙에 부분적으로 응답하기 시작했는데, 그것이 '이미 수확할 때가 되었다.' 예수님과 제자들이 머무르는 주변 밭의 농작물을 수확하려면 아직 멀었을 것이다. 그러나 다가오는 사마리아인들은 제자들에게, '그분께 다가오는' 사람들 모두에게 예수님의 현존이 생명을 준다는 하나의 표징이다. 요한 복음서의 실현된 종말론은 제자들의 예상과 정반대이다. '아직 아니'가 여기서 '이미'로 드러났고, 사마리아인들은 그 증거이다.

이 대화가 터 잡은 삶의 자리는 요한 공동체의 (사마리아?) 사명이다. 그들의 공동체에 비유다인들이 받아들여진 것은 예수님이 이미 주도하신 일이었다. 그분은 씨 뿌리는 이와 수확하는 이가 다르다고 말씀하셨다(37절). 제자들은 예수님이 사마리아 여인과 만나 씨를 뿌리신 밭에서 수확하는 일을 할 것이다. 그들은 그들에게 다가오는 사마리아인들로 상징되는 수확물을 거둬들일 것이다. 예수님과 제자들이 함께 참여하여 사명을 수행한다. 예수님은 참된 신앙을 향한 움직임을 주도하시는 씨 뿌리는 분으로, 제자들은 수확물을 거두어들이는 이로 일한다. 그리하여 씨 뿌리는 이와 수확하는 이가 함께 기뻐한다. 여기에 나온 모든 동사는 현재 시제로 쓰였다. '아직 아니'가 여기서는 벌써 다 된 것으로 나타난다. 이 해석은 예수님의 말씀으로 강화된다. "과연 '씨 뿌리는 이가 다르고 수확하는 이가 다르다'는 말이 옳다"(37절).

예수님은 제자들에게 거듭 이르신다. "나는 너희가 애쓰지 않은 것을 수확하라고 너희를 보냈다. 사실 수고는 다른 이들이 하였는데, 너희가 그 수고의 열매를 거두는 것이다"(38절). '너희를 보냈다'의 시제는 원과거형이다. 이 말씀은 공관복음서에서 열두 사도와 일흔두 제자를 파견했던 역사적 사실을 언급한다. 이 과거 시제 때문에 이 구절에 대한 의견이 많으나 윗부분(34-37절)에 대한 해석을 바탕으로 38절을 이해할 수 있다.

예수님이 제자들에게 당신의 "양식"에 대해 설명하실 때, 당신을 보내신 분에게 응답해야 할 필요성을 말씀하신 바 있다(34절). 그분은 이제 그들을 이 사명과 연관시키신다. 예수님이 제자들을 보내셨다(ἐγὼ ἀπέστειλα ὑμᾶς θερίζειν = "나는 수확하라고 너희를 보냈다": 38절). 앞에서 예수님이 친히 세례를 주신 것이 아니라 제자들이 준 것이라고 했다(2절). 많은 제자가 그 사명을 수행하고 있었다. 그들은 이미 보내진 이가 보낸 사람들이고, "그들의 눈을 들고" 자기네가 파종하지 않은 것을 수확하는 일 역시 파견된 임무의 일환이다.

'다른 이들이 수고하였다(κεκοπιάκασιν)'는 말씀에서 수고하다(κοπιάω)의 직설법 완료형이 사용되었다. 사실 수확할 수 있도록 수고하신 분은 예수님이다. 6절에서 예수님이 '지치셨다'(κεκοπιακὼς)고 하였는데, 이때 쓰인 동사가 같은 수고하다(κοπιάω) 동사의 완료형 분사 형태다. 아버지의 뜻에 따라(34절), 그분이 사마리아에 계신 것은 수고하시기 위해서이다. 그런데 지금 예수님은 제자들의 선교 활동에 앞서 다른 이들이 수고하였다고 지적하신다. 누구를 가리키는가? 몰로니는 그 "다른 이들"을 세례자 요한과 예수님으로 본다. 그들이야말로 하느님께서 보내신 사람이다(1,6; 3,17; 4,34). 요한은 물로 세례를 주고 예수님은 물과 성령으로 세례를 주시는 분이다. 그런데 요한과 예수님의 세례 이야기는 마무리되었다(3,24; 4,2 참조). 이제 유일한 세례자로, 예수님이 보내신 이들(38ㄱ절), 제자들이 등장했다. 순서에 따라 그들이, 세례자 요한의 증언으로 뿌려지기 시작한 씨를 수확할 수 있도록 그들을 부르신 예수님께로 사람들을 이끈다.

38절의 내용은 다른 말로 '예기적豫期的' 과거를 나타낸다고 할 수 있다. 부활하신 예수님이 제자들에게 맡기실 파견의 전조前兆라고 보는 것이다. 어떤 경우이든 파견된 제자들은 수확꾼이다. 씨 뿌리는 자는 오직 한 분 예수님뿐이다. 제자들은 그분이 뿌리신 것만 거둘 수 있다. 이것은 예수님이 제자들을 선교 상황에 놓고 언급하신 내용이다. 사실상 제자들의 선교 활동은 부활하신 예수님에게서 파견되고(20,21) 성령의 도움을 받아 이루어진다. 따라서 예수님의 이 말씀은 미래 상황을 설정해 놓고 언급된 일종의 예언이다. 즉 지상 예수님은 제자들을 통해서 이루어질 구원 행위를 이미 인식하고 계셨다는 사실이 시사된 셈이다. 이 말씀에 따르면 예수님은 파견된 자요, 다른 이들은 수고하는 자들이며, 제자들은 다른 이들의 일을 이어받아 그들이 수고한 결실을 거두는 자들이다. 따라서 모든 선교 행위는 예수님과 지속적인 결속 관계에 있고, 각 선교사는 전임자의 선교 행위를 토대로 활동을 펼친다는 가르침이 언급된 셈이다. 결국 선교에 대한 기본 가르침이 이 구절에 언급된 것으로 볼 수 있다.

'수확'은 선교를 상징적으로 가리키는 표현이다(마태 9,37-38 참조). 들판의 곡식이 무르익어 수확할 때가 되었다. 씨앗은 아버지의 계획이다. 예수님과 제자들은 씨앗을 뿌리고 결실을 거두어들이는 사람들이다. 예루살렘과 유다는 아버지의 계획을 거절하여 결실을 거두지 못하지만, 사마리아는 비옥한 땅처럼 그 계획을 받아들여 많은 결실을 거둔다. 예수님이 알려 주는 아버지의 계획이 소외된 변두리 사람들(사마리아 사람들) 가운데서 좋은 땅을 만난 것이다(마태 13,8).

### 4) 사마리아인들의 믿음 4,39-42

예수님이 사마리아를 가로질러 가시는 이야기의 정점을 이루는 이 단락은 사마리아인들이 예수님을 믿게 되는 이야기를 전해 준다. 사마리아에서 비유다인들이 그분을 보편적인 구원자로 선포한다.

### "그 고을에 사는 많은 사마리아인들이 예수님을 믿게 되었다"

여인의 증언을 계기로 생겨난 사마리아인들의 믿음이 처음 언급된다(39절). 사마리아 여인은 "저분은 제가 한 일을 모두 알아맞혔습니다"(39절)라고 두 번이나 증언한다(29.39절). 그리하여 인간 삶의 비밀을 밝히는 데서 예수님의 초월성이 뚜렷하게 드러남을 제시한다. 예수님이 여인의 진실을 드러내신 일은 단순한 폭로가 아니다. 다른 이에게 내보일 때는 '내가 한 일'을 알아맞혔다고 표현하지만, 여인 자신에게 그것은 아픔과 고통이라기보다 치유이다. 아픔을 굽어봄이다. 그렇기에 기꺼이 그것을 증언할 수 있다. 그리스도라는 증언으로. 그리고 이야기 안에서 사마리아인들의 믿음은 점점 자라난다.

모여든 사마리아인들은 예수님께 자기들과 함께 머무시기를 청하였다(40절). 이야기 초기에 대두되었던 사마리아인과 유다인의 구별은 자취를 감추었다. 예수님은 그들의 청에 응답하여 이틀을 머무르셨다. 함께 머문다는 것은 요한 복음서에서 상당히 중요한 의미를 지닌다. 예수님과 함께 머문 제자들은 그분이 메시아이심을 체험했고(1,38-39.41), 포도나무 가지는 나무에 머물러야 열매를 맺는다(15,4 이하).

사실 예수님이 사마리아에 계신 덕분에 많은 사람이 믿음을 갖게 되었다. 그리스어로 보면 대조가 두드러진다. 처음에는 많은 사람이(πολλοὶ) 여인의 말 때문에(διὰ τὸν λόγον τῆς γυναικὸς) 믿었는데(39절), 나중에는 더 많은 사람이(πολλῷ πλείους) 예수님의 말씀 때문에(διὰ τὸν λόγον αὐτοῦ) 믿게 되었다(41절). 여인의 삶에 대한 증언이 아니라 예수님의 말씀, 가르침을 듣고 더욱 믿게 된 것이다.

이 내용이 다음 구절에서 한층 명확하게 표현된다. "우리가 믿는 것은 이제 당신이 한 말(λαλιά) 때문이 아니오. 우리가 직접 듣고(ἀκηκόαμεν) 이 분께서 참으로 세상의 구원자이심을 알게 되었소(οἴδαμεν)"(42절). 믿음을 갖게 되는 전형적인 행위를 '듣다'(ἀκούω) 동사의 직설법 완료형으로 묘사하고, 가르침인 말씀을 통하여 예수님의 신원을 알게 되었다고 고백할 때도 '알다'(οἶδα) 동사의 직설법 완료형을 사용하였다. 이것은 예수님과 만난 안드레아, 필립보 등이 해 온 고백(1,41.45)과 같은 종류의 고백이고 증언이다.

사마리아인들이 고백한 "세상의 구원자"(42절)라는 표현은 신약성경에서 단 한 번 더 나온다. "우리는 아버지께서 아드님을 세상의 구원자로 보내신 것을 보았고 또 증언합니다"(1요한 4,14). 여기서 세상은 모든 인간을 가리킨다. 즉 예수님은 모든 인간을 구원하신다. 예수님이 보편적인 구원자라는 신앙고백은 유다와 갈릴래아 밖에서 이루어졌다. 예수님은 할례 받은 유다인들만 구원하시지 않고 사마리아인들도 다른 민족들도 구원하신다. 세상을 극진히 사랑하시는 하느님께서는 세상이 그를 통하여 구원되도록 외아들을 보내셨다(3,16-17). 아버지가 아들을 세상의 구원자로 보내신 것이다(1요한 4,14). 요한 복음서가 지역적, 인종적 한계를 넘어 복음을 선포하는 상황을 단적으로 표현한 대목이다.

# 사마리아 지역

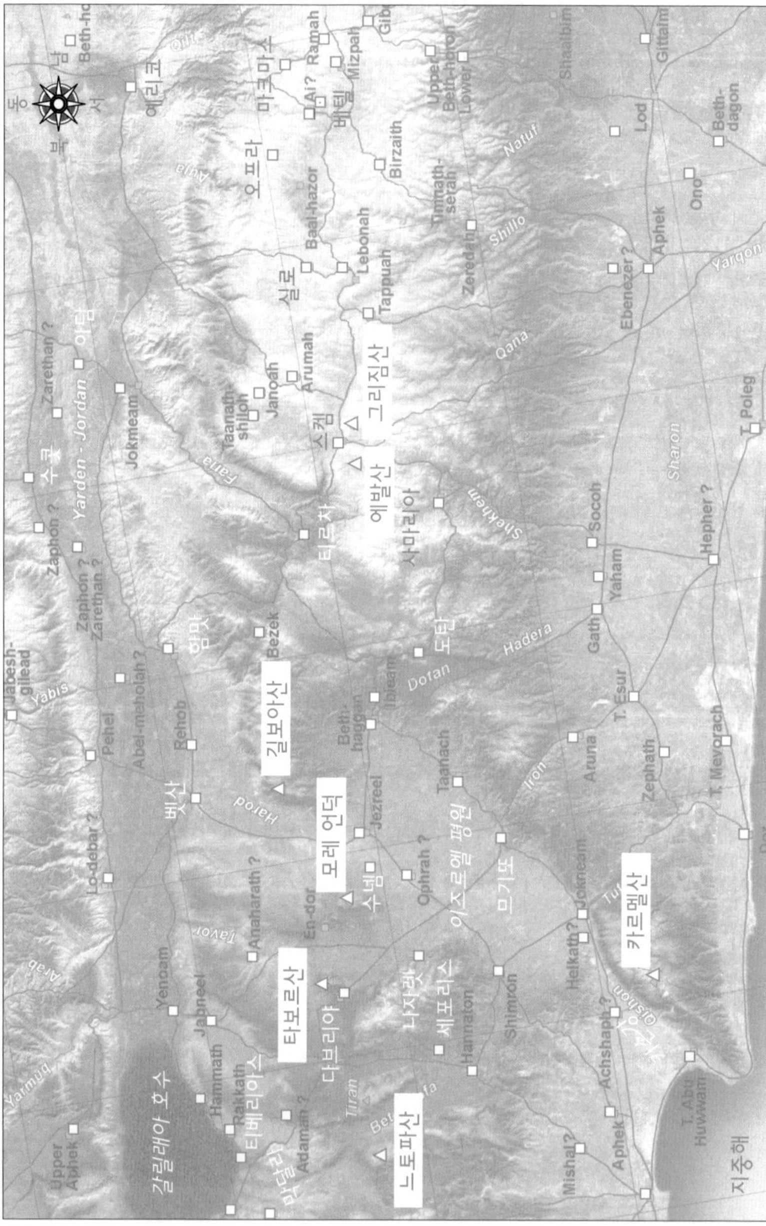
동
서
남
북
갈릴래아 호수
티베리아스
막달라
다브리아
타보르산
느토파산
나자렛
세포리스
이즈르엘 평원
므기또
카르멜산
지중해
모레 언덕
수넴
길보아산
벳산
도탄
사마리아
에발산
그리짐산
스켐
티르차
실로
오프라
마크마스
베텔
예리코
수콧
아담
Yarden - Jordan

## 사마리아

사마리아는 북 왕국의 오므리 임금이 그의 새로운 수도에 붙인 이름으로(1열왕 16,24) 나중에 북 왕국의 명칭으로 사용되기도 하였다(에제 16,46). 이 이름은 유배 후 페르시아의 관할지와 거기 사는 주민을 가리키는 이름이 되었다가 오늘에 이르기까지 한 히브리 분파를 가리킨다. 이스라엘 왕국은 기원전 721년에 아시리아에 정복되어 이스라엘 사람들은 유배되었고 다른 민족들이 그 땅을 차지했다. 하지만 그들은 이전에 그 땅에 살았던 이스라엘 사람들의 종교를 얼마간 그대로 보존했다. 그리고 그 땅의 예전 소유자들 중 적지 않은 사람이 분명히 그 땅에 그대로 머물렀다고 본다. '사마리아인'이란 말은 2열왕 17,29에 처음 등장하는데, 그들이 북 왕국의 '남은 자들'인가, 아니면 '이주한 이방인'인가 하는 것이 문제다. "아시리아 임금은 바빌론과 쿠타와 아와와 하맛과 스파르와임에서 사람들을 데려다가, 이스라엘 자손들을 대신하여 사마리아 성읍들에 살게 하였다. 그리하여 그들은 사마리아를 차지하고 그 성읍들에서 살았다"(2열왕 17,24).

그러나 남은 자들이든, 혼합 민족이든 유다 공동체가 유배 이후 성전을 재건하고 성벽을 다시 쌓을 때, 사마리아의 통치자 산발랏이 암몬 사람 토비아와 함께 유다인들에게 맞서 공격하는 태도를 취함으로써 정치적으로 유다 공동체와 분리되었다. 성벽을 재건하는 느헤미야와 유다인들을 방해하며 계속 괴롭힌 산발랏과 그 동맹자들의 이야기는 느헤미야기에서 알 수 있다(느헤 3,33-34; 2,10.19; 4,1; 6,1-14; 13,28 참조). 기원전 128년에는 유다의 요한 히르카노스가 사마리아 성전을 파괴하였다. 사마리아인들은 오경만 성경으로 인정하였다. 그러나 유다인과의 분열은 종교적인 것보다 역사적·인종적 측면에서 비롯한 것으로 본다.

사마리아와 유다의 뿌리 깊은 반목은 이미 기원전 2세기 초반의 집회서에 드러나 있다(집회 50,25-26 참조). 기원전 63년 로마의 폼페이우스가 시리아-팔레스티나 지역을 재조직하며 사마리아를 완전히 헬레니즘화된 도시로 독립시켰다. 이후 헤로데 대왕이 유다와 사마리아 통치권을 가지면서 둘 사이의 종교적 문화적 요소를 화합하려 시도하였다. 일환으로 사마리아 여인 말타케와 혼인하기도

하였다. 사마리아를 '세바스티에'라 새로 명명하고, 많은 건물을 새로 지어 사마리아 지역의 수도로 삼았다. 예수님 시대에 사마리아는 정치적 독립성을 가지지 못한 채 유다와 통합되어 동일한 로마 총독(행정관)의 지배를 받았다.

## 4. 갈릴래아 카나 두 번째 표징: 4,43-54

극적인 사마리아 이야기에 이어 예수님이 카나에서 행하신 두 번째 표징 이야기가 소개된다. 요한 복음서의 첫 번째 부분(2-4장)을 마무리하는 이 이야기 역시 이 대목의 공통된 문학양식을 보여 준다. 독자가 시작과 끝에서 카나 이야기를 기억하게 하며, 그 사이에 같은 양식으로 이야기들을 배열하여, 병행하는 그 이야기들에서 나타나는 서로 다른 신앙의 응답을 대조하여 보게 한다. 이야기들 사이의 연결 장치가 이야기의 중요 지점에 연이어 들어가 있음을 본다. 독자들이 제일 앞에 '카나', 제일 뒤에 '카나' 하며 교차대구법처럼 읽지 않고 그저 한 이야기에서 다른 이야기로 옮겨가며 읽다가, 마지막에 가서 용어나 주제가 반복 사용되었음을 발견하며 그 효과를 공유하게 된다.

카나의 첫 표징 이후로 각 대목에서 등장하는 인물은 유다인들과(2,13 이하) 사마리아인들(4,1 이하)이었다. 카나에서의 두 번째 표징의 주인공은 이방인 곧 다른 민족이다. 그 시대 유다인들은 인류를 구성하는 세 부류로 유다인, 사마리아인, 그리고 이방인을 꼽았다. 첫 번째 부류는 모세 율법을 옹호하는 사람들, 두 번째 부류는 멸시받는 이단자와 분리주의자로 취급받는 이들, 세 번째는 하느님을 몰라 혐오받는 이방인들이다. 그러니까 '이단자', '이방인'이란 말은 하느님을 녹점하고 있다고 여기는 유다인들이 자기를 기준으로 사람을 분류할 때 쓰던 표현이다. 여기서 이런 분류를 제시하는 것은 어떻게 복음이 이 벽을 넘어서고 있는가를 보여 주기 위해서다. 요한 복음서에는 '이방인'이란 단어가 나오지 않는다. 모든 이가 복음 앞에 동등하다. 공관복음서에 나타나는 약간의 차등조차 여기서는 전혀 존재하지 않는다.

요한 복음서에 나오는 이 세 부류의 인물들은 2-4장의 각 장에서 신앙의 기초를 평가받는다. 메시아 약속의 상속자인 유다인들은 예수님이 행하신 많은 표징을 체험했음에도 불구하고 그분을 메시아로 믿지 않는다. 니코데모가 회의적인 태도를 통하여 그들을 대표한다(3,4.9 이하). 반대로 이단자로 간주되는 사마리아인들은 예수님이라는 뛰어난 인물에 대한 한 여인의 증언을 받아들일 뿐만 아니라, 예수님을 직접 만나본 뒤에는 그분의 표징을 전혀 체험하지 못했는데도 그분의 말씀에 근거하여(4,42) 세상의 구원자로 알아본다. 이 이방인 왕실 관리도 비슷한 태도를 취한다. 그는 아직 기적을 보기 전에 예수님의 말씀을 믿는다(4,50).

그러니 주(야훼) 하느님을 알고 있는 유다인들이 예수님의 계시를 거부하는 반면에, 정통에서 벗어나 있다는 사마리아인들과 왕실 관리는 기적과 표징으로 이뤄진 인간적 보증을 요구하지 않은 채 그분의 말씀에 이끌리는 열정을 보인다. 그런 사마리아인과 왕실 관리의 태도는 하느님의 아들에 대한 유일한 증언을 받아들이지 않는 유다인들의 불신앙을 간접적으로 비판한다(3,11-12.32). 유다인들의 이 거부는 장차 그들이 예수님의 적대자로 나설 것임을 예고한다.

이 대목(4,43-54)은 카나의 표징을 언급한 앞 대목(2,1-12)과 연결된다. 예수님이 예루살렘에 첫 번째 머무신 이야기와도 연결된다(2,13 이하). 앞 대목과의 연결에서 이 두 가지 기적은 여러 면에서 비슷한데, 둘 다 무엇인가 부족한 상황에서 일어난다. 첫 번째는 포도주가 부족했고, 두 번째는 생명이 부족하다. 이 두 경우에 예수님은 부족한 상황을 풍요로운 상황으로 바꿔 놓는다. 두 기적의 결과는 긍정적이다. 첫 기적은 제자들이 믿게 되어 첫 번째 표징이 되었고, 두 번째 기적은 왕실 관리와 그의 온 집안이 예수님을 믿고 따르게 되어 두 번째 표징이 되었다. 또 하나의 공통점은 표징이 일어나기 전에 전적인 신뢰가 있었다는 것이다. 첫 번째에는 예수님 어머니의 전적인 신뢰와 믿음이 있었고, 두 번째에는 아픈 아이의 아버지가 예수님 말씀을 전적으로 믿고 떠나가는 신뢰와 믿음을 보였다. 그것이 두 표징을 돋보이게 하는 아름다움이다.

### 1) 예수님이 갈릴래아로 돌아오시다 4,43-45

처음 세 절은 왕실 관리의 아들이 치유되는 이야기의 도입글로, 예수님이 사마리아를 가로질러 갈릴래아로 되돌아오셨음을 묘사한다.

#### "예언자는 자기 고향에서 존경을 받지 못한다"

예수님이 직접 하신 이 말씀은 공관복음서에도 보도되고 있으나 조금씩 다르다(마르 6,4; 마태 13,57; 루카 4,24). 공관복음서에서는 주로 나자렛을 예수님의 고향으로 가리키나, 여기서는 예수님 출신지를 넓은 범위로 갈릴래아라 말한다. 요한 복음서는 일관되게 예수님께서 갈릴래아 사람이라고 강조한다(1,46; 2,1; 7,42.52; 19,19). 더구나 공관복음서와 달리 유다(베들레헴)에서 태어난 사실소자 알리지 않는다. 아마도 그분의 근본적인 기원이 하느님 아버지임을 더 강조하기 때문일 것이다(1,1).

아무튼, 문맥상 이 말씀은 예수님 스스로 고향 땅 갈릴래아에서 어떤 존경이나 공경을 받으리라고 기대하지 않으신다는 뜻이며, 그럼에도 예수님은 당신에 대해 반감을 키우는 유다를 떠나 갈릴래아로 발걸음을 옮겼다는 사실도 시사한다. 그런데 약간의 반전이 있는 듯하다. 갈릴래아 사람들이 호의를 갖고 예수님을 받아들인다. "그들도 축제를 지내러 예루살렘에 갔다가, 예수님께서 축제 때에 그곳에서 하신 모든 일을 보았기 때문이다"(45절; 참조 2,23). 그래서 그분을 기적을 행하는 위대한 이로 보고 환영한다.

하지만 그분을 믿지는 않는다. 이는 나중에 좀 더 구체적으로 드러난다. 그들은 예수님이 뛰어난 능력을 지니셨음을 알지만 그분의 정체를 파악하지 못했기에 자기들과 똑같은 수준의 인간으로 보며, 성공할 수 있는 기회를 찾으라고 그분께 권한다. 그래서 복음사가가 직접 그들은 예수님을 믿지 않았다고 밝힌다(7,5). 그러니까 빵을 배불리 먹었기 때문에 나를 찾는다고 하시는 예수님의 말씀을(6,26) 기억하면 이것도 알아듣기가 쉽다. 그렇지만 기적을 보고도 오히려 앙심을 품는 유다인들과 다른 것은 확실하다.

그러나 예수님 역시 이 환대에 아무 반응도 보이지 않으신다. "예수님께서는 그들을 신뢰하지 않으셨다. 그분께서 모든 사람을 다 알고 계셨기 때문이다"(2,24)라는 말씀이 여기서도 재현된다. 그렇다. 갈릴래아 사람들이 예수님을 믿게 되었다는 기록이 없는 것이 44절 말씀을 증명한다.

## 2) 카나에서 이루어진 두 번째 표징 4,46-54

"예수님께서는 물을 포도주로 만드신 적이 있는 갈릴래아 카나로 다시 가셨다"(46절).

전개될 이야기의 배경으로 카나의 첫 표징을 분명하게 언급하는 것이 의미 있게 들린다. 이제부터 본격적인 묘사가 시작된다. "거기에 왕실 관리가 한 사람 있었는데, 그의 아들이 카파르나움에서 앓아누워 있었다"(46ㄴ절). 여기 나온 '왕실 관리'는 갈릴래아 영주 헤로데 안티파스의 신하를 가리킬 것이다. 요세푸스에 의하면 이 왕실 관리(βασιλικὸς)는 일반적으로 임금을 돕는 군대라는 의미를 지닌다. 이런 논소로 보면 이 이야기는 공관복음서에 나오는 백인대장 이야기의 병행사화로 볼 수도 있다. 그런데 백인대장은 로마 군대의 장수이고, 여기의 왕실 관리는 헤로데의 신하이다. 헤로데 안티파스의 부왕 헤로데가 이두매아 출신임을 감안할 때, 이 왕실 관리가 비유다인일 가능성이 있다. 또한 그는 4장의 전체 이야기에서 마지막으로 등장하고, 카나에서 카나로 묶이는 단락에서도 마지막 사람이다. 그러니 문맥의 구조상 이방인으로 짐작게 한다. 게다가 그는 카나 사람이 아니며 이방인 군사들이 있었다고 알려진 카파르나움에 가정이 있다. 요컨대 4장의 등장인물은 모두 유다이즘 밖의 사람들이다. 그런데 그가 축제 때 예수님이 하신 일과 그분의 움직임(45.47절 참조)을 잘 알고, 게다가 예수님을 직접 찾아온 것을 보면 유다인일 가능성도 있다. 그렇지만 화자는 여기서 그를 왕실 관리라고 칭하며 유다인 범주에서 거리를 둔다.

## 자기 아들이 죽게 되었으니(46-48절)

한 왕실 관리가 예수님을 찾아와 아들이 생사의 기로에 있으니 카파르나움으로 내려가시어 아들을 고쳐 주십사고 청한다. 카파르나움에서 카나까지는 오르막길로 대략 26km이며, 당시의 도로 사정을 고려하면 도보로 하룻길 거리다. 어쨌든 그는 예수님의 능력을 믿고 치유를 청하는데, 아들이 낫기 위해서는 직접 오셔야 한다고 생각해서 카파르나움으로 오시기를 청한다(47절). 본래 카나에 있다가(46절) 예수님을 찾아온 것인지, 카파르나움에서 카나로 찾아온 것인지는 분명하지 않다.

그런데 이 긴박한 상황에 예수님은 곧장 응답하지 않고 이렇게 말씀하신다. "너희는 표징과 이적을 보지 않으면 믿지 않을 것이다"(48절). 물론 2인칭 복수를 쓴 것으로 보아 둘러선 청중에게도 하시는 말씀인데, 표징과 이적을 바탕으로 한 믿음을 경고하신 것이다. 왕실 관리도 예수님이 유다를 떠나 갈릴래아에 오셨다는 말을 듣고 찾아왔으니(47절), 당연히 그분이 축제 때에 예루살렘에서 하신 모든 일(45절 참조)을 보았거나 들었을 터이고 예수님을 기적을 행하는 사람으로 알고 있을 것이다. 외형적으로 돋보이는 신기한 일이나 기적이 믿음의 참된 동기가 될 수 없다. 요한에 의하면 참된 믿음은 표징을 통해 생기게 되는데 예수님의 말씀에 기초해서 그것을 넘어야 한다고 지적한다. 사마리아인들의 믿음 이야기에서도 그것을 확인하였다.

## 가거라. 네 아들은 살아날 것이다(49-50절)

그러나 아이의 아버지는 아이의 병 걱정 때문에 예수님의 경고에 개의치 않고 끈질기게 청한다. "주님, 제 아이가 죽기 전에 같이 내려가 주십시오"(49절). 마치 카나의 혼인 잔치에서 예수님이 퉁명스러운 느낌을 받도록 말씀하신데도 불구하고 그분의 어머니가 신앙으로 응답하는 것과 비슷하다. 예수님도 믿고 자기 신앙의 불충분함도 안다. '아무튼 주님, (급하오니 빨리) 내려가 주십시오'(κύριε, κατάβηθι)라는 말인 듯하다. "제 아이가 죽기 전에"(πρὶν ἀποθανεῖν τὸ παιδίον μου)는 '급합니다'라는 절박한 사정을 드러낸다.

그 간청에 예수님이 응답하신다. "가거라(πορεύου), 네 아들은 살아날 것이다(ὁ υἱός σου ζῇ)"(50절). 살다(ζάω) 동사의 직설법 현재(ζῇ)로 살아날 것이라고 말씀하신다. 왕실 관리는 예수님이 아주 짧게 아들의 치유를 말씀하시사, 즉시 믿고서 혼사 돌아간다. 치유하기 위해 그분이 아들에게 직접 가시거나 손을 대셔야 할 필요가 없다. 그는 "내려가 주십시오"(47.49절) 하고 청했고 그분이 내려가시면 살 것이라고 믿고 있는데, 예수님은 '말씀'으로 치유하신다. 거리가 있다 할지라도 그분은 생명을 다시 주실 수 있다.

이어지는 문장은 그리스어 ἐπίστευσεν(믿었다)로 시작한다. 그 문장을 그리스어 어순대로 옮기면 이러하다.

> '믿었다 그 사람은, 그 말씀을. 예수님이 그에게 하신, 그리고 떠나갔다.'
> (ἐπίστευσεν ὁ ἄνθρωπος τῷ λόγῳ ὃν εἶπεν αὐτῷ ὁ Ἰησοῦς καὶ ἐπορεύετο)

여기에는 이 믿음을 지지해 줄 표징도 이적도 없다. 그 사람, 왕실 관리가 믿는 대상은 예수님이 그에게 하신 말씀 자체다. 이 왕실 관리의 믿음은 눈여겨볼 만하다.

### 아이가 살아났습니다(51-54절)

"그가 내려가는 도중에 그의 종들이 마주 와서"(51ㄱ절). 카나는 좀 높은 곳에 위치하고 카파르나움은 호숫가에 위치하기 때문에 내려간다고 표현한다. 이 길을 걷는 동안에 왕실 관리의 종들이 마중 나와 아이가 나았다고 알린다. "아이가 살아났습니다(ὁ παῖς αὐτοῦ ζῇ)"(51ㄴ절). 예수님이 쓰신 '산다'라는 단어(ζῇ)가 똑같은 현재 시제로 쓰였다. 그는 아이가 나은 시간을 묻는다. 누구에 의해 아이가 낫게 되었는지 모르는 이들이 아이가 나은 시간을 알려 준다. 카나의 혼인 잔치에서 과방장이 어떻게 해서 그렇게 좋은 포도주가 생겨났는지 모르는 채 확인하는 역할을 하듯, 여기서는 종들이 그 역할을 담당한다. "어제 오후 한 시에 열이 떨어졌습니다"(52절). 이 말로 카나에서 카파르나움으로 가는 데 걸리는 시간이 어느 정도인지, 예수님과 왕실 관리가 만나 대화한 시간이 언제인지 짐작할 수 있다.

"그 아버지는 바로 그 시간에 예수님께서 자기에게, '네 아들은 살아날 것이다.' 하고 말씀하신 것을 알았다"(53절). 왕실 관리의 아들이 다시 살아난 것보다 더 중요한 사실은 그것을 왕실 관리가 알았다는 점이다. 53절을 그리스어로 보면 그의 이 앎이 강조된 것을 볼 수 있다. 문장은 알았다(ἔγνω)로 시작한다. 그리고 왕실 관리에게 처음으로 '아버지'(πατὴρ)라는 호칭이 붙는다. 예수님이 말씀하신 시각에 그 말씀이 그대로 실현된 사실을 확인함으로써 예수님의 말씀이 특별하게 부각된다.

'아버지는 알았다. 그 시간에, 예수님께서 그에게 말씀하신 그 때에 자기 아들이 살아났다는 것을.'

(ἔγνω οὖν ὁ πατὴρ ὅτι [ἐν] ἐκείνῃ τῇ ὥρᾳ ἐν ᾗ εἶπεν αὐτῷ ὁ Ἰησοῦς· ὁ υἱός σου ζῇ)

그가 예수님의 말씀을 믿고 떠나가기는 했지만, 그의 믿음은 더욱 자란다. 한층 깊어지고 명확해지며 그 자신뿐 아니라 그의 온 집안이 믿음에 참여한다. "그리하여 그와 그의 온 집안이 믿게 되었다"(53ㄴ절).

요한 복음서에서 시간은 상징적 의미를 가진다. 왕실 관리의 아들이 목숨을 건진 시간은, 예수님이 모든 사람을 살리고 그들이 풍성한 생명을 누리도록 하기 위하여 당신 자신을 송두리째 바친 바로 그 시간(오후 한 시)이었다. 말씀에 온전히 순명한 왕실 관리는 이 분명한 표징을 보고 너욱 큰 믿음의 은총을 받는나. 그와 그의 온 집안이 예수님을 믿게 된 것이다.

"이렇게 예수님께서는 유다를 떠나 갈릴래아로 가시어 두 번째 표징을 일으키셨다"(54절). 이 절은 2,11과 함께 반복 구문을 형성한다. 예수님은 많은 기적을 행하셨다(2,23; 4,45)고 전한다. 그런데 요한은 카나에서 행하신 이 두 기적에 첫 표징, 두 번째 표징이라고 특별히 순서를 기록한다. 그리고 이 두 이야기는 2-4장 대목의 시작과 끝에 자리하며, 연관된 단어들(카나, 표징, 믿음)을 통하여 교차 대구를 이루면서 복음서의 첫 부분을 마무리한다.

## 믿음과 표징

2-4장 대목에서 표징과 관련된 분장들을 함께 살펴본다. 예수님과 유다인의 대화를 살펴보면 표징이 믿음의 전제 조건으로 제시된다.

유다인들이 예수님께 질문했다. "당신이 이런 일을 해도 된다는 무슨 표징을 보여 줄 수 있소?"(2,18) 여기서 요구되는 표징은 예수님이 하시는 일에 대한 보증으로 기능한다. 또 "파스카 축제 때에 예수님이 예루살렘에 계시는 동안 많은 사람이 그분이 일으키신 표징들을 보고 그분의 이름을 믿었다"(2,23)는 구절에서도, 예수님을 믿게 하려면 선행되는 이적이 있어야 하는 것으로 이해된다. "너희는 표징과 이적을 보지 않으면 믿지 않을 것이다"(4,48)라는 예수님의 말씀에 드러나는 유다인들의 태도도 같은 원리 아래 움직인다. 그러니까 일련의 단락에서 표징 곧 이적은 믿기 위한 전제 조건으로 제시된다.

카나의 혼인 잔치 이야기와 왕실 관리의 아들 치유 이야기에서 표징이 일어나는 과정은 같은 요소를 드러낸다. 혼인 잔치에서 물이 포도주로 변화하는 이적이 일어나는 데는 예수님 어머니의 믿음과 그분의 말씀에 따르는 순종이 선행했다. 왕실 관리의 아들이 치유되는 이적도 예수님의 말씀을 믿고 순종하는 왕실 관리의 행동이 선행했다. 그리고 두 이야기의 결론에서 그 결과로 받은 또 다른 단계의 믿음의 은총을 들려준다.

> "이렇게 예수님께서는 처음으로 갈릴래아 카나에서 표징을 일으키시어, 당신의 영광을 드러내셨다. 그리하여 제자들은 예수님을 믿게 되었다"(2,11).
>
> "그리하여 그와 그의 온 집안이 믿게 되었다"(4,53ㄴ).

서곡(1,1-18)의 내용이 예수님 이야기(1,19-4,54)에서 선포되고 행해졌다. 독자는 예수님과 맺는 올바른 관계의 본질을 안다. 육화한 말씀(1,12-13)을 '믿고' '받아들이는' 데서 생명을 주는 힘이 나온다는 가르침은, 예수님

이야기에서 백성이 그분의 말씀을 수용하는가 혹은 거부하는가에 따라 실현된다. 제자들이 예수님의 말씀과 행적을 기억하고 그분의 말씀과 성경 말씀을 믿게 되기(2,22 참조) 전에, 아직도 계시되어야 할 사항이 많이 남아 있다.

## 왕실 관리

영주(분봉왕)들의 수도: 세포리스→ 티베리아스, 카이사리아 필리피.

왕실 관리(τις βασιλικὸς 티스 바실리코스)는 분명 왕궁과 연관된 사람이다. 그는 카나에 있었고 그의 아들은 카파르나움에 있다. 헤로데 대왕은 세포리스에 왕궁을 건축했고 그의 시후(기원전 4년) 이들 안디파스가 세포리스를 자기 수도로 삼았다. 언덕과 경사면에 건축된 갈릴래아 도시로 존속했던 세포리스는 일차 유다 항쟁(66-70년)에 가담하지 않았고, 그 이후 많은 건물이 신축되면서 로마 도시로 바뀐다.

헤로데 영주는 갈릴래아와 페레아 지방을 다스렸다. 세포리스는 갈릴래아 지역의 수도이니만큼 그 주변에 관리의 가족들이 있었을 것이고, 그 지역을 업무 차 많이 다녔을 것이다. 갈릴래아에서 예수님의 활동을 돕던 여인들 가운데 헤로데의 집사 쿠자스의 아내 요안나(루카 8,3)가 있었던 것도 이해할 수 있는 정황이다. 헤로데 안티파스는 17-20년 사이에 티베리아스를 새로 건설하고 수도를 옮겼다. 우리 생각보다 갈릴래아 사람들이 왕실과 많이 접촉했을 수 있다. 한편 헤로데 필리포스(기원전 4-기원후 33/34년)는 골란과 바산 지역인 가울라니티스와 바타네아, 이투래아, 트라코니투스를 다스렸다. 수도는 카이사리아 필리피였다. 예수님은 제자들과 함께 그 근처에 가셨다(마태 16,13; 8,27). 필리포스가 건설한 도시 율리아스는 벳사이다 바로 근처에 있었다. 오늘날 세포리스(히브리어로 찌포리)에서 카나까지 11.1㎞ 자동차로 20분 거리, 도보로 22.8㎞; 세포리스에서 카파르나움까지 55.1㎞, 자동차로 49분 거리, 도보로 118㎞; 카나에서 카파르나움까지는 자동차로 39㎞에 38분 소요, 도보로 43.2㎞(자료: 구글 어스).

# 예수님 시대의 팔레스티나

출처 : 《성경지도》 지도 133 발췌

## 제2장 표징들과 유다인의 축제 5,1-11,57

예수님은 축제를 맞이하여 다시 갈릴래아를 떠나 예루살렘으로 올라가신다(5,1). 어느 축제인지는 밝히지 않고 예수님의 이동만을 전하는데, 예루살렘으로 가는 동기를 알려 주려고 축제가 언급된 듯하다. 즉 축제보다는 예루살렘에서 이루어진 예수님의 계시 말씀과 행적에 더 역점을 둔 것으로 볼 수 있나.

5-12장에는 유다인들의 축제가 골고루 언급된다. 5장에서는 축제 이름을 밝히지 않으나 예루살렘을 순례해야 하는 의무 축제로 보이며, 대개 오순절로 이해한다. 여기서는 축제보다 안식일이 부각된다. 6장은 파스카 무렵이라 하고, 7-9장에서는 초막절, 10장에서는 성전 봉헌 축제, 11-12장에서는 예수님의 마지막 파스카가 언급된다. 요한 복음서에 세 차례(2,13; 6,4; 11,55) 언급되는 파스카는 3년에 걸친 예수님의 공생활을 암시한다. 따라서 소개되는 축제들은 3년 중 어느 한 해에 있었던 것이다. 그래서 5-12장에서 유다인들의 축제가 그리스도론적으로 재해석되었다고 말하기도 한다.

| 5,1-47 | 예수님과 안식일 | 9,1-10,21 | 예수님과 초막절 2 |
|---|---|---|---|
| 6,1-71 | 예수님과 파스카 | 10,22-42 | 예수님과<br>성전 봉헌 축제 |
| 7,1-8,59 | 예수님과 초막절 1 | 11,1-57 | 예수님과 파스카 |

서곡(말씀 찬가)에서 모세를 통하여 주어진 하느님의 선물 율법은 예수님 안에 있는 은총과 진리라는 선물로 충만해졌다(1,16-17). 두 선물 사이에 아무런 충돌도 없으며, 하나는 다른 하나로 이끈다. 그런데 예수 그리스도를 통하여 온 은총과 진리가 모세를 통하여 온 율법의 선물을 능가한다. 앞(2-4장)에서는 예수님 말씀을 믿어야만 하느님 선물에 접근할 수 있다고 들려준다. 5장부터는 구약성경의 전통에 뿌리를 둔 축제들, 일명 '유다인들의 축제'를 어떻게 할 것인가를 예수님이 하시는 일을 통해 볼 것이다. 당대 요한 복음서 독자들은 그동안 축제를 지내왔고 그 축제를 통해 야훼 하느님께 나아갔다.

**"그 뒤에 유다인들의 축제 때가 되어 예수님이 예루살렘에 올라가셨다"**

몰로니는 축제 대목을 시작하는 5,1의 배경을 다음과 같이 설명한다. 유다인들은 축제 거행을 지카론(זִכָּרוֹן 기억)이라 부른다. 이 단어는 기억하다(זכר) 동사에서 유래한 명사다. 축제 거행은 과거 히브리 백성에게 하신 하느님의 능동적인 현존을 축제의 전례에서 기념하며 현재화하는 것이다. 예전의 동료들과 회당 생활권에서 분리된(9,22; 12,42; 16,2 참조) 요한 복음서의 그리스도인들은 이제 전통적인 축제에서도 분리되었다. 하지만 그들만 축제를 재고해야 했던 것은 아니었다. 70년 성전이 소실된 뒤 살아남은 바리사이들은 성전 중심에서 회당 중심의 전례로 옮겨갔다. 유다 항쟁 이후에 유다이즘 또한 그들의 기념일들을 재고해야 했다. 성전에서 거행했던 축제일과 백성의 신심행위는 바뀌어 적응되어 갔다. 기존 질서와 삶의 방식은 대부분 사라지고, 바리사이들은 좀 더 넓은 유다인 공동체에서 권위를 얻고 수용될 수 있는 새로운 질서를 세우기 위해 분투했다. 요한 복음서 공동체나 그들을 일찍이 회당에서 축출했던 예전의 유다인 동료들이나, 전통적으로 거행되었던 이스라엘 축제에서 드러난 야훼(주님) 구원의 현존에 접근할 수 있는 방법을 찾느라 모두 고심했다. 하느님께서 어떻게 하느님 백성에게 현존하셨는지에 대해 요한 공동체가 이해한 바를 명확히 하려고, 요한 복음사가는 유다인들의 축제에 현존하시는 예수님을 이야기한다.

2,13-25에서 예수님이 예루살렘에 올라가신 동기는 파스카 축제였다. 그리고 같은 축제가 11,1-20,29의 연대적이고 신학적인 배경을 이룬다. 오순절을 준비하고 축제를 지내는 날들은 1,19-2,12의 영광의 계시를 이끌었다. 축제들을 토대로 요한 복음서를 주해하려는 이들도 있지만, 그보다는 문맥에 따라 축제들을 사용한 것으로 보는 것이 낫다. 이 논리에 따르면 5-10장은 유다인 축제와 긴밀히 연관되어 있으므로 5,1 이하에 축제들이 시간순으로 배열되어 있다.

"그분의 충만함에서 우리 모두 은총에 은총을 받았다. 율법은 모세를 통하여 주어졌지만 은총과 진리는 예수 그리스도를 통하여 왔다"(1,16-17)는 서곡의 말씀과 이어지는 장들에서 들려주는 예수님 이야기를 이해할 수 있는 본질적인 배경은 바로 유다인 전통의 연대기, 상징, 신학에 있다. 대 레오 1세 교황(재임 440-461)은 '유다인들의 축제'에 대한 요한의 이해와 유다적 이해의 관계를 그리스도교 신학의 예리한 통찰로 이렇게 주석한다. "주님, 당신께서는 당신에게서 모든 것을 펴 올리게 하셨습니다. 전 세계의 모든 나라가 당신께 자신들을 봉헌하면서, 오직 유다인 성전에서 표징으로 그림자로 있었던 축제를 지낼 수 있도록 …."

# 1. 유다인 축제, 예루살렘 5,1-47

예수님은 축제를 지내기 위해 예루살렘에 계신다. 5장은 성전 주변 곧 '양문' 곁 벳자타 못 가(2절)에서 안식일(9.10.16절)에 일어난 일이다. 1절 첫 단어는 "그 뒤에"(Μετὰ ταῦτα)인데, 요한이 새로운 단락으로 들어갈 때 관용적으로 사용하는 말이다(6,1도 같다). 장소는 5장이 예루살렘인데, 6장은 북쪽 티베리아스 호숫가이다. 물론 등장인물들도 완전히 다르다. 그래서 5,1-47을 한 단락으로 구분하여 다룬다. 1-18절은 예수님이 치유 이적을 행하시는 이야기인데, 아버지 일을 하는 것이라고 말씀하신다. 유다인들은 안식일에 일을 했다 하여 박해하기 시작한다. 이에 대하여 예수님은 두 방향으로 응답하신다. 19-30절에서는 아버지 일을 잇는 아들의 권한에 대해 말씀하시는데, 아버지 일은 다름 아닌 사람을 살리는 일, 생명을 얻게 하는 일이다. 31-47절에서는 아버지의 증언, 성경의 증언을 말씀하신다.

## 1) 안식일의 치유 5,1-18

### (1) 벳자타 못 가에서 병자를 고치시다 5,1-9ㄱ

#### 배경 설정(1-3절)

"그 뒤에"라는 표현은 시간의 흐름이 아니라, 단지 한 삽화에서 다른 삽화로 넘어가는 기능을 한다. 시기는 "유다인들의 축제 때"이다. 어느 축제를 가리키는지 알 수 없으나 중요하지 않다. 유다인 성인 남자라면 예루살렘으로 올라가야 하는 축제였음을 암시하는 정도로, 예수님이 예루살렘에 계신 동기를 밝힌다. '유다인들의 축제'와 연관시킨 것은, 그들과 다른 방식으로 하느님 구원의 현존을 기념하는 요한 공동체의 삶의 자리를 반영하기 위해서다. 아무리 부분적이라 할지라도, 두 유다인 공동체가 점차적으로 분리되면서 적개심이 생겼다. 이미 앞에서도 적의의 흔적이 나타났는데(1,19; 2,13-22), 이는 5-10장에서 예수님과 유다인들 사이의 갈등으로 격렬해질 것이다. 이 장에서 예수님과 유다인들 사이의 논쟁은 1세기 말 요한 공동체와 회당 공동체 사이의 진통을 반영한다.

## 예수님과 병자의 만남과 치유(5-9ㄱ절)

"거기에는 서른여덟 해나 앓는 사람도 있었다"(5절). 예수님이 먼저 병자를 보신다(6절). 오랫동안(38년간이나) 아픈 이, 기적의 못이라는 곳에서 역설적으로 희망조차 없이 늘 거기 누워 있는 이. 그는 스스로 움직일 수 없는 사람이다. 설사 어딘가에서 치유의 힘이 움직인다 하더라도 스스로 거기에 다다를 수 없다. 희망으로 가득 차 소리쳐 예수님의 자비를 구하는 예리코의 맹인이 떠오른다. "'다윗의 자손이시여, 저에게 자비를 베풀어 주십시오.' 하고 외쳤다"(루카 18,39). 그와는 대조적으로, 여기 이 사람은 자기 소망을 표현하는 데에도 자조적이다. 예수님은 질문을 던져 그의 마음을 읽어 주며 대화의 문을 여실 것이다.

그를 예수님이 먼저 '보신다'(ὁράω 동사의 분사 원과거 ἰδὼν). 그리고는 그의 병세와 긴 고통의 기간을 '아신다'(γινώσκω 동사의 분사 원과거 γνοὺς). 예수님은 나타나엘을 아시고 사마리아 여인을 아셨듯이, 이 오랜 병자를 아신다. 그래서 그에게 말씀하신다. 아주 오래된 병으로 죽어 버린 마음을 먼저 일깨우신다. "건강해지고 싶으냐?"(θέλεις ὑγιὴς γενέσθαι;)(6절) 예수님 말씀이 직설법 현재형으로 표현되며 강조되었다.

그러자 그는 대답한다. "선생님, 물이 출렁거릴 때에 저를 못 속에 넣어 줄 사람이 없습니다. 그래서 제가 가는 동안에 다른 이가 저보다 먼저 내려갑니다"(7절). 그의 대답에는 자신을 도와줄 '사람이 없다'(ἄνθρωπον οὐκ ἔχω…)가 강조되었다. 그는 다른 인간 존재, 즉 대기하고 있다가 못의 물이 움직일 때 자신을 못 속에 넣어 줄 사람을 찾는다. 자신이 아는 영역, 세상에서 최선을 추구하는 이 사람의 태도는 사마리아 여인에게서 보았던 모습과 같다.

예수님이 말씀하신다. "일어나 네 들것을 들고 걸어가거라(ἔγειρε ἆρον τὸν κράβαττόν σου καὶ περιπάτει)"(8절). 이 말씀 역시 직설법 현재로 표현되었다. 그분은 말씀하는 분이시며, 말씀으로 행동하는 분이시다. 그분은 육화한 말씀이시다. 말씀하신 내용에서도 일어나(ἔγειρε) 걸어라(περιπάτει)는 명령형 현재 시제로, 지속적인 효과를 내는 명령임을 드러낸다. 들고(ἆρον)만 원과거로 표현되어 이 사실을 부각한다. 그분 말씀은 힘이 있고 효력이 있다. "그러자 그 사람은 곧 건강하게 되어(καὶ εὐθέως ἐγένετο ὑγιὴς) 자기 들것을 들고 걸어갔다"(9절). 예수님이 그를 오랜 고통에서 해방시키신다. 믿음을 전제로 하지 않고 그저 고통을 보시고 풀어 주셨다. 일어나 걷게 하셨다.

복음사가들은 병자들에게 기적을 행하실 때 하신 예수님 말씀을 모두 같은 표현으로 전한다. "일어나 네 들것(평상)을 들고 걸어가라"(마르

2,9.11; 루카 5,24 참조). 요한도 특별히 '걸어가다'(περιπάτει)를 강조한다. 이 동사는 이 대목에서 네 번 나온다. 누워서 38년이나 지낸 이가 일어나 걷는 것을 강조하려는 의도에서다. 가까운 못에도 못 내려가던 이가 걷는 것이다. 그 일이 일어난 날은 안식일이었다.

## (2) 안식일 규정을 어겼다고 시비를 걸다 5,9ㄴ-18

### 유다인과 치유된 이(9ㄴ-13절)

"그날은 안식일이었다"(9ㄴ절). 유다인들에게 주간 제7일은 특별한 종교적 의미를 지닌다. 안식일(σάββατον)은 '일을 멈추다, 쉬다'라는 뜻을 지닌 히브리어 '샤바트(שַׁבָּת)'에서 나왔다. 이날은 단순한 인간적 동기에서 유래하지 않고 하느님께서 당신 백성과 맺은 계약에서 근본적으로 유래한다. 곧 하느님에 의해 거룩해진 날인 것이다.

이스라엘은 바빌론 유배 시절부터 자신들의 신원 의식을 율법 준수에서 찾았다. 이는 특히 다른 민족들과 섞여 살면서 그들과 구분하기 위한 규정에 집착하면서 생긴 결과이다. 안식일 규정 준수 의무도 그렇게 해서 생겨났다. 그들은 탈출 20,8-11과 신명 5,12-15을 근거로 안식일 규정을 상세히 정하였다. 그중에 무거운 것을 들고 다니면 안 되는 규정도 있었다.

병자였던 이의 움직임을 서술하는 구절에는 항상 들것을 '들다'와 '걸어가다' 두 동사가 같이 나온다. 안식일에 유다인들이 들것을 들고 걸어가는 사람을 본다. 현재 이 사람에게서 서른여덟 해 동안 등이 마비되어 누워 있던 과거가 보일 리가 만무하다. 그러니 유다인들이 그에게 안식일 규정을 지적할 뿐이다. "오늘은 안식일이오. 들것을 들고 다니는 것은 합당하지 않소"(10절). 8-12절에서 '들다' 동사는 다섯 번 나타난다. 그러자 그 치유받은 이는 "나를 건강하게 해 주신 그분께서 나에게, '네 들것을 들고 걸어가라.' 하셨습니다"(11절)라고 대답한다. 그 사람은 자기를 치유해 준 분을 알지 못하나, 치유의 놀라움과 감격스러움으로 그분 말씀에 순명한 것이다. 유다인들의 관심은 그에게서 그 말을 한 사람에게로 옮겨간다. 그가 안식일 규정보다 자신을 치유해 준 이의 말을 따르고 있기 때문이다. "당신에게 '그것을 들고 걸어가라.' 한 사람이 누구요?"(12절) 병이 나은 이는 그분이 누구인지 알지 못하였다. 그곳에 군중이 몰려 있어 예수님이 몰래 자리를 뜨셨기 때문이라고 화자는 전한다. 아무튼 이 날의 사건은 이렇게 마무리되었다.

## 예수님과 치유된 이(14-15절)

"그 뒤에(μετὰ ταῦτα)"(14절)라는 시간 표기로 새로운 상황이 시작된다. 그 뒤가 언제인지는 알 길이 없다. 예수님 편에서 치유한 그 사람을 성전에서 발견하신다. 아버지 집이라고 하는 성전, 여기서 그가 예수님을 발견하는 것이 아니라 예수님이 그를 만나신다. 그는 예수님을 모른다. 그가 자리를 떨고 일어서는 순간, 자기 다리에 힘을 주시는 분을 감사하는 마음으로 기억했더라면 그분의 얼굴을 다시 보았을지도 모른다. 이름도 얼굴도 모른다. 그를 예수님이 먼저 알아보고 말씀하신다. "자, 너는 건강하게 되었다." 기적을 상기시키신다. 그리고는 몸의 건강과 안식일이 관련된 일을 넘어서 말씀하신다. "다시는 죄를 짓지 마라"(μηκέτι ἁμάρτανε). 죄는 지난 삼십팔 년간 겪었던 것보다 훨씬 더 나쁜 일로 이끌 것이기 때문이다. 여기서도 앞의 '일어나', '걸어가라'처럼 명령형 현재시제가 쓰였다.

성전에서, 기적을 일으키는 사람보다 더 크신 분, 하느님을 아버지라 부르시는 분이 인간적 권위를 초월하는 권위를 가지고 말씀하신다. 그분은 신학적이고 법적인 안식일 규정을 초월하신다. 라삐들은 질병의 고통 및 죽음을 통하여 오는 하느님의 벌과 죄를 연결하여 생각했다. 그런데 예수님은 성전, 하느님 집에서(2,16 참조) 하느님의 이름으로 몸의 질병과 하느님의 벌 사이에 있던 전통적인 연결고리를 깨트리신다. 그 사람의 육체적 문제는 극복되었다. 그러나 예수님의 경고는 더한 것이 문제라고 암시한다. 죄는 육체적 질병보다 더 큰 손해를 끼치는 상황으로 이끌 것이기 때문이다. 지닌 일에 관하여 묻지 않으시고 다만 앞으로의 삶에 대해 가르쳐 주신다. 앞으로 갈 길을 열어 주신 것이다.

예수님 말씀에 치유받은 이가 어떻게 응답했는지는 나타나 있지 않다. 다만 "그 사람은 물러가서"(15절)라는 말을 통해 예수님과 헤어졌음을 알린다. 그런데 유다인들에게 자기를 건강하게 만들어 주신 분이 예수님이라고 알렸다는 것은 무슨 의미인지 알 수가 없다. 다만 두 번째로 그분을 뵈었을 때 들은 말씀이 그에게 큰 인상을 남기지 못한 모양이다.

### 예수님과 유다인들(16-18절)

치유받은 이는 예수님이 자기를 건강하게 만들어 주셨다고 전한다. 그런데 유다인들은 예수님이 안식일에 그런 일을 했다고 듣는다. 유다인들은 예수님이 하신 일의 내용에는 무관심하며 다만 안식일 규정을 어겼다고 판단한다. 그래서 예수님을 박해하기 시작하였다(16절). 박해하다(διώκω) 동사의 직설법 미완료형(ἐδίωκον)이 사용되었다. 이 시제는 안식일 사건의 이 시점부터 예수님을 지속적으로 박해하였다고 전한다.

그들에게 예수님은 당신이 안식일에 하신 일의 근거를 대신다. 공관복음서에서는 안식일에 사람이 할 수 있는 살리는 일, 옳은 일, 선한 일에 대하여 이야기하신다(마르 3,4-5; 마태 12,11-12; 루카 6,9). 여기서는 "내 아버지께서 여태 일하고 계시니 나도 일하는 것이다"(17절)라고 하신다.

"내 아버지께서 여태 일하고 계시니"는 무슨 뜻인가? "내 아버지"라는 표현에서 예수님의 신원 이야기는 뒤로 미루고, 먼저 '하느님께서 여태 일하고 계시니'의 내용을 보자. 창세 2,2-3에도 불구하고, 유다적 사고에 의하면, 하느님은 안식일에 쉬지 않으셨다. 그 의미는 안식일에도 창조가 계속되어 사람들은 죽고 심판받았으며, 아이들은 태어났고 삶이 주어졌다는 것이다. 안식일에도 하느님은 활동을 멈출 수 없으셨다. 그렇지 않았다면 역사는 끝났을 것이다. 하느님의 이 특권은 어느 피조물에 의해서도 침해될 수 없는 것이다. 그리고 안식일은 하느님께서 백성에게 현존을 드러낸 창조(창세 2,2-3; 탈출 20,8-11 참조)와 구원(신명 5,15 참조)을 "기억"하는 날(탈출 20,8)이다. 창조주이고 구원자이신 하느님의 통치권을 기념하는 날이고, 백성이 이스라엘 하느님의 통치권을 인식하게 하는 날이다.

예수님이 안식일에 '나도 일한다'고 말씀하시는 것이 유다인들에게는 신성모독이다. 교만해져 자신을 신처럼 여기거나, 신과 같아지고자 하는 이들이 단죄받는 예는 구약성경에 많이 나타난다(창세 3,5; 이사 14,14-15; 에제 28장; 다니 11,31-36; 2마카 9,12). 그러나 예수님은 육화한 말씀이자 아버지의 외아들로서 우리 가운데 사신다. 그러니 그분이 아버지처럼 일하시는 것은 당연한 귀결이다. 삶을 건강하게 하고 다시 살게 하는 힘을 주시는 일을 주님께서 안식일이라 하여 하지 않으시겠는가! 예수님은 그것이 아버지께서 일하시는 것과 같다고 단언하신다. 내 아버지처럼 나도 살리는 일을 한다고. 사람을 살리는 일, 그것이 당신이 이 세상에 오신 목적이며 이 세상에 당신을 보내신 아버지의 뜻이라고 하신다. 예수님은 살리는 분이요 생명을 주는 분이시다. 예수님이 안식일에도 일하실 수 있는 것은 온전히 당신과 이스라엘 하느님의 관계 때문이다.

그래서 "유다인들은 더욱 예수님을 죽이려고 하였다"(18절). 세 가지 이유다. 안식일을 어겼고, 하느님을 당신 아버지라 했으며, 당신 자신을 하느님과 대등하게 표현했다는 것이다. 공적 계시를 시작하며 예루살렘에 와 처음에 성전을 정화하실 때 당신 아버지의 집이라고 한 외에는, 공적으로 하느님을 '당신 아버지'라고 명백히 말씀하시는 것은 이번이 처음이다. 유다인들은 예수님의 신성을 절대로 인정하지 않는다. 그래서 그분이 사람을 살리기 위해 안식일 규정 위에서 움직이시는 것을 모른다. 그분의 신원도, 일도 다 거부한다.

정녕 "말씀이 사람이 되시어 우리 가운데 사셨다"(1,14). 육화는 단순히 잉태의 순간에 무슨 일이 일어났다는 뜻이 아니다. 아드님이 '사람이 되는 것'은 영속적인 일이다. '말씀이 사람이 되심'–육화는 예수님 생애의 매 순간에 이루어진다. '인간이 된다'는 것은 인간으로서 살고 일한다는 것이요, '일하는 사람'이 된다는 것이다. 일은 하느님을 향한 인간의 활동이기에, 요한 복음사가는 육화를 '하느님의 역동성'으로 정의하려고 노력하였다. 일은 무엇인가? 일은 세상을 변화시키기 위해 인간이 자신의 육체적 · 정신적 능력을 전부 다 발휘하는 것이다. 일을 통해 인간은 개인과 문화, 그리고 자연을 변화시킨다. "내 양식은, 나를 보내신 분의 뜻을 실천하고, 그분의 일을 완수하는 것이다"(4,34). 예수님은 사람들을 변화시키기 위해 일하셨다. "내 아버지께서 여태 일하고 계시니 나도 일하는 것이다"(5,17). 5,19-21의 살리는 일이 그 일의 내용이다.

앞에서(5-16절) 복음사가는 처음으로 유다인들의 박해를 언급하였다. 그리고 여기서 "유다인들은 더욱 예수님을 죽이려고 하였다"(18절)는 말이 나타나기 시작한다. 1,19-4,54은 육화한 말씀의 초기 계시와 하느님 아드님의 영광이 드러나는 데 대한 인간의 응답(반응)을 묘사하였다. 거기서 이미 그리스도의 계시에 대한 거부의 징조가 보인다 할지라도 분위기는 대체로 조용하다. 4,43.48에서 유다인들의 적의를 암시하고 있으나, 일반적인 경향은 느슨하다. 그런데 5장부터는 분위기가 바뀐다. 예수님과 적대자들 사이에 진정한 의미의 논쟁적 토론이 시작된다. 예수님은 호교적인 담화를 말씀하시는데, 그 안에는 그분과 적대자들 사이의 열띤 토론이 담겨 있다.

## 3ㄴ-4절에 대한 원전비평

《성경》에는 짧은 3절과 5절만 나올 뿐, 3ㄴ절과 4절이 생략되어 있다. 그러면서도 숫자 (4)가 표시되어 있고, 굿뉴스 제공 인터넷 성경에도 4절의 내용이 소개되어 있어 어렵지만 간략하게 상황을 살펴보겠다. 이 구절은 사본들을 비교 검토하는 원전비평의 관점에서 살펴봐야 한다. 가장 초기의 권위 있는 수사본들(파피루스 사본 $p^{66}$과 $p^{75}$, 시나이 사본, 알렉산드리아 사본, 바티칸 사본 등)은 ξηρῶν(말라 버린)으로 끝난다. 그런데 서방 사본(D $it^{\alpha,aur,b,d,j,1}$, $vg^{ms}$)에는 ξηρῶν(말라 버린) 뒤에 παραλυτικῶν ἐκδεχομένων τὴν τοῦ ὕδατος κίνησιν("그들은 물이 움직이기를 기다리고 있었다")을 삽입하였다. 그 이유로 7절을 설명하기 위해서라고 말하나 명확하지 않다. 그래서 《성경》의 3절처럼 "팔다리가 말라 비틀어진 이 같은 병자들이 많이 누워 있었다"로 마무리한다. 《성경》은 3ㄴ절과 4절을 하단에 기록하였다.

일반적으로 학자들은 4절을 생략해야 한다고 본다. 초기의 권위 있는 사본들($p^{66}$, $p^{75}$, ℵ B C* D $W^{supp}$ 등)에는 4절이 나타나지 않는다. 다만 다수의 후기 사본(A $C^3$ L Δ Θ Ψ)에는 첨가되어 있다. 그런데 여기에는 요한 복음서의 용어가 아닌 단어들이 나타나 있다. 4절은 움직이는 물의 기적적인 힘을 설명하기 위해 붙인 주해(gloss)이다.

## 벳자타 못

성전의 북동쪽에 있었다. 고고학자들은 지금의 성 안나 성당 근처에서 못의 유적과 주랑 다섯 개의 흔적을 발견하였다. 못을 사방으로 감싸는 네 개의 주랑 외에도 못을 가로지르는 주랑이 하나 더 있었다. 이 주랑은 헤로데 임금 시대에 세워진 것이다. 주랑 안에 병자들이 누워 있었다. 사도행전에 따르면 사도 베드로가 예루살렘 성전 내 솔로몬 주랑이나 한길을 지나갈 때 병자들이 모여들었다고 한다(사도 5,15-16). 성령을 받은 베드로에게서 능력이 나오기를 기대했기 때문이다. 반면에 여기서는 민중 사이에 다음과 같은 전설이 있었기 때문이다. "이따금 주님의 천사가 그 못에 내려와 물을 출렁거리게 하였는데, 물이 출렁거린 다음 맨 먼저 못에 내려가는 이는 무슨 질병에 걸렸더라도 건강하게 되었기 때문이다." 일부 사본에 기록된 5,4의 내용이다. 그래서 병자들은 거기에 와서 물이 출렁거리

기를 기다린다고 한다. 벳자타 못으로 갈 경우 성전 산 북동쪽 지파들의 문을 통과하면 바로 만날 수 있고, 키드론 골짜기에서 올라올 경우 성 스테파노 문을 통하여 예루살렘 성안으로 들어오면 바로 오른쪽이다. 성녀 안나 성당 경내에 있다.

# 헤로데 시대의 예루살렘

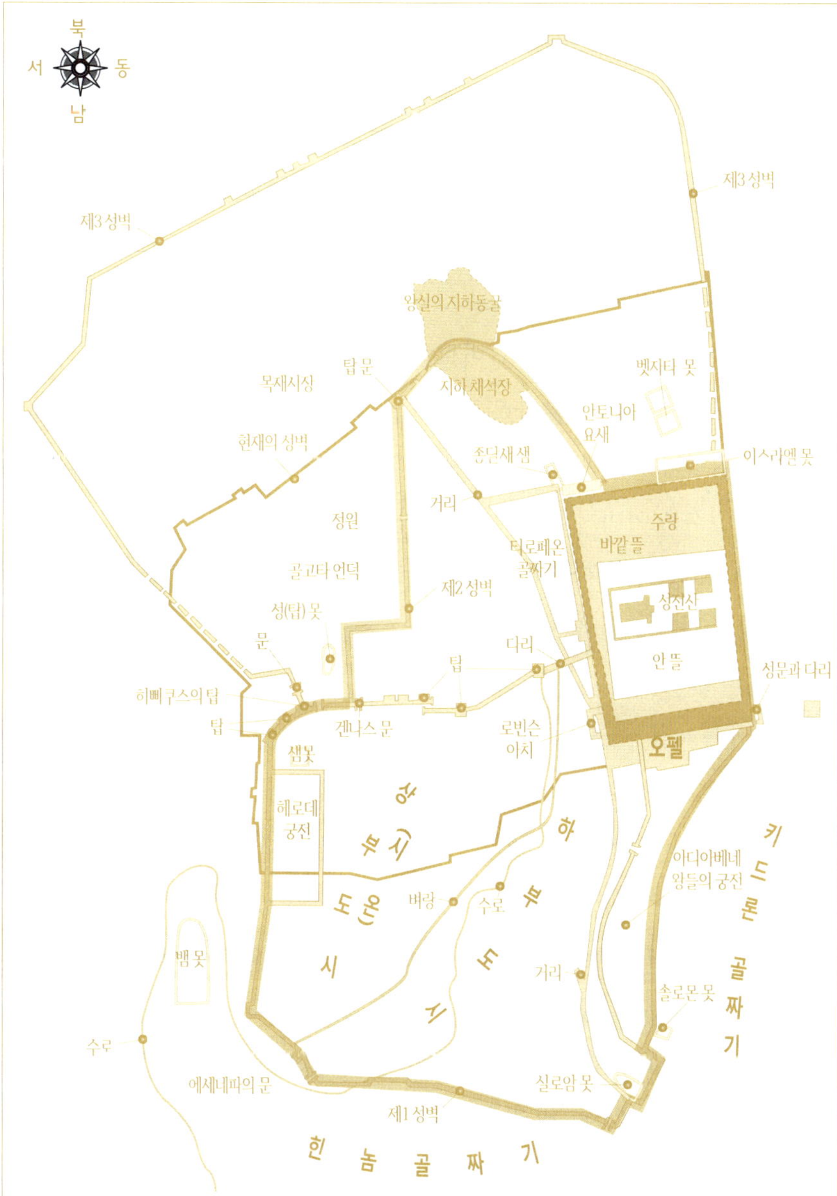


출처: 《성경지도》 지도 133 중 그림 11 발췌

## 2) 아들의 권한 5,19-30

예수님의 말씀만 나타나는 19-47절은 두 부분으로 되어 있다. 그중 19-30절까지의 주제는 생명과 심판이다. 유다인들이 예수님에 대하여 지적하는 죄와 신성모독에 대한 이중 고발에 대응하여, 예수님은 당신 행동을 스스로 방어하셔야 했다.

이 대목의 담화는 본질적으로 그리스도론적이다. 여기서 예수님은 안식일 규정을 어겼다는 죄목을 바로잡기 위하여 당신의 신성을 선포하신다. 아버지인 하느님을 닮아 일하신다는 말씀은(5,17) 곧바로 이어지는 담화에서 설명되고 정당화된다. 이 대목의 주요 주제로 등장하는 육화하신 말씀의 인격은 아버지와 사랑을 나누는 완전한 공동체 안에 살고, 신적인 기능과 힘을 발휘하는 하느님의 아드님으로 소개된다. 아드님은 생명과 심판에 관한 권한을 지닌 분이시다.

ㄱ 19–20절 신학적 도입: 아버지와 아들 사이에 존재하는 사랑과 의존의 관계.

ㄴ 21절 아버지가 죽은 이들을 다시 살리시는 것처럼 아들도 다시 살리신다.

ㄷ 22절 심판하는 아들의 권한의 토대: 아버지께서 그에게 주셨다.

ㄹ 23절 아버지를 공경하듯이 아들도 공경하게 하신다.

ㄹ′ 24–25절 내 말을 듣고 나를 보내신 분을 믿음: 영생을 얻고 심판받지 않는다.

26절 아버지 안에 생명이 있는 것처럼 아들도 그 안에 생명을 가지게 하셨다.

ㄷ′ 27절 아버지께서 심판하는 권한도 주셨다.

ㄴ 28–29절 죽은 이들의 부활: 선한 이들은 생명을 얻고, 악한 이들은 심판을 받는다.

ㄱ′ 30절 신학적 결론: 나(예수님)와 보내신 분 사이의 관계–나는 아무것도 스스로 할 수 없다.

이 담화의 구조는 아버지께서 일하시는 것처럼 예수님도 안식일에 일하신다는 선언을 발전시킨다. 이 대목이 예수님의 독백으로 나오나, 유다인들이 여전히 대화 상대자라는 점은 함축되어 있다.

이 대목에서 예수님은 "진실로 진실로"라는 말로 담화를 시작하며 유다인들의 비난(18절)에 직접 장엄하게 답변하신다. 유다인들은 예수님이 "자신을 하느님과 대등하게 만드셨다"(ἴσον ἑαυτὸν ποιῶν τῷ θεῷ)고 주장하나, 예수님은 스스로 아버지와 '대등하다'(ἴσος)는 표현을 쓰신 적이 없다. 그분은 자신이 아버지께 의존되어 있음을 밝히신다. 아들에게 있는 모든 것은 다 아버지에게서 온 것이다. "아들이 스스로 할 수 있는 것은 하나도 없다"(οὐ δύναται ὁ υἱὸς ποιεῖν ἀφ' ἑαυτοῦ οὐδὲν)(19ㄴ절). 아들은 다른 안식일의 다른 하느님이 아니라 아버지께 완전히 의존된 관계로, 친밀함의 특권을 가지고 계신다. 아들은 아버지께서 하시는 모든 것을 보시기에, 정확하게 아버지께서 하신 그대로 하신다. 이것이 "나도 일하는 것이다"(17절)라는 예수님 선언의 토대다. 아버지께서 계속 일하고 계시기 때문이다. 그런데 아버지의 아들은 인간 역사에 들어오셨다(1,14; 3,16). 예수님은 무엇인가 새로운 일이 일어나고 있음을 가리키신다. "그분께서 하시는 것을 아들도 그대로 할 따름이다"(19ㄴ절).

구약성경에 의하면 오직 하느님만이 죽은 이를 일으키며 생명을 주시는 분으로 이해되었다(1사무 2,6; 신명 32,39; 이사 25,8; 지혜 16,13; 2열왕 5,7 참조). 이 전승이 아버지께서 죽은 이들을 일으켜 다시 살리신다고 하는 예수님의 선언 뒤에 놓여 있다. 그런데 아버지께서 살리시는 것처럼(ὥσπερ), 그렇게(οὕτως) 아드님도 살리신다. 그리고 아드님은 주권을 행사하신다. "자기가 원하는 이들을" 다시 살리신다.

안식일에 하느님이 하시는 또 다른 행동은 심판이다(시편 67,5; 94,2; 105,7; 이사 2,4; 26,9; 33,2; 미카 4,3; 에제 30,3). 그런데 이제 아버지께서는 아무도 심판하지 않으신다(22ㄱ절). 심판하는 일을 모두 아들에게 맡기셨다. 전통적으로 주님(야훼)께 돌려진 안식일의 주요 활동이 이제 아버지의 아들이신 예수님과 연관되었다.

"모든 사람이 아버지를 공경하듯이 아들도 공경하게 하시려는 것이다"(23절). 예수님은 청중에게 아버지께 영광을 드리려고 한다면 아들에게 영광을 드려야 한다고 말씀하신다. "아들을 공경하지 않는 자는 아들을 보내신 아버지도 공경하지 않는" 것이라고 말씀하신다. 이스라엘은 생명을 주는 분이시자 심판자이신 하느님께 안식일에 영광을 드린다. 그런데 그 아들인 예수님을 죽이려고 유다인들은 음모를 꾸미고 있다. 예수님을 살해하려는 재판과 박해의 음모가 예수님을 위협하는 배후에 있다. 도저히 있을 수 없는 모순이다. 이 대목에는 예수님에 대한 위협과 그 결과 사이의 상호작용이 표현되어 있다. 결국 안식일을 올바르게 준수하기 위해 예수님을 반대한다는 유다인들의 선언은 공허하다.

예수님은 "진실로"를 두 번 반복하며(Ἀμὴν ἀμὴν) 장중하게 표현하는 양식으로 계속 말씀하신다(24절). 이제까지 쓰시던 아들이라는 3인칭을 이제 명시적으로 1인칭으로 바꾸어 말씀하신다. 생명을 주는 분, 그리고 심판하시는 분은 예수님이다. "내 말을 듣고 나를 보내신 분을 믿는 이는 영생을 얻고 심판을 받지 않는다"(24절). 예수님은 아버지의 아들이고 파견되신 분이다. 아버지가 보내신 분이다. "내 말을 듣는 사람"(ὁ τὸν λόγον μου ἀκούων) 그리고 나를 보내신 분을 믿는 사람은 영원한 생명을 얻는다. 그리고 심판을 받지 않는다. 예수님 말씀을 '듣는 것'이 중요하게 부각된다. 그분의 말씀을 듣는 것이 출발점이다. 예수님 말씀을 듣고 하느님을 믿게 된다. 죽은 이들이 하느님 아들의 목소리를 듣고(ἀκο - ύσουσιν τῆς φωνῆς τοῦ υἱοῦ τοῦ θεοῦ), 또 그렇게 들은 이들이(οἱ ἀκούσαντες) 살아날 때가 온다(25절)고 한다. 듣다(ἀκούω) 동사가 반복되어 나타나며 강조되었다. 곧 아들의 목소리를 듣는 것이 삶의 관건이다. 예수님 말씀을 통해 영생을 얻고 심판을 피하게 된다. "…때가 온다. 지금이 바로 그때다"(ὥρα καὶ νῦν ἐστιν ὅτε)(25절)라는 시간의 표현은 현재를 가리키고, 지금 말씀하시는 분 예수님께 집중시켜 24절의 1인칭과 같은 효과를 낸다.

아버지께서는 당신 안에 생명을 가지고 계신다(26절). 이것은 이스라엘 신학 전승의 핵심에 속한다. 그것을 아버지께서 아들에게 주셨다. 아들도 그 안에 생명을 가지게 해 주셨다. 앞에서 아들은 당신이 살리고 싶은 이를 살리신다(21절)고 하였는데, 그럴 수 있는 근거가 여기에 제시된다. 또한 죽은 이들이, 그분의 목소리를 들은 이들이 살아나는(25절) 근거이기도 하다. 이렇게 아버지를 공경하듯이 아들도 공경하게 하시려고 한다(23절)는 말에 '사람들이' 공경해야 할 대상으로 두 분이 함께 나란히 나타났다. 내 말을 듣고 나를 보내신 분을 믿는 이가 영생을 얻는다(24절)는 표현에서도 '사람들이' 두 분께 드리는 응답(듣다, 믿다)이 나타난다. 아버지와 아들 두 분 다, 안에 생명을 지니신 분으로 나란히 나타난다(26절). 먼저 아버지가, 그리고 아들에게도 주셔서 가능한 일이나, 두 분이 함께 같은 상태로 나타난다. 그래서 23-26절은 아드님의 다른 활동이 가능한 근거를 표현한 것으로 본다(ㄹ, ㄹ').

예수님이 사람을 살리시는 권한의 기초인 26절의 단언에서 아드님은 사람의 아들이기 때문에 모든 사람을 심판한다는 것으로 넘어간다. 앞에서 예수님은 아버지께서 아무도 심판하지 않고, 심판하는 일을 모두 아들에게 넘기셨다고 하셨다(22절). 그리고 '내 말을 듣고 그리고 나를 보내신 분을 믿는 이는' 심판을 받지 않는다고 하셨다(24절). 지금 다시 심판하는 권한(ἐξουσία)을 아들에게 주셨다고 선언하신다(27절). 24절의 말씀이 명시적으로 드러나며 또한 종말론적 미래의 일을 밝히고 있다. 그런데 "그가 사람의 아들이므로"(ὅτι υἱὸς ἀνθρώπου ἐστίν) 주셨다고 한다. 무슨 뜻인가?

'사람의 아들'은 이미 앞에서(1,50-51; 3,13) 나왔다. 그리고 사람의 아들은 들어 올려져야 한다고 말했다. 그를 믿는 사람은 누구나 사람의 아들 안에서 영원한 생명을 얻게 하려는 것이다(3,14-15). 얼마 후에 사람의 아들은 들어 올려질 것이다. 그 순간은 계시의 순간일 것이다. 그것은 하느님을 알게 할 것이고, 이 사람의 아들이 하느님의 계시임을 믿느냐 믿지 않느냐에 따라 심판이 있을 것이다. 사람의 아들은 당신, 곧 예수님 안에 나타난 하느님의 계시를 수용하느냐 거부하느냐에 따라 사람들을 심판할 것이다.

다시 "…때가 온다"(ὅτι ἔρχεται ὥρα)고 선포된다(25절 참조). 무덤 속에 있는 모든 이들이 그의 목소리를 듣는 때가 온다(28절). 이 말은 예수님의 현존이 이미 생명을 주고 심판을 가져온다는 것이다. 예수님의 가르침은 전통적인 유다인과 초기 그리스도인들의 종말론적 기대에 부합한다. 미래에 죽은 이들이 사람의 아들의 목소리를 들을 때 생명의 부활이든지 심판의 부활이든지 무덤 밖으로 나올 것이다(28ㄴ-29절). 유다인들에게 죽음 후의 부활과 심판의 전통적인 약속과, 예수님의 현존이 다시 살리고 심판한다는 것의 융합은 그다지 놀랍지 않다.

그런데 "그는 이미 죽음에서 생명으로 건너갔다"(24절)는 말씀에서 보이는 실현된 종말론은 노선을 받는다. '영생'을 믿는 이들이 시금부터 영생을 살고 있다고 주장할지라도, 계속되는 인간의 삶과 죽음을 매일 체험하고 있기 때문이다. 안식일 기념에서 공경을 받으시는 하느님의 통치권은, 하느님께서 현세와 내세의 모든 피조물의 주님이시기에, 시간의 한계 너머에까지 다다른다. 생명을 주고 심판하시는 역할처럼 삶과 죽음의 육체적 현실도 안식일의 하느님 영역에 들어 있다. 아드님에 대한 '지금'의 수용과 거부(24-27절)는 무덤의 다른 편 삶과 연결되어 있음이 틀림없다(28-29절).

예수님은 앞에서 밝힌 내용을 여기서 다시 확인하신다. "아들이 스스로 할 수 있는 것은 하나도 없다"(19절), "나는 아무것도 스스로 할 수 없다"(30절). 예수님은 아들로서 온전히 하느님께 의존되어 있다. 그분은 듣는 대로 심판하시고 아버지의 뜻을 찾으신다. 이것이 그분 판결이 올바르다는 근거이다. 이렇게 '안식일'이란 설정된 시간을 통해 예수님은 안식일의 전통적 신학과 실천을 재해석하신다.

### 3) 아버지의 증언 5,31-47

예수님은 안식일에 한 당신 행동을 해명한 진술에 덧붙여 증언을 제시하신다. 앞 단락에서 예수님의 목소리만 들렸지만 실제로는 유다인 청중에게 말씀하신 것처럼, 이 단락에서도 2인칭 복수형 '너희'(ὑμεῖς: 33–35.38–39.44–45절)와 2인칭 복수형 동사를 사용하여(37.40.43.46–47절) 같은 상황임을 드러낸다.

- 31-32절 증언의 필요성
- 33-40절 유다인들에게 제시된 증언
  - 33-35절 세례자 요한의 증언
  - 36절 예수님의 행적
  - 37-40절 보이지 않는 하느님의 말씀
- 41-44절 영광에 대한 대조적 이해
- 45-47절 모세의 기록으로 고발된 유다인들

"내가 나 자신을 위하여 증언하면 내 증언은 유효하지 못하다"(31절). 유다인 전승 곧 구약성경에 의하면, 어떤 사건에 대하여 진실을 입증하기에는 고발당한 사람의 증언만으로는 불충분하다. 신뢰할 만한 증인들을 내세울 수 있어야만 한다(신명 19,15; 요세푸스, 《유다 고대사》 4:219). "나를 위하여 증언하시는 분이 따로 계시다"(32절). 이때 증언하다(μαρτυρέω) 동사의 현재 분사형 '증언하시는'(μα–ρτυρῶν)을 사용하여 계속되는 증언임을 드러내며, 지속적인 가치를 지닌 증언이라고 밝힌다. 예수님은 당신의 앎을 신뢰하나, 유다인들에게는 눈에 보이고 들리는 다른 증언이 필요하다. 그래서 다른 증언을 제시하신다.

이어서 예수님은 유다인들이 세례자 요한에게 사람을 보냈던 일을 상기시키신다(1,19). 그때 그는 진리를 증언하였다. 증언의 순간은 과거이다[직설법 완료형 '증언하였다'(μεμαρτύρηκεν)]. 요한은 예수님을 하느님의 어린 양(1,29.36), 하느님의 아드님(1,34)이라고 증언하였다. 그의 증언은 여전히 남아 있다. 예수님에게는 사람의 증언이 필요하지 않으나, 지금 이렇게 증인을 대는 것은 그분께 적대적인 유다인들도 구원하시려는 것이다. 유다인들은 그분을 죽이려고 기회를 보고 있는데, 예수님은 그들도 구원하고자 하신다. "너희가 구원을 받게 하려는 것이다"(ἵνα ὑμεῖς σωθῆτε)(34절). 여기서 소테테(σωθῆτε)는 구원하다(σῴζω) 동사의 접속법 원과거 수동태다. 예수님이 요한을 "타오르며 빛을 내는 등불이었다"(35절)고 하신 말씀은 메시아 증언이 된 초기의 등불 개념[시편 132,17 λύχνος(칠십인역 131,17); 참조 집회 26,17]을 상기시킨다. 세례자의 빛은 오시는 메시아를 증언하였는데, 유다인들은 그들에게 주어진 증언을 받아들일 수가 없다. 그들은 그 증언이 보도록 비추는 그 너머를 볼 능력이 없다.

예수님은 요한의 증언보다 더 큰 증언이 있다고 하신다. 바로 '아버지께서 나에게 완수하도록 맡기신 일들'(τὰ γὰρ ἔργα ἃ δέδωκέν μοι ὁ πατὴρ ἵνα τελειώσω αὐτα)이다(36절). 예수님에게는 하느님에게서 기원한 임무가 있다. 그 일은 아버지께 계속 응답하는 가운데 완수될 것이다. 나는 나를 보내신 분의 뜻을 추구한다(30절). 이 응답은 예수님이 성취하시는 많은 일 안에서 보인다. 그래서 "내가 하고 있는 일들이(τὰ ἔργα ἃ ποιῶ) 나를 위하여 증언한다"(36절)고 말씀하시는데, 직설법 현재형(ποιῶ)으로 묘사된 그 일들은 지금 진행되는 일들을 가리킨다. 이렇게 예수님이 완수하고 계시는 일들은 그분이 아버지께서 보내신 아들이라는 진실을 증언하고 있다(36ㄷ절). 이 증언은 요한의 증언과 달리 현재 진행 중이다[증언하다(μαρτυρέω) 동사의 직설법 현재 3인칭 단수 μαρτυρεῖ].

세례자 요한의 증언은 들리고 예수님의 일은 보인다. 그런데 아버지의 증언은 그렇지 않다. 그러면 어떻게 그 증언을 인식할 수 있는가? 이는 37-40절의 구조에서 뚜렷하게 드러난다.

ㄱ 37절 아버지께서 나를 위하여 증언해 주셨다.
ㄴ 38절 너희 안에 그분의 말씀 부재 = 그분께서 보내신 이 불신
ㄱ′ 39절 성경이 나를 위하여 증언한다.
ㄴ′ 40절 나에게 와서 생명을 얻으려고 하지 않는다.

아버지께서는 당신이 보낸 이를 위하여 증언하셨다(μεμαρτύρηκεν: 직설법 완료형; 37절). 그 증언을 어디에서 듣고 볼 수 있는지 밝히지 않은 채, 유다인들은 그분의 목소리를 들은 적이 없고 그분의 모습을 본 적도 없다(38절)고 들려준다. 그런데 39-40절에 증언하는 병행 구절이 있다. 유다인들이 영원한 생명을 찾아 얻겠다는 생각으로 연구하는 그 성경이 예수님을 위하여 증언한다(39절). 그런데 그들은 성경 말씀이 증언하는 예수님을 인식하고 믿는 데서 오는 생명을 놓친다(40절). 이 사항은 38절과 병행한다. 성경은 하느님 말씀이다. 그들은 하느님 말씀을, 증언을 그들 안에 머무르게 하지 않는다(38ㄱ절). "그분의 말씀이 너희 안에 머무르게 하지 않는다"는 말씀은 "그분께서 보내신 이를 너희가 믿지 않기 때문"(38ㄴ절)

이라는 말씀에서 한층 명확해진다. "그분께서 보내신 이"(ὃν ἀπέστειλεν)를 앞의 맥락에서 살펴보면 예수님을 직접 가리키는 단서가 된다. 아버지께서 증언하시는 대상은 당신이 보내신 분이다(37절). 예수님이 하시는 일은 바로 '아버지께서 나를 보내셨다는 것'을 증언한다(36절). '보내다' 동사(ἀποστέλλω- 36.38절; πέμπω- 37절)는 아버지와 아들을 전제하며 예수님을 집중적으로 조명한다.

예수님은 하느님의 목소리(φωνή)며, 하느님의 모습(εἶδος)이나, 유다인들은 그런 식으로 보지도 듣지도 않는다. 예수님은 아버지가 아니다. 그러나 아버지께서 보내신 분이고, 당신 이야기 안에서 당신 이야기를 통하여 하느님 이야기를 하신다(1,18 참조). 하느님의 목소리는 예수님 말씀(λόγος)이다. 유다인들은 그들의 전통과 성경에 대한 묵상으로 생명을 가지고 있다(39절)고 잘못 생각하고 있다. 그들은 예수님께 오기를 거부한다(40ㄱ절). 실제로 예수님이 안식일 법을 어기고(16-18절) 독성죄를 범했다고 하여, 재판정에 세워 죽이려는 그들의 결정은 생명을 주시는 그분의 현존에서 스스로를 제외시킨다(40ㄴ절).

이어지는 구절들은 '영광'에 대하여 이야기한다(41-44절). 그리스어 '영광'(독사 δόξα)은 세속적 의미와 성서적 의미로 사용되는데, 일반적으로 인간의 성취에서 오는 존경, 찬미, 영예(명예)를 가리킨다. 예수님은 "사람에게서 오는 영광"에 흥미가 없다고 하며, 유다인들에게 하느님을 사랑하는 마음이 없다고 확신하신다. 그 이유, 또는 그 결과를 이렇게 밝히신다. "나는 내 아버지의 이름으로 왔다. 그런데도 너희는 나를 받아들이지 않는다"(43절). 예수님은 사실 대단한 일을 많이 하셨다. 이적을 행하고 표징을 보이셨는데 당신 이름이 아니라 아버지의 이름으로 하셨다. 아버지께서 보내셔서 왔고, 아버지가 하시는 일을 보았기에 그대로 할 뿐이라고 하셨다. 아마도 누군가가 자기 이름으로 와서 표징을 행하면 대단한 사람이라고 그를 받아들일 것이다. 예수님은 당신 이름을 내걸지 않고 아버지 이름으로 오셨고 그분의 이름으로 일하신다. 예수님의 권위는 당신을 보내신 분, 아버지에게서 온다. 그분은 아버지에게서 오는 영광을 당신 존재와 일의 기반으로 삼으셨다.

그런데 유다인들은 이것을 거부하고 예수님을 받아들이지 않는다. 아버지의 이름을 받아들이지 않는다. 예수님은 하느님을 추구하는 반면, 유다인들은 외적 풍모로 판단한다. 그들이 믿지 못하는 원인은, 한 분이신 하느님에게서 받는 영광(τὴν δόξαν τὴν παρὰ τοῦ μόνου θεοῦ)을 추구하지 않고, 사람에게서 오는 영광(δόξαν παρὰ ἀλλήλων)을 자기들끼리 주고받기 때문이다(44절). 안식일의 주인이신 예수님은, 하시는 일을 모두 아들에게 보여 주시어 아들이 그대로 그것들을 보여 줄 수 있도록 하시고 더 큰 일도 보여 주는(20절) 한 분이신 하느님의 영광을 알게 하신다. 아들 안에 이뤄지는 한 분이신 하느님의 계시를 거부하면서, 결국 '유다인들'은 그들이 방어한다고 주장(16-18절)하는 안식일의 하느님을 거부한 것이다.

유다인들은 모세에게 충성하기 위해 예수님을 거부한다고 하지만, 모세가 그들의 불신을 고소할 것이다. "너희를 고소하는 이는 너희가 희망을 걸어 온 모세이다"(45ㄴ절). 예수님은 이미 성경이 당신을 증언한다고 말씀하셨다(39절). 이 단언이 그들을 고소할 근거가 된다. 그들이 모세를 믿었다면, 그분에 관하여 모세가 기록했으니 예수님을 믿었을 것이다(46절). 유다인들은 모세 율법에 대한 그들의 주석을 바탕으로 예수님을 단죄하였으나(18절), 그들은 모세 전승을 잘못 주석하여 틀렸다. 결국 그들은 자기네 믿음의 시작이고 근거인 하느님의 계시를 믿지 못하는 유다인이다.

마지막으로 예수님은 모세의 기록과 당신 말씀 사이의 연속성을 말씀하신다. 하느님께서 모세에게 주신 계시는 예수님의 계시와 분리될 수 없다.

> "그런데 너희가 그의 글을(ἐκείνου γράμμασιν) 믿지 않는다면,
> 나의 말을(ἐμοῖς ῥήμασιν) 어떻게 믿겠느냐?"(47절)

사실 안식일은 하느님께서 이스라엘에게 주신 규정이었고, 그들이 그분께 속해 있음을 드러내기 위해 창조의 마지막 날에 하느님께서 쉬셨듯이 그들도 쉬는 것이다(창세 1,1-2,4; 탈출 20,8-11). 안식일로 사람은 자기 시간의 일부를 하느님께 바친다. 이런 방법으로 하느님께서 시간의 주인임을 밝히는 것이다. 구약성경에 의하면 안식일에 모든 일은 금지되었다(탈출 31,12-17). 심지어 짐도 옮기지 못하게 하였다(예레 17,21-27; 느헤 13,15-22). 이런 금지 규정은 후기 유다이즘에서 더욱 엄해졌다.

육화한 말씀은 안식일에 대한 태도와 하느님을 닮기 위하여 축제일에 일하는 것의 정당성을 밝히신다. 시간의 주인으로 자신을 소개하고, 하느님의 뜻으로 안식일의 의미를 해석한다. 다시 말해 하느님의 창조 계획은 연속적인 과정으로, 이제 당신의 활동에서 온전히 드러난다는 것이다. 이 창소 계획은 '죽은 사람을 나시 살리는 일'이다. 거의 한평생을 누워 지냈던 이는 죽어가는 이들을 상징한다. 그런 그를 치유하여 예수님은 인류를 다시 새롭게 살리심을, 창조하심을 보여 주신다. 생명을 주시

는 예수님과 하느님의 만남이다.

1세기 요한 공동체는 회당에서 내쫓겼고(9,22; 12,42; 16,2 참조), 그 구성원들은 유다인이 안식일을 통하여 숭배하던 유일하신 창조주 하느님, 이스라엘의 하느님과 예수님의 아버지를 연결하는 문제로 어려움을 겪고 있었다. 그들의 옛 친구들과 동료 유다인들 또한 성전도, 성도 예루살렘도, 사제도 없는 변화된 환경을 파악하기 시작하였다. 요한 공동체는 예수님이 하느님을 알려 준 모세 전승의 완성이며(1,16-17) 하느님의 아드님인지, 그런 분으로 믿는지(19.30절)를 질문 받았다. 유다인 성전에서 예수님이 안식일에 하신 일은 생명을 주고 심판하시는 분(5,19-30), 당신의 이름을 믿는 이들에게 영원한 생명을 주시는 분(5,24)인 그분의 위격 안에서 하느님 선물이 완성되는 표징이었고 그림자였다. 하느님의 아들을 공경하지 않고 안식일의 하느님을 공경하는 일은 불가능하다. 예수님을 공경하지 않는 유다인들은 결국 아버지도 공경하지 않는 것이다(5,23). 그런데 예수님처럼 요한 공동체의 그리스도인들은 안식일에 모세 전통이 거행되던 장소에서 단죄받았고 축출되었다. 그러나 요한 복음사가는 그들에게 "유다인들"이 길을 잃었고 단죄받는다고 이야기한다.

5,19-30의 다른 주제를 요약하면, 예수님이 하느님의 아들이라는 것이다. 앞에서는(1,17; 3,16; 3,34) 부분적으로 예수님을 하느님의 아들이라고 말하는데, 여기에서는 '아들' 주제가 전체에 걸쳐 나온다. 시작과 끝 사이에 주제 어구가 반복된다. "아버지께서 하시는 것을 보지 않고서 아들이 스스로 할 수 있는 것은 하나도 없다. 그분께서 하시는 것을 아들도 그대로 할 따름이다"(19절). "나는 아무것도 스스로 할 수 없다. 나는 듣는 대로 심판할 따름이다. 그래서 내 심판은 올바르다. 내가 내 뜻이 아니라

나를 보내신 분의 뜻을 추구하기 때문이다"(30절). 이 두 절을 통하여 '아들이 예수님'임을 밝힌다. 19절의 '아들'이 30절의 '나'로 구체화되었기 때문이다.

유다인들에게 말하고 있는 스승 예수님은 '하느님의 아들'이시다. 안식일에 병자를 치유하여 모세 법을 어겼다고 비난받는 그 사람은 사실 하느님의 외아드님이시다. 그분은 아버지를 본받아 안식일에도 일하신다. 축제일에도 생명과 구원의 선물을 아끼지 않고 주신다. 육화한 말씀은 하느님의 모범에 맞춰 움직이신다. 당신을 사랑하기 때문에 보여 주신 아버지의 품행을 그대로 본뜨신다(20절). 사람들이 아버지께 영광을 드리듯이 아들에게도 영광을 드리도록, 하느님께서 이들을 참여시키는 일에는 죽은 이들의 소생, 생명을 주는 일(21.25-26절), 모든 인간을 판단하는 일(27절 이하)이 포함된다. 그러니 하느님만이 아니라 아드님도 생명의 샘이다.

# 2. 파스카 무렵, 티베리아스 호숫가 6,1-71

## 1) 개요

### 5장과의 관계

5장에서 인간의 고통을 보시는 예수님이 안식일의 의미와 가치를 밝히며 하느님 아버지와 아들 예수님을 어떻게 믿고 따라야 하는지 알려 주셨다. 이 주제는6장을 건너뛰고 7장에서 이어진다. "내가 한 가지 일을 하였을 뿐인데"(7,21)라는 말씀은 분명히 안식일에 하신 기적(5,1 이하)을 가리킨다.

6장은 5장의 주제를 중단하며, 전혀 다른 장소에서 다른 주제로 이야기를 펼친다. 5장에서는 예루살렘이 배경이었는데, 유다에서 갈릴래아로 돌아가는 여행을 그리지도 않은 채(1,43; 4,3.43 참조) 갑자기 갈릴래아 호수의 건너편에서 이야기를 시작한다(6,1). 한 장면에서 다른 장면으로 바뀌는 경로가 전혀 나타나 있지 않다.

그리고 5장과 6장 사이에서 유사한 편집기술을 발견할 수 있다. 5장에서 예수님의 호교적인 담화처럼, 카파르나움에서의 담화 역시 예수님이 행하신 기적 이야기에 이어서 나온다. 기적을 실마리 삼아 대화가 진행되는 방식이 똑같다. 안식일에 이뤄진 기적은 예수님의 호교를 위한 환경을 설정하고, 빵의 기적은 하늘에서 내려온 살아 있는 빵에 대한 담화를 기획한다.

몇 가지 관찰해 보면, 6장은 단일한 특성을 지닌다. 복합적이고 극적인 이야기로 구성된 이 장은 '예수님이 생명의 빵'이라는 신학적 주제를 부각시킨다. 6장은 육화한 말씀이 사람들의 살아 있는 빵임을 알리고 싶어 하는데, 그 점은 중심 부분인 카파르나움 담화(6,22-59)에 뚜렷하다. 그렇기에 첫머리에 위치한 '빵의 기적' 표징은 그다음 날 카파르나움 회당에서 발전시킬 주제에 자연스럽게 접하도록 청중을 준비시킨다(6,1-15). 뒤에는 생명의 빵이신 육화한 말씀의 계시 앞에서 보인 제자들의 반응을 덧붙인다(6,60-71). 빵의 기적과 벳자타 못 가에서의 병자 치유를 목격한 이들의 반응은 매우 대조적이다. 안식일 치유의 기적이 유다인들의 화를 돋운 한편(5,1-18), 빵의 기적은 군중을 열광시겼다(6,14.24 이하).

6장 전체를 하나의 단일체로 보기에 곤란한 대목은 물 위를 걸으신 기적 이야기이다(6,16-21). 그러나 모든 복음 전승에서 이 이야기는 빵의 기적 이야기에 이어서 나왔다. 그 밖에도 요한 편집자는 아마도 그다음 날 일어날 생명의 빵의 놀랄 만한 계시를 받아들일 수 있도록 배치하고 싶었을 것이다. 그 예수님, 하늘에서 내려온 생명의 빵을 선포하는 예수님이 전날 밤 기적같이 갈릴래아 호수 위를 걸으셨다는 것이다. 그러니 단순히 한 인간이 아니라 하느님이라는 것이다.

### 배열 순서

학자들은 5장과 6장의 순서가 바뀌었다고 본다. 또 7,15-24이 5,47에 바로 연결된다고 여긴다. 그러니까 4장, 6장, 5장, 7,15-24의 순서로 재배열하면 전체 문맥이 더 논리정연하다고 본다. 또 6,1-71을 4,43-54 뒤로 배치하여 6장, 5장, 7장, 9장, 10장을 예루살렘에서 일어난 일로 연결하여 배치하기도 한다. 그러나 이런 시도는 너무 지리적인 요소에만 치중한 것으로 보인다. 또 6장을 4장 다음에 배치할 경우, 파스카 축제를 지낸 뒤에 벌어진 듯한 4장의 사건과 파스카가 가까운 때에 있었던 6장의 기적과 군중의 열렬한 반응 사이에 특별한 이유 없이 1년 가까이 공백이 생기는 시간상 의문점도 제기된다.

복음사가 또는 편집자가 어떤 의도로 재배열한 것이든, 원래의 것이든, 현재 우리 앞에 있는 최종 본문 형태로 그 구조적인 의미를 찾는 게 바람직하다. 5-10장에서 사건들의 순서를 보는 데 핵심 기능을 하는 것은 유다인들의 축제다. 5,1에서 일반적인 축제를 언급하고, 5,9ㄴ에서 안식일 준수에 대한 언급으로 이어진다. 그리고는 유다인들의 축제가 유다력 순서대로 소개된다.

| 장 절 | 축 제 | 유다력 | 기 간 |
|---|---|---|---|
| 6,1-71 | 파스카 | 첫째 달 | 7일간 |
| 7,1-10,21 | 초막절 | 일곱째 달 | 7일간 |
| 10,22-42 | 성전 봉헌 축제 | 아홉째 달 | 8일간 |

유다인들의 축제에 계신 요한의 예수님 이야기는, 대략 요한 복음서 저술과 동시대 전승을 보존하는 유다이즘을 수용하며 적용시킨 것이다.

### 파스카 축제

파스카 축제는 겨울에서 봄으로 넘어가고 유다 백성들이 이집트에서 풀려난 것을 기념하는 요소들로 구성된다. 그것은 모든 종류의 종살이에서 해방됨을 확언한다. 독립적인 두 축제, 파스카(원래 유목민 공동체에서 양이나 염소를 도살하던 것과 연관)와 누룩 없는 빵 축제(원래 보리를 수확한(麥秋) 공동체에서 누룩 없는 빵을 먹는 것과 연결)는 이스라엘이 가나안에 정착한 후에 융합되었다. 이 축제들은 이집트에서 이스라엘을 탈출시키신 하느님의 구원과 연결되어 역사화되었고, 그 사건을 기억하는 요소로 구성되었다. 파스카 양의 도살은 이집트에서 이스라엘의 맏이들을 보호하신 하느님의 행동을 기억하고(탈출 11,1-10; 12,29-51), 누룩 없는 빵을 먹음으로써 "하늘에서 내려온 빵"으로 여긴(탈출 16,4; 느헤 9,15 참조) 만나로 광야 여정 중의 이스라엘을 먹이신 하느님의 자비를 기억하였다(탈출 16,1-36). 성전이 불타 없어져 희생 제사들이 사라진 후, 유다이즘은 점차 이 제의들의 성격을 변경하면서 거기에 적응해 왔다.

## 구성

1세기 말경 유다인 공동체가 재정립한 제의들에서 제외된 요한 공동체는 파스카 무렵 예수님이 갈릴래아 호숫가에서 말씀하셨던 이야기를 발전시켰다. 6장을 구성하는 각 부분은 그리스도교가 예수님과 유다인의 파스카에 대해 성찰한 내용을 표현하며 일관되게 연결되어 있다. 내용 구조는 다음과 같다.

| | | |
|---|---|---|
| (1) 1–15절 | 빵이 많아진 표징 | |
| | 1–4절 | 도입: 어디서, 언제, 누가, 왜? |
| | 5–15절 | 빵과 물고기의 기적 |
| (2) 16–21절 | 예수님이 물 위를 걸어서 제자들에게 오신 표징 | |
| (3) 22–59절 | 하늘에서 내려온 빵에 대한 담화 | |
| | 22–24절 | 도입: 어디서, 언제, 누가, 왜? |
| | 25–59절 | 하늘에서 내려온 빵에 대한 담화 |
| (4) 60–71절 | 빵의 담화 후 생긴 위기 | |
| | 60–66절 | 많은 제자가 떠남 |
| | 67–71절 | 베드로의 고백과 예수님의 경고 |

6장의 이야기 구조는 직선적이다. 빵이 많아진 표징(6,1-15)과 티베리아스 호수 위를 걸어서 제자들에게 다다른(6,16-21) 예수님의 표징이 먼저 소개된다. 이어 호수 동편에서 카파르나움으로 군중이 이동하는 짧은 대목(6,22-24)과 생명의 빵에 관한 긴 대화(6,25-59)가 나타나는데, 이는 앞의 두 표징에 대한 일종의 주석이다. 이야기의 마무리는 아주 극적인데, 빵의 담화 후 '못 믿어서' 예수님을 떠나가는 많은 제자(6,60-66)와 시몬 베드로가 대변하는 열두 제자의 '믿음'(6,67-69)이 대조된다. 그런데 예수님은 이 열두 제자 중에도 악마가 숨어 있다고 말씀하신다(6,70-71).

복음사가는 6장에서 예수님이 갈릴래아, 정확히 말해 티베리아스 호숫가 카파르나움에서 벌이신 마지막 공적 사건을 소개한다. 예수님은 '당신의 고장'인 갈릴래아로 다시 들러 가시는데, "예언자는 자기 고향에서 존경을 받지 못한다"(4,44)고 이미 예고하셨듯이, 갈릴래아인들도 예수님을 거부한다. 그래서 카파르나움의 갈릴래아인들이 "유다인들"(41.52절)이라는 호칭으로 나타난다.

## 2) 빵이 많아진 표징 6,1-15

### (1) 장면의 설정 6,1-4

여기서 누가, 언제, 어디서, 왜, 빵의 기적이 일어났는지 알려 준다. "그 뒤에"(1절)라는 표현은 시간적인 의미 없이 예수님 삶에 중요하고 새로운 순간으로 옮겨감을 표시한다. 제일 먼저 예수님의 현존이 묘사되고, 제자들과 많은 군중이 등장한다. 장소는 티베리아스 호수 건너편에 있는 산이다. 공관복음서의 빵의 기적은 호수 근처 '외딴곳'에서 일어나지만(마르 6,32.35), 요한 복음서에서는 이름 없는 산에서 일어난다. 거기에 정관사가 붙어 있다('그 산' τὸ ὄρος). 아마도 예수님을 산에서 율법을 받은 모세(탈출 19,20; 24,1-2 참조)와 병행 위치에 설정하려는 암시인 듯하다. 그런데 문제는 '호수 건너편'이 어디인지 명확하지 않다. 어디에서 출발하셨는지가 명시되지 않았기 때문이다. 그런데 출발점이 나중에 돌아와야 하는 곳이고, 건너편이 외딴곳이거나 산이거나 인적이 드문 곳이라면, 그리고 마지막에는 호수 위를 걸어서라도 돌아와야 하는 곳이라면, 그곳은 본래 거주지일 가능성이 크다. 그래서 평상시 잘 가시던 곳이 아닐 것이라고 추정해 보면, 그곳은 막달라, 겐네사렛, 카파르나움 건너편일 듯하다. 호수 주변이다 보니 건너편의 범위는 상당히 넓다. 하지만 17절에서가 닿으려던 곳이 카파르나움으로 드러나는데, 거기가 본래 출발점일 수 있다.

이번 길에 예수님은 당신의 제자들하고만 움직이지 않는다. 많은 군중이 따라갔기 때문이다. 일반적으로 예수님을 뒤따른다는 것은 제자가 된다는 뜻인데, 여기서는 그렇지 않다. 예수님이 병자들에게 일으키신 표징들을 보았기 때문에 따라간다(2절)고 명시한다. 이러한 따름의 동기動機가 공관복음서에는 나오지 않는다. 스승께서 표징으로 하신 일에 대한 호감과 끌림이 신앙의 표시는 아니다. 예루살렘 사람들과 니코데모도 예수님을 기적을 행하는 이로, 하느님에게서 온 스승으로 보면서도 실제로 육화한 말씀을 믿지는 않았다(3,11-12). 마찬가지로 예루살렘에서 예수님이 하신 일을 본 갈릴래아인들의 신앙도 피상적인 것으로 드러난다(4,43 참조). 실제로 군중은 표징 때문에 예수님을 따르고 잠시 후에 빵의 기적에도 참여하나, 그 이튿날 하느님 아들의 계시를 거부할 것이다.

여기서도 사건의 시기를 기록하는 요한의 전형적인 특징을 볼 수 있다. "마침 유다인들의 축제인 파스카가 가까운 때였다"(4절). 이는 유다인들의 축제를 따라 주요 사건들을 기록하는 본문의 흐름에 부합한다(2,13; 7,2; 11,55). 또 이 표현은 빵의 기적을 그리스도인의 파스카 표징으로, 성체로 소개하려는 것처럼 보인다.

## (2) 빵과 물고기의 기적 6,5-15

### "저 사람들이 먹을 빵을 우리가 어디에서 살 수 있겠느냐?"(5-9절)

공관복음서에서는 제자들이 기적의 실마리를 스승님께 제공한다. 외딴 곳에서 날은 저물고 군중들은 음식이 없다(마르 6,37; 마태 14,15; 루카 9,12)고 알린다. 그런데 요한 복음서에서는 예수님이 눈을 들어 보시고 군중에게 음식이 필요함을 아셨다. 먼저 주의를 기울이며 오히려 제자 필립보에게 물으신다. "저 사람들이 먹을 빵을 우리가 어디에서 살 수 있겠느냐?"(5절) 이 말씀이 "이 온 백성에게 줄 고기를 제가 어디서 구할 수 있겠습니까?"(민수 11,13)라는 모세의 말을 떠올리게 하는 질문이라고도 본다. 화자 자신이 곧 설명을 덧붙인다. "이는 필립보를 시험해 보려고 하신 말씀이다. 그분께서는 당신이 하시려는 일을 이미 잘 알고 계셨다"(6절). 예수님의 이 시험에도 6장 전체에 스며 있는 '신앙'이라는 주제가 들어 있다. 육화한 말씀이 모든 것을 아신다고 요한 복음사가는 기회 있을 때마다 밝힌다. 그분은 모두를 알고 계시며(2,25), 처음부터 당신을 팔아넘길 자를 알고 계셨고(6,64; 13,11), 실제로 모든 것을 아신다(16,30). '모세', '빵', '시험의 순간'이라는 요소는 유다인들의 축제인 파스카가 가까운 때에 일어날 이야기의 배경을 설정한다.

필립보는 대답한다. "저마다 조금씩이라도 받아먹게 하자면 이백 데나리온어치 빵으로도 충분하지 않겠습니다"(7절). 이 대답은 한 사람이 많은 군중에게 제공할 수 있는 물리적인 빵에 제한된다. 예수님이 당신을 보내신 분의 뜻을 실천하고 그분의 일을 완성하는 것에서, 그분의 뜻을 무조건 수용하는 데에서 당신의 양식을 취하신다고 말씀하셨을 때, 제자들은 그곳에 있었다(4,31-34). 그런데 필립보는 거기에서 아무것도 배우지 못하였다. 한 데나리온은 노동자의 하루 임금이다(마태 20,2 참조). 필립보의 답변 중, "저마다 조금씩이라도 받아먹게 하자면"이라는 표현은 공관복음서에 나오지 않는다. 이는 그렇게 굉장한 금액으로 빵을 살지라도 몇 천 명의 시장기를 면하게 할 만큼 충분하지 않다는 점을 강조한다.

앞에서처럼(1,40) 시몬 베드로의 동생으로 소개되는 안드레아가 등장한다. 이것은 초기 교회에서 으뜸 사도, 곧 시몬 베드로가 중요한 역할을 하였기 때문이다. "여기 보리 빵 다섯 개와 물고기 두 마리를 가진 아이가 있습니다만"(9ㄱ절) 은 요한 복음서의 고유한 표현이다. 한 어린이가 가지고 있는 빵 다섯 개와 말린 생선 두 마리는 그 뒤로 부모, 곧 가족을 연상케 한다. 가난한 이들이 먹는 보리 빵은 예언자 엘리사의 기적도 떠올려 준다(2열왕 4,42 이하). 이어지는 안드레아의 말은, 수요는 많은데 공급은 극히 적다는 필립보의 말을 강조한다. "저렇게 많은 사람에게 이것이 무슨 소용이 있겠습니까?" 안드레아와 필립보는 예수님이 첫 제자들을 만나신 날부터 함께하면서 여러 번 등장한다(1,40 이하; 6,5 이하; 12,21-22). 그런데 그들은 자기네 예상을 뛰어넘는 스승의 시도를 여전히 깨닫지 못하고 있다(1,43-51; 2,1-11). "보리 빵 다섯 개와 물고기 두 마리"는 절대적인 물량 부족을 나타내는 말이다. 그러면서 예수님이 이루신 표징과 연결된다. 그분은 이 빵 다섯 개로 오천 명을 먹이고, 남은 조각이 열두 광주리에 가득 차도록 하실 것이다. 비록 관대하게 베푼다 할지라도 인간의 노력만으로는 사람을 충족시키기에 항상 부족하다. 반면에 육화한 말씀의 개입은 인간의 필요를 충분히 채워 주실 수 있으시다. 차고 넘치도록 베푸신다.

### 파스카와 성찬례(10-15절)

"사람들을 자리 잡게 하여라"(10ㄱ절). 예수님은 사람들이 식사할 수 있도록 앉히신다. 동사 아나핍토(ἀναπίπτω)는 특별히 식탁에 자리 잡고 앉는 것을 가리킨다. 3절에 예수님이 '앉으셨다'고 할 때에는 그냥 '앉다'는 뜻의 카테마이(κάθημαι)가 쓰였다. "그곳에는 풀이 많았던 것이다." 이 관찰은 파스카가 가까이 오고 있다는 내용(4절)과 일치한다. 빵의 기적은 봄이 시작되는 시기, 들판이 푸른 때에 일어났다. 푸른 풀밭은 또한 "푸른 풀밭에 나를 쉬게 하시고 잔잔한 물가로 나를 이끄시"는(시편 23,2) 주님을 연상시키며, '다가온 파스카'와 더불어 평화롭고 즐거운 축제 분위기를 형성한다. 빵의 기적에 참여한 이의 숫자는 전통적으로 오천 명이다.

복음사가는 빵의 기적이 어떻게 일어났는지 설명한다. "예수님께서는 빵을 손에 들고 감사를 드리신 다음, 자리를 잡은 이들에게 나누어 주셨다"(11절). 공관복음서의 내용과 동일하나 빵을 쪼갰다는 표현이 생략되었다. 그러나 이것은 "먹고 남긴 조각"(13절)이라는 말로 보충된다. 요한복음서에만 나오는 특별한 사항으로는, "감사를 드리신 다음"이란 구절에서 공관복음서처럼 에우로게오(εὐλογέω 축복하다) 동사를 사용하지 않고 에우카리스테오(εὐχαριστέω 감사하다) 동사를 사용했다는 것, 정찬 식탁에 기대어 앉은 자세를 가리키는 "자리 잡은"(ἀνάκειμαι)이라는 표현, 그리고 빵을 나눠 주신 분이 예수님 자신이라는 것을 들 수 있다. 이 고유한 점들은 기적 이야기의 성찬례적 요소를 나타낸다.

예수님은 백성의 빵을 들고 하느님께 감사기도를 바치신다. 이는 생명을 지탱해 주는 재물을 하느님의 계획 안에 다시 자리 잡게 한다. 예수님은 하느님께 감사를 드림으로써 그 재물을 나눔과 무상성(거저 베풂)의 분위기로 들여보낸다. 예수님이 모든 사람에게 생명을 주시는 분이라는 것이 여기서는 예수님이 손수 모두에게 빵을 나눠 주시는 모습으로 표현되었다. 실제로 예수님은 모든 사람을 위하여 당신 생명을 온전히 바치신다. 자리 잡은 이들은 생선도 원하는 대로 먹었다고 한다. 이는 예수님의 선물이 풍성함을 드러낸다. "배불리 먹은 다음에"(12절)도 같은 표현이다. 예수님이 베푸시는 솜씨와 통은 이미 카나의 혼인 잔치에서 드러났다.

질 좋은 포도주를 얼마나 많이 만드셨던가!

예수님은 제자들에게 "버려지는 것이 없도록(ἵνα μήτι ἀπόληται) 남은 조각을(τὰ κλάσματα) 모아라(συναγάγετε)" 하고 이르셨다(12절). 이 명령으로 예수님의 성찬례적인, 빵을 쪼개는 행위를 충분히 짐작할 수 있다. 공관복음서에는 스승의 이 명령이 나오지 않는다. 실제로 이 명령에 사용된 단어들은 성찬례 용어로서, 초기 교회의 문헌인 〈디다케〉와 클레멘스 서간, 이냐시오 주교의 글에 나타난다. 고유한 표현은 '모으다' 동사이다. 우리말 번역에는 공관복음서에도 똑같이 '모으다'라고 나와 있으나, 원문으로 보면 공관복음서는 거둬들이다, 들어 올리다는 뜻의 아이로(αἴρω) 동사를 사용하고, 요한 복음서는 '한데로 모으다'는 쉬나고(συνάγω) 동사를 사용한다. 마치 그리스도께서 당신 죽음으로 흩어진 하느님의 자녀들을 모으듯이, 그렇게 제자들은 성체성사의 예표인 기적의 빵 조각을 모은다.

예수님은 그리스도교의 성찬례를 연상케 하는 방법으로 매우 많은 군중을 먹이셨는데, 이 먹이심은 만나의 선물을 기념하는 파스카 무렵에 있었다. 파스카와 성찬례의 혼합이 광야의 이스라엘 백성을 떠올려 준다. 그들은 매일 배불리 먹을 수 있을 만큼 만나를 거둬들였다(탈출 16,8.12.16.18.21 참조). 모세는 만나를 남겨 두지 말라고 했다. 숨긴 것은 없어져 버렸다(탈출 16,19-20). 그러나 빵을 찾아 당신에게 온 사람들에게 줄 예수님의 선물은 없어지지 않을 것이다. 제자들이 예수님의 명령에 따라 그것을 모아 보존할 것이다. 모아진 빵 조각들은 사용할 수 있다. "그래서 그들이 모았더니, 사람들이 보리 빵 다섯 개를 먹고 남긴 조각으로 열두 광주리가 가득 찼다"(13절). 광야에서 일어났던 일이 호수 옆에서 반복되었다. 이 전통에는 중요한 그리스도교적 발전이 있다. 전통적인 숫자 '12'는 빵 모음이 그 자체로 완전했음을 가리킨다(마르 6,43; 루카 9,17 참조). 예수님 말씀에 순명한 제자들이 조각들을 모았다(13절). 그들은 파스카 축제 때 예수님이 분배하셨던 그 빵을 나눠 받기를 바라는 미래의 믿는 이들을 위해, 유용하게 사용될 조각들을 돌봐야 하는 사명을 띤다. 기적 전체에 걸쳐서 파스카 전통과 지속적인 성찬례를 둘러싼 그리스도교 전통이 융합되었다.

놀라운 기적에 참여한 사람들의 반응은 뜨거웠다(14-15절). 요한 복음서의 고유한 이 표현은 메시아를 기다리며 살던 히브리 백성의 메시아 열망을 떠올린다. 빵의 표징으로, 예수님은 기다리던 메시아, 종말의 예언자처럼 계시되었다. 요한 복음서에는 예수님이 하신 기적에 대해서 열광하는 모습이 많이 그려지지 않는다. 단지 예루살렘에서 행한 업적들에 대한 니코데모의 찬사(3,2), 갈릴래아인들의 경탄(4,45), 스승이 메시아로 예루살렘에 입성할 때 보인 군중의 큰 기쁨을 전할 뿐이다. 반면에 공관복음서에서는 예수님이 행한 놀라운 일들에 대한 백성의 기쁨을 더 많이 전한다(루카 5,26; 7,16; 13,17; 19,37 참조). 그런데 여기서 배불리 먹은 백성들은 "이분은 정말 세상에 오시기로 되어 있는 그 예언자시다"(14절)라고 탄성을 지르며 예수님을 메시아로 선언한다(7,40-41 참조).

실제로 예수님은 종말에 오실 그 예언자이며, 하느님 백성이 오랫동안 기다려 온 메시아이다. 백성의 기대에 의하면 그분은 만나의 기적을 갱신하며 오실 것이다. 그러나 이 대복의 마지막 설에서 군중의 메시아 열망이 정치적 성격을 띠고 있음을 알 수 있다. 제자들(1,35-49), 니코데모(3,2), 사마리아 여인(4,19.25.30)에게서 볼 수 있듯이 표징을 보고 사람들이 고백한 신앙은 피상적이다. 여기서도 군중은 주님께서 모세에게 하신 말씀(신명 18,15-18)을 바탕으로 모세 같은 예언자를 고대하고 있었고, 예수님에게서 그 예언자를 보았다. 그러나 2절에서 언급된 그 한계를 넘지 못한다.

백성은 예수님을 "억지로 모셔다가 임금으로 삼으려 한다"(15절). 스승은 나타나엘이 이스라엘의 임금님이라고 부르는 것을 받아들이셨다(1,49). 왜냐하면 그가 정치적인 욕심을 갖고 있지 않았기 때문이다. 예루살렘 입성 때 설사 그것이 종교 지도자들의 질투를 불러일으키고 당신의 마지막을 초래하게 하여도, 이스라엘 임금이라고 환호하는 호산나를 거부하지 않으셨다. 여기서는 당신의 왕직이 군중에게 잘못 이해되었기 때문에, 예수님은 산으로 피해 가신다. 중요한 것은 홀로 산으로 갔다는 데 있다. 예수님이 의도적으로 혼자서 하느님께 가까이 갔음을 시사하는 것이다. 그분 홀로 있다는 말은, 요한 복음서에서 "하느님 아버지와 같이 있음"을 뜻한다(8,16.29; 16,32). 그래서 예수님이 산으로 기도하러 갔다는 전통적인 전승대로 해석하는 것이 불가능하지 않다(마르 6,46 등 참조).

## 유다력과 축제

| 태양력 | 유다력 | 유배 전 | 유배 후 | 축제 |
|---|---|---|---|---|
| 3-4월 | 첫째 달 | 아빕 달 | 니산 달 | 파스카 |
| 4-5월 | 둘째 달 | 지우 달 | 이야르 달 | |
| 5-6월 | 셋째 달 | 시반(완) 달 | | 주간절(오순절) |
| 6-7월 | 넷째 달 | 탐무즈 달 | | |
| 7-8월 | 다섯째 달 | 압 달 | | 성전파괴 애도일 |
| 8-9월 | 여섯째 달 | 엘룰 달 | | |
| 9-10월 | 일곱째 달 | 에타님 달 | 티쉬리 달 | 신년제<br>(로쉬 하 샤나)<br>속죄일<br>(욤 키푸르)<br>초막절(수콧) |
| 10-11월 | 여덟째 달 | 마르케쉬반 달 | | |
| 11-12월 | 아홉째 달 | 키슬레브(우) 달 | | 성전 봉헌 축제<br>(하누카) |
| 12-1월 | 열째 달 | 테벳 달 | | |
| 1-2월 | 열한째 달 | 불 달 | 스밧 달 | |
| 2-3월 | 열두째 달 | 아다르 달 | | 푸림절 |

## 3) 예수님이 호수 위를 걸어서 제자들에게 오신 표징 6,16-21

보리 빵 다섯 개와 물고기 두 마리로 오천 명을 먹이신 표징에 이어서 예수님이 호수 위를 걸어서 건너신 이야기가 뒤따른다. 이야기의 핵심은 예수님이 기적적인 방법으로 제자들에게 다가오셔서 당신을 알게 하셨다(19-20절)는 데 있다. 그들이 그분을 맞아들이니 배는 벌써 뭍에 닿았다(21절).

"저녁때가 되자 제자들은 호수로 내려가서, 배를 타고 호수 건너편 카파르나움으로 떠났다"(16-17절). '떠났다'로 번역된 그리스어는 에르콘토(ἤρχοντο)다. 오다(에르코마이 ἔρχομαι) 동사의 직설법 미완료형인데, 미완료형의 계속을 나타내는 분위기와 능동적인 분위기가 무게감을 드러낸다. 카파르나움으로 '가고 있었다'는 의미가 되겠다. 아직 도착하였다는 말이 없는 상태에서 '떠났다'라는 표현에 내포된 뜻이다. 호수에는 큰 바람이 불어 물결이 높게 일고 있었고(18절), 그들은 바다에서 여전히 노를 젓고 있었다(19절). 제자들은 약 5km에 해당하는 25-30스타디온쯤 저어 갔다. 거친 바람 속에서 나룻배를 탄 이들이 높은 파도를 거슬러 노를 저으며 기를 쓴다. 제자들은 호수를 건너기 위해서 분투하고 있는데, 화자는 이미 밤이 되었고, 예수님은 아직(οὔπω) 그들에게 가지 않으셨다(17ㄴ절)고 전한다. '아직'이란 단어는 예수님이 제자들에게 가실 것을 암시한다. 지금 제자들은 예수님 없이 어둠 속에 있다. 이 구절에서 육화한 말씀이 '세상의 빛'(8,12; 9,5; 12,46)이라는 신학적 의미를 지닌다고 보기도 한다.

제자들끼리 거친 바다와 싸우고 있었다. 육지에서 많이 떨어져 있는 그때 "예수님께서 '호수(원문에는 바다) 위를 걸어'(ἐπὶ τῆς θαλάσσης) 배에 가까이 오시는 것을 보고 두려워하였다"(19절). 밤에 어렵게 호수(바다)를 건넌다는 것, 폭풍, 그리고 제자들의 두려움은 신의 현현을 다룬 구약성경의 문학적 표현(창세 26,24; 이사 41,13-14 참조)과 바다의 위협을 제압하시는 주님의 권위(탈출 14-15장; 신명 11,4; 욥 9,8; 38,8; 이사 11,15; 23,11)라는 구약성경의 주제와 연결된다. 그러면서 이제 그들에게 들려줄 예수님의 말씀을 그 배경에서 듣도록 준비한다.

"나다. 두려워하지 마라"(ἐγώ εἰμι · μὴ φοβεῖσθε)(20절). 여기서 예수님은 제자들에게 신성을 드러내신다. 구약의 전승에 의하면 이 말씀은 하느님의 현존을 드러내는 관용구이다. 이스라엘 하느님의 길은 대해大海 위로 지나가는 길이다. "당신의 길이 바다를, 당신의 행로가 큰물을 가로질렀지만 당신의 발자국들은 보이지 않았습니다"(시편 77,20).

그래서 제자들은 진정하고 예수님을 배 안에 모셔 들이려고 했는데, 배는 이미 기적적으로 가려던 곳에 가 닿았다(21절). 가려던 곳은 건너편 카파르나움이었다(17절). 배가 즉시 원하던 곳에 상륙한 것 역시 육화한 말씀의 신성과 자연에 대한 초월성을 드러낸다. 자연의 힘, 파괴하는 힘이 하느님 아들의 행동을 막을 수 없다. 모든 방해물과 모든 거리를 넘는 것은 그분의 현존으로 충분하다.

앞에서 예수님 말씀을 수용할 때 기적이 발생하는 것을 보았다(2,1-12; 4,26-54; 5,2-9). 여기서도 현상으로 볼 때 성난 호수에서 카파르나움으로 가는 것은 불가능해 보였지만, 제자들이 "예수님을 배에 모셔 들이려 하는"(ἤθελον οὖν λα-βεῖν αὐτὸν εἰς τὸ πλοῖον) 것으로 해결되었다. '그분을 맞아들이려 하는(λαμβάνω αὐτὸν)' 자세와 원의와 의지를 드러내는 텔로(θέλω) 동사가 함께 사용되어 제자들의 마음을 대변한다. 떨어졌던 제자들과 예수님은 다시 만났다. 이는 예수님이 제자들에게 다가오시어, 당신을 "나다"(ἐγώ εἰμι)라고 계시하시고, 제자들이 그것을 받아들이는 것으로 표현되었다(16-21절). 빵과 물고기의 기적이 일어난 곳에 남아 있던 군중에게는 일어나지 않은 일이다. 군중이 표현했던 메시아 오해(14-15절)는 예수님의 자기 계시(20절)로 바로 잡히고, 제자들은 계시의 수취인이 된다(21절).

잠시 후 군중, 제자들, 예수님이 다시 모인다(22-24절). 예수님은 하늘에서 내려온 빵에 대한 담화를 전달하실 것이다(25-59절). 예수님에 관한 진실을 받아들인 제자들은 예수님이 유다인들과 군중에게 말씀하시는 동안 잠시 사라졌다가, 재등장할 것이다(60-71절). 그리고 그들의 신앙은 심사를 받게 될 것이다.

## 갈릴래아 호수 주변

갈릴래아 호수는 헤로데 안티파스가 갈릴래아 호수 남서쪽에 세운 수도 티베리아스의 이름을 따서 '티베리아스 호수'라고도 불렸다. 요한 복음서에서만 볼 수 있는 명칭이다(6,23; 21,1). 일반적으로 갈릴래아 호수의 동쪽 연안은 깊은 협곡으로 분리된 고지대로 형성되어 있다. 기상이 갑작스레 바뀌면 강한 바람이 협곡을 통해

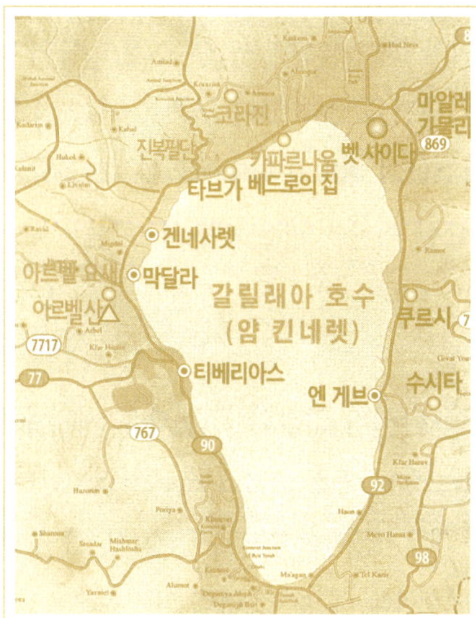


터널을 파듯이 불어 호수에 돌풍이 일고 파도가 친다. 호수는 남북으로 가장 긴 길이가 17-18㎞, 동서는 11㎞, 둘레는 대략 51㎞이다. "배를 스물다섯이나 서른 스타디온쯤 저어 갔을 때"(6,19)라면 육지에서 3.6-5.5㎞이다.

### 4) 하늘에서 내려온 빵에 대한 담화 6,22-59

#### (1) 예수님을 찾는 군중 6,22-24

이 대목은 요한 복음서에만 있다. 빵의 표징과 호수 위를 걸어서 제자들에게 오신 표징의 의미가 이 대목에서 심화되어 나타난다. 아울러 새 대목을 준비하는 역할을 하는 등장인물, 시간, 장소 등이 언급된다.

"이튿날, 호수 건너편에 남아 있던 군중은…"(22절). 빵의 기적에 참여했던 이 군중은 예수님의 대담자이자 이의를 제기하는 사람들로 카파르나움 담화에서 중요한 역할을 맡을 것이다. 이들은 주님께서 나누어 주신 빵을 먹은 사람들이다(23절). 군중의 관찰에 의하면 예수님은 제자들과 함께 떠나시지 않았다(22절). 또 배가 그 한 척밖에 없었고, 예수님은 제자들과 함께 배를 타시지 않았다. 그런데도 거기에 예수님이 계시지 않는 것을 알고서(24절) 군중은 놀라고 혼돈스러워한다. 사실 거기 배가 한 척밖에 없었던 것은, 공관복음서로 추정하면 군중은 육로로 그분을 따라나섰기 때문이다(마태 14,13). 그런데 제자들은 그 표징이 나타난 날과 이튿날 사이, 즉 밤에 예수님을 뵈었다.

그런데 티베리아스에서 배 몇 척이 가까이 와 닿았다(23절 참조). 그 당시 호수 주변 어느 마을에 배를 댈 수 있는 선착장이 있었을까? 여기서 복음사가는 티베리아스라고 전해 준다. 공관복음서에서는 겐네사렛을 말한다. "그들은 호수를 건너 겐네사렛 땅에 이르렀다"(마태 14,34); "그들은 호수를 건너 겐네사렛 땅에 이르러 배를 대었다"(마르 6,53). 제자들의 경우, 그들이 원하는 때에(밤이라도) 타고 저어 갈 수 있는 배가 있었다고 추정할 수 있다. 어부였던 전직을 감안할 때, 그리고 다시 복귀할 때 배를 사용한 것을 보면 그들이 실소유주일 가능성(21,3 이하 참조)도 있고, 누군가가 언제든지 사용하도록 허락해 준 배일 수도 있다.

"군중은 거기에 예수님도 계시지 않고(οὐκ ἔστιν ἐκεῖ) 제자들도 없는 것을 알고서"(24절). 거기는 주님께서 빵을 나누어 먹이신 곳이고, 군중이 예수님을 억지로 모셔다가 임금으로 삼으려 한 곳이다. 거기에 예수님이 더 이상 계시지 않는다. 제자들도 없다. 그들은 "예수님을 찾아 카파르나움으로 갔다"(ἦλθον εἰς Καφαρναοὺμ ζητοῦντες τὸν Ἰησοῦν)(24절). 여기에 '찾다'(제테오 ζητέω) 동사가 사용되었다. 배들은 출발 지점으로 되돌아간다. 티베리아스에서 온 배라면 나시 티베리아스로 갈 것이나. 티베리아스에 내려서 육로로 원하는 곳까지 간다. 어떤 방식으로 가든, 군중은 예수님을 찾아 간다. 이 군중은 마치 첫 제자들처럼 신앙이 가득한 것같이 보이지만, 사실 예수님을 믿지 않는다. 이어지는 이야기에서 곧 보게 되겠지만 그들의 호의는 표면적이며 단지 호기심일 뿐이다. 때는 '이튿날'이니 파스카 축제일에 더욱 가까워졌다.

여기서 그 전날의 놀라운 표징이 성사적 관점에서 소개된 것이 남다르다. 마치 성찬례의 행동처럼 묘사되었기 때문이다. "주님께서 감사를 드리신 다음 빵을 나누어 먹이신 곳"(23절). 앞에 나온 빵의 표징을 한 구절로 요약한 표현이다. 성경 본문은 굉장히 섬세하게 말을 골라 쓴다. 선택한 단어와 사용한 문장의 구성을 숙고하면 본문을 더 잘 이해할 수 있다. 이런 맥락에서 반복된 동사 '감사를 드리다'(에우카리스테오 εὐχαριστέω)를 초기 그리스도인들이 주님 만찬을 기념하는 예식에서 사용한 사실이 강조되며, 이 대목 전체를 성찬례의 독서로 보도록 이끈다.

### (2) 하늘에서 내려온 빵에 대한 담화 6,25-59

이 대목의 구분에 대해서는 의견이 분분하다. 하지만 여기서 군중의 질문에 예수님이 미드라쉬식으로 설교하며 풀이하는 문학 양식을 볼 수 있다. 군중이 알고 있는 성경 내용을 바탕으로 설명하는 방식이다. "'그분께서는 하늘에서 그들에게 빵을 내리시어 먹게 하셨다'는 성경 말씀대로, 우리 조상들은 광야에서 만나를 먹었습니다"(31절). 담화에는 이 구절의 단어들이 반복되어 나타난다. 같은 주제일지라도 군중은 계속 질문하고 설명과 담화는 꼬리를 물고 이어진다. 군중의 질문과 반응을 중심으로 세분해 보면 다음과 같다.

#### 라삐, 언제 이곳에 오셨습니까?(25-29절)

군중은 예수님을 보자마자 그들의 궁금증을 풀려고 한다. "라삐, 언제 이곳에 오셨습니까?"(25절) '스승'이란 호칭은 이들의 예수님 이해를 드러낸다(1,38.49; 3,2). 이 질문으로 예수님이 이곳에 현존하심은 평범한 일이 되어 버린다. 22절을 전제하면 이 질문은 상당히 논리적으로 보이나, 그들은 예수님에게서 '그 예언자'를 보고, 그분을 임금으로 모시려 하지 않았던가? 백성의 망각은 신기하기까지 하다. 그들의 예수님 인식은 아예 후퇴하였다.

예수님은 담화의 첫 발언에서 군중의 질문에 직접 대답하지 않으시고 그들이 예수님을 찾아온 까닭을 알려 주신다. "진실로 진실로" 반복하여 강조하시며 말씀하신다. "너희가 나를 찾는 것은 표징을 보았기 때문이 아니라 빵을 배불리 먹었기 때문이다"(26절). 24-26절에 '찾다'라는 동사가 세 번 나온다("예수님을 찾아 카파르나움으로 갔다"; "건너편에서 예수님을 찾아내고"; "너희가 나를 찾는 것은"). 이 동사의 반복 사용은 예수님을 찾는 행위가 중요함을 드러낸다. 그러나 관건은 찾는 동기이다. 그들이 예수님을 찾는 이유는 빵을 먹고 배불렀기 때문에 자연적인 필요를 충족시켜 주는 그런 기적을 행하는 이를 잃고 싶지 않아서이다. 욕구를 충족시켜 줄 수 있는 사람이라 붙들고 싶은 것이다. 스승은 그들이 빵의 기적에서 표징, 육화한 말씀의 영광과 그 초월성과 신적 본성을 드러내는 사건을 읽어 내지 못했음을 알고 있다. 예수님은 그들이 당신을 찾는 동기를 밝히면서 덜 이기적이고도 더 영적인 동기로 이끌려고 하신다.

여기에는 믿음이라는 단어가 아예 등장하지 않는다. 크나큰 기적 앞에서 군중은 기적을 통해 나가기보다 기적을 자기들 편으로 끌어들여 세속화하려 했다. 기적을 일으킬 수 있는 사람을 자기편으로 고정시키고 싶은 것이다. "임금으로 삼으려고 한다"(15절)는 말이 그러하다.

예수님이 말씀하신다. "너희는 썩어 없어질 양식을 얻으려고 힘쓰지 말고, 길이 남아 영원한 생명을 누리게 하는 양식을 얻으려고 힘써라"(27절). 이 구절은 공관복음서의 유혹 기사에 나온 대화를 떠올린다. "사람은 빵만으로 살지 않고 하느님의 입에서 나오는 모든 말씀으로 산다"(마태 4,4). 이 두 구절을 비교해 보면 '썩어 없어질 양식'과 '빵'이 병행하고, '길이 남아 영원한 생명을 누리게 하는 양식'과 '하느님의 입에서 나오는 모든 말씀'이 병행하여, 그 의미가 상통함을 드러낸다. "하느님의 입에서 나오는 말씀(ῥῆμα)"이신 예수님(λόγος)이 영원한 생명을 누리게 하는 양식으로 당신 자신을 주는 것과 일치한다. 그들이 피상적으로만 '찾으므로', 예수님은 좀 더 확실히 '추구하도록' 권하신다. 여기서 지상의 양식과 천상의 양식이 완전히 대조를 이룬다. 영원히 남는 신적 양식을 획득하라는 예수님의 권고는 굉장히 신비적으로 나타난다. 이어서 예수님은 말씀하실 것이다. 이 불멸의 양식을 얻기 위해서는 일해야만 하는데, 해야 할 유일한 그 일은 신앙이다. "하느님의 일은 그분께서 보내신 이를 너희가 믿는 것이다"(29절). 여기서는 육화한 말씀의 계시를 다루고 있는데, 그것은 영원한 생명으로 이끌고 완전한 구원을 이루며 깊은 신앙의 삶으로 동화시키는 계시이다.

앞에서 예수님이 말씀하신 양식과 이 대목에 나오는 양식(βρῶσις)이란 단어를 연결시켜 보는 것도 유용할 듯하다. "나에게는 … 먹을 양식이 있다(ἐγὼ βρῶσιν ἔχω φαγεῖν). 내 양식은(ἐμὸν βρῶμά) 나를 보내신 분의 뜻을 실천하고, 그분의 일을 완수하는 것이다"(4,32-34). "썩어 없어질 양식(τὴν βρῶσιν τὴν ἀπολλυμένην) … 길이 남아 영원한 생명을 누리게 하는 양식(τὴν βρῶσιν τὴν μένουσαν εἰς ζωὴν αἰώνιον)"(27절). 이 내용인즉 세상의 빵을 초월하는 양식이 있는데, 사람들은 그것을 목적으로 추구해야 하고, 그것을 위해 일해야만 한다는 것이다.

"그 양식은 사람의 아들이 너희에게 줄 것이다"(27ㄴ절). 대화를 시작하는 이 자리에서 예수님이 줄 신적 양식은 신비로 남아 있다. 뒤에 가서야 육화한 말씀이 장차 줄 선물, 세상에 생명을 주는 당신 살(肉)에 관한 것이라고 말씀하신다. 즉 수난과 죽음으로 인류를 위해 희생되는 사람의 아들의 위격으로, 먹어야만 하는, 다시 말해 깊은 신앙의 삶으로 동화해야만 하는 것이라고 명시하신다. "내가 줄 빵은 세상에 생명을 주는 나의 살이다"(51ㄴ절).

"하느님 아버지께서 사람의 아들을 인정하셨기 때문이다"(27ㄷ절). 이는 인간 예수님의 장엄한 축성, 곧 육화의 첫 순간부터 성령께서 내려오셔서 그분과 함께 머물며(루카 1,26-38; 3,21-22; 마르 1,9-11; 마태 3,16-17; 요한 1,29-34) 하느님의 아드님, 메시아임을 가리키는 것이다. 곧 하늘로부터 내려온 사람의 아들은 아버지 하느님에 의해서 확인, 입증되었다는 뜻이다. 그래서 사람의 아들은 영원한 생명의 말씀을 말하고 길이 남을 양식을 줄 수 있다는 것이다. 특히 아버지 하느님이란 표현은 파견된 사람의 아들이 곧 하느님의 아들임을 시사한다.

영원한 생명을 주는 양식은 사람의 아들이 그들에게 줄 것이다. 예수님, 사람의 아들은 하느님께서 보내신 유일한 계시자이며(3,13) 들어 올려짐으로써(3,14) 하느님을 알게 하신다(1,51). 그 계시의 수용 혹은 거부에 따라 심판이 올 것이다(5,27).

### 하느님의 일을 하려면 무엇을 해야 합니까?(28-29절)

불멸의 빵을 위해서는 힘써야 한다. 군중은 사람의 아들의 약속을 건너뛰려 한다. "하느님의 일을 하려면 저희가 무엇을 해야 합니까?"(ἵνα ἐργαζώμεθα τὰ ἔργα τοῦ θεοῦ;)(28절). 이 질문은 모세를 통하여 주어진 율법, 하느님께 직접 다가가게 하는 율법에 대한 유다인 신조에 달려 있는 질문이다. 율법의 일을 하는 것은 하느님을 기쁘게 하는 일을 의미한다. 군중의 질문은 일의 가치에 매인 그들의 사고방식을 드러낸다. 그들은 종말론적인 나라를 획득하기 위하여 많은 일을 할 필요가 있다고 생각한다. 번역에는 "하느님의 일"이지만, 원문은 '하느님의 일들'(τὰ ἔργα τοῦ θεοῦ)로 일이 복수 형태로 나와 있다. 그러나 계시자이신 말씀은 그것에 반대한다. 하느님 나라를 소유하기 위하여 필요한 일은 오직 하나뿐이다. “하느님의 일은 그분께서 보내신 이를 너희가 믿는 것이다”(29절). 여기는 분명히 “하느님의 일”(τὸ ἔργον τοῦ θεοῦ)로 단수이다.

신앙이란 인간에 의한 것인가, 하느님에 의한 것인가? “하느님의 일”이란 관용구를 언뜻 보면 하느님이 주체가 되어, 신앙을 허락하는 이도 하느님, 신앙을 움직이는 이도 하느님이라고 생각할 수 있다. 그러나 문맥에서 “하느님의 일들”과 “하느님의 일”을 병행시켜 보면, 이 해석은 그리 적당하지 않다. 28절에서 “하느님의 일들을 하는 것”의 주체는 갈릴래아 사람들이다. 하느님의 일들을 해야만 하는 주체는 보편적인 사람이다. 29절에서 예수님은 사람이 해야만 하는 ‘유일한 하느님의 일’은 ‘하느님이 보내신 이를 믿는 것’이라고 밝히신다. 신앙은 전적으로 인간의 일만은 아니다. 다음 구절에서 볼 수 있듯이(44.65절) 하느님의 선물이다. 하지만 만일 인간이 믿지 않으면 그에게 책임이 있다. 하느님의 선물에 스스로 동의하지 않고 거부할 수 있기 때문이다. 그러니 신앙은 동시에 인간이 하는 일이다.

파스카가 가까워 오듯이(4절 참조) 예수님은 하느님께서 보내신 사람의 아들을 통하여 주어지는 하느님의 선물이 있을 것이라고 가르치시는데, 그것은 인간적인 모든 양식을 능가한다. 이것을 얻기 위하여 ‘하느님께서 보내신 이를 믿는 일’은 영원한 생명을 누리게 할 것이다. 모든 담화의 핵심은 여기에 있다. 여기에 파스카 축제의 중요한 주제들이 모두 드러났다: 양식, 하늘에서 온 빵, 율법에 나타나는 하느님 계시.

### 무슨 표징을 일으키시어…(30-33절)

두 가지 질문이 던져졌다. “무슨 표징(σημεῖον)을 일으키시어 저희가 보고 선생님을 믿게 하시겠습니까? 무슨 일을 하시렵니까?"(τί ἐργάζῃ;)(30절) 이 질문은 그들이, 아버지께서 보내신 이를 믿는 것이 곧 예수님에 대한 믿음을 의미한다고 인식했음을 드러낸다. 그러나 군중은 예수님 말씀의 더 깊은 뜻을 이해하지 못하고 인간적인 보증을 요구한다. 그들의 신앙을 표징 위에 세우려고 하며 놀라운 일을 보고 싶어 한다. 그러나 예수님은 당신에 대한 무조건적인 순수한 신앙을 요청하신다.

군중의 말에서는 '보고, 믿다'는 두 동사가 두드러진다. 이와 관련하여 토마스의 말이 떠오른다. "…을 직접 보고, 내 손을 넣어 보지 않고는 결코 믿지 못하겠소"(20,25). 이로 인해 나중에 "보지 않고도 믿는 사람은 행복하다"(20,29)라는 예수님의 선언을 듣게 될 것이다. 사실 그들이 보고 싶어 하는 표징은 이미 행해졌다(빵의 기적). 그들이 깨닫지 못했을 뿐이다. 결국 '믿음'이란 스스로의 깨달음이다. 당연하게만 여기고 관심 두지 않았던 기존 사실을 새롭게 의식하는 것이다. 보지 않고도 믿는다는 것은 진리를 받아들인다는 것이다.

그들은 자신들이 모세 전승을 믿는 이유로 "'그분께서는 하늘에서 그들에게 빵을 내리시어 먹게 하셨다.'는 성경 말씀대로, 우리 조상들은 광야에서 만나를 먹었습니다"(31절)라고 밝힌다. 요한 복음사가에 의하면 광야에서 조상들에게 만나를 준 이는 누구인가? 구약성경에서는 의심할 여지 없이 하느님이라고 단언한다. 그런데 요한 복음의 인용에서는 주어가 생략되어 있으며, 32절에서 예수님은 하늘의 빵을 준 이가 모세가 아니라고 정정하신다. 이 말은 모세가 이 놀라운 표징을 했다고 유다인들이 생각하고 있음을 암시한다. 그래서 카파르나움의 이 군중이 그분에게 제2의 모세, 또는 모세를 닮은 종말의 그 예언자(신명 18,15)임을 드러내

보이라고 요구한다는 생각을 엿보게 한다.

유다이즘은 기적 전승을 확인하는 데 익숙하였다. 군중은 예수님께 그 전통을 따르도록 요구한다. 아니 오히려 더 따라야 한다고 본다. 그들의 신앙을 위하여 예수님이 행해야만 하는 표징으로, 갈릴래아 사람들은 이집트 탈출 때의 기적 중 하나를 언급한다. 예수님이 만나의 기적에 버금가는 표징을 보여야만 한다는 것이다. 이스라엘이 탈출 여정의 원체험을 뒤돌아보면서, 모세와 하늘에서 내려온 빵으로 이해된 만나를 연결하였다(탈출 16,4; 시편 78,24; 느헤 9,15; 지혜 16,20 참조). 율법의 선물과 함께 하늘에서 내려온 이 양식은 지혜 전승과 미드라쉬 전승 모두에서 확인되었다.

예수님은 "진실로 진실로"를 반복하며 모세를 지나치게 소중히 여기는 군중을 일깨우신다(32절). 그리고 만나를 모세가 그들에게 준 하늘의 빵이라고 선언하는 군중의 주장을 바로잡으신다. 사실 하늘에서 빵을 내려 준 이는 모세가 아니라 하느님이시다. 그런데 한 번 '주어졌던'(δέδωκεν-δίδωμι의 직설법 완료형) 그 선물을 능가하는 것이, 하느님께서 지금 '주시는'(δίδωσιν-δίδωμι의 직설법 현재형) 빵 곧 하늘에서 오는 참된 빵이다. 만나는 모세의 율법이라는 선물을 상징하는데, 그것은 하느님의 말씀을 담고 있으며 이스라엘 백성의 양식이다. 이 시나이 계시는 완전한 계시로, 그리고 주님의 생명과 의지의 완성된 표현으로 간주되었다. 요한 복음사가는 이 사고방식에 이의를 제기하며, 육화한 말씀이 하늘의 참된 빵, 즉 충만하고 완전한 종말론적인 계시의 신적인 빵이라고 선언한다. 영원한 생명은 모세의 선물도 아니고 율법에서 발견할 수 있는 것도 아닌, 아버지께서 주시는 그분 아들의 선물이라는 것이다.

그렇지만 이전에 주어졌던 하느님의 선물과 마찬가지로, 지금 하늘에서 내려온 참된 빵도 하느님께서 주신 선물이다. 위에서 내려오는 현재의 하느님 선물은 이스라엘에 생명을 주었던 율법과 달리 온 세상에 생명을 준다(33절). 여기에서 대비와 연속성이 모두 발견된다. 과거에 그것을 주신 분이 모세가 아니라 하느님이셨듯(32절), 지금 참된 빵을 주시는 분도 예수님의 아버지이신 같은 하느님이시다.

이 참된 하늘의 빵은 하느님의 거처에서 오는 사람이다. 즉 신적 생명의 유일한 계시자인 사람의 아들(3,13), 아버지의 뜻을 채우기 위하여 하늘에서 내려온 예수님(6,38), 그분이 하늘에서 내려온 빵이다(6,41.51.58). 이 신적인 빵이 세상에 생명을 준다. 이 말의 뜻은 비슷한 뜻을 가진 여러 말을 비교하는 데서 명확히 드러난다. 사실 스승의 가르침은 단 한 번에 이뤄지지 않는다. 여러 기회에 여러 종류의 사람을 대상으로 그들이 알아들을 수 있는 방법으로 예를 들어 가르치고 계시하신다. 그리스도는 생명이며(5,26), 그분의 살은 세상의 생명을 위하여 주어졌다(6,51). 그분은 세상의 죄를 없애는 하느님의 어린양이요(1,29), 세상의 구원자이다(4,42). 그분은 심판하기 위해서가 아니라 하느님의 사랑으로 인류를 구원하기 위하여 보내졌다(3,16-17). 그래서 모든 사람이 하느님의 아들 안에서 생명과 구원을 발견할 수 있다. 하늘에서 내려온 빵, 육화한 말씀의 구원 계시야말로 보편적이고 전체적이다.

### 선생님, 그 빵을 늘 저희에게 주십시오(34-40절)

"선생님, 그 빵을 늘 저희에게 주십시오"(34절). 유다인들의 마지막 대답은 예수님의 탁월한 말씀에 응답하는 것처럼 보인다. 군중은 그들에게 선포된 하늘의 빵을 바라고 있다. 이것은 사마리아 여인의 대답과 아주 유사하다. "선생님, 그 물을 저에게 주십시오"(4,15).

사마리아 여인이 이해한 물은 기적의 물이라 할지라도 지상적인 실재를 의미한다. 그녀는 물을 길으러 야곱의 우물에 매일 오는 수고를 덜고 싶은 것이지, 그 예언자가 계시하는 그분의 신성과 그분이 구원자임을 아직 믿지 못하고 있었다. 그와 유사하게 이 사람들도 예수님이 의미하는 하늘의 빵을 알아듣지 못하며, 단지 만나보다 좀 나은 지상 양식으로 여길 따름이다. 예수님이 그들을 살리기 위해 파견된 하느님의 아드님이라는 의미를 전혀 모른다. 그들은 그 빵을 늘(πάντοτε) 달라고 한다. 또다시 반복해서 받는 것이 아니라, 예수님은 그 빵의 최종적 선물로 자기 자신을 제시하는 것으로 대답하신다.

"내가 생명의 빵이다"(35ㄱ절). 예수님이 하느님의 빵에 관해 언급하면서 당신을 계시하시는 결정적인 말씀이다. 예수님은 당신이 누구인지보다 무엇을 할 것인지를 말씀하신다. 자신은 하느님의 빵으로서, 세상에 신적인 생명 곧 영원한 생명을 주는 "생명의 빵"이라는 것이다. 이 엄숙한 선언은 약속과 신앙을 가지라는 촉구로 이어진다. "나에게 오는 사람은(ὁ ἐρχόμενος πρὸς ἐμε) 결코 배고프지 않을 것이며, 나를 믿는 사람은(ὁ πιστεύων εἰς ἐμὲ) 결코 목마르지 않을 것이다"(35절). 선택된 백성 이스라엘에 국한된 한계는 사라졌다. 누구나 끝없이 지혜를 찾아야 하는 고충에서 이제 쉴 수 있다(이사 49,10; 집회 24,21 참조). 모세, 만나, 지혜 또는 토라는 충분한 양식을 제공할 수 없었다. 생명의 타는 갈증을 해소할 수 있는 유일한 사람은 육화한 말씀뿐이다. 그분만이 구원의 선물에 대한 허기를 충족시킬 수 있다. 그것을 얻기 위해서는 그분께 가야 하고 그분을 믿어야 한다. 하느님의 아드님을 향해 가는 것, 즉 신앙 행위는 육화한 말씀을 향해 삶의 방향을 정립하는 일이다.

"너희는 나를 보고도 나를 믿지 않는다"(36절). 그러나 예수님은 군중의 불신앙을 지적하신다. 유다인들은 자신을 하느님의 아들로 계시한 예수님의 말씀을 듣고 표징들을 보았음에도 불구하고 그분을 거부한다. 그들 눈앞에서 벌어진 빵의 기적에 참여(6,5-15)한 것이 그들의 신앙을 불러일으켰어야 했는데, 안타깝게도 그들은 신앙을 위한 이 가치 있고 유력한 도움의 기회를 이용하지 못했다.

이어서 유다인들이 믿지 못하는 원인을 설명한다(37-40절). 그들은 아버지께서 외아들에게 주신 사람들에 속하지 않으며, 그분은 맡겨진 이들을 하나도 잃지 않기로 결정했다는 것이다. 연쇄적으로 연결되어 있는 이 대목을 다음과 같이 나눠 보면 그 의미가 좀 더 명확히 드러난다.

- 37-38절

  ㄱ 아버지께서 나에게 주시는 사람은 모두 나에게 올 것이고

  ㄴ 나에게 오는 사람을 나는 물리치지 않을 것이다.

  ㄷ 나는 내 뜻이 아니라 나를 보내신 분의 뜻을 실천하려고 하늘에서 내려왔기 때문이다.

- 39절

  ㄷ′ 나를 보내신 분의 뜻은

  ㄴ′ 그분께서 나에게 주신 사람을 하나도 잃지 않고

  ㄱ′ 마지막 날에 다시 살리는 것이다.

- 40절

  ㄷ″ 내 아버지의 뜻은 또

ㄴ″ 아들을 보고 믿는 사람은 누구나 영원한 생명을 얻는 것이다.

ㄱ″ 나는 마지막 날에 그들을 다시 살릴 것이다.

세 번에 걸쳐 예수님을 파견하신 분의 뜻에 의해 이 모든 일이 이뤄지리라고 강조하는데, 점점 깊이 들어가며 의미를 뚜렷이 밝힌다. 예수님을 보내신 분, 파견된 예수님께 사람을 주시는 분은 하느님 아버지이시다(ㄷ-ㄷ′-ㄷ″). 파견된 분은 파견하신 분의 뜻을 따라 자신이 받은 그들을 물리치지 않고, 하나도 잃지 않으신다. 그리고 당신을 믿는 누구에게나 영원한 생명을 주신다(ㄴ-ㄴ′-ㄴ″). 여기서 하느님께서 아들에게 보내는 사람들이 할 본분은 열린 채로 남아 있다. 하느님께서 예수님께 보내는 사람은 그분에게 갈 것이고(ㄱ), 예수님은 당신에게 오는 사람을 누구나 다시 살릴 것이다(ㄱ′-ㄱ″). 즉 예수님께 가는 이는(ㄱ) 마지막 날에 다시 살 것이다(ㄱ″). 아버지께서 아들에게 주시어 그분에게로 갈 사람, 아들을 보고 믿는 사람들의 결단은 그들에게 달려 있다.

파견된 이는 아버지의 뜻을 채우신다. 그러나 아버지께서 아들에게 보내는 이는 그들 스스로 아버지의 뜻을 채워야 하는 몫이 남아 있다. 그 몫은 믿는 이들이 되는 것이다. 그것이 아버지께서 아들에게 보낸 이들이 아버지의 뜻을 채워 결단을 내린, 완성된 모습이다. 이해를 돕기 위해 다음 구절을 기억해 보자. "내 말을 듣고 나를 보내신 분을 믿는 이는 영생을 얻고 심판을 받지 않는다. 그는 이미 죽음에서 생명으로 건너갔다"(5,24). 영원한 생명은 이미 여기서부터 시작된다. 현재의 생명이 영원에 근거를 두고 살아갈 때 오는 충만함이 미래의 생명이다. 예수님으로부터 나오는 생명은 미래의 부활에 국한되지 않고 현재와 역사적 세계의 생명까지 포함한다. 10장과 11장에서 이에 대해 계속 이야기할 것이다.

예수님의 몫은 두 방향으로 펼쳐진다. 하느님 쪽으로는 그분의 뜻을 채우고, 사람 쪽으로는 살리는 일이다. 예수님이 사람들에게 이루고자 하는 것은 물리치지 않는 것, 하나도 잃지 않고 … 다시 살리는 것, 누구나 영원한 생명을 얻게 하고 … 다시 살리는 것이다. 이 세 가지 표현 중 '물리치지 않는다'와 '잃지 않는다'에서는 하느님 나라 또는 '양 우리' 표상이 떠오르며 결국 예수님과 함께 머문다는 의미가 드러난다. '다시 살리는 것'은 예수님을 통해 누리게 되는 생명이 부활 때 완성된다는 것을 뜻한다. ㄴ-ㄴ′-ㄴ″를 보면 점증적인 발전 단계가 보인다. ㄴ은 밖에서 안으로 들어오는 형태다(물리치지 않는다). ㄴ′에서는 이미 안으로 받아들인 상태를 전제로 하여, 잃지 않고 지킨다. ㄴ″에서는 그분에게 온다는 것을 그분을 믿는 것으로 표현한다. 믿는 사람은 그 자체로 영원한 생명을 얻는다. 온전한 의미는 세 번째 단락에서 찾을 수 있다. 예수님은 '나는 마지막 날에 그들을 다시 살릴 것이다'(40ㄷ절)라는 말씀으로 모두에게 보편적이고 영원한 생명을 약속하신다. 지상에서 순례하는 동안 백성을 보호하고 이끄는 율법의 시간적 측면도, 하느님과 이스라엘 사이에 맺어진 배타적 계약인 율법의 인종적 측면도 예수님 안에서 완전하게 되었다. 그분은 생명을 모두에게, 지금, 그리고 영원히 약속하신다.

### 그분을 두고 수군거리기 시작하였다(41-51절)

그동안 예수님과 군중, 보이지 않으나 그 자리에 있었을 제자들이 등장인물이었는데, 갑자기 '유다인들'이 등장한다. 그들은 하느님 아들의 지고한 계시 앞에서 민감한 반응을 보인다. "그분을 두고 수군거리기 시작하였다"(41절). 이 구절의 그리스어 문장에서 첫 단어는 '수군거리다'(공귀조 γογγύζω)이다. 여기서 처음으로 갈릴래아 사람들이 요한 복음사가에 의해서 불신앙자, 믿지 못하는 이들인 '유다인'으로 지칭된다. 이 사람들은 예수님의 계시 앞에서 수군거린다. 그들의 수군거림은 광야에서 이스라엘이 불평하고 수군거렸음(διαγογγύζω)을 연상시킨다(탈출 15,24; 16,2.7; 17,3 참조). 유다인들이 수군거리는 것은 예수님이 '나는 하늘에서 내려온 빵이다'라고 했기 때문이다. 예수님이 이렇게 한 문장으로 말씀하시지 않았지만 그들은 그분의 여러 말씀을 종합해서 파악한 것이다. 예수님은 "하느님의 빵은 하늘에서 내려와 세상에 생명을 주는 빵이다"(33절), "내가 생명의 빵이다"(35절), "하늘에서 내려왔기 때문이다"(38절)라고 말씀하셨다.

여기서 유다인들은 생명의 빵이라는 예수님의 선언보다 '하늘에서 내려왔다'는 말에 반감을 가진다. 이 자리, 카파르나움에 있는 청중은 갈릴래아 사람들이다. 예수님의 아버지와 어머니를 알기에 그 말에 그리 펄쩍 뛰는 것이다. "저 사람은 요셉의 아들 예수가 아닌가? 그의 아버지와 어머니도 우리가 알고 있지 않는가? 그런데 저 사람이 어떻게 '나는 하늘에서 내려왔다.'고 말할 수 있는가?"(42절) 이 말은 사실이다. 하지만 이들의 불평은 하느님 아들의 육화의 신비 앞에 선 인간의 걸림돌을 표현한다. '하늘에서 내려왔다'는 말은 공관복음서 특히 루카 복음서에서 성령으로 말미암은 동정녀 잉태의 또 다른 표현이다. 그들은 반감을 드러내고 있다. 더구나 예수님이 선언하시는 내용도 받아들일 태세가 되어 있지 않다.

반감을 가진 채 예수님의 말씀을 받아들이지 않는 유다인들은 그리스도론적 인식뿐 아니라 인간적인 면에서도 실수를 범한다. 한 사람의 이름이나 주소, 족보를 안다고 해서 그 사람의 신비를 다 아는 것은 결코 아니다. 한 사람을 호적상의 기록에만 국한시키는 것은 하느님의 모상으로, 하느님을 닮게 창조된(창세 1,26-27) 그에게서 하느님을 제외시키는 일이다. 또한 사람의 역사가 변함을 간과하는 것이기도 하다.

이 대목은 35-40절에서 보았던 것과 일맥상통하는데 소극적인 관점에서 이야기한다. 청중의 수군거림으로 긴 담화를 잠시 중단했다가(41-43절), 앞서 말했던 내용을 다시 종합 반복하며 청중인 유다인들이 보인 반응을 참작하여 부연 설명하는 대목이다(43-46절). 하느님께서 보내는 이들에 대해 행동의 선택은 열려 있다고, 앞에서 말했던 부분(35-40절)에 초점이 맞춰진다. 즉 파견된 이가 아버지의 뜻을 채우는 부분이 아니라 이제는 아버지께서 파견된 이에게 보내는 이들에 관한 이야기이다. 두 군데를 비교해 보자.

- 37절: 아버지께서 나에게 주시는 사람은 모두 나에게 올 것이고, 나에게 오는 사람을 나는 물리치지 않을 것이다.
- 39절: 나를 보내신 분의 뜻은, 그분께서 나에게 주신 사람을 하나도 잃지 않고 마지막 날에 다시 살리는 것이다.
- 44절: 나를 보내신 아버지께서 이끌어 주지 않으시면 아무도 나에게 올 수 없다. 그리고 나에게 오는 사람은 내가 마지막 날에 다시 살릴 것이다.

위에서 보듯이, 이 이야기의 주제는 '예수님에게 오는 이들'이다. 그래서 예수님은 당신의 신비로운 기원에 대해서는 설명하지 않는다. "너희끼리 수군거리지 마라"(43절)며 간단히 일축해 버리고 담화를 계속 이어가며 하느님에게 배울 것을 촉구하신다. 모세도 불평하는 이스라엘에게 말했다. "너희는 우리가 아니라 주님께 불평한 것이다"(탈출 16,8). 예수님도 아버지를 가리키며, 아버지와 당신의 기원에 근거한 당신의 역할을 설명하면서 '유다인들'의 수군거림을 야단치신다(44절).

'예수님께 오는 사람'에 대해서 아들에게 준다고 표현하지 않고, 사람들 편에 서서 "아버지께서 이끌어 주지 않으시면"이라고 표현한다. 예수님을 믿기 위해서는 하느님 아버지의 이끄심이 필요하다. "'그들은 모두 하느님께 가르침을 받을 것이다'라고 예언서들에 기록되어 있는" 그때부터 유다인들이 이 이끄심에서 제외된 적은 없다. 예수님은 오히려 그들이 "아버지의 말씀을 듣고 배운 사람"(45절) 사이에 있기를 요청하신다. 이 구절은 "너의 아들들은 모두 주님의 제자가 되리라"(이사 54,13)를 자유롭게 인용한 것이다. 유다인들은 하느님께 교육받도록 하느님의 말씀을 들어야 한다. 하느님은 율법을 통하여 이스라엘을 가르치셨는데, 예수님은 하느님께 배운 사람은 모두 당신께 온다고 선언하신다. 하느님의 가르침은 모든 사람에게 주어져(45ㄱ절) 모든 이를 예수님께 이끈다(45ㄴ절). 앞에서(35-40절) 언급된 보편성이 여기서 반복된다. 신앙은 하느님께 이끌리는 이들에게 주시는 선물이라는 것이다. 인간의 자기 책임을 부정하지 않으면서 신앙의 근거를 아버지의 신적 행동에 둔다.

이때 "아버지의 말씀을 듣고 배운 사람은 누구나 나에게 온다"는 말씀은 세례자 요한처럼 미리 듣고 예수님을 알아보는 것이 아니라, 예수님을 통하여 계시를 들을 때 하느님의 뜻이 그렇게 작용한다는 말이다. "그렇다고 하느님에게서 온 이 말고 누가 아버지를 보았다는 말은 아니다.

하느님에게서 온 이만 아버지를 보았다"(46절). 다시 말해 육화한 말씀 없이는 신적인 가르침이 이뤄지지 않음을 명백히 한다.

이제 예수님은 결론의 서두에서 믿음을 촉구하며 믿음의 결과를 간략하게 말씀하신다. "믿는 사람은 영원한 생명을 얻는다"(47절). 이어서 담화의 첫 동기가 되었던 빵의 기적과 만나를 상기하며 하늘에서 온 두 가지 빵을 비교하여 담화를 정리한다.

ㄱ 48절 나는 생명의 빵이다.

ㄴ 49절 너희 조상들은 광야에서 만나를 먹고도 죽었다.

ㄱ′ 50절 그러나 이 빵은 하늘에서 내려오는 것으로, 이 빵을 먹는 사람은 죽지 않는다.

예수님의 인격 안에서 하늘에서 내려온 빵은 영원한 생명을 약속한다. 그 빵을 먹는 이는 죽지 않는다. 이 말씀은 51절에서 아주 비슷하게 되풀이된다. 모세는 만나를 가리키며 "이것은 주님께서 너희에게 먹으라고 주신 양식이다"(탈출 16,15)라고 말했다. 마찬가지로, 예수님은 당신을 가리키며 '이것은 (하늘에서 내려온) 빵이다'(50절)라고 하신다. 모세의 빵은 생명을 낳지 못했고(49절 참조), 심지어 모세도 죽었다(신명 34,5-8 참조). 이제 모세를 능가하는 빵이 있다.

- 50절 οὖτός ἐστιν ὁ ἄρτος ὁ ἐκ τοῦ οὐρανοῦ καταβαίνων
- 51절 ἐγώ εἰμι ὁ ἄρτος ὁ ζῶν ὁ ἐκ τοῦ οὐρανοῦ καταβάς·

예수님은 자신을 "하늘에서 내려온(καταβάς: 내려오다 καταβαίνω의 원과거 분사형) 살아 있는 빵"(51절)과 동일시하신다. 여기서 '내려왔다'는 말씀은 그 주장의 시초를 상기시킨다. '말씀이 사람이 되셨다(ἐγένετο: 되다 γίνομαι 동사의 원과거)'(1,14). 두 군데 모두 기동사起動詞 원과거가 쓰였다.

이렇게 예수님은 '이것은 빵이다. … 나는 빵이다'라고 당신을 거듭 소개하신다. 빵이라고 하는 그분은 이제 더욱 놀라운 약속을 하신다. "내가 줄 빵은 세상에 생명을 주는 나의 살이다"(51ㄷ절). 하늘에서 내려오는 참된 빵은 세상의 생명을 위하여 자신을 조건 없이 내놓으시어 하느님을 알게 할 것이다. 이것은 언제 어떻게 일어날 것인가? 앞에서 밝힌 어둠과 빛의 만남(1,5 참조), 예수님의 때(2,5 참조)와 그분 존재의 들어 올려짐(3,14 참조) 사이에서 이뤄질 미래의 만남을 가리키는 진술에서처럼, 예수님이 당신 살을 주신다는 말씀 역시 신비로 가득하다. "내가 줄 빵"이라고 하여 미래의 행동을 표현한 이 어구에서, 세상의 생명을 위해서 자신을 바칠 예수님의 죽음을 엿볼 수 있다. 예수님은 유다인들에게 죽임을 당할 것이다. 그들은 성전에서 이미 그분을 거부하였고(2,13-23), 죽이려고 하였다(5,18). 그래서 이 구절은 생명의 빵에 관한 주제를 마무리하는 동시에 본격적으로 성체성사에 관해 가르치기 시작한다. "내 살"(ἡ σάρξ μού)에서 '살'은 '몸'으로 대치될 수 있는 용어다. 공관복음서와 바오로는 '몸'(소마 σῶμα)이란 용어를 쓰나(1코린 11,24 참조), 요한 복음서는 셈족어의 느낌을 주며 육화와 성체성사의 관계를 시사하는 '살'(사륵스 σάρξ)이란 용어를 쓴다.

### 저 사람이 어떻게 자기 살을 우리에게 먹으라고 줄 수 있단 말인가?(52-59절)

앞에서는 알아들을 수 없자 수군거리더니(γογγύζω)(41절), 이제는 드디어 말다툼을 한다(μάχομαι). 유다인들 사이에 벌어진 말다툼은 예수님의 제안(51절)을 거부하고 반감을 노골적으로 드러내는 것이다. "저 사람이 어떻게 자기 살을 우리에게 먹으라고 줄 수 있단 말인가?"(52절) 이 문장은 그리스어 "어떻게"(πῶς)로 시작한다. 예수님 말씀을 전부 불신하는 첫마디다. 그런데 예수님은 이 질문을 토대로, 하늘에서 내려온 참된 빵으로 당신 자신을 주시어 하늘에서 내려온 모세의 빵을 완성한다고 담화의 결론을 내리신다. 그 질문은 물리적 영역 너머로 갈 수 없어 예수님의 약속을 오해한 데서 나왔다. 유다인들이 드러낸 어려움은 성령으로 새로 나지 않은 상태에서 자연의 논리로만 추리하는 인간의 어려움이다. 지금 카파르나움에서 벌어지는 상황과 구조는 니코데모와 대화할 때와 비슷하다. 불평하고 이의를 제기하는 점에서 특히 비슷하다. 자연 본성에 맡겨진 사람은 결코 육화한 말씀의 차원에 다다르거나 깨달을 수 없다. 도무지 신앙으로 그분의 계시를 받아들일 수가 없다. 이 구절을 통해서 예수님은 본격적으로 성체성사에 관해 교육하신다.

카파르나움 담화의 마지막 대목에서, 예수님은 당신 살을 먹는 주제를(51절) 다시 취하여 그 의미를 명백히 하면서 숨어 있는 깊은 뜻을 드러내신다. 연쇄적 구조로 연결된 53-56절의 기본 요소는 '예수님의 살을 먹고 그분의 피를 마시는 것', 그 행동의 구원 효과로 '영원한 생명을 산다' 또는 '그리스도 안에 머무른다'이다. 기본 주제가 지닌 구성 요소는 셋이다. ㉠ 하느님 아들의 살을 먹는다. ㉡ 그분의 피를 마신다. ㉢ 생명을 얻기 위하여, 즉 그분의 신격 안에서 친밀한 통교 안에 있기 위하여 그렇게 한다.

- 53절: 너희가 사람의 아들의 살을 먹지 않고 그의 피를 마시지 않으면, 너희는 생명을 얻지 못한다.
- 54절: 내 살을 먹고 내 피를 마시는 사람은 영원한 생명을 얻고, 나도 마지막 날에 그를 다시 살릴 것이다.
- 55절: 내 살은 참된 양식이고 내 피는 참된 음료다.
- 56절: 내 살을 먹고 내 피를 마시는 사람은 내 안에 머무르고, 나도 그 사람 안에 머무른다.

예수님은 처음에 소극적인 양상으로 그리스도의 살을 먹고 그 피를 마셔야 할 필요를 말씀하신다. 먹지 않고, 마시지 않으면 생명을 얻지 못한다고 이르신다(53절). 니코데모와의 대화에서 "성령으로 태어나지 않으면 하느님 나라에 들어갈 수 없다"(3,5; 참조 3,3)고 하신 말씀과 비슷하다. 셈족 언어에서 '살과 피'는 인간 전체를 가리킨다. 예수님은 유다인들의 불평을 들으시고도 당신 살을 먹어야 하는 필요성에 대해 완화하여 말씀하시지 않는다. 오히려 정도를 더 높여 살을 먹는 행위에다가 피를 마시는 것까지 더하신다. 스승의 말씀은 단지 계시의 내면화를 가리키기 위한 은유적인 의미라고만 할 수 없는 현실성이 강조되며, 무려 네 차례나 반복된다(53-56절). 살아 있는 물을 마시고 생명의 빵을 먹는 행위는 예수님 말씀에 동화되고 내적으로 스며들어가는 것을 매우 세련되게 나타내는 이미지다.

정중한 동사 '먹다'(53절 ἐσθίω)에서 이로 물질을 씹는 것을 나타내는 동사(54.56절 τρώγω)로 옮기면서, 예수님은 실제로 먹는 체험을 한층 강조하신다. 지금 끔찍한 죽음으로 분리되는 살과 피를, 당신 자신을 선물로 내놓으시는 순간으로 연결하신다. 예수님, 사람의 아들은 당신을 부정하고 적대하는 적들과 만나고, 그 결과 그분의 몸은 부서지고 피는 쏟아지게 될 터인데(6,53-54), 그것을 통하여 자신의 전부를 세상의 생명을 위하여 주실 것이다(51ㄷ절).

파스카 축제의 맥락에서 이 대목에 사용된 말들이 어찌나 거칠고 강한지, 성체성사에 집중하지 않을 수 없다. 예수님은 "내 살은 참된 양식이고 내 피는 참된 음료"(55절)라고 강조하신다. 이 표현은 당신이 말씀하신, 사람의 아들이 줄 양식을 상기시킨다(27절). 성찬례를 설정하는 동안 예수님은 제자들에게 정확하게 그 빵을 먹는 것은 당신 몸을 먹는 것이며 그 포도주를 마시는 것은 당신 피를 마시는 것이라고 설명하셨다(마태 26,26-30; 마르 14,22-25; 루카 22,15-20; 1코린 11,23-25). 성찬례는 결코 신앙과 떼어낼 수 없고 오히려 신앙의 생생한 표현이다. 영원한 생명을 얻기 위한 조건은 명백하다. 그분의 살을 먹고 그분의 피를 마시는 것이다. 성체성사의 선물을 취한 이만이 생명의 약속을 얻게 된다. 이는 우리를 위해 죽으신 예수님의 은혜를 우리가 온전히 받는다는 뜻이다. 그리스도와 인격적으로 일치한다는 것이다. 따라서 먹고 마시는 그 행위 자체가 중요한 것이 아니라, 먹고 마시어 그리스도와 일치를 이루는 결속 관계가 중요하고 의미 있다. 이것은 다음 절에서 좀 더 확실하게 드러난다.

그동안 '하늘에서 내려온 빵, 생명의 빵, 하느님의 빵' 등으로 표현된 말과 상징적인 "살"과 "피"의 이중적인 표현이 이제 '나'라는 인격적 표현에 통합되어 '나를 먹는다'로 언급된다. "나를 먹는 사람도 나로 말미암아 살 것이다"(57절). 예수님은 '나를 먹는 것'의 의미를 아버지, 나, 그리고 나에게 오는 이들의 상호 관계로 설명하신다. 예수님을 먹는 우리와 예수님이 맺는 관계의 모범은 예수님과 그분 아버지의 관계에서 찾아야 한다. 당신 안에 생명을 지니시기에 살아 계신 아버지(ὁ ζῶν πατὴρ)는 아들을 파견하여 그 안에 생명을 가지도록 하셨다. 그래서 '아버지로 말미암아 아들이 산다'(κἀγὼ ζῶ διὰ τὸν πατέρα). 마찬가지로 아들도 이제 성체성사에서 자기를 먹는 신앙인, 곧 자신을 믿고 받아들이는 이에게 생명을 주어 '자기로 말미암아 살도록'(κἀκεῖνος ζήσει δι' ἐμέ) 해 준다. 그리하여 성사적으로 '먹는다'는 것은 하느님에게서 파견된 그리스도와 살아 있는 결속 관계 및 인격적 일치를 이루는 특별한 방법 내지는 방식이라고 시사된다.

## 미드라쉬

70년에 예루살렘은 파괴되었지만 야브네에 있는 유다교 교육기관은 유지될 수 있었다, 뛰어난 라삐들이 배출되어 예시바 또는 베트 미드라쉬라고 부르는 학원에서 율법을 가르쳤다. 율법에 관한 라삐들의 가르침이 전승되었고, 220년 라삐 예후다 하나시가 이를 집대성하여 〈미슈나(Mishnah)〉를 완성하였다. 그 뒤에도 현자들은 구전 율법을 연구하고 발전시켜 미슈나의 내용을 거듭 토론하고 주석을 달았다. 시대마다 다른 상황에서 행해진 연구와 주석이 거듭되어 그 양이 방대하게 늘어나 정리된 것이 '게마라(Gemara)'이다. 미슈나와 주해인 게마라를 합친 것이 〈탈무드〉다. 미슈나는 히브리어, 게마라는 아람어로 쓰였고, 저자도, 저작 연대도 300년이나 차이 난다. 유다 현자들은 이 외에도 많은 문헌을 집필하였는데 그것을 통틀어 라삐 문학이라 한다. 그중에 중요한 것이 미드라쉬(Midrash)다. 이것은 성경 본문에 대한 주해인데, 성경 본문을 문자 그대로 읽는 방법에서 나아가 숨겨진 의미를 '조사한'(다라쉬) 것이다. "이또 예언자의 주석서(버 미드라쉬 בְּמִדְרַשׁ)에 쓰여 있다"(2역대 13,22). "임금들의 실록 주석서(알 미드라쉬 רַשׁ עַל-בְּמִדְ)에 쓰여 있다"(2역대 24,27).

미드라쉬는 크게 두 종류로 나뉘는데, 할라카식 미드라쉬는 토라를 학문적인 방법으로 연구한 구전 율법 곧 할라카이고, 하가다식 미드라쉬는 설교나 교화를 목적으로 히브리 성경(Tanakh)을 이야기식으로 풀이한 것이다.

## 5) 빵의 담화 후 생긴 위기 6,60-71

### 많은 제자가 떠나다(60-66절)

예수님 말씀에 대한 수용과 거부의 가능성은 서곡에서부터(1,11-13 참조), 그 이후(3,11-21.31-36 참조) 카나에서 다시 카나에 이르기까지(2,1-4,54), 여행의 핵심으로 형성된 말씀에 응답한 여러 사례에서 반복적으로 점검되었다. 하늘에서 내려온 빵에 대한 예수님의 담화가 마무리되자, 호숫가에서 그분을 뵙고, "나다"(ἐγώ εἰμι)라는 자기 계시를 듣고 안전하게 뭍에 내린 이들(16-21절)이 그분을 떠난다(60-66절).

제자들은 결정적인 순간에 다다랐다. 그들은 폭풍 가운데 있었던 예수님의 자기 계시(20절)에 대해 특전을 가진 수취인이었다. 그런데 지금 그들은 예수님 말씀을 수용할 수 없는 것으로, 가혹하고, 참을 수 없는 것(σκληρός 60ㄴ절)으로 대한다. 이 말씀에 대해 도저히 들을 수가 없다고 한다. 예수님의 제자들 중 많은 이가 스승의 담화에 대해 불평하는 모습은 유다인들의 반응과 별다르지 않다. 이 둘의 행위를 묘사하는 데 '불평하다, 수군거리다'(공귀조 γογγύζω)라는 동사를 똑같이 사용하였다(6,41.43.61).

이 두 집단은 이미 니코데모가 했던 것처럼 "누가 들을 수 있겠는가?", "어떻게 할 수 있는가?"라는 질문으로 그들의 불신앙을 드러낸다. "이 말씀은 듣기가 너무 거북하다. 누가 듣고 있을 수 있겠는가?"(60절) 이는 당시의 많은 그리스도인도 유다인들처럼 생명의 빵에 관한 예수님의 말씀과 성체성사에 관한 가르침을 알아듣기 어렵다며 믿음으로 받아들이려 하지 않았음을 시사한다. 예수님이 이미 가르치신 것은 새로운 가르침을 이해하는 바탕이 된다. 성령으로 새로 태어나야 영으로 하는 이 말씀을 알아들을 수 있다.

예수님은 제자들에게 당신 말씀이 믿기 어려울 정도로 그렇게 마음에 걸리는지 다시 물으신다. "이 말이 너희 귀에 거슬리느냐?"(61절) 그러면서 지상에서 당신의 마지막 사건을 언급하신다. "사람의 아들이 전에 있던 곳으로 올라가는 것을 보게 되면 어떻게 하겠느냐?"(62절) 사실 이 말씀의 원문은 불완전한 문장으로 끊겨 있다("올라가는 것을 본다면?"). 그러면 '걸림돌이 아님을 알게 될 것이다' 또는 '더 큰 걸림돌이 될 것이다'로 볼 수 있다. 어쨌든 대답을 기대하며 던지신 질문은 아니다.

예수님은 특별히 그들에게 다른 말씀으로 직접 도전하신다. 그분은 토라의 선물에 나타난 하느님의 계시를 능가하는 방법으로 하느님을 알게 하겠다고 선언하신다. 여기서 "사람의 아들"의 사용은 나자렛 예수님의 인간적인 수난 사건, 십자가 사건 가운데 나타난 하느님 계시를 가리킨다. 그분은 하늘에서 내려온 참된 빵이다. 그분은 제자들에게 당신 말씀이 결정적인 하느님의 계시라는 그 이상의 지지를 볼 수 있을 것이라고 제안하신다.

카파르나움 담화 전체에서 예수님은 하늘에서 내려온 빵으로 자신을 가리켰다(32-33.35.38.51절). 유다인들이 그분의 기원에 관해 질문했을 때(41-42절), 하늘에서 왔다고 확언하셨다(46-47절). 사람의 아들은 하늘에서 왔다(3,13). 제자들은 어쩌면 전통적인 계시자인 아브라함, 모세, 이사야, 그리고 에녹이 승천한 것처럼, 그분이 하늘로 오르는 것을 보고 싶어 할 수도 있다. 파스카 축제의 맥락에서, 특히 토라를 받은 모세가 승천했다는 유다인 전승을 배경으로 할 수 있는 질문이다. 그런데 예수님은 모세가 말하고 행동한 모든 것을 능가한다. 사실 육화한 말씀은 부활하신 후에 아버지께 올라가시어(20,17), 거기에서 이 세상이 생기기 전부터 갖고 계시던 영광을 받으실 것이다(17,5.24).

"영은 생명을 준다. 그러나 육은 아무 쓸모가 없다"(τὸ πνεῦμά ἐστιν τὸ ζῳοπο - ιοῦν, ἡ σὰρξ οὐκ ὠφελεῖ οὐδέν)(63절). 스승은 제자들이 불신앙에 머무는 이유를 밝힌다. 그들은 영이 자신들에게 생기를 주도록 맡기지 않는다. 바꿔 말하면 성령으로 다시 나기를 원하지 않고 "육"의 지배를 받는다. 즉 그들은 '육'에 의한 본성과 본능의 노예로 살고 있다. 그래서 하느님의 아들이 계시하는 최고의 신비를 받아들일 수 없다. 요한 복음서에서 "육"이라고 할 때는 구원되지 못한 어둠의 세계를 표상한다. 오늘날 우리가 생각하는, 인간을 구성하는 단순한 '몸' 개념이 아니다. 그렇다고 해서 오늘날 이해될 수 없는 말은 아니다. 이 표현의 기본 바탕은 사람의 실재實在가 육肉과 영靈, 어느 하나로만 구성되지 않았다는 사실이다. 따라서 영의 차원에서만 이해되어야 하는 것들이 있음을 인정해야 한다.

제자들은 예수님이 그들의 기대를 채워 주기를 바란다(62절). 그분은 육의 피상성이 아니라(63ㄴ절) 오직 영이 생명을 주는(63ㄱ절) 만큼 그들의 무가치한 허식을 거부하신다. 중요한 것은 예수님 말씀을 통하여 말씀 안에서 하느님의 계시로 제자들에게 제공된, 영의 생명을 주는 힘이다(63절). '영'과 '생명'이라는 개념을 고려하여 제자들이 알아듣기 어렵다고 생각한 예수님의 말씀을 알아들어야 한다. 곧 예수님 말씀을 '영'과 '생명'을 지닌 영적인 말씀으로 받아들이고 육적인 말씀, 곧 인간적인 말로만 판단하지 않는다면 이 말씀을 올바르게 이해할 수 있다. 오로지 성령만이 예수님의 지고至高의 계시를 받아들일 수 있게 이끈다. 예수님의 말씀이야말로 영이며 생명이기 때문이다(63절).

스승은 제자들 중에서 "믿지 않는 자들이 있다"(64절)고 하시며 말씀을 끝맺는다. 예수님이 확인하시는 제자들의 상황이다. 스승은 이 말씀으로 제자들이 믿음을 갖도록 촉구하며 호소한다. 복음사가는 예수님이 처음부터 모든 것을 알고 계신다고 재차 언급한다. "처음부터"는 제자들을 부르신 첫 순간을 말한다(1,35 이하; 16,4 참조). 제자들을 만난 첫 순간부터 배반자를 알고 있었다는 것이다. 복음사가는 마지막으로 제자들의 불신앙의 동기를 앞에서 하신 예수님 말씀을 인용하여 밝힌다. "그렇기 때문에, 아버지께서 허락하지 않으시면 아무도 나에게 올 수 없다고 너희에게 말한 것이다"(65절; 참조 44절). 참된 제자는 아버지께서 아들에게 이끌어 주시는 사람이며 그 아들을 믿는 사람이다. 그 사람을 제자가 되게 하는 것은 정보가 아니라 예수님 말씀 안에서 알게 된 아버지께 영으로 드리는 응답이다.

제자들의 이 부정적인 응답 뒤에는 초기 그리스도교의 체험이 있으며, 모든 시대의 그리스도인들에게 있을 수 있는 일이다. 요한 공동체의 구성원 일부는 예수님이 하늘의 계시자인 모세 모델에 부합하기를 바랐을 것이다. 그분이 그들의 기대에 부응하지 않았을 때 그들은 "되돌아가고 더 이상 예수님과 함께 다니지 않았다"(66절). 믿지 않는 제자들의 영적인 위기에서 비롯된 결과이다. 그들은 스승을 버리고 떠난다. 공관복음서에서 더 뚜렷하게 드러나는데, 예수님에게서 물러간다는 것은 더 이상 제자가 아니라는 뜻이다.

## 베드로의 고백과 예수님의 경고(67-71절)

많은 제자의 변절 후에 예수님은 더 가까운 제자 열둘에게 질문하며 시험하신다. "너희도 떠나고 싶으냐?"(67절) 그분은 빵의 기적의 의미와 '생명의 빵'에 대한 가르침을 마친 다음에 제자들에게 선택을 촉구한다. 기적을 베풀어 필요한 욕구를 충족해 주는 '임금'이 아니라 자기 살과 피를 나누어 주는 '빵'으로 사는 길을 제시하는 예수님을 계속 따르겠는가? 아니면 물러가고 싶은가? 응답의 가능성은 열려 있다. 독자도 이에 대답해야 한다.

'열둘'이란 용어가 공관복음서에서는 자주 언급되는데 반해, 요한 복음서에서는 오직 여기와 부활한 그리스도가 토마스에게 나타나는 이야기(20,24)에서만 볼 수 있다. 열둘은 예수님의 열두 사도, 즉 당신 제자들 가운데서 더욱 친밀한 범위의 사람들을 가리킨다.

예수님의 도전적인 질문에 대한 답은 시몬 베드로에게서 나온다. 그는 열두 제자의 이름으로 육화한 말씀에 대한 신앙을 고백한다. 시몬 베드로는 공관복음서뿐 아니라 요한 복음서에서도 제일 영향력 있는 제자로 나타난다. 이 고백을 보면 시몬 베드로가 예수님의 계시를 온전히 받아들이고 있음을 알 수 있으며, 또한 아버지께서 믿는 제자들을 예수님께 이끄시는 데 실패하지 않으셨음을 드러낸다.

- 68절: "주님, 저희가 누구에게 가겠습니까? 주님께는 영원한 생명의 말씀이 있습니다."
- 69절: "스승님께서 하느님의 거룩하신 분이라고 저희는 믿어 왔고 또 그렇게 알고 있습니다."

시몬 베드로는 예수님의 말씀을 온전히 수용하며, 예수님이 열둘에게는 유일한 중심이라고 말씀드린다(68ㄱ절). 그는 "내가 너희에게 한 말은 영이며 생명이다"(63절)라는 예수님의 말씀을 기억할 뿐 아니라 그들이 그동안 줄곧 체험해 온 것을 말씀드린다. "저희는 믿어 왔고(πεπιστεύκαμεν) 또 그렇게 알고(ἐγνώκαμεν) 있습니다"(69절). 믿다(πιστεύω)와 알다(γινώσκω) 동사의 직설법 완료 시제를 써서, 그들이 예수님을 믿는 데 이르렀고 그 신앙과 앎으로 살고 있다고 고백한다. 그리하여 베드로는 열둘의 이름으로 말한다. '당신은 하느님의 거룩하신 분이십니다.' 이야기의 첫머리에 등장한 인물이 올바른 이유(그분의 기원)로 예수님에 대한 믿음을 표현한 것이다.

그런데 이 열둘에서도 실패는 가능하다. 스승은 배반자를 공표한다. 열두 제자가 신적인 부르심을 받은 것은 사실이지만 그중 하나는 악마다(70절). 예수님을 따르는 사람들 가운데도 죽음의 계획에 몸 바치는 사람이 있다. 사실 악마는 유다가 예수님을 배반하도록 유혹하고 그의 마음속에 들어갔다(13,2.27). 요한 복음서는 예수님이 당신의 제자들을 뽑았다고 두 번이나 이야기하지만(6,70; 13,18) 공관복음서처럼 열두 제자를 선별하는 이야기를 따로 하지 않는다. 71절에서 복음사가는 예수님을 배반할 제자를 확인하며 예수님 말씀을 증언한다. 육화한 말씀의 지고至高의 계시 중 하나를 담고 있는 6장은 이렇게 무척 슬픈 정보를 남기고 끝난다.

## 마무리

파스카 축제는 6장의 연대기적, 문학적, 신학적 배경을 제공한다. 예수님은 유다인들이 광야 생활 동안 하느님이 베푸신 만나의 선물을 기념하는 파스카 축제를 부정하지 않으시되, 만나와 율법의 선물을 넘어서는 양식으로 당신을 소개하신다. 율법을 통한 하느님 계시는 역사에 나타난 하느님의 마지막 행동이 아니다. 유다인들과 많은 제자가 모세 전승에서 더 멀리 나가지 못했다. 그들에게 모세, 만나, 율법이 지닌 모든 가능성은 소진되었다. 1세기 말 그들의 전통적인 사제직, 전례, 그리고 성전은 박탈되었다. '유다인들'은 율법에 초점을 맞추었으나 요한 공동체는 예수의 선언을 수용하도록 요청받았다. "내가 생명의 빵이다"(6,35; 참조 41.48.51절). 그들은 더 이상 모세를 통하여 주어진, 하늘에서 내려온 빵의 선물을 기념할 필요가 없다. 그 전승은 예수 그리스도를 통하여, 예수님 안에서 자리 잡은 것의 표징이고 그림자일 뿐이었다. 그리스도인들은 예수님이 하늘에서 내려온 참된 빵이며, 그분을 믿는 사람 누구에게나 영원한 생명이 주어진다는 것을 받아들이도록 요청받았다. 예수님은 하늘에서 내려온 모세의 빵의 완성이다. 그분은 하늘에서 내려온 참된 빵이다.

이 대목의 마지막 구절들(60-71절)이 계시하는 바와 같이, 그리스도인들이 모세의 전승을 재해석한 결과로 요한 공동체는 고통과 분리를 겪었다. 예수님 말씀에 '유다인들'만 격분한 것이 아니라 소위 '제자들 중에 많은 이'도 격분하였다(60.66절). 이것은 그리스도인 공동체가 예수 그리스도님에 대한 믿음에서 야기된 위기에 대답하는 신학과 그리스도론을 정립하는 가운데 생긴 일이다(9,22; 12,42; 16,2 참조). 많은 이가 예수님 말씀이 영이며 생명(63절)임을 받아들이지 못했고, 되돌아가 더 이상 그분과 함께 다니지 않았다(66절).

## 3. 초막절, 예루살렘 7,1-10,21

### 1) 개요

#### (1) 7-10장의 일관성

7장은 "그 뒤에"라는 말로 시작하며 새로운 사건들이 펼쳐질 것을 예고한다. 예수님은 갈릴래아를 돌아다니셨다. 유다인들이 당신을 죽이려고 하였으므로, 유다에서는 돌아다니기를 원하지 않으셨다고 전한다(1절). 그리고는 즉시 유다인들의 초막절 축제일이 가까웠다고 전한다(2절). 이 축일은 이스라엘 남자가 해마다 세 번씩 성전에 올라가 번제물을 드리는 삼대 축제 중 하나다(신명 16,16). 예수님도 결국 예루살렘으로 가신다. 10,21까지 다른 축제가 언급되지 않는다. 그래서 7,1-10,21 전체가 초막절 축제 동안 예수님이 예루살렘에 계시면서 하신 말씀과 행적이다.

초막절 맥락에서 7-10장은 예수님의 신적 메시아성이 어떻게 당신 백성으로부터(1,11) 비극적으로 거부되는지 보여 준다. 이 부분은 다양한 활동과 여러 장면으로 연결된다. 무대를 지배하는 이는 그리스도이시다. 그분의 주요 대담자는 신적 계시의 빛에 눈을 감은, 그분을 믿지 않으며 적대적인 유다인들이다. 다른 주요 인물은 태어나면서부터 눈먼 사람과 그리스도의 말씀에 사로잡힌 일부 유다인들이다.

이 전체 단락에서 요한 복음사가는 아주 뛰어난 예술가 기질을 발휘

한다. 신학적으로 깊이 기술하면서 생생하게 불후의 인물들을 만들어 간다. 그리스도론에서 새로운 요소는 수난과 십자가를 아버지께 되돌아가는 길로 제시했다는 점이다. 7장부터 복음사가는 유다인들이 예수님을 제거하려고 음모를 꾸민다고 아주 강하게 주장한다. 그러나 그분의 죽음은 사실 이 세상에서 아버지께로 건너가는 방법임을 예견하게 한다(7,33; 13,1).

전체 배경은 예수님에게 강한 적개심을 품은 유다인들의 태도다. 5장에서 복음사가는 예수님을 미워하고 죽이려 하는 지도자들의 계획에 대해 이미 얘기했다(5,16-18). 예수님도 당신의 호교론, 특히 마지막 부분에서 아주 논생적인 사세를 취하셨다(5,41-47). 7-8장에서 분쟁은 한층 고조된다. 예수님은 유다인들을 거슬러 매우 강한 표현을 사용하면서, 심지어 악마의 자식들이라고 나무라신다. 그러자 유다인들은 그들의 메시아를 쫓아 보낸다. 이 비극적인 거부가 그리스도의 수난과 죽음을 예고한다. 5-6장에서 예수님은 사람을 일으키고, 영원한 생명을 주는 생명의 가르침을 분명하게 이르셨다. 당신이 하늘에서 내려온 참된 빵임을 드러내며 인간이 살 수 있는 길을 제시하셨다.

7-10장에서는 세상의 거부가 두드러진다. 적대자들은 예수님이 제시하시는 '생명의 계획'에 이의를 제기한다. 그리고는 생명이신 예수님을 제거하려는 죽음의 계획을 세우기 시작한다. 이것을 서곡에서는 "빛이 어둠 속에 비치고 있지만 어둠은 그를 깨닫지 못하였다"(1,5)라고 말한다. 요한 복음사가가 증언하는 이야기들 중 '대논쟁'으로 분류될 수 있는 이 대목에서 '생명으로 나아가는 길'과 '죽음의 계획'이 팽팽하게 맞서기 시작한다. 죽음의 계획이 밀고 들어오는 어둠 속에서 예수님은 더욱 생명의

빛을 발하신다. 그분은 생수의 강 이야기를 통해(7,37-39), 죄지은 여인에게 새로 살 길을 열어줌으로써(8,1-20), 눈먼 이의 눈을 뜨게 함으로써(9,1-7) 사람이 죽음과 어둠의 세계를 벗어나 삶의 길로 들어가도록 하신다.

### (2) 7-8장과 9-10장의 조화

7-10장에서 특히 7-8장의 조화가 두드러진다. 여기서 묘사된 장면들은 용서받은 간음한 여자 이야기를(8,1-11) 제외하면, 장엄한 초막절 축제 동안 유다인과 예수님 사이의 거친 논쟁적 대화를 담고 있다. 문학적 관점에서 보면 시작 절과 마지막 부분의 관용구 사이에 반복 구문이 나타난다. "예수님께서도 올라가셨다. 그러나 드러나지 않게 남몰래 올라가셨다"(7,10) - "예수님께서는 몸을 숨겨"(8,59). 아울러 다음 문장 사이에서 대조법을 볼 수 있다. "예수님께서는 성전으로 올라가"(7,14) - "예수님께서는 성전 밖으로 나가셨다"(8,59).

이 반복 구문은 7-8장을 싸안듯 하면서 계시하시는 그리스도의 움직임을 보여 준다. 스승은 숨어서 성전에 나타나려고 남몰래 예루살렘으로 올라가셨다. 그러나 유다인들의 완고한 거부에 부딪쳐 숨어야 했고 성전에서 떠나셔야 했다. 예수님의 움직임은 이제 다른 방향의 움직임에 의해 제재를 받는다. 어둠에 덮인 세상의 방법이 아닌, 빛의 방법으로 살 길을 제시하기 위해 예수님은 작전계획을 짜며 움직이시는 듯하다.

7-8장만이 아니라 9-10장도 커다란 일치를 이룬다. 사실 10,1 이하는 9장의 논리적인 계속이다. 양과 착한 목자의 수수께끼는 태어나면서부터 눈먼 사람이 유다인 공동체에서 추방당하는 9장을 설명한다. 예수님을

제거하려는 세력으로부터 공격을 받은 이 용맹한 빛의 증인은 마치 히브리 담 밖에 버려진 양처럼, 그리스도의 양 무리에 받아들여질 것이다.

따라서 전체 대목을 예수님과 초막절 1(7,1-8,59)과 예수님과 초막절 2(9,1-10,21)로 나누어 살펴볼 수 있다.

## 초막절 축제

초막절은 삼대 순례 축제 중에 가장 대중적인 축제로 '주님의 축제'로 알려졌다(레위 23,39; 판관 21,19). 간단히 '축제'라고도 불렸다(1열왕 8,2.65; 2역대 7,8; 느헤 8,14; 이사 30,29; 에제 45,25). 요세푸스는 초막절이 '히브리인들에게 특별히 거룩하고 중요하다'고 기록했다(《유다 고대사》 8:101). 초기에는 초막절이 초막(수콧 סֻכּוֹת)을 세우는 수확절 축제(탈출 23,16; 34,22 참조)였다. 그러나 후기에는 계약과 연결되고, 탈출기의 광야 시기 동안 천막 생활을 하는 백성을 이끌고 돌보시는 하느님과 연관되어 역사화되었다(신명 16,13.16; 레위 23,34; 느헤 8,13-18 참조). 나아가 이 축제는 종말론적으로 해석되어 종말의 언어로 축하 예식을 하게 되었다. 기념 예식의 본질적 요소들은 미슈나와 다른 라삐 자료들에 소개되었다. 1세기 축제를 살피기 위해 후기 라삐 자료들을 사용하기는 대단히 어렵기에 소개하는 축제 묘사는 다소 사변적인 것이다.

축제는 일곱째 달, 티쉬리 달(9-10월) 15일에 시작한다. 축제의 정점은 광야에서 이스라엘이 체험했던 천막, 주님께 돌봄을 받고 그들이 계약을 지니게 된 것을 나타내는 '천막'을 세우는 일이었다. 사람들은 축제 기간 중 칠 일 동안 초막에서 먹고 잤다(레위 23,42-43; 호세 12,10 참조). 그렇게 칠 일을 지낸 다음, 탈출을 경험하면서 주님의 보호를 상기시키는 의미에서 더해진 여덟째 날을 보낸다. 이 날 하루는 주님께서 이스라엘을 지속적으로 특별하게 돌보신다는 표징으로 풍부한 비를 내려 주시기를 탄원하도록 봉헌된 날이다. 초막절에 행하는 세 가지 주요 예식은 다음과 같다.

### 헌수獻水 예식

칠 일 동안 매일 아침 사제들이 진행하는데 레위인들이 찬미하고 백성이 떼를 지어 사제들과 함께 실로암 못으로 내려가 금으로 된 물통에 물을 담아 온다. 뿔 나팔을 불고 행진을 하여 물 문을 통하여 성전 구내로 들어온다. 라삐 문학에 의하면 물 문은 종말론적인 의미를 지닌다. 라삐 엘리에제르 벤 야곱은 그것을 에제 47,1-5의 남쪽 문으로 확인하였다. 그곳을 통하여 성전 문턱에서 솟아나는 생명의 물이 흐를 것이라고 보았다. 성전 경내에 도착하면 제단 둘레를 돌며 각종 악기를 연주하는 가운데 시편(113-118편)을 노래하였다. 축제의 일곱째 날에는 제단 둘레를 일곱 번 돌았다.

축제는 비를 내리는 예식과 연결되었는데 즈카 14장에서 이것이 잘 드러나며 또한 종말의 시간도 연결되었다. 주님께서 민족들을 치는 재앙을 내리신 후에 예루살렘에 전쟁을 일으키는 자들을 부수시고(즈카 14,12), 살아남은 모든 민족들이 초막절을 지내러 예루살렘으로 올 것이다. 만일 그들이 올라오지 않으면 "그들 위에 비가 내리지 않을 것이다"(즈카 14,17). 헌수 예식은 모세 같은 스승이 토라의 샘이라는 선물을 거듭 주고(민수 21,17-18; 쿰란 문헌 중 다마스쿠스 문서 6,2-11 참조) 이스라엘 백성이 뒤따르는 모습에서 메시아에 대한 기대와 연결되었다. 타르굼 옹켈로스 창세 49,10은 토라의 우물에서 퍼 올리는 미래의 메시아, 토라의 마지막 '생수의 선물', 하느님의 우물을 언급한다.

유다인들은 샘에서 솟아나는 결정적인 선물인 물을, 율법의 해석과 함께 메시아에 연결된 것으로 본다. "그날에는 산마다 새 포도주가 흘러내리고 언덕마다 젖이 흐르리라. 유다의 개울마다 물이 흐르고 주님의 집에서는 샘물이 솟아 시팀 골짜기를 적시리라"(요엘 4,18). 모세의 만나와 병행하는 메시아의 만나에 관한 견해도 초기의 라삐 문헌에서 볼 수 있다. "처음에 온 구세주가 그러했듯이, 후기 구세주도 그럴 것인데 … 초기 구세주가 하늘에서 만나를 내리게 했듯이, 후기 구세주도 만나를 내리게 할 것이다." 메시아의 빵과 물의 선물이 연결된 것은 요한이 예수님을 '빵'(6,35.41.48.51)과 '물'(7,37-38; 9,7)로 거듭 소개한 뜻을 밝혀 준다. 이 고대 전승은 예수님 시대쯤으로 추정되는 시기의 다른 문헌에서 발견된 비슷한 연결에서 시사받은 것이다.

## 빛의 예식

여인들의 뜰 중앙에 등잔대 네 개가 놓인다. 축제가 거행되는 동안 선행을 한 사람들과 경건한 남자들은 빛 아래에서 춤을 추고 레위인들은 시편 120-134편을 노래한다. 이 예식은 축제 기간 칠 일 동안 거의 매일 밤마다 지속되었다. 미슈나는 성전에서 나오는 빛을 묘사한다. 예루살렘에서 샘이 솟는 집의 빛을 반영하지 않는 뜰은 하나도 없었다. 비슷한 구절을 즈카 14,6-8에서 볼 수 있다. "그날에는 빛도 추위도 서리도 없을 것이다. 주님만 아시는 그날에는 낮과 밤이 없이 대낮만 이어지고, 저녁때에도 빛이 있을 것이다. 그날에는 또 예루살렘에서 생수가 솟아나와 절반은 동쪽 바다로, 절반은 서쪽 바다로 흘러갈 것이다. 여름에도 겨울에도 늘 그러할 것이다."

빛의 예식과 이스라엘이 광야를 걸을 때 있던 불기둥(탈출 13,21)이 연결되었을지도 모른다. 불기둥은 마지막 때에 돌아올 것이라고 기대되었다(이사 4,5; 바룩 5,9 참조). 빛의 예식은 물의 예식과 마찬가지로 아마도 초막절을 종말론화하는 데 도움을 주었을 것이다.

## 성전을 대면하는 의식

축제 동안 매일 수탉이 우는 시간이면 사제들은 성전 경내 동쪽 문으로 나아가 성전 멀리 동쪽을 바라보았다. 일출 시각에 그들은 태양을 등지고 성전 성소를 향하여 돌아오며, 다음 구절을 읊었다. '우리 선조들이 이 장소에서 주님의 성소를 등지고 서 있을 때, 그들의 얼굴은 동쪽을 향해 있고 동쪽의 태양에게 절하고 있었으나(에제 8,16 참조) 우리는, 우리 눈은 주님을 향해 돌아서리라.' 이 정서에는 즈카 14,9의 영이 담겼다. 그날에는 "주님께서 온 세상의 임금이 되실 것이다. 그날에는 주님이 한 분뿐이시고 그 이름도 하나뿐일 것이다." 행진하며 읊는 할렐 시편의 마지막 구절들 역시 그러하다. "당신은 저의 하느님, 당신을 찬송합니다. 저의 하느님, 당신을 높이 기립니다. 주님을 찬송하여라, 좋으신 분이시다. 주님의 자애는 영원하시다"(시편 118,28-29). 주님은 모든 찬미와 충성을 바쳐야 하는 유일한 참 하느님으로 인식되었다.

## 2) 예수님과 초막절1 7,1-8,59

| | |
|---|---|
| ① 7,1-9 | 축제 전 갈릴래아: 예수님과 형제들 사이의 의견 분열 |
| ② 7,10-13 | 예수님에 대한 의견으로 분열된 예루살렘 |
| ③ 7,14-36 | 축제의 중간: 예수님의 가르침으로 분열 |
| ④ 7,37-52 | 예수님의 자기 계시: 생수 - 의견 대립 |
| ⑤ 8,1-11 | 올리브 산에서: 간음한 여인과 예수님 |
| ⑥ 8,12-59 | 성전 헌금함 주변에서 |

논쟁의 장인 7-10장에서 단락을 나누는 분기점은, 예수님의 자기 계시와 그에 반발하는 유다인들과 벌이는 논쟁, 그로 인한 분열이다. 여기에 명시적으로 자주 나타나는 그리스어 스키스마(σχίσμα, 분열)가 단적으로 그것을 드러낸다(7,43; 9,16; 10,19). 이 분열은 초막절 축제 시간의 경과와 함께 진행된다.

### (1) 축제 전 갈릴래아: 예수님과 형제들 사이의 의견 분열 7,1-9

"그 뒤에 예수님께서는 갈릴래아를 돌아다니셨다. 유다인들이 당신을 죽이려고 하였으므로, 유다에서는 돌아다니기를 원하지 않으셨던 것이다" (1절). 6장의 끝에서 갈릴래아 사람들이 그분을 배척한 상황을 고려해 보면, 이 부분은 앞 단락과 약간의 틈을 보인다. 이런 연유로 문맥상 7장은 예수님의 갈릴래아 지방 활동을 알리는 6장보다 예루살렘 활동을 보도한

5장에 순조롭게 연결된다고들 한다. 그러나 사실 갈릴래아 사람들도 예수님에게 대한 적개심을 드러내는 곳에서는 '유다인'으로 불림을 앞에서 확인하였다. 또한 갈릴래아에서는 예수님을 죽이려는 음모에 대한 이야기가 아직 없다.

"그 뒤에"는 일반적 의미의 시간(3,22; 5,1; 6,1)이다. 그러나 갈릴래아를 돌아다니셨다는 표현은 7,1을 앞 장에 나온 갈릴래아에서의 사명과 연결시킨다. 예수님이 갈릴래아에 남아 있고 유다인들이 죽이려고 찾고 있기 때문에 유다에 안 가려고 하는 것은 5,16 이하의 사실을 상기시킨다. 거기서 처음으로 복음사가는 적대자들의 살인 계획을 말했다. 7장부터는 예수님을 제거하려는 움직임이 계속 묘사될 것이다. '생명의 빵'에 관한 장대한 가르침에 바로 이어서 예수님을 죽이려는 경향이 대두되는 것은 의미심장하다. 따라서 "그 뒤에"는 '생명으로 가는 길을 선포하신 이후에'라고 볼 수 있다.

7장의 배경은 '초막절 축제'다. 유배 이후 성전을 재건한 뒤로 초막절은 이스라엘 백성에게 중요하고 의미 있는 축제였는데(즈카 14,16-19; 2마카 10,6), 신약에서는 여기서만 언급되었다. 초막절 축제는 초가을에 시작한다. 일주일 동안 계속되는데, 들에서 거둔 수확물에 대해 주님께 감사드리며 즐겼다(레위 23,33-36; 신명 16,13-15). 축제 기간 중에는 겨울에 내릴 비를 기원한다(즈카 14,17). 축제 때 예루살렘 성전에서 흘러 나와 모든 곳에 생명이 넘치게 하는 물에 대하여도 말한다(에제 47,1-12). 따라서 초막절은 메시아의 오심, 만백성이 예루살렘에 모임, 예루살렘에서 나오는 구원, 성전 문지방에서 흘러 나와 온 세상을 적심 등 여러 가지를 상기시킨다. 이 축제 기간 동안 유다인들은 이집트 탈출 때의 광야 생활을 회상하고 기억하기 위해 예루살렘 광장이나 지붕 위에 마련한 천막에서 지냈다. 그리고 실로암에서 물을 길어 금 항아리에 담아 성전까지 옮기는 행렬을 했다. 마지막으로는 밤에 성전을 밝히는 것을 아주 중요하게 여겼다.

예수님과 초막절 사이의 아주 생생한 연결점은 '천막'이다. 수천 명이 예루살렘의 빈자리, 담벼락 밑, 심지어 지붕에까지 천막을 치고 오랜 역사의 기억을 더듬는다. 요한 복음사가는 하느님 말씀이 세상에 와서 우리들 가운데 천막을 쳤다(1,14)고 증언한다. 축제에 참석한 이들은 예수님 안에서 기대치 않은 오래된 광야 생활의 사건을 새롭게 만난다. 하느님 아버지는 그들의 조상들과 함께 걸으셨다. 그런데 하느님의 아드님이 지금 그들과 함께, 신비로운 불기둥과 구름 기둥이 아니라 볼 수 있는 사람으로, 친구로 함께 걸으신다. 예수님은 당신 백성과 함께 움직이신다.

"예수님의 형제들이"(3절) 다시 등장한다. 2,12에서 이미 언급된 이 형제들은 누구일까? 그런데 예수님도 이 호칭을 사용하신다. 그분은 마리아 막달레나에게 "내 형제들에게 가서 … 전하여라"(20,17) 하고 이르신다. 그런데 뒤이어 "마리아 막달레나는 제자들에게 가서"(20,18)라는 표현이 나온다. 따라서 요한 복음서에 나오는 '예수님의 형제들'이라는 말이 제자들을 가리킬 수도 있다. 그러나 여기서 그들이 '제자'들을 따로 지칭하는 것을 감안하면 그들이 제자일 가능성은 희박하다. 구약성경이나 헬레니즘 시기에 '형제'(아델포스 ἀδελφός)라는 단어는 항상 같은 부모에게서 나온 자녀들을 가리키려는 의도 없이 가까운 친척, 조카나 사촌에게도 쓰였다.

형제들은 "이곳을 떠나 유다로 가서, 하시는 일들을 제자들도 보게 하십시오"(3절) 하면서 예수님을 나타내야 한다고 권고한다. "널리 알려지기를 바라면서 남몰래 일하는 사람은 없습니다. 이런 일들을 할 바에는 자신을 세상에 드러내십시오"(4절) 한다. '알려지기를 바란다'라는 표현에 의하면, 그들은 예수님의 의도 자체를 알아듣지 못하고 예수님 자신이 드러나기를 바란다는 전제 하에 방법을 제시하는 것이다. 사실 광야에서 악마는 예수님께 예루살렘 성전 꼭대기에서 뛰어내리는(마태 4,5 이하; 루카 4,9 이하) 놀라운 일을 해 보이라고 유혹했다. 여기서 예수님의 믿지 않는 형제들은 유혹자처럼 나타난다. 왜냐하면 예수님께 자기 자신을 믿고 과시하라고 부추기기 때문이다.

그러나 예수님은 그들에게 올라가지 않겠다고 대답하신다. 그리고는 드러나지 않게 남몰래 올라가셨다(10절). 단어들의 움직임을 보면 '올라가시오–올라가지 않겠다–올라가셨다'이다. 예수님의 의도는 전혀 다른 차원에 자리하고 있다. 그들은 예수님을 모른다. 본문은 "사실 예수님의 형제들은 그분을 믿지 않았다"(5절)라고 표현한다. 서로 다른 세계에 있다. 그들은 믿지 않기 때문에 새로운 세상을 모른다. 그들은 세상에 속해 있다. "세상이 너희를 미워할 수는 없다"(7절). 예수님은 그들이 제시하는 의도와는 다른 생각을 품고 예루살렘으로 올라가신다.

예수님은 그들에게 당신이 어떤 높은 의지에 속해 있음을 드러내신다. "너희에게는 아무 때라도 상관없지만 나의 때는 아직 오지 않았다"(6절). 내 때는 '아직 오지 않았다'는 것과 너희의 때는 항상 준비되었다는 표현의 대조는 하느님께서 설계하신 구원의 차원을 항상 존중하고 따라야만 하는 것을 암시한다. 예수님은 "나의 때가 아직 차지 않았기 때문이다"(8절)라며 아버지께 순명하고 있음을 강조하고, 그 때문에 갈릴래아에 머무르셨다(9절). 곧 당신이 일하는 것을 세상에 드러내지 않겠다는 뜻이다.

세상이 예수님을 미워한다는 언급은(7절) 예수님이 예루살렘에 가려고 하지 않으시는 이유를 나타낸다. 예수님을 죽이기로 확정한 유다인들의 계획 때문에 당신을 드러내실 수 없기 때문이다. 구원 사업을 완성하는 여정을 서두르실 수 없다. 이 어둠의 세상은 빛을 그냥 안 받아들이는 것이 아니라 빛을 거슬러 싸움을 벌인다(1,5.10). 빛을 미워하기 때문이다. "악을 저지르는 자는 누구나 빛을 미워하고 빛으로 나아가지 않는다"(3,20).

'유다인들'이 빛이신 예수님을 미워한다. 그분이 "세상을 두고 그 일이 악하다고 증언하기 때문이다"(7절). 어둠과 불신으로 규정지어진 세상은 단지 세상의 빛이신 그리스도만 미워한 것이 아니라 그분의 제자들도 미워했다. 왜냐하면 그들이 세상에 속해 있지 않기 때문이다(15,18-19; 17,14). 나아가 빛의 원천인 아버지도 미워한다(15,23-24). 예수님은 세상의 일이 악이요 악의 열매라고 증언하신다. 사실 세상은 악의 지배 아래 놓여 있다(1요한 5,19).

세상이 악하다는 스승의 증언은 우연히 나온 대답이 아니다. 여기서 예수님은 자신의 때와 세상의 미움에 대하여 명백히 표현하신다(7절). 그분의 형제들은 자유롭게 예루살렘에 갈 수 있다. 그들은 신적 차원(하느님의 계획)에 연결되어 있지 않으며 유다인에게 미움을 받지도 않는다. 반면에 예수님의 모든 것은 완전히 하느님의 구원 의지에 달려 있다. 시간이 아직 되지 않았기 때문에 그분은 예루살렘으로 즉시, 드러나게, 사건이 일어나지 않게 조용히 갈 수 없다. 예수님의 시간은 십자가 위에서 완성될 것이다. 그때는 그분의 수난과 죽음으로 성경을 완성할 것이다(17,12; 19,24.36).

7장에서 유의해서 볼 것은 병행해서 나오는 '시간'과 '때'이다. 6절과 8절의 나의 '때(카이로스 καιρός)'와 30절의 그분의 '때(호라 ὥρα)'에서, 육화한 말씀의 시간(καιρός)과 그분의 때(ὥρα)가 동의어임을 암시한다. 예수님의 시간은 십자가의 왕좌에 오르는 때에 완성될 것이다.

## (2) 예수님에 대한 의견으로 분열된 예루살렘 7,10-13

예수님은 갈릴래아에 남아 있다가 형제들이 떠난 뒤 드러나지 않게 남몰래 예루살렘으로 가신다(10절). 스승은 자기를 드러내라는, 메시아적 권위를 드러내 보이라는 형제들의 유혹적인 제의를 거부했다. 메시아가 개선하는 예루살렘 입성은 다른 시간, 즉 막 이르려고 하는 그때를 위하여 보존되어 있다(12,12 이하). 축제에 안 가겠다는 스승의 선언과 실상 예루살렘으로 간 것 사이의 모순은 단지 표면적일 뿐이다. 여기서 복음사가가 강조하려는 것은 갖가지 공적과 드러남에 대한 거부이기 때문이다.

이어지는 대목에서는(11-13절) 드러내 놓고 말하는 것과 뒤에 숨어서 말하는 것이 두드러지게 대조를 이룬다. 유다인들은 물으면서 예수님을 찾아다닌다. 이 표현에는 예수님이 자신을 드러내고 있지 않음이 전제된다. 이때 유다인들의 행위는 드러나 있다. 반면에 이와 대조되게, 수군거리며 뒤에서 말하는 주체가 있다. 바로 군중이다. 그들은 예수님을 찾으러 다니는 유다인들과 구분된다. 그러나 유다인들이 두려워 드러내 놓고 예수님에 관하여 말하지 않는다(13절).

이 대목에는 부분적으로 반의적 대구법이 쓰였다. 예수님에 대한 반대되는 평가가 소개된 반면(ㄴ-ㄴ'), 첫머리와 끝에 스승을 향한 유다인들의 적대감이 묘사되었다(ㄱ-ㄱ′).

ㄱ 그래서 유다인들은 축제 동안에, "그 사람은 어디 있나?" 하면서 예수님을 찾았다.

ㄴ 군중 사이에서는 예수님을 두고 수군거리는 말들이 많았다. "그는 선한 사람이오."

ㄴ′ "아니오. 그는 군중을 속이고 있소" 하는 이들도 있었다.

ㄱ′ 그러나 유다인들이 두려워 그분에 관하여 드러내 놓고 말하는 사람은 없었다.

이후에도 예수님의 계시에 대해 사람들은 서로 다른 반응을 보인다. 군중은 예수님에게 마귀가 들렸다고 하는데(20절), 그분에게 동조하고 믿는 사람도 많다(31절). 스승의 정체에 대해서도 대조적인 모습이 나타난다. 일부는 그분을 예언자 또는 그리스도라 하고, 다른 이들은 그렇게 인정하지 않는다(40-52절). 이렇듯 예수님에 대해 서로 다른 의견을 보이는 백성의 모습이 7장의 특징이다. 다른 장에서는 이런 양상이 분명하게 나타나지 않는다.

### (3) 축제의 중간: 예수님의 가르침으로 분열 7,14-36

이 대목에서는 주체들의 행위가 교체된다. 예수님은 성전에 올라가 가르치셨다(14-24절). 그냥 사람들이 많이 모인 곳도 아니고 성전에서 가르치셨다. 이는 아주 공공연하게 드러나는 행위이다. 이 드러남은 거듭 확인된다. “그런데 보십시오. 저 사람이 드러내 놓고 이야기하는데 그들은 아무 말도 하지 못합니다”(26절). 예수님은 드러나는 반면, 유다인들은 아무런 말도 못하는 상황이 된다. 사람들이 이 점을 지적한다(유다인들로부터 예루살렘 주민을 구분하여 명기한다).

여기서 군중은 그들의 의중을 표현하는 것은 물론 예수님께 긍정적인 반응까지 보인다. “군중 가운데에는, ‘메시아가 오시더라도 저분께서 일으키신 것보다 더 많은 표징을 일으키시겠는가?’ 하며 예수님을 믿는 사람이 많았다”(31절). 유다인들이 이것을 듣고 반응한다. “군중이 예수님을 두고 이렇게 수군거리는 소리를 바리사이들이 들었다. 그리하여 수석 사제들과 바리사이들이 예수님을 잡아 오라고 성전 경비병들을 보냈다”(32절). 성전 경비병들이 예수님에게 갔는지, 가서 무엇을 했는지에 대해서는 언급하지 않는다. 여기서 말하고자 하는 것은 그들이 예수님을 잡고 싶어 한다는 사실이다. 곧 예수님의 드러나심에 대한 그들의 반응이다.

그들은 예수님을 숨기고 싶어 한다. 이에 예수님이 답변하신다. “그러면 너희가 나를 찾아도 찾아내지 못할 것이다. 또 내가 있는 곳에 너희는 올 수 없다”(34절). 여기서 ‘찾아내지 못할 것이다’(34절), ‘찾아내지 못한다는 말인가?’(35절), 또 ‘내가 있는 곳에는 올 수 없다’(36절)라는 표현의 반복은 예수님의 드러나심이 그들에 의해 좌지우지될 수 있는 것이 아님을 알려 준다. 그분의 드러나심과 숨겨지심은 온전히 독자적이며 하느님 뜻에 따라 움직여진다.

초막절 축제가 중반을 지나 한창 무르익어 갈 때, 예수님은 공적으로 성전에서 자신을 드러내신다. 8일간 지속되는 축제 기간 중 예수님은 후반에만 모습을 드러내신다. 성전은 하느님의 집, 그분의 아버지의 집이다(2,16). 예수님의 가르침에 적수들은 경탄한다. 그들은 예수님이 그 어떤 라삐 학교에도 다니지 않았음을 알고 있다. "저 사람은 배우지도 않았는데 어떻게 성경을 잘 알까?"(15절) 그러나 예수님은 가장 뛰어나고 훌륭한 스승을 모시고 있으니, 하느님 자신(8,28)이다. 예수님의 가르침은 아버지에게서 나온 것으로, 백성을 살리려는 가르침이다. 그래서 그 가르침은 참되다. 지도자들은 자기의 영광을 찾고 있기 때문에 불의하고 그들의 가르침 역시 옳지 않다(7,18). 예수님의 가르침은 율법을 능가한다. 당신 아버지의 충실한 사랑을 가지고 계시기 때문이다. 그래서 유다인들은 그분의 가르침에 놀란다.

유다인들이 신기하게 여기며 물어보는 말에 대해, 예수님은 연쇄적으로 답변하신다.

ㄱ 나의 가르침은 내 것이 아니라
ㄴ 나를 보내신 분의 것이다
ㄷ 누구나 하느님의 뜻을 실천하려고만 하면,
ㄴ′ 이 가르침이 하느님에게서 오는 것인지
ㄱ′ 내가 스스로 말하는 것인지 알게 될 것이다.

첫 부분에서 예수님은 당신 가르침의 기원을 밝히신다. 유다인들이 놀랄 만한 가르침은 하느님에게서 왔으니 의외로 생각할 필요가 없다는 것이다. 이 부분은 동심원적인 구조로 짜여 있다(ㄱ, ㄴ, ㄷ, ㄴ′, ㄱ′). 예수님의 가르침은 당신 스스로 말하지 않는다는 상황과 병행되고(ㄱ, ㄱ′), '나를 보내신 분'과 '하느님에게서' 역시 병행이 이뤄진다(ㄴ, ㄴ′). 반면에 중앙에는 아버지의 뜻을 행한다는 요소가 있다. 이 동심원적 구조는 예수님의 가르침이 계시적 시각에서 이해되어야 함을 명백하게 암시한다. 예수님의 가르침은 신적 기원을 지닌다. 그분은 당신이 보고 들은 것을 말하며(3,11.32), 진리를 증언하고(18,37), 당신을 보내신 아버지의 생명과 말씀을 권위 있게 보여 주고 전한다.

예수님 가르침의 신적 기원을 인정하려면 하느님의 뜻을 행하는 것이 필요하다(7,17). 그분의 말씀을 지키고, 죄를 피하며, 하느님을 경외하고(9,31), 하느님의 구원 계획을 완성하는 것이(4,34) 육화하신 말씀의 모범을 본받는 삶이다.

예수님은 당신 가르침을 계속 설명하신다(18절). 이 부분에는 반의어 교차 대구 구조가 나타난다.

ㄱ 스스로 나서서 말하는 자는
　ㄴ 자기의 영광을 찾는다.
　ㄴ′ 그러나 자기를 보내신 분의 영광을 찾는 이는 참되고,
ㄱ′ 또 그 사람 안에는 불의가 없다.

예수님은 자기라는 인간을 드러내지 않고 아버지를 드러내신다. 당신을 보내신 분의 영광을 찾으시기 때문이다. 그래서 그분의 가르침은 진실하고 하느님의 생명을 권위 있게 드러내신다. 실제로 육화한 말씀은 자기 영광을 찾지 않으며(8,50), 사람으로부터 영광을 받지 않고 단지 하느님의 영광만 생각한다. 따라서 그분은 곧바로 하느님에 의해 영광 받게 될 것이다(8,54; 12,28; 17,5). 하느님의 영광을 향해 있기에 예수님의 가르침은

옳지 않을 수 없다(7,18). 반면에 유다인들은 하느님의 영광은 소홀히 하면서 자기들끼리 영광을 주고받는다(5,44). 아예 하느님에게서 받는 영광보다 사람에게서 받는 영광을 더 사랑한다(12,43).

갑자기 예수님은 초막절 축제의 즐거움과 유다인들과의 부드러운 논쟁을 깬다. 먼저 나서서 그들의 거짓과 가면을 벗겨 내신다. "도대체 너희는 왜 나를 죽이려고 하느냐?"(19절) 그분은 그들 종교 지도자들에게 죽음의 음모에 관하여 물으신다. 다른 차원에서 어둠의 두목을 드러내시는 것이다. 예수님을 제거하려는 것은 악 그 자체이다. 왜냐하면 그 두목은 예수님이 사람들 마음을 조정하는 악을 제거하시려는 것을 알기 때문이다. 그분은 이 종교 지도자들만이 아니라, 악과 죄에 매여 있는 모든 사람들 안에서 움직이는 악을 제거하려 하신다.

예수님은 적대자들의 살인 음모를 단죄하기 위하여 모세의 율법을 언급하며 설명을 끝내신다. "모세가 너희에게 율법을 주지 않았느냐? 그런데도 너희 가운데 율법을 지키는 자가 하나도 없다"(19절). 앞에서도 그분은 유다인들이 율법을 지키지 않기에 모세가 그들을 고소할 것(5,45-47)이라고 하셨다. 또 벳자타 못 가에서 안식일에 병자를 고쳐 줄 때 지도자들이 보였던 부정적인 반응을 언급하면서(23절) 적대자들의 살해 계획을 질책하신다. "너희는 왜 나를 죽이려고 하느냐?"

이 마지막 말에 군중은 화를 낸다. "누가 당신을 죽이려 한단 말이오?"(20절) 예수님의 질책이 잘못됐고, 자신들은 무죄하다고 느끼기 때문이다. 이 이유로 예수님을 마귀 들렸다고 비난한다. 순간적인 분노에서 나오는 소리다. 사실 이 장면까지 예수님을 죽이려고 한 이들은 지도자들이었다(5,16.18). 이 장면에서는 군중 속에 그들이 섞여 있다고 추측할 수 있다. 군중의 반응에서 이런 상황을 알 수 있는데, 예수님은 이에 대해서 말씀하시지 않는다. 예수님이 다르게 반응하시는 것에서, 말하는 이들이 서로 다르다는 것을 알 수 있다. 아무튼, 여기서 예수님이 마귀 들렸다고 말하는 이들은 단순한 군중이다. 그들은 육화한 말씀에 개방되어 있고, 그중에 많은 이가 잠시 후에 그분을 믿게 된다(31절). 반면에 뒤에서는 예수님의 적대자들, 유다인들이 예수님께 마귀 들렸다고 말한다(8,48 이하). 그들은 확고하게 빛, 신앙에 대해 폐쇄적이고, 예수님을 미워해서 마귀 들렸다고 공격한 것이다. 그러니 같은 고발이 누구에 의해 말해졌느냐에 따라 다른 가치를 지니게 된다.

예수님이 군중에게 다시 말씀하신다. "내가 한 가지 일을 하였을 뿐인데 너희는 모두 놀라워한다"(21절). 이 "한 가지 일"이 무엇인지는 그분의 다음 말씀에 나타난다. "어째서 내가 안식일에 한 사람의 온몸을 건강하게 만들어 준 것을 가지고 나에게 화를 내느냐?"(23ㄴ절) 이 두 말씀에는 모두 예수님의 행위와 그에 대한 군중의 반응이 나타난다. 5장에서 예수님은 아버지의 모범을 일깨우며 당신이 한 일의 정당함을 주장하셨다(5,17.19). 그런데 여기서는 할례에 관한 율법 규정에서 논리적으로 추론하신다. "모세가 너희에게 할례를 하라고 명령하였다. … 아무튼 너희는 안식일에도 사람들에게 할례를 베푼다"(22절). 만일 안식일에 할례를 베푸는 것이 안식일 규정을 어기지 않는다면, 아니 그 율법을 어기지 않기 위하여 할례를 해야 한다면, 병자로 취급되는 한 구성원이 한 인간으로 건강해지는 것이 율법에 부합한다. 그래서 안식일에 예수님이 하신 일은 율법을 완성한 것이다. 만일 누군가가 그런 그분을 죽이려 한다면 율법을 거스르는 짓이다. 안식일을 주제로 한 이런 논조의 이야기는 요한 복음서에 이곳에서만 다루어진다. 비슷한 논조가 루카 복음서에도 나온다. 예수님은 18년 동안이나 병마에 사로잡혀 허리가 굽어 몸을 조금도 펴지 못하는 여자를 고쳐 주셨다. 안식일 규정을 어겼다 하여 회당장이 분개하자, 예수님은 안식일마다 합법적으로 소나 당나귀에게 물을 먹이러 끌고가면서도 오랫동안 사탄에게 매여 있던 아브라함의 자녀를 고쳐 준 일에 분노하는 위선을 야단치면서 맞서신다(루카 13,10-17).

"겉모습을 보고 판단하지 말고 올바로 판단하여라"(24절). 이 대목의 마지막은 반의어 병행 대구로 이루어져 있다. 즉 '겉모습을 보고' 하는 피상적인 심판과 '의로운' 심판이 대립한다. 벳자타 못 가에서의 구경꾼들, 유다인들은 '사람의 기준으로'(육에 의해) 심판하였다(8,15). 이 두 구절은 무척 닮았다. 비교해 보면, 겉모습에 의한 판단은 사람의 기준으로(육으로) 판단하는 것인데, 그리스어로 직역하면 '육'(σάρξ) 또는 '육에 의한' 판단이다. 이것은 너무 인간적이고 천박하며, 본성을 초월할 줄 모른다는 것을 뚜렷이 암시한다. 하느님은 사람의 마음을 알기 때문에 외적인 요소에 따라 판단하지 않으신다. 육화한 말씀은 하느님과 내밀하게 일치한 가운데 사시기에(5,30), 이 신적 속성에 참여하신다. 그래서 그분의 심판은 옳다(8,16). 아버지 안에서 보는 것을 나타내기 때문이다. 그러니 올바르게 판단하고 싶은 사람은(24절) 하느님의 아들과 일치되어 있어야 한다.

예수님의 이 말씀은 이미 다음 논쟁을 준비하고 있다. 그들은 예수님의 겉모양에 따라 그분이 하시는 일들에 대해 의문을 제기하기 때문이다. 이것은 예수님의 외적 조건을 알고 있다고 생각하는 이들이 그리스도의 기원 문제를 제기할 것을 이미 예고하고 있다.

예수님과 군중 사이에 열띤 논쟁이 계속되는데, 주제가 그리스도의 기원으로 바뀐다. 이 대목에서 스승과 대담하는 이들은 예루살렘 주민들인 반면에, 다음 장면에서는 백성의 지도자들이다. 예루살렘 주민들은 예수님이 군중 앞에서 아주 자유롭게 말하는 모습에 놀라워한다. 그리고 몇몇이 그분을 메시아라고 부르고 있음을 의식한다. 이 문맥에서 '그리스도는 어디서 오는가'라는 문제가 제기된다(25-26절).

ㄱ 그들이 죽이려고 하는 이가 저 사람 아닙니까?

ㄴ 그런데 보십시오. 저 사람이 드러내 놓고 이야기하는데 그들은 아무 말도 하지 못합니다.

ㄱ′ 최고 의회 의원들이 정말 저 사람을 메시아로 알고 있는 것은 아닐까요?

ㄱ과 ㄱ′에서 지도자들이 예수님을 죽이려는 시도와 그분의 메시아성에 대한 인식이 서로 대립하고 있는 한편, 중앙에 있는 요소는 예수님의 자유와 유다인들의 인내가 병행되어 나타난다. 27절까지 묶어서 보면 세 가지 의견이 두드러진다. 하나는 지도자 편에서 예수님의 메시아성을 알고 있다는 가설(ㄱ), 다른 하나는 누구도 메시아의 기원은 모른다는 것(ㄴ), 또 하나는 예수님의 출신(기원)은 알고 있다는 것(ㄷ), 이렇게 셋이 서로 어긋나게 나타나 있다.

ㄱ 최고 의회 의원들이 정말 저 사람을 메시아로 알고 있는 것은 아닐까요?

ㄴ 그러나 메시아께서 오실 때에는 그분이 어디에서 오시는지 아무도 알지 못할 터인데,

ㄷ 우리는 저 사람이 어디에서 왔는지 알고 있지 않습니까?"

예루살렘 주민들은 지도자들의 살인 계획을 알고 있었다. 그런데 지금 공공연하게 가르치시는 예수님을 그냥 두는 것을 보면서 혹시 그들이 생각을 바꾸었는가 추측한다. 이런 표현에서 아이러니가 보인다. 백성은 예수님에 대한 지도자들의 생각이 바뀌었는가 하고 추측하는데, 지도자들은 그들의 메시아를 거부하려는 자기네 계획에 항구할 뿐만 아니라 그분을 잡고 싶어 하며(30절) 잡아 오라고 성전 경비병들을 보냈다(32절).

예수님은 드러내 놓고 가르치신다(26절). 당신의 적대자들을 두려워하지 않고 계시자의 역할을 계속하신다. 아직 그분의 때가 오지 않았기 때문이다. 지도자들은 그들의 무기력함을 드러낸다. 그것은 예수님이 메시아임을 깨달았기 때문이 아니라 하느님의 구원 계획을 방해할 능력이 없기 때문이다.

"어디에서"(πόθεν 27절)라는 단어는 요한 복음서에서 그리스도와 그분의 신비로운 기원을 가리키는 말로, 예수님의 신비를 암시한다. 예루살렘 주민들은 그분의 출신을 알고 있다고 굳게 믿고 있지만, 실제로는 전혀 모르고 있다. 한편 예수님은 당신의 기원이 틀림없는 신비임을 알아듣게 한다(7,28). 여기서도 요한 복음서의 아이러니가 나타난다. 사실 예루살렘 주민들은 예수님이 갈릴래아 출신이라 하여 그분의 메시아성을 부인하지만, 실상 의도하지 않은 채로 그분의 신비로운 출신을 고백하고 있다. 유다 백성의 기대에 의하면, 메시아는 획기적인 방법으로 나타나

야 하며, 아무도 출신에 대해 몰라야 한다. 그는 마지막 순간까지 하느님의 현존 안에 숨겨져 있어야 한다. 예수님은 이 기대를 실현한다. 설사 갈릴래아 출신처럼 보인다 하더라도, 그분은 갈릴래아 출신이 아니다. 그분의 지상 고향은 유다 지방이다. 게다가 그분의 삶과 사명의 기원은 사람이 아니라 하느님이다. 이 사안은 다음 구절에서 계속 다뤄지는 주요 주제이다.

예수님은 이 심오한 가르침을 성전에서 큰 소리로 말씀하셨다. '큰 소리로 외치다'(크라조 κράζω) 동사는 요한 복음서에서 육화한 말씀이 공적인 계시를 장엄하게 선포하시는 데 쓰였다(7,28.37; 12,44-50 참조). 예수님은 예루살렘 주민들이 당신의 출신과 정체에 대해서 안다고 한 말을 그대로 받아 소리 높여 풍자적으로 말씀하신다. "너희는 나를 알고 또 내가 어디에서 왔는지도 알고 있다"(28절). 유다인들은 그들의 대표자인 니코데모가 그랬듯이, 예수님이 누구이며 어디서 왔는지 안다고 주장한다. 그렇지만 그분의 진짜 본질에 대해 정말로 그들은 모른다. 아예 눈치조차 못 채고 있다. 육화한 말씀의 위격이 확실히 신비이기 때문이다.

이 맥락에서 예수님은 스스로 오지 않고 '참되신 분'에게서 파견되었음을 밝히면서 당신의 신적 기원을 암시하신다(28절; 비교 8,42 "나는 나 스스로 온 것이 아니라 그분께서 나를 보내신 것이다"). 니코데모는 스승께 인사드리며 그분의 신적 기원을 드러냈다(3,2). 같은 방식으로 태어나면서부터 눈먼 사람도 바리사이들 앞에서 자기를 고쳐 주신 분은 하느님에게서 오신 분이라고 선언한다(9,31-33).

예수님을 보내신 분은 진실하시다. 속이지 않으며 파견한 이 안에서 확실하게 드러내신다. 유다인들은 하느님을 모른다. 육화한 말씀, 곧 아버지와 완전하고 깊은 친교 중에 사는 유일한 사람(7,29), 확실한 방법으로 세상에 하느님을 드러내는 유일한 사람을 모르기 때문이다(14,7 이하). 하느님에게서 기원하였기에 예수님은 자신을 보내신(7,29) 아버지를 잘 아신다(8,55; 10,15; 17,25).

예수님의 말씀을 들은 사람들의 반응은 다양하다. 일부는 거부하며 고집을 부린다. 아니 그분을 잡으려고까지 한다. 다른 이들은 그분의 말을 받아들이며 믿음으로 그분에게 응한다. 전자는 물론 바리사이들과 유다인들의 지도자이다. "그러자 그들은 예수님을 잡으려고 하였지만, 그분께 손을 대는 자는 아무도 없었다. 그분의 때가 아직 오지 않았기 때문이다"(30절). 복음서에서 처음으로 유다인들이 예수님을 잡으려고 한다고 말한다. 그들은 그들의 악한 뜻을 이루려고 계속 기회를 노릴 것이다(7,44; 10,39; 11,57). 그러나 그분의 때가 찼을 때에야(18,1 이하) 비로소 그들의 목적을 달성할 것이다. 지금은 경비병들이 빈손으로 돌아와야 한다.

유다인들의 적대적인 행동과 달리 많은 군중은 예수님을 믿었다(31절). 아마도 이들이 조금 있다가 예수님을 메시아로 알아보는(40-41절), 그리스도의 계시에 열려진 그 사람들일 것이다. 이 두 군데서 같은 단어("군중 가운데에는" ἐκ τοῦ ὄχλου)가 사용되었다. 이 단순한 사람들의 믿음이 예수님의 형제들과(7,5) 지도자들의 불신과(7,48) 대조되지 않을 수 없다. 군중은 아직 예수님을 메시아로 인정하지 않는다. 왜냐하면 갈릴래아 출신인 것을 알며, 그것을 메시아의 위엄을 향해 넘어설 수 없는 장애로 여기기 때문이다. 그러면서도 메시아가 예수님이 한 일보다 더 많은 표징을 일으킬 수 없으리라고 인정한다(31절). 조금 더 나아가 예수님의 마지막 계시 후에는 '그 예언자'나 메시아라고 고백할 것이다. 육화한 말씀이 행하신 떠들썩한 표징에 대한 이 순간적인 반응(31절)은 앞에서 표징에 대해 보여 주었던 비슷한 반응들의 메아리 같다(2,23; 3,2 참조).

2,23에서 예수님이 놀라운 기적을 많이 행하셨다고 말하지만, 1-7장에서 그분이 유다에서 행한 기적은 한 가지만 나온다(5,1 이하). 자세히 기록된 다른 기적 세 가지는(2,1 이하; 4,43 이하; 6,1 이하) 갈릴래아에서 행해졌다. 군중이 7,31 이하에서 이 기적들이 갈릴래아에서 일어났다고 암시하는 것은 개연성이 전혀 없지는 않다. 그러나 요한 복음사가는 예수님이 행하신 크고 많은 기적을 관찰하면서, 설사 그분의 메시아성과 신성에 대한 믿음의 불꽃을 독자들의 마음에 밝히기에 필요한 만큼만 그것을 전한다 할지라도, 메시아가 실제로 많은 이적을 일으켰다는 아주 오래된 전승(20,30)을 전한다. 이 구절은 7,31과 아주 비슷하다. “예수님께서는 이 책에 기록되지 않은 다른 많은 표징도 제자들 앞에서 일으키셨다”(20,30).

예수님의 일 가운데 하나가 표징을 행하시는 것이다. 표징은 사람이 어둠에서 빛으로 변화됨을 나타내는, 볼 수 있는 구체적인 것이다. 그분의 기적은 - 기적 자체가 예외적인 사랑의 행위이다 - 선과 악 가운데 하나를 선택하도록 사람들의 눈을 열어 주는 하나의 방편이요 쇄신의 상징이었다. 표징을 하느님이 하시는 일로 받아들인 사람들이 모두 완전히 회개하고 쇄신하지는 않았다. 사실 어떤 사람들은 표징을 보고 예수님의 능력이 놀랍구나 하고 받아들일 뿐이었다. 삶을 좀 더 밝혀 주는 사람으로 그분을 신뢰하는 정도일 수 있다. 기적으로 믿게 된 사람도, 그 신앙의 정도는 천차만별이었다. “예수님께서 예루살렘에 계시는 동안, 많은 사람이 그분께서 일으키신 표징들을 보고 그분의 이름을 믿었다. 그러나 예수님은 그들을 신뢰하지 않으셨다. 그분께서 모든 사람을 다 알고 계셨기 때문이다"(2,23-24).

카나의 혼인 잔치에서 어머니와의 일, 니코데모와의 일, 카파르나움에서 왕실 관리와의 일, 사마리아 사람들과의 일, 예루살렘 성전에서 유다인들과의 일, 태어나면서부터 눈먼 사람과의 일, 라자로와 그의 누이들과의 일. 예수님의 일들을 언뜻 보면 어떤 때는 그분을 선생으로, 어떤 때는 설교자로, 어떤 때는 기적을 행하는 자로 보이게 한다. 그러나 그런 일들을 통해 예수님이 의도하신 바는 사람들의 변화에 있었다. 그분은 사람들이 자포자기, 불쌍한 처지, 죄, 어둠, 죽음을 지나 빛과 생명으로 나아가도록 도우신다. 그렇게 변화될 수 있도록 하기 위해 온갖 일을 다 하신다. 물론 어떤 때 그분의 노력이 실패한 것처럼 보이기도 한다. 니코데모, 사마리아 사람들, 갈릴래아 사람들, 그리고 바리사이파 사람들은 이해하지도 못하고 이해할 수도 없어서 변화될 수 없었던 것이다.

예수님은 기적을 통해 육체적인 불행만을 고쳐 주려 한 것이 아니라, 그 이상으로 어둠과 죽음의 상태에서 생명의 상태로 옮겨가는 인격적인 변화를 시도하셨다. 예수님 치유의 목표는 새로운 사람, 구원된 인간, 세상으로부터 해방되어 진리 안에서 사는, 새로운 실존을 누릴 수 있는 인간으로 변화시키는 데 있었다. 예수님의 일은 일종의 싸움, 악과-악을 옹호하는 모든 사회적 세력을 거슬러 싸우는 것이었다. 그분은 악에 맞서 싸워야 할 뿐 아니라 악과 싸우려는 당신을 방해하는 온갖 사람과도 싸워야 했다. 그분의 무기는 말과 표징이었다.

수석 사제들이 예수님을 죽이기 위해서 잡으려 하자, 예수님은 이를 기회로 당신의 임박한 출발에 대하여 말씀하신다. 그분은 유다인들에게 자신의 죽음이 어떤 실패나 적대자들의 미움 때문이 아니라, 당신의 자유로운 선택으로 이뤄질 것임을 선언하신다. 그분은 자발적으로 결단하여 아버지께 돌아가기 위하여 떠나신다.

예수님은 "나는 잠시 동안만 너희와 함께 있다가, 나를 보내신 분께 간다"(33절)고 청중에게 말씀하신다. 동사 '떠난다'(휘파고 ὑπάγω)가 요한 복음서에서 예수님의 입을 통해 나올 때는 항상 아버지께 돌아가는 것을 의미한다(8,14.21 이하; 16,5 등등). 외아드님은 하느님에게서 왔고 그분께로 돌아간다(13,3). 그분 자체가 아버지께 이끄는 길이다(14,4 이하).

"너희가 나를 찾아도 찾아내지 못할 것이다"(34절). 예수님이 떠난 뒤에, 또는 죽어 아버지께 돌아간 뒤에, 유다인들은 그분을 찾을 것이나 찾지 못한다. 이 문장은 꽤 수수께끼 같다. 유다인 편에서 예수님을 찾는다는 것은 무슨 뜻인가? 그분을 죽이려고 찾는가?(5,18; 7,1.19) 아니면 참으로 구원을 희망한다는 말인가? 혹은 미래의 심판을 암시하는가? 뒤에서 육화한 말씀은 당신의 적들이 당신을 찾다가 죄 중에 죽으리라고 이르신다(8,21). 또한 제자들에게도 당신이 가는 곳에 올 수 없다고 말씀하신다(13,33). 덧붙이기를 베드로는 당신에게 나중에 따라오게 될 것이라고 하신다(13,36).

이 알 수 없는 표현을 구약성경과 연관하여 보면, 주님은 회개하기에 좋은 때를 놓치는 사람을 심판으로 경고하신다는 주제로 해석할 수 있다. 주님은 구원을 제공하고 발견하도록 두신다. 이 기회를 놓치면 다음에는 아주 늦을 것이다. 주님을 찾으러 다니나 발견하지 못할 것이다. "주님을 찾아가도 찾아내지 못하리니 주님이 그들을 떠났기 때문이다"(호세 5,6). "그들이 주님의 말씀을 찾아 이 바다에서 저 바다로 헤매고 북쪽에서 동쪽으로 떠돌아다녀도 찾아내지 못하리라"(아모 8,12). 예수님의 외침은 지혜의 외침과도 같다. “그때 그들이 나를 불러도 대답하지 않으리라. 그들이 나를 찾아도 찾아내지 못하리라”(잠언 1,28). 성경에서 지혜는 정의를 실천하도록 사람들을 인도하는 생명과 인생의 의미이다. 예수님은 바로 하느님의 지혜이다. 예수님 안에 생명이 온전하게 현존하여 있다. 이런 이유로 예언자는 이스라엘을 꾸짖는다. 주님께서 만나 주시려고 할 때 주님을 찾아라. “만나 뵐 수 있을 때에 주님을 찾아라. 가까이 계실 때에 그분을 불러라”(이사 55,6). 회개로 부르는 절박한 초대이다.

지금 하시는 예수님의 말씀이 신비로운 내용임은 확실하다. 그래서 반사적으로 유다인들의 의문이 터져 나온다. “저 사람이 어디에 가려고 하기에 우리가 자기를 찾아내지 못한다는 말인가? 그리스인들 사이에 흩어져 사는 동포들에게 가서 그리스인들을 가르치겠다는 말인가?”(35절) 적대자들은 예수님이 이방 지역으로 간다고 생각한다. 사실 그리스의 디아스포라는 팔레스티나 밖에 있다. 그러나 복음사가에게 유다인들의 이 물음은 미래에 이방인들 사이로 교회가 파견됨을 예고하는 것이다. 복음이 이방인들에게 선포되고, 그리스도는 이방 지역으로 옮겨 다니실 것이다. 이방인들을 얻게 되는 일의 전조는 예수님의 수난 전에 이미 나타난다(12,20 이하).

유다인들은 앞서 말한 예수님의 발언이 명료하지 않다면서 그대로 반복하며 계속 이의를 제기한다. “그리고 ‘너희가 나를 찾아도 찾아내지 못할 것이다. 또 내가 있는 곳에 너희는 올 수 없다.’는 말은 무슨 뜻인가?”(36절) 그러나 예수님은 아무런 답변도 하지 않으신다.

### (4) 예수님의 자기 계시: 생수 - 의견 대립 7,37-52

이제 예수님은 본격적으로 당신을 드러내신다. "축제의 가장 중요한 날인 마지막 날에 예수님은 일어서시어 큰 소리로 말씀하셨다"(37절). '일어서다', '큰 소리로 말하다(외치다)' 모두 눈에 띄는 행동이다. 군중 가운데서 저분은 "예언자", "메시아"라는 평가가 나온다(40-41절). 온전한 드러남이다. 군중은 갈라져서, 몇몇은 예수님을 잡으려 하였지만 예수님께 손대는 이는 하나도 없었다. 예수님이 온전히 드러내시자 유다인들이 보이는 반응도 아주 노골적으로 묘사된다. 이 대목에서는 유다인을 통칭하여 부르지 않고 하나하나 지적하며 밝혀낸다. 32절에서 언급되었던 수석 사제들과 바리사이들이 다시 언급되고(45.47절), 의회 의원들이나 바리사이들(48절)이라는 이름이 나타난다. 그들이 예수님의 드러내심에 대하여 보이는 반응 역시 드러난다.

'드러내다-숨겨지다'라는 주제를 중심으로 7장을 나누면 다음과 같다.

㉠ 드러나지 않으시려는 예수님과 형제들의 불신앙(1-10절)
㉡ 유다인들과 군중의 여론(11-13절)
㉢ 초막절 축제 중 예수님이 성전에 나타나심과 백성의 반응(14-36절)
㉣ 예수님의 드러내심과 사람들의 평판(37-52절)

첫째와 둘째 단락에서는 이 주제 자체가 구조요 그 안에 담긴 내용이다. 셋째 단락에서는 다른 주제가 첨가되어 긴 내용으로 이야기가 발전된다. 첨가된 주제는 '죽이다 또는 잡다'이다. "도대체 너희는 왜 나를 죽이려고 하느냐?"(19절), "안식일에 한 사람의 온몸을 건강하게 만들어 준 것을 가지고 나에게 화를 내느냐?"(23절), "그들이 죽이려고 하는 이가 저 사람 아닙니까?"(25절), "그러자 그들은 예수님을 잡으려고 하였지만 그분께 손을 대는 자는 아무도 없었다"(30절), "군중이 예수님을 두고 이렇게 수군거리는 소리를 바리사이들이 들었다. 그리하여 수석 사제들과 바리사이들이 예수님을 잡아 오라고 성전 경비병들을 보냈다"(32절). 이와 같은 살해 위협에 대하여 예수님은 한 단계를 넘어서는 상태를 이야기한다. 넷째 단락에서는 예수님의 정체를 언급한다. 예수님은 당신이 생수의 근원임을 말씀하신다. 사람들은 그분을 예언자요 메시아라고 한다(40-41절). 예수님을 만난 한 사람이 아니라, 군중이 예수님의 정체에 대해 말하는 이야기는 처음 나타난다.

## 구조에서 드러나는 명확한 메시지

니코데모에 대한 언급(50절)은 그가 예수님과 나눴던 대화(3,1-21)를 상기시킨다. 그때 영으로 새로 태어나는 이야기가 있었다. 또 생수를 언급하여 사마리아 여인과의 대화도 떠올린다. 어쩌면 여기서 3장과 4장의 두 삽화를 종합하고 있는지도 모른다.

전체적으로 살펴보면, 7장은 직선적인 구조로 짜여 점진적으로 발전되는 단계를 나타낸다. '드러나다-숨겨지다'의 주제에서 주인공 예수님이 확연히 드러나 결정적인 선포를 하는 네 번째 단계가 그 정점이다. 예수님의 움직임은 적대자들의 움직임과 어울려 나타난다. 첫 단락에서 예수님은 예루살렘 밖에 계신다. 둘째 단락에서는 예루살렘에 나타나시나 적수인 유다인들의 눈에는 아직 띄지 않았다. 셋째 단락에서는 예루살렘 성전에 나타나 가르치신다. 그분에 대한 유다인들의 적개심이 숨겨진 형태로 드러나며, 예수님의 드러남을 방해하려는 움직임을 보인다. 그러나 넷째 단락에서는 예수님이 온전히 드러나신다. 예루살렘 성전에서 축제의 마지막 중요한 날에 일어서서 큰 소리로 선포하신다. 군중 역시 그분이 메시아임을 알아본다. 유다인들의 음모는 성사되지 않고 그들끼리 적개심을 노골적으로 드러낸다.

초막절은 이제 막바지에 이르렀다. 마지막 날이라면 여덟째 날이어야 할 텐데, '가장 중요한 날'이라고 하는 것을 보면 일곱째 날을 암시한다. 그날 사제들은 실로암 못에서 길은 물을 들고 제단 주위를 일곱 바퀴 돈다. 반면에 여덟째 날에는 물 긷는 예식을 하지 않으며 축제로 도성을 환히 밝히지도 않기 때문에 중요한 날이라고 볼 수 없다.

실질적으로 초막절의 가장 중요한 측면은 '비'다. 이 기간 동안 비를 기원하는 기도를 열렬히 올린다. 만일 축제 동안에 비가 오면 기도가 받아들여진 것으로, 다음 해에 풍작이 되기에 충분한 비가 올 것이라 여긴다. 축제 동안 매일 아침 비를 위한 행렬이 있다. 순례자들은 오른손으로 천막을 상징하는 야자나무 가지로 묶은 갯버들을(레위 23,40 참조) 흔들고 왼손으로 수확을 상징하는 열매인 시트론을 흔들면서 성전 산 기슭의 기혼 샘으로 행진한다. 이 샘이 실로암 못에 물을 공급해 준다. 사제는 금 단지에 물을 채우고 백성은 노래를 부른다.

마지막 날 비를 기원하는 예식이 절정에 다다랐을 때, 예수님은 일어서서 큰 소리로 말씀하셨다. 가장 장엄한 큰 날에, 일어서는 자세와 큰 소리라는 요소는 그분이 전할 메시지에 사람들의 이목을 완전히 집중시킨다. "목마른 사람은 다 나에게 와서 마셔라. 나를 믿는 사람은 성경 말씀대로 '그 속에서부터 생수의 강들이 흘러나올 것이다'"(37-38절).

백성이 물을 위해 기도했는데, 예수님은 그들의 기도가 받아들여졌다고 선포하신다. 그분은 그들의 희망에 참으로 응답하신 것이다. 예수님 안에는 생명이 온전하게 현존해 있다. 그분의 외침은 만민과 만백성에게 열려 있다. 그들에게 당신을 믿는 사람 속에서 생수의 강이 흘러나오리라고 약속하신다. 그분은 실로암 못에서 물 긷는 예식에 참여하고는 물을 실마리로 하여 자신을 생수의 원천源泉으로 소개하신다. 목마른 자들은 그분께 와서 마시고 갈증을 영원히 해소하도록 초대받는다.

야곱의 우물가에서 예수님은 사마리아 여인에게 비슷한 진리를 가르치셨다. 당신을 영원히 목마르지 않는 신비한 생수를 주는 분으로 소개하셨다(4,10-14). 비슷한 가르침은 카파르나움 회당에서도 선포되었다(6,35). 육화한 말씀은 생명과 완전한 구원의 샘이다. 즉 메시아적인 선물의 원천이다. 그래서 그분께 가는 이는 배고프지 않고 목마르지 않을 수 있다.

그런데 생수의 강이 흘러나온다는 "그 속에서부터"는 어디일까? 예수님의 속인가, 와서 믿는 이의 속인가? 많은 논의가 있었으나, 대체로 십자가에 달린 예수님의 옆구리에서 피와 물이 나온(19,34) 죽음의 순간과 많이 연결시킨다. '속에서부터', 곧 육화한 말씀의 가슴에서 물이 흐르는 것이다. 실제로 십자가에 높이 달려 깊은 상처로 가슴이 열린 그리스도는 인간에 대한 아버지의 사랑, 그와 같은 당신의 사랑을 더욱 웅변적으로 보여 준다.

사마리아 여인과의 담화에서 보았듯이, 살아 있는 물 곧 생수는 예수님의 계시, 진리, 말씀을 상징한다. 그것은 마셔야만 하는 것, 곧 깊은 신앙의 삶으로 내면화하고 닮아 가야 하는 것이다. 누가 행복과 구원에 대한 갈증이 있다면 육화한 말씀에게로 가야만 하고, 이 신격에게로 자기 존재를 완전하게 향해야 한다.

복음사가는 예수님의 말씀을 설명한다. "이는 당신을 믿는 이들이 받게 될 성령을 가리켜 하신 말씀이었다. 예수님께서 영광스럽게 되지 않으셨기 때문에, 성령께서 아직 (그들 가운데) 와 계시지 않았던 것이다"(39절). 언뜻 보면 생수가 성령을 상징하는 것처럼 보일 수 있다. 그러나 아니다. 그리스도의 계시를 내면화하는 행위는 성령, 곧 진리의 영의 인도 아래서만 가능하다(14,17; 15,26 등). 예수님이 영광을 받은 후에야 믿는 이들은 성령을 받을 것이다. 그러니까 성령이 가르치실 시점은 예수님의 영광과 밀접하게 연결되어 있다.

이어 군중의 여러 반응이 소개된다. 모두가 한결같이 그분을 메시아로 보진 않는다. 그분이 갈릴래아 출신이라는 것을 알고 있기 때문에 메시아일 수 없다고 하는 이들도 있다. 메시아의 기원에 관해서는 앞에서도 문제가 제기되었지만(7,27), 여기서는 아무도 이의를 제기할 수 없는 성경을 인용하여 말한다. "성경에 메시아는 다윗의 후손 가운데에서, 그리고 다윗이 살았던 베들레헴에서 나온다고 하지 않았는가?"(42절) 그러니 갈릴래아 출신인 나자렛 예수님은 메시아일 수 없다는 것이다.

예루살렘 주민뿐만 아니라 지도자들이 보낸 성전 경비병들은 감히 예수님을 붙잡을 용기를 내지 못하였고 빈손으로 돌아왔다. 수석 사제들과 바리사이들은 그들에게 묻는다. "왜 그 사람을 끌고 오지 않았느냐?"(45절) 그들의 계획이 성공하지 못한 데 대한 놀람과 분노가 들어 있는 질문이다. 성전 경비병들의 대답은 예수님에게서 발산되는 매력을 입증한다.

"그분처럼 말하는 사람은 지금까지 하나도 없었습니다"(46절). 단순하고 간결하게 예수님의 말씀에 감복된 것을 표현한다.

바리사이들은 노여워하며 그들의 분노를 숨김없이 드러낸다. "너희도 속은 것이 아니냐? 최고 의회 의원들이나 바리사이들 가운데에서 누가 그를 믿더냐? 율법을 모르는 저 군중은 저주받은 자들이다"(47-49절). 여기서 자기들 중 아무도 예수님을 믿지 않았다고 선언한다. 자기네 종교 행위와 판단이 곧 백성의 신앙의 기준이다. 자신들은 율법을 아는 학자이나, 무식한 군중은 율법을 모른다. 오로지 수석 사제들과 바리사이들만이 기록된 토라든, 구전의 토라든 다 알고 있다. 그들은 이스라엘의 스승이다(3,10). 설령 그들이 율법을 지키지 않을지라도, 그들은 모세의 제자들이다(7,19). 바리사이들의 오만불손은 극에 달한다. 율법을 모르기 때문에 백성은 저주받은 자들이라고 한다.

그러나 이러한 판단에 동의하지 않는 지도자도 있다. 니코데모는 동료들의 판단에 동의하지 않고 모세의 율법을 근거로 예수님을 변호한다. "우리 율법에는 먼저 본인의 말을 들어 보고 또 그가 하는 일을 알아보고 난 뒤에야, 그 사람을 심판하게 되어 있지 않습니까?"(51절) 지도자들은 이미 예수님을 단죄하였고, 그분을 잡으려고 기회를 찾고 있었다(5,18; 7,1). 그러니 그들은 율법을 거슬러 예수님을 단죄한 것이다. "전에 예수님을 찾아왔던 니코데모가"라는 표현에서 지금 예수님을 위해 항변하는 그의 동기가 드러난다. 그는 예수님에 대해 증언하지 못했다. 그의 믿음의 정도가 그러했다. 그러나 예수님을 대할 때 적어도 적법하고 정당하게 다루라고 제의할 만큼의 존경심을 지니고 있다.

그러나 바리사이들은 행동의 적법성을 묻는 니코데모의 항변에 반발하며 분노와 적개심을 드러낸다. 그러니 예수님의 메시아성에 관한 문제는 탁상 위의 주제로 올라가지도 못한다. 그분이 갈릴래아 출신이라는 것은 메시아가 아니라는, 반박할 수 없는 확실한 증거로 제시된다. 7장의 마지막 말은 분명하다. "갈릴래아에서는 예언자가 나지 않소"(52절). 이스라엘의 스승이라고 인정받던 니코데모는 무시당하고 핀잔을 받는다. 최고 의회가 보기에 갈릴래아 사람들은 소외시켜 마땅하다. 갈릴래아에서는 신통한 것이 나올 리 없다는 것이다. 그들의 교설에 따르면, 변두리 사람들(지리적, 종교적, 사회적 등등)에게 기대할 것은 전혀 없다.

### (5) 올리브 산에서: 간음한 여인과 예수님 8,1-11

8-10장의 본문 순서에 대해서는 논란이 있다. 일부에서는 지금 순서가 원래가 아니며 10,19-21이 그 사실을 증명한다고 말한다. 또 8,1-11은 극적인 두 기록의 조화를 깨뜨린다고 이야기한다. 즉 7장은 예수님의 메시아 됨에 초점을 맞추었고 8,12-59는 그분의 다른 신성에 초점을 맞추었는데, 8,1-11이 그 사이에 끼어들었다는 것이다(베자 사본). 또 7,53-8,11이 아예 나타나지 않는 사본들도(시나이 사본, 바티칸 사본) 있다. 사실 7장의 마지막 절인 53절은 간음한 여인 대목을 전하는 사본들에만 나온다.

이 책에서는 현재의 본문 순서를 전제로 살피고자 한다. 8,1-11에서만 '앉으셔서 가르친다'든가 '율법 학자'란 호칭이 나타나기에 공관복음서의 것을 빌려 왔다고 하나, 사실 공관복음서에서 이와 병행되는 구절은 찾아볼 수 없다. 만일 요한 복음사가가 이 전승을 고유하게 썼다면 그의 저술 목적에 따라 선택한 자료라고 생각할 수 있다. 그렇다면 이 본문이 전체 맥락과 조화를 이루면서 이 자리에 놓인 특별하고 고유한 목적이 있을 것이다.

먼저 이 대목의 시작과 마무리에서 상응하는 부분을 볼 수 있는데, 예수님의 가르침과(2절) 용서의 선언이다(11절). 여기서 우리는 주제를 반복하며 종합하는 성격의 구문을 볼 수 있다. 왜냐하면 예수님이 자비를 선포하는 마지막 표현에서 그분 가르침의 내용이 분명하게 드러나기 때문이다. 그분은 하느님의 용서를 가르치며 더 이상 죄를 짓지 않도록 격려하신다.

이 대목은 예수님이 세상의 빛임을 드러내는 이야기이다. 외형상 예수님과 지도자늘 사이에 벌어신 논생 사화 내시는 내담 사화에 가낍지만, 죄지은 여자와 그녀를 고발한 자들에 대한 예수님의 태도가 중심을 이루고 있다. 즉 하느님의 자비가 예수님을 통해서 이루어진다는 내용이 핵심이며 절정이다. 예수님이 여느 사람들처럼 자신도 죄인이기에 단죄하지 않는다는 뜻이 아니라, 하느님의 자비와 용서를 아는 자로서 단죄하지 않는다는 의미이다. 자비에 근거한 무죄 판결 내지는 사면 선언이기에, 그녀는 어둠 속을 걷지 않고 생명의 빛을 얻는 것이 아닌가!

이 대목의 시작 부분에 예수님의 움직임이 나타난다. "예수님께서는 올리브 산으로 가셨다"(1절). 이와 비슷한 구절이 루카 복음에 나온다. "낮에는 성전에서 가르치시고, 밤에는 올리브 산이라고 불리는 곳으로 나가 묵곤 하셨다"(루카 21,37). 예수님은 동이 트기 전에 일찍 일어나 기도하셨는데(마르 1,35 참조), 여기서는 이른 아침에 성전으로 가 가르치신다. 그분의 이야기를 들으려고 많은 사람이 모여드는 모습은 여러 곳에서 볼 수 있다(특히 루카 복음). 예수님이 앉아서 가르치시는 자세도 비슷하게 여러 장면에 나온다(루카 4,20; 5,3 참조). 성전에서 가르치신다는 이야기도 요한 복음서에 주로 나오지만 공관복음서에서도 언급된다. 그러니 이 대목의 서두는 온전히 고유한 요한의 전승으로 볼 수는 없다.

그때에 율법 학자들 곧 율법 주석가들이 등장한다. 이들은 공관복음서에 자주 나오나 요한 복음서에는 이곳에만 나온다. 요한 복음사가는 유다인들, 바리사이들을 많이 거론하나, 율법 학자나 사두가이들, 헤로데 당원들은 거의 언급하지 않는다. 율법 학자와 바리사이들은 간음하다 붙잡힌 여자를 끌고 왔는데, 현장에서 붙잡혔다고 표현하여 범행 사실을 부인할 길이 없는 확실한 죄인임을 강조한다(4절). 그들이 이미 재판하고 돌로 치러 밖으로 나가다가 예수님께 왔는지, 아직 재판하지 않은 상태에서 바로 이리로 왔는지 복음사가는 아무런 암시도 주지 않는다.

율법 학자들과 바리사이들은 마음으로 이미 그 가련한 여자를 단죄했다. 이에 대해 모세 율법이 아주 확실하게 규정했기 때문이다. '그 여자는 죽어야만 한다.' 그런데도 그 여자를 예수님께 데려온 것은 예수님을 고소할 올가미로 쓰기 위해서이다. "스승님 생각은 어떠하십니까?"(5절) 만일에 예수님이 그 여자를 풀어 주라고 하면 율법을 거스르는 결정이라 스스로 단죄받는다. 반대로 만일에 엄격한 판단을 내린다면 백성 앞에서 그동안 자비롭고 인자한 하느님에 관해 가르친 것을 부정하게 되며 신임을 잃을 것이다. "그들은 예수님을 시험하여 고소할 구실을 만들려고 그렇게 말한 것이다"(6절).

예수님은 아무 말 없이 "몸을 굽히시어 손가락으로 땅에 무엇인가 쓰기 시작하셨다"(6절). 그분이 무엇을 쓰셨을까에 대해서 논란이 많았지만, 알 수 없는 일이다. "무엇인가"를 쓴다는 표현으로 보아 복음사가 역시 그 내용은 모르는 듯하다. 이 행동으로 예수님은 개입하고 싶지 않은 의사를 드러내셨다고 볼 수 있다. 그분은 이 시험 문제에 대해 당신의 판단을 표현하고 싶어 하지 않으셨다.

그러나 바리사이들이 계속해서 묻자 예수님은 몸을 일으키시어 그들에게 말씀하셨다. "너희 가운데 죄 없는 자가 먼저 저 여자에게 돌을 던져라"(7절). 얼마나 놀라운 명답인가! 예상치 못한 대답, 지혜와 단순함의 깊이에서 하느님의 아들다운 대답이다. 그들은 간음한 여인도 예수님도 말로 공격할 수 없게 완전히 무장해제를 당했다. 어느 누가 죄가 없겠는가? 다른 사람들에게 선고를 내릴 권리가 있다고 자부하며 재판석에 앉은 자들이 삽시간 재판관에서 피고의 처지로 떨어진다.

'먼저 돌을 던져라.' 단죄와 처벌의 시작은 반드시 목격자가 해야 한다는 신명 13,10을 반향한다. 제일 먼저 죄인을 향해 돌을 던진다는 행동에는 명백한 책임 의식이 깃들어 있다. 상대방의 죄를 뚜렷이 확증할 뿐 아니라 자신의 행동을 분명히 자각하고, 형벌을 줄 만큼 자신이 적합한지를 인식하라는 표현이다. 자기 행동에 대한 책임을 스스로 지는 것이다.

예수님은 그들의 판단과 책임에 맡기고 다시 당신의 자세를 취한다. "그리고 다시 몸을 굽히시어 땅에 무엇인가 쓰셨다"(8절). 마치 어려운 문제를 내놓고 시간을 주는 것 같다. 사실 해결 방법은 각자의 선택에 달린 것이다. "그들은 이 말씀을 듣고 나이 많은 자들부터 시작하여 하나씩 하나씩 떠나갔다. 마침내 예수님만 남으시고 여자는 가운데에 그대로 서 있었다"(9절). 그들은 예수님의 지침을 이해했다. 예수님으로 말미암아 정직하게 자신을 바라보는 순간에 직면하여 자신들이 죄인임을 인식하고 떠나갔다.

간음한 여인 혼자만 남았다. 예수님은 몸을 일으켜 아무도 그녀를 단죄하지 않았다는 사실을 그녀에게 인식시킨다. 여자가 대답한다. "선생님, 아무도 없습니다." 예수님 역시 그녀를 단죄하지 않음을 밝히신다. "나도 너를 단죄하지 않는다. 가거라. 그리고 이제부터 다시는 죄짓지 마라"(11절). 예수님은 여인을 단죄할 수 있는 유일한 사람이나 단죄하지 않으신다. 죄인의 죽음을 원하지 않고 회개를 원하시는 것이다. 예수님은 그녀에게 죄가 없다고 하지 않으셨다. "이제부터 다시는 죄짓지 마라"는 표현으로 그녀가 죄의 상태에 있음을 명백히 하신다. 하지만 처벌하지 않으신다. 죄지은 사람을 제거함으로써가 아니라 죄지은 사람에게 새롭고 온전하게 살 조건을 주심으로써 악을 없애신다. 죄로 인한 죽음이 아니라 회개하여 살기를 원하신다. 하느님의 자비로 죄를 용서하시지만, 그 자비와 용서는 이제부터 더 이상 죄짓지 않는 새로운 삶을 살도록 하는 데 목적이 있다는 것이다. 예수님의 무죄 선언은 죄의 용서라는 선물과 더불어 새롭게 살아야 할 의무도 함께 지워 준다. 예수님은 누구에게나 살 수 있는 결정적인 기회를 주신다. 이렇게 하여 사람을 살리는 하느님의 아들임을 드러내신다. "이제부터 다시는 죄짓지 마라."

### (6) 성전 헌금함 주변에서 8,12-59

만일에 용서받은 여인의 이야기를(1-11절) 뺀다면 7장과 8장에서 뚜렷한 일관성을 발견할 수 있다. 이 두 장에서 장소(성전: 8,59 참조)와 시간, 등장인물은 전혀 변하지 않는다. 담화는 예수님과 유다인들 사이에서 아주 극적으로 진행된다.

그런데 두 대목의 주제가 다르다. 7장은 무엇보다도 메시아의 기원이라는 주제를 다루었는데, 8장에서는 예수님의 신성 계시와 이에 대한 유다인들의 거부가 묘사된다. 예수님은 당신이 세상을 비추고 죄에서 구원하며 영원한 생명을 줄 수 있는 하느님의 아들임을 충분히 암시하신다. 그분의 신성은 여러 양상과 표현으로 계시되었는데, 고유한 표현은 이 대목의 첫머리와 마무리에 나타나는 '나는 …이다'(12.58절)라는 반복 구문이다. 이 관용구가 8장의 전체 구조를 지탱한다. 그러나 대담자들은 그분의 선언에 이의를 제기하며 심지어 돌로 치려 한다. 말씀의 빛이 세상에 빛나는 만큼 어둠은 눈을 감고 나아가 계시자를 거슬러 싸운다. 예수님과 유다인들의 날린 내화는 논쟁적이고 흥분된 어조의 공방전으로 치닫는다. 예수님의 계시 행위와 유다인들의 적대적인 불신앙이 대조를 이룬다. 적대감, 공격성이 8장의 특징적인 분위기다.

이 대목에 나타나는 예수님의 자기 계시를 네 부분으로 나누어 볼 수 있다. 먼저 예수님은 당신을 "세상의 빛"으로 계시하시고, 이 계시-증언을 주제로 하여 논쟁이 벌어진다(12-20절). 이어 아버지와 일치된 예수님이 또한 계시된다(21-30절). 예수님은 하느님에게서 진리를 받아 세상을 진리로써 자유롭게 하는 사람으로(31-47절), 아브라함이 나기 전부터 계신 분으로(48-59절) 거듭 계시하신다.

## 나는 세상의 빛이다(12-20절)

담화는 예수님의 장중한 선언으로 시작된다. "나는 세상의 빛이다. 나를 따르는 이는 어둠 속을 걷지 않고 생명의 빛을 얻을 것이다"(12절). 예수님은 일상생활에서 소재를 찾아 비유 이야기를 하시듯, 초막절 축제 때 예루살렘 성전을 한껏 밝힌 빛에 착안하여 이 말씀을 하신다. 그런데 그분은 예루살렘만의 빛이 아니라 세상의 빛이다. 요한 복음서는 이미 육화한 말씀을 사람들을 구원하는 빛으로 소개했다(1,4 이하; 3,19 이하). 이제 1인칭으로 명쾌하고 엄숙하게 "세상의 빛"이라고, 즉 '생명과 구원을 가져오는 신적 계시'라고 선언하신다. 어둠 속을 걷지 않기 위하여, 빛을 갖기 위해서는 당신을 따라야 한다고 이르신다. 그리스도를 따름은 제자가 된다는 뜻이다.

앞 단락에서 예수님은 단죄하지 않겠다고 하시며, 돌아가 다시는 죄짓지 말라 하셨다(11절). 어느 누가 다시는 죄짓지 않을 수 있을까? 같은 종류의 죄를 반복하지 말라는 뜻일까? 사실 예수님은 사람이 죄를 지을 수밖에 없는 존재임을 아신다. 그래서 "너희 가운데 죄 없는 자가 먼저 저 여자에게 돌을 던져라" 하고 말씀하셨다. 다시 죄짓지 않을 수 있는 힘이 우리에게는 없다. 여기서 그분은 살 길을 일러 주신다. 당신을 빛이라 하신다. 그 여인은 예수님의 그 말씀으로 세상을 살아갈 힘을 받았고, 그 말씀은 빛이 되어 그의 삶을 평생 비추었을 것이다. 이런 맥락에서 앞 단락(8,1-11)은 예수님이 '빛'임을 보여 주는 일화라고 할 수 있다.

예수님은 사람이 어둠 속을 걷지 않고 사는 길을 제시하는데, 유다인들은 그 주제 자체가 아니라 예수님이 자기 자신을 증언한다는 것에 주안점을 둔다. "당신이 자신에 관하여 증언하고 있으니, 당신의 증언은 유효하지 않소"(13절). 예수님은 무엇보다도 자신의 개인 증언이 참되고 근거가 있다고 말씀하신다. 그러나 유다인들은 율법의 관점에서 그분의 증언에 있는 허점을 본다. 예수님의 자기 증언은 그분의 신비를 나타내는 신학적인 표현이다. 그 증언의 초점은 예수님과 아버지의 관계를 드러내고, 세상으로 하여금 '그분이 누구인지를' 알게 하는 데 있다. 그분이 참으로 하느님 아버지의 아들이고 아버지가 보냈음을 드러내는 것이다.

요한 복음서에서 예수님은 항상 증언의 대상이었다. 세례자 요한이 육화한 말씀을 증언하고(1,7-8.15), 그분이 하느님의 선택받은 이요, 메시아임을 가리켰다(1,32-34; 3,26.28). 예수님이 하시는 일들 외에도 아버지와 성경이 증인의 역할을 하고 있다(5,32-39; 10,25). 그분은 당신의 신성을 말씀하신다. 자신의 근원과 최후를 아신다. 하지만 그분의 적대자들은 모른다. 유다인들은 메시아가 어디에서 오시는지 아무도 알지 못한다고 말하지만(7,27), 예수님의 행동이 뜻하는 바는 안다고, 즉 그분의 기원을 안다고 믿는다. 실수하고 있다. 그들은 그분이 어디로 가시는지도 모른다. 바리사이들은 예수님의 신원과 신적 기원을 전혀 모른다. 왜냐하면 사람의 기준에 따라 판단하기 때문이다. 그들은 겉모습을 보고 심판한다(7,24). 그러나 예수님은 아예 심판하지 않으신다. "나는 아무도 심판하지 않는다"(15절). 단적인 예가 바로 앞 단락(1-11절)에 있다.

만일 예수님이 심판한다고 해도 그것은 옳다. 옳은 근거를 그분은 당신을 파견한 아버지에게서 찾는다. 자기 마음대로 하는 것이 아니라 하느님 뜻에 따라 하기 때문에 옳다는 것이다. "내가 심판을 하여도 내 심판은 유효하다. 나 혼자가 아니라, 나와 나를 보내신 아버지께서 함께 심판하시기 때문이다"(16절). 아버지께서 그분과 함께 계시다는 의미는 이것이며, 그 뒤로 거듭 강조된다. "내가 스스로는 아무것도 하지 않고 아버지께서 가르쳐 주신 대로만 말한다는 것을…"(28ㄴ절). "나를 보내신 분께서는 나와 함께 계시고 나를 혼자 버려두지 않으신다. 내가 언제나 그분 마음에 드는 일을 하기 때문이다"(29절). 그분은 홀로 있지 않고 항상 아버지와 함께 계시기 때문에, 아버지와 일치해 있다. 그래서 그분의 증언은 하느님의 것과 같다. 하느님께서 아들 안에서 계시하시기 때문이다. 둘이 증언하기에 율법 규정에 부합한다고 하신다. "너희의 율법에도 두 사람의 증언은 유효하다고 기록되어 있다. 바로 내가 나 자신에 관하여 증언하고 또 나를 보내신 아버지께서도 나에 관하여 증언하신다"(17-18절).

그러자 유다인들이 묻는다. "당신의 아버지가 어디 있소?"(19절) 이로써 그들이 아들의 진짜 정체를 모른다는 것이 드러난다. 예수님은 묵시적으로 당신의 동정녀 잉태를, 당신의 신성을 말씀하신다. 만일에 당신 아버지가 요셉이라는 차원에서 말씀하신다면 아버지를 모른다는 이야기는 하지 않으셨을 것이다. 실상 7장의 대화가 그랬다. "너희는 나를 알지 못할 뿐만 아니라 나의 아버지도 알지 못한다. 너희가 나를 알았더라면 나의 아버지도 알았을 것이다"(19절). 하지만 그들은 예수님도, 그분의 아버지도 모른다. 예수님의 아버지는 영원 안에서 시간과 공간의 밖에서, 삼위일체 안에서 말씀을 낳으신 위격, 하느님이시다.

예수님의 이 숭고한 계시, 삼위일체적인 생명을 주제로 한 이 말씀이 선포된 곳은 헌금함 곁이었다. 유다인들이 봉헌금을 바치는 헌금함은 나팔 모양의 용기로 13개가 있었다. 그곳에 봉헌금을 바쳤다. 성전의 이 장소는 유다인이라면 누구나, 여자들도 접근할 수 있었다(마르 12,41 이하). 이로써 예수님이 공개적으로 선포하셨음이 한층 분명하게 드러난다. "그러나 아무도 그분을 잡지 않았다. 그분의 때가 아직 오지 않았기 때문이다"(20절). 이 마지막 말은 요한 복음서에서 자주 반복된다. 예수님이 하느님의 아들이라고 신성을 말씀하셨어도, 그들이 거기에 아무리 분개해도 아무도 손을 대지 못했다는 것이다. 아직 때가 오지 않았기 때문이다.

### 내가 그다(21-30절)

이 대목은 불신앙의 죄 속에서 죽음을 강조하는 부분(21-24절)과 예수님이 당신 신원을 밝히는 부분(25-30절)으로 구성되었다. 첫째 부분에서는 서로 대조되는 '가다-오다' 동사와 '위에서-아래에서'라는 위치를 나타내는 부사의 작용이 두드러진다. 이것으로 예수님과 유다인들("너희")의 차이를 나타낸다. 서로 움직이고 이해하는 영역이 다른 것이다. 예수님의 말씀을 나열해 보면 그 의미가 좀 더 두드러진다(유다인들의 말인 22절 제외).

21절 나는 간다. 너희가 나를 찾겠지만 너희는 자기 죄 속에서 죽을 것이다.
내가 가는 곳에 너희는 올 수 없다.

23절 너희는 아래에서 왔고 나는 위에서 왔다.
너희는 이 세상에 속하지만 나는 이 세상에 속하지 않는다.

24절 그래서 너희는 자기 죄 속에서 죽을 것이라고 내가 말하였다. 정녕 내가 나임을 믿지 않으면, 너희는 자기 죄 속에서 죽을 것이다.

여기서 강조되는 관건은 믿음이다. 믿음이 없으면 생명이 없다. 예수님은 '내가 그이라는 것을 믿지 않는다면 생명이 없다'고 선언하신다. 니코데모와의 대화에서 "누구든지 위로부터 태어나지 않으면 하느님의 나라를 볼 수 없다"(3,3)라고 하셨다. 생명이 없는 것과 하느님 나라를 볼 수 없는 것은 동일한 현상이다. 따라서 '누구든지 위로부터 태어나는 것'이란 예수님이 '나다'라는 분임을 믿는 것을 뜻한다.

"내가 나임을"(ὅτι ἐγώ εἰμί). 확실하게 예수님의 신성을 나타내는 이 관용구가 앞에서도 육화한 말씀의 신적 본성을 가리키는 말로(6,20) 쓰였다. 여기서는 독점적으로 하느님의 것인, 말로 형언할 수 없는 이름을 가리키기 위하여 사용되었다. 한글로 번역하기 어려운 "내가 나임"은 야훼 하느님의 이름으로 제시된 "나는 있는 나다(אֶהְיֶה אֲשֶׁר אֶהְיֶה)"(탈출 3,14)의 히브리어를 그리스어로 옮긴 '에고 에이미(ἐγώ εἰμί)'를 번역한 말이다. 이 신비로운 이름을 지닌 위격의 신성을 표현한 것이다. 주님께서 모세와 백성에게 알려 주신 이 이름, 곧 "나다"라고 말씀하심으로써 예수님은 당신이 생명을 갈구하는 모든 사람을 살리는 해방자임을 알리신다. 다시 말해 예수님이 하느님 아들임을 믿지 않는 이는 어둠 속에서 죽을 것이라는 뜻이다. 그에게 생명이 없다는 것이다.

그러자 유다인들이 반문한다. "당신이 누구요?"(25절) 그들은 정말로 예수님이 계시하신 내용을 알아듣지 못한다. 이야기 구조의 핵심은 알아듣고 예수님을 믿는 것을 생명이라고 밝히지만, 그들은 예수님이 '내가 나'임을 간과하고 계속 누구냐고 묻는다. "당신이 누구요?" 이 질문은 요한 복음서에서 계속 제기되는 기본 물음이다.

예수님이 다시 말씀하신다. "처음부터 내가 너희에게 말해 오지 않았느냐?"(25절) 원문이 명확지 않아 여러 번역문이 나타난다. '도대체 내가 너희에게 무엇을 또 이야기한단 말이냐?'라고 할 수도 있다. 아무튼 문맥으로 보아 마음의 문을 닫아서 아무리 말해도 도무지 알아듣지 못하는데 계속 이야기한들 무슨 소용이 있겠느냐는 말이다. 사실 '내가 나'라고 밝혔는데 또다시 당신은 누구냐고 물을 때 무슨 말을 더 하겠는가?

예수님의 말씀은 계속된다. "나는 너희에 관하여 이야기할 것도, 심판할 것도 많다"(26절). 너희의 그런 태도에 대해 내가 느끼는 것이 많다, 더 말해야 한다면 심판밖에 없다는 말씀이다. "그러나 나를 보내신 분께서는 참되시기에, 나는 그분에게서 들은 것을 이 세상에 이야기할 따름이다"(26절). 예수님은 자신의 말을 삼가고 판단하지 않으신다는 것이다. 그분은 당신의 인내심을 표현하고 있다. 그러면서 "나를 보내신 분", "그분에게서 들은 것"이란 표현으로 자신의 기원을 다시 밝히신다. 이것을 화자가 해설한다. "그들은 예수님께서 아버지를 가리켜 말씀하신 줄을 깨닫지 못하였다"(27절). 결국 당신이 누구신지에 대한 또 다른 대답인 것을 그들은 영 못 알아듣는다.

예수님이 당신을 아무리 누누이 밝히셔도 유다인들은 깨닫지 못한다. 그분은 끝까지, 십자가까지 가셔야 한다. "너희는 사람의 아들을 들어 올린 뒤에야 내가 나임을 깨달을" 것이다(28절). 그때라야 그들은 예수님이 누구신지 알게 될 것이다. 결국 '내가 나'임을 아는 것은 십자가와 연결된다. 사실 인간은 모든 것을 요구한다. 통째로, 밑바닥까지 확인해야 승복하는 완고함을 유다인들에게서 본다. 가장 심한 고통의 순간에 있을 때야 비로소 그가 어떤 사람인지를 인식한다는 아픈 진실이 이야기된다. 사람의 아들, 인간 예수님은 십가가에 매달릴 것이다. 그리고 육화한 말씀이 십자가의 죽음에 이르기까지 모든 것을 마음대로 하지 않고 하느님의 뜻에 따라 했음을, 그들은 알게 될 것이다. 예수님은 누차 이 말씀을 하셨다.

예수님은 파견되어 계시하는 일에서도 온전히 아버지의 뜻을 따랐다. 지나간 시간에만 하느님의 가르침에 따른 것이 아니라 현재에도 아들은 아버지와 밀접하게 일치해 있다. "나를 보내신 분께서는 나와 함께 계시고 나를 혼자 버려두지 않으신다"(29절). 예수님과 하느님의 완전한 일치는 아버지의 뜻을 완전하게 행하는 데 따른 논리적 결과로 표현된다. "내가 언제나 그분 마음에 드는 일을 하기 때문이다"(29절). 요한 복음사가는 예수님을 구원의 신적 차원을 실현하는 모범으로 소개하는 데 기쁨을 느끼는 듯하다(4,34; 5,30 참조). 그런 동기로 하느님께서 기뻐하시는 일을 완성하라고 믿는 이들에게 권고할 수 있을 것이다. 즉 예수님의 모범을 따르면서 예수님 안에서 신앙의 규칙으로 통합된 하느님의 계명들을 준수하라고 권할 수 있다(1요한 3,22-23 참조).

"예수님께서 이렇게 말씀하시자 많은 사람이 그분을 믿었다"(30절). 이 말로 다음 이야기와 연결된다.

### 하느님께 들은 진리를 말하는 사람(31-47절)

예수님이 당신을 믿는 유다인들에게 말씀하신다. "너희가 내 말 안에 머무르면 참으로 나의 제자가 된다. 그러면 너희가 진리를 깨닫게 될 것이다. 그리고 진리가 너희를 자유롭게 할 것이다"(31-32절). 예수님의 제자가 되는 길과 자유를 얻는 길을 이르시는데, 앞에서도 그래 왔듯이, 유다인들은 이야기의 핵심을 벗어나 트집을 잡아 반문한다. '우리는 종이 아닌데 새삼스럽게 무슨 자유 운운 하느냐고.' 이를 통해 예수님은 참된 자유가 무엇인지를 가르치시며, 그 과정에서 예수님의 신원이 점점 더 뚜렷이 드러난다.

확실한 신앙은 예수님께 순간적으로 이끌리는 게 아니라, 계시와 아버지의 살아 있는 말씀인 예수님께 충실하고 인내할 것을 요구한다. 그리스도의 참된 제자는 예수님과 지속적인 관계를 가지며, 그 관계에 항구하게 머무름으로써 참된 신앙을 갖게 된다. 참으로 그리스도의 제자가 되려면 그분의 말씀 안에 머물러야 하고 그분의 가르침을 항구하게 지킬 필요가 있다. 그러면 진리를 깨닫게 되고 온갖 부자유에서 해방될 것이다. 이 깨달음은 내가 나임을 깨닫는 것(28절)과 비슷하다. 요한 서간에 이 두 문장의 종합이 나타난다. "하느님의 아드님께서 오시어 우리에게 참되신 분을 알도록 이해력을 주신 것도 압니다. 우리는 참되신 분 안에 있고 그분의 아드님이신 예수 그리스도 안에 있습니다. 이분께서 참하느님이시며 영원한 생명이십니다"(1요한 5,20).

여기에서 말하는 '진리'는 지성적인 무엇을 의미하지 않고, 말씀이며 그리스도의 계시를 가리킨다. 진리를 안다는 것은 육화한 말씀이 주시는 구원의 현존을 체험한다는 뜻이다. 예수님을 믿고 따르는 것은 말로 되는 일이 아니다. 그 말씀대로 살아야 한다. 실천을 요구한다. "내 말 안에 머무르면…"이란 말씀의 뜻이 그러하다. 이 실천의 지향은 항상 모두 함께 사는 사회와 세상을 만드는 데 있다. 그럴 때 진리가 자유롭게 할 것이다. 곧 신적 생명의 살아 있는 표현, 그리스도 그분이 그 사람을 자유롭게 하실 것이다. "아들이 너희를 자유롭게 하면 너희는 정녕 자유롭게 될 것이다"(36절). 예수님은 '자유를 주시는 분'이다.

그러자 유다인들은 자신들이 아브라함의 후손이며 자유인임을 강조한다. 설령 그리스나 로마의 지배를 받고 있어도, 그들은 하느님께 선택되었기 때문에 자유로운 백성이라고 여긴다. 사실 그들은 종 하가르가 아닌 자유인 사라의 자손이다(창세 16,1-16; 17,21; 21,1-14; 갈라 4,21 이하 참조). 하지만 예수님이 종교적 또는 존재론적인 면에서 자유를 말씀하시는 반면에, 유다인들은 정치적인 혹은 사회적인 면에서 이해한다. 그래서 예수님은 당신 생각을 다시 명백히 하며, 자유롭게 하는 진리를 설명하신다.

예수님은 죄와 연관하여 도덕적 자유와 노예 상태의 개념을 이야기하는데, 아주 엄숙한 형태로 말씀하신다. "내가 진실로 진실로 너희에게 말한다." 이 대목의 내용은 연쇄적으로 연결되어 있다. "죄를 짓는 자는 누구나 죄의 종이다"(34절). - "종은 언제까지나 집에 머무르지 못하지만, 아들은 언제까지나 집에 머무른다"(35절). - "그러므로 아들이 너희를 자유롭게 하면 너희는 정녕 자유롭게 될 것이다"(36절).

그분은 스스로를 자유인이라고 주장하는 이들에게 무엇이 진짜 노예 상태인가를 밝힌다. 노예 상태의 깊은 곳에 있는 근본적인 뿌리는 죄다. 아들이 그들을 자유롭게 한다는 것은 곧 죄에서 해방시킨다는 것이다. 여기서 세상의 죄를 없애시는 하느님의 어린양을 기억할 수 있다. 35절의 아들은 모든 사람에게 적용할 수 있는 일반적인 말이다. 그런데 36절로 넘어가면 아버지의 외아들을 가리키는 특별한 의미를 갖게 된다. 예수님은 아버지의 집에 영원히 머무르는 하느님의 아들이다. 그분은 육화한 말씀이며 죄의 노예 상태에서 사람을 자유롭게 할 수 있는 진리이다(8,32; 1,29 참조). 그러니 참된 자유는 오직 그분에게서 온다. 그분의 신적 말씀에서, 그분이 자유롭게 하시는 데서, 그분과 또 아버지와 인격적으로 생명의 통교를 하는 데서 온다.

자유인과 종에 대한 개념을 명확히 한 후에 예수님은 유다인들이 아브라함의 자손이라고 한 것을 들어 이의를 제기하신다. 족보의 관점에서 보면 그들은 아브라함의 자손이다. 그러나 좀 더 깊이 영혼의 상태와 행위를 관찰하면 그들이 악마에게 기원하였음을 알 수 있다.

37절 ㄱ 나는 너희가 아브라함의 후손임을 알고 있다.
ㄴ 그런데 너희는 나를 죽이려고 한다.
ㄷ 내 말이 너희 안에 있을 자리가 없기 때문이다.
38절 ㄱ′ 나는 내 아버지에게서 본 것을 이야기하고
ㄴ′ 너희는 너희 아비에게서 들은 것을 실천한다.

ㄴ-ㄴ′은 그들의 행위가 어떤 것인가를 밝히고, ㄱ-ㄱ′은 예수님이 알고 계신 것을 나타낸다. 그분은 아버지와의 관계를 알고 있을 뿐 아니라 그 행위도 알고 계신다. 그들이 예수님을 죽이려고 하는 것은 그들의 아비에게서 들은 것이 그것이기 때문이다. 중심에 있는 ㄷ은 그들의 행위가 그렇게 나타나는 이유이다. 즉 예수님의 말씀이 그들 안에 자리 잡고 있지 못하기 때문이다. 빛이며 생명인 '말씀'을 사람이 깨닫지 못할 때 그는 세상의, 세속의 흐름에서 헤어나지 못한다.

그러나 유다인들은 자기들이 아브라함의 후손이라고 거듭 강조한다. 예수님은 앞에서(37-38절) 간접적으로 표현했던 행위를 이제 직접적으로 표현하신다.

39절 ㄱ 너희가 아브라함의 자손이라면 아브라함이 한 일을 따라 해야 할 것이다.
40절 ㄴ 너희는 지금, … 나를 죽이려고 한다. 아브라함은 그런 짓을 하지 않았다.

41절 ㄷ 그러니 너희는 너희 아비가 한 일을 따라 하는 것이다.

여기서 논리적인 연결을 볼 수 있다. 아브라함의 자녀라면 하느님의 진리를 전하는 사람을 죽이지 않는다. 그러니 '너희는 아브라함의 자녀가 아니다'라고 표현하지 않고 "너희는 너희 아비가 한 일을 따라 하는 것이다"라고 하여 다른 아비가 있다고 한다. 표현이 굉장히 강하다.

아버지에 대한 언급에 반대하여 유다인들은 음행으로 태어나지 않았다고 주장한다. "우리는 사생아가 아니오. 우리 아버지는 오직 한 분, 하느님이시오"(41절). 구원사에서 이스라엘의 간음은 우상을 숭배하는 불신앙을 말한다. 호세아에서 에제키엘, 예레미야, 제3이사야에 이르기까지 예언자들의 신탁은 야훼와 그분 백성 사이의 계약을 결혼 계약으로 표현하며, 불성실한 이스라엘 백성이 외국의 신(우상)을 숭배하여 계약을 파기하는 것을 간음 행위로 표현하였다. 그러니 예수님의 대담자들은 자기네가 모세의 율법에 충실하며 다른 신들에게 절하면서 주님과의 계약을 배반하지 않았다고 선언하는 것이다.

예수님은 그들의 진정한 아버지가 누구인가를 보이며 그들의 확신이 근거 없음을 증명하신다. "하느님께서 너희 아버지시라면 너희가 나를 사랑할 것이다. 내가 하느님에게서 나와 여기에 와 있기 때문이다. 나는 나 스스로 온 것이 아니라 그분께서 나를 보내신 것이다"(42절). 그분은 먼저 자신에 대한 유다인들의 행동을 소재로 삼아 자신의 기원이 신적이며 자신이 하느님에게서 파견 받았다고 밝히신다. 그러니 만일 그들의 아버지가 하느님이라는 주장이 사실이라면 그분을 사랑해야만 한다. 더구나 죽일 생각은 꿈에도 못할 것이다. 예수님은 그들의 불신앙의 동기를 계속해서 설명하신다. "어찌하여 너희는 내 이야기를 깨닫지 못하느냐?"(43절) 여기서 '깨닫다'로 옮겨진 단어는 사실 '알다'(기노스코 γινώσκω) 동사를 부정적으로 쓴 것인데(οὐ γινώσκετε), 문맥상 '깨닫지 못하다'로 번역한 것이다. 요한 복음서에서 '모른다'는 말은 불신앙이나 또는 말씀-빛에 대한 거부를 뜻한다.

그래서 예수님의 말씀을 모른다는 것은 그들의 불신앙을 암시한다. "너희가 내 말을 들을 줄 모르기 때문이다"(43절). 그들이 믿지 못하는 이유는 말씀을 들을 수 없기 때문이다. 하느님이나 예수님 말씀을 듣는다는 것은 신앙 행위를 뜻한다. 예수님은 그들이 이중으로 불신앙의 태도를 보이고 있음을 지적하신 것이다. 사실 믿지 못하는 제자들이 카파르나움 담화 후에 한 말은 "누가 듣고 있을 수 있겠는가?"(6,60)였다. 유다인들이 '알아들을 수 없다'는 것은 믿는 데 근본적으로 무능력함을 말한다(6,44.65). 아버지로부터 선물을 받지 않으면 신앙은 불가능하다. 자기 능력에만 의존하는 사람은 자기 가능성을 넘는 믿음의 도약을 할 수 없다.

예수님의 적대자들은 눈먼 불신앙 상태에 있으므로 자신들이 진리의 원수요 거짓의 아비인 악마의 자식임을 드러내는 살인 계획을 추진한다. "너희는 너희 아비인 악마에게서 났고, 너희 아비의 욕망대로 하기를 원한다. 그는 처음부터 살인자로서, 진리 편에 서 본 적이 없다"(44절). 여기서는 진리와 거짓말의 대조, 최초의 살인과 유다인들의 살인 원의의 유사성이 아주 두드러진다. 악마는 진리 안에 서 있지 않고, 그에게 진리가 없기 때문에 예수님의 원수이다. 진리 안에서 아버지로부터 거룩하게 된 예수님의 제자들과 달리, 악마는 진리 안에 있을 수가 없다. 거짓의 아비이며 하느님 말씀의 원수이기 때문이다(1요한 2,21.27 참조). 하느님의 진리와 계시는 그리스도의 빛이다. 그 반대는 속임수와 어둠, 미움을(1요한 2,4; 4,20) 뜻하는 거짓말이다. 예수님이 하느님의 말씀을 전하는 것처럼, 악마는 반대편에 있는 자들에게 거짓말을 전한다. 그들이 악마의 자녀들이기 때문에 종말론적인 계시자, 죄 없는 분을 믿지 않는다는 것이다(45-46절). 생명을 반대하고 거세하려는 죽음의 움직임이 예수님에 의해 폭로된다. 예수님은 이 죽음의 계획에 강경하게 항거하신다. 반대자들과 공개적으로, 혼자서 다수를 상대로 치열하게 논쟁하신다. 이는 생명과 죽음의 대립이다.

예수님은 진리를 말하는, 또는 하느님의 생명과 빛을, 사랑을 드러내는 유일한 사람으로 나온다. 그러니 거짓말쟁이이며 거짓말의 아비인 악마와 대조된다. 그분은 진리로 죄에서 사람들을 자유롭게 하면서(8,32 이하) 구원을 전하는 종말론적인 계시자시다. 그분은 당신이 파견된 임무에 충실하시다. 진리를 말씀하시기 때문이다. 이 세상에 그 누구도 종말론적인 계시자의 역할을 충실히 하시는 분에게 불충실하면서 반대를 입증하는 것은 어렵다. 예수님은 죄가 없기 때문에 부정과 불의를 깨트리실 수 있다(8,46; 1요한 3,5; 히브 4,15 참조).

예수님은 두 번이나 유다인들이 당신을 믿지 않는 것에 대해서 책망하신다(45-46절). 특히 불신앙에 대한 그들의 책임을 강조하신다. 진리를 알아듣지 못하는 그들의 무능력을 지적하면서도(43절) 들을 기회를 제공하고 알아들을 수 있는 계기를 자비롭게 마련해 주셨는데도 불구하고, 최종적인 신앙과 불신앙의 선택은 인간의 자유에 맡겨진 것임을 밝히신다. 이 대목에서 예수님의 마지막 선언은 참으로 비극적이다. 유다인들이 악마의 자녀라는 점이 두드러지게 나타나기 때문이다. 그들이 하느님에게서 나지 않았기 때문에 불신앙을 고집한다(47절).

열띤 공방전이 벌어졌다. 예수님이 당신 정체를 밝히지 않으시고 계속 암시만 하시다가 결국 아브라함이 태어나기 전부터 있었다고 밝히시자 그들은 격분한다. 진리를 받아들이지 않는다. 정말 악마의 사주를 받고 있는 종들이 하는 짓이다. 이 자리에는 제자들이 나타나지 않는다.

### 나는 아브라함이 태어나기 전부터 있었다(48-59절)

예수님의 가르침과 책망을 유다인들은 심한 공격으로만 알아듣고 같은 강도로 응수하며 공격한다. "유다인들이 예수님께, '우리가 당신을 사마리아인이고 마귀 들린 자라고 하는 것이 당연하지 않소?' 하였다"(48절). 여기서 사마리아인이란 이교도 내지는 거짓 예언자를 지칭하는 것으로 볼 수도 있지만, 예수님이 한 가지 비난에만 답하시는 것을 보면 사마리아인이라는 혐의와 마귀 들렸다는 혐의가 같은 것을 뜻할지도 모른다. 마귀 들렸다는 혐의는 여러 번 나오는데(7,20; 8,48.52; 10,20), 요한은 별로 중요하게 취급하지 않는다. 다만 이 표현을 전하면서 알리고자 하는 것은 예수님의 말을 완전히 부인하는 유다인들의 상태와 하느님의 아들이 받는 모욕이다. 반면에 공관복음서에서는 귀신이 들렸다는 혐의가 강력하게 논박되며 중요한 교훈이 제시되는 전기를 마련한다.

예수님은 당신의 영광을 찾지 않으신다. 적대자들이 하느님의 영광을 구하지 않는데 반해, 그분은 사람들에게서 영광을 받지 않고(5,41) 당신을 보낸 분의 영예를 찾는다(7,18). 만일 그분이 자신을 영광스럽게 한다면 그것은 아무 가치도 없을 것이다. 그러나 그분을 영광스럽게 하는 아버지가 계신다(50.54절). 이렇게 논쟁의 끝자락에서 그리스도의 영광을 찾아

주고 심판해 주시는 분의 신비가 밝혀진다. 하느님에 관해 일러 주는 것이다.

예수님이 엄숙히 선언하신다. "내가 진실로 진실로 너희에게 말한다. 내 말을 지키는 이는 영원히 죽음을 보지 않을 것이다"(51절). 이 선언은 앞서 말씀하신 계시의 중요성을 가리키며, 그 말씀을 듣고 순종하는 데 영원한 생명이 달려 있다는 주제를 연다. 이와 비슷하게, 앞에서도 예수님은 당신의 말을 듣고 믿는 이는 이미 죽음에서 생명으로 건너갔다고 선언하셨다(5,24).

마구 공격하는 유다인들에게 예수님은 다시 인내롭게 당신의 말을 듣도록 타이른 셈이다. 그러나 유다인들은 요지부동이다. 이제는 당신이 마귀 들렸음을 알았다고 한다. 왜냐하면 그들의 훌륭한 조상들이 다 죽었는데 자기 말을 지키는 사람은 죽지 않을 것이라고 하기 때문이란다. 허튼 소리를 하는 미친 사람으로 취급하는 것이다. "우리 조상 아브라함도 죽었는데 당신이 그분보다 훌륭하다는 말이오? 예언자들도 죽었소. 그런데 당신은 누구로 자처하는 것이오?"(53절) '당신은 죽음을 건너뛸 수 있는 인물인가?'라는 질문이다. 결코 그렇다는 대답을 생각지 않는 악의 섞인 비난이다. 그러나 이 물음에는 그들이 예수님의 계시에 대해, 그 의미에 대해 무지하지 않음이 드러난다. 저 사람이 하느님과 동등하다고 생각하는가? 다만 예수님이 "나다"라고 하시는 분임을 인정하지 않을 뿐이다.

여기서 예수님은 당신이 하느님의 아들이심을 간접적으로, 그러나 분명하게 밝히신다. 큰 계시의 순간이다. 그분은 스스로 영광을 찾지 않고 하느님이 당신을 높인다고 말씀하신다. "내가 나 자신을 영광스럽게 한다면 나의 영광은 아무것도 아니다. 나를 영광스럽게 하시는 분은 내 아버지시다. 너희가 '그분은 우리의 하느님이시다.' 하고 말하는 바로 그분이시다"(54절). 앞에서는 당신의 아버지가 누구신지 명백히 밝히지 않으셨는데(19절), 여기서는 육화한 말씀이 아버지를 야훼 하느님으로 명확히 밝히신다. 이어서 이렇게 말씀하신다. "너희는 그분을 알지 못하지만 나는 그분을 안다. 내가 그분을 알지 못한다고 말하면 나도 너희와 같은 거짓말쟁이가 될 것이다. 그러나 나는 그분을 알고 또 그분의 말씀을 지킨다"(55절).

예수님의 날은 메시아 시대이고, 그 날은 그분의 수난과 죽음과 부활로 완성될 것이다. 마치 이사야가 예수님의 영광을 보았듯이(12,41), 모세가 그분에 관하여 썼듯이(5,46), 아브라함은 그분의 날을 보았다(56절). 여기서 요한 복음사가가 주님의 말씀이 아브라함에게 나타났다든지, 또는 이 신앙의 조상에게는 메시아의 비밀이 알려졌다는 고대 유다 전승을 언급하고 있다는 추측이 아주 불가능하지는 않다.

그러자 유다인들이 반문한다. "당신은 아직 쉰 살도 되지 않았는데 아브라함을 보았다는 말이오?"(57절) 그들이 예수님의 나이를 한껏 과장하여 쉰 살도 못 되었다고 하며 시간 차원에서 그분을 단정하자, 예수님은 시간의 한계를 넘어서는 선언을 하신다. 당신의 신성을 아주 장대하고 지고하게 말씀하신다. "내가 진실로 진실로 너희에게 말한다. 나는 아브라함이 태어나기 전부터 있었다"(58절).

여기서 아브라함과 예수님은 사용된 동사에서도 뚜렷하게 대조된다. '태어나다, 생겨나다'(γίνομαι) 동사는 아브라함에게, '있다, 이다'(εἰμί) 동사는 예수님께 적용된다. 관용구 '에고 에이미(ἐγὼ εἰμί)'의 문맥상 의미는 '나는 이다/있다'이지만, 여기에 내포된 신성은 명백하다. 예수님은 야훼 하느님처럼 참으로 하느님임을, 주님임을 선포하신 것이다. 여기서 요한 복음서의 서곡을 기억할 필요가 있다.

유다인들은 예수님의 신원을 확증하기는커녕 그분을 불경한 사람으로 취급한다. 그분이 하느님이라고 하셨기 때문이다. 그러니 율법에 따라 돌을 맞을 만하다고 여긴다. 그동안 '말'로만 반대하다가 이제 행동으로 그들의 거부를 표현한다. "돌을 들어 예수님께 던지려고 하였다"(59절).

당신을 거부하고 받아들이지 않는 유다인들에게, 모욕하는 그들에게 예수님은 자기 신원을 여러 차례 밝히셨다. 나는 세상의 빛이다, '나는 나'이며 하늘이다, 진리를 통해 자유를 주는 사람이며 아브라함이 태어나기 전부터 있었던 사람이다. 아주 거친 논쟁 속에서 예수님의 신원을 밝히는 8장은 세상에서 벌어지는 온갖 일에서 선과 악이 대립하고, 생명과 죽음이 대립하는 가운데 선이, 생명이 당하는 폭력을 그대로 보여 준다.

### 3) 예수님과 초막절2 9,1-10,21

#### (1) 태어나면서 눈먼 사람의 치유 9,1-41

7-8장에서는 매우 극적인 논쟁 장면들이 다뤄지면서 점점 고조되는 분위기에서 메시아를 거부하는 적대적인 유다인들의 '못 알아듣는 귀'가, 진리와 생명이 이해받지 못하고 거부되는 모습이 비극적으로 두드러졌다. 9장은 치유받은 맹인과 자기네는 본다고 믿고 있으나 보지 못하는 유다인들이 주인공으로 나와 유다인들의 영적 실명 상태를 드러내면서, 참

으로 '빛을 주는 사람이 누구인가!'를 보여 준다.

바리사이들은 확실한 사실 앞에서도 승복하지 않으며 빛을 보기를 거부한다. 백성 중의 하나인 단순한 사람, 못 배웠지만 양식이 풍부한 사람의 행동과 박학한 바리사이들의 불손한 태도가 대조되면서, 어리석고 우스꽝스러울 정도로 영적인 눈멂 상태에 있는 이스라엘 선생들의 상황이 강조된다. 태어나면서부터 눈먼 사람은 진리의 빛으로 눈이 열렸다. 불행했던 육체의 실명 상태를 치유 받았을 뿐만 아니라 신앙의 빛도 받았다. 반대로 유다인들은 스스로 백성의 지도자이고 율법의 주석가이며 심판자임을 견지하면서 더 심한 눈먼 상태로 살면서 불신앙의 어둠으로 돌아선다.

태어나면서부터 눈먼 사람의 치유는 언제 일어났는가? 8장에 연결되어 초막절 축제 중인가, 아니면 10장에 연결되어 봉헌절 중에 일어났는가? 이 문제를 규정하는 일이 간단치 않다. 그러나 7,37에 초막절 축제의 가장 중요한 날이 언급되는 것을 보면 이 축제 기간 중에 일어났다고 보는 것은 좀 어렵지 않나 하는 견해가 있다. 9장 자체에도 표징의 묘사 외에 세 번에 걸친 최고 의회의 신문 이야기가 실렸고, 치유받은 자가 회당에서 쫓겨난 다음에 바리사이인들이 있는 자리에서 다시 예수님을 만났다는 이야기가 나온다. 그 밖에 육화한 말씀이 "나는 세상의 빛"(9,5)이라고 장엄하게 선언한 것도 치유받은 맹인의 깨달음과 연관지어 보아야 한다. 아마도 태어나면서부터 눈먼 사람 이야기는 두 축제 사이의 어느 날에 일어났을 것이다.

9장은 태어나면서부터 눈먼 사람이 변화되는 일곱 단계로 나누어 볼 수 있다. 첫 장면은 전체 이야기의 근본 동기를 제시한다. 처음에는 맹인이었으나 육체의 눈을 뜨게 되고 점차 믿음의 눈까지 뜨게 된다. 눈을 뜨게 된 경위를 모티브로 삼아 이야기가 전개되고 발전되어 나간다. 아래 구조에서 볼 수 있듯이 "어떻게 눈을 뜨게 되었소?"라는 질문이 네 번 나타난다(10.15.19.26절; 서술체 포함). 이에 대한 눈먼 이의 대답이 세 번 나온다(11.15.27절). 한 번은 부모에게 물었는데, 부모는 유다인들이 두려워서 대답하기를 꺼리며 아들에게 물어 보라고 미룬다. 결국 눈 뜨게 된 맹인이 시종일관 증인의 역할을 한다. 부모는 아들이 눈멀었으나 지금은 그렇지 않다는 것만을 증언한다. 아들이 두 번은 순순히 대답하나 세 번째에는 질문의 의도를 묻는다. 그것을 계기로 단순한 증인의 역할을 넘어서서 예수님의 신원에 대한 증인으로 나서게 된다. 그는 예수님을 두둔하고 회당에서 쫓겨난다. 그리고는 세상의 빛이신 이를 뵙는다.

구조(일곱 장면)

| | |
|---|---|
| ㉠ 1-7절 | 눈을 뜨게 되는 사건 |
| ㉡ 8-12절 | 이웃 사람들의 확인 |
| ㉢ 13-17절 | 바리사이들의 신문 |
| ㉣ 18-23절 | 유다인들이 부모에게 확인 질문을 함 |
| ㉤ 24-34절 | 유다인들이 맹인이었던 사람을 다시 부름 - 쫓아냄 |
| ㉥ 35-38절 | 예수님과 눈멀었다가 보게 된 사람 |
| ㉦ 39-41절 | 예수님과 바리사이들 |

빛의 승리로 끝나는, 빛과 어둠의 싸움은 한처음 첫 창조 때부터 우주적인 사건이었다(창세 1,1-5). 복음사가는 9장에서 "나는 세상의 빛"(8,12; 9,5)이라는 예수 그리스도님의 인격을 배경으로 이 사건을 다시 생생하게 묘

사한다. 예수님의 이 자기 계시는 태어나면서부터 눈멀었으나 그리스도에 의해 빛으로 해방되고 신앙의 결정적인 빛으로 인도된("'주님, 저는 믿습니다.' 말하며 예수님께 경배하였다": 38절) 사람의 이야기로 역사적으로 기록되었다. 동시에, 이에 반하여 빛을 적대적으로 외면하고 어둠 속으로 침몰해 가는 유다인들의 흐름이 극적으로 나타난다.

이야기는 두 줄기로 발전한다. 눈멂이 죄와 연관되어 나타나며(1-2절), 죄는 철회할 수 없는 실명의 원인이 된다(41절). 시력을 회복하는 눈먼 이(7절)와 반대로, 본다고 주장하는 유다인들은 눈먼 자가 된다(39절).

이 일곱 장면을 다시 크게 네 단락으로 나누어 볼 수 있다. ㉠ 서곡: 태어나면서부터 눈먼 사람의 치유(1-7절) ㉡ 치유 사실에 대한 반응(8-34절): 이웃 사람들이 서로 묻다(8-12절); 바리사이들이 눈멀었던 사람에게 묻다(13-17절); 부모에게 묻다(18-23절); 눈멀었던 사람에게 두 번째 묻다(24-34절) ㉢ 예수님이 눈멀었던 사람에게 묻고 그가 신앙고백을 하기까지 인도하신다(35-38절) ㉣ 결말: 예수님과 바리사이들이 충돌하며 예수님은 그들의 죄스러운 실명을 밝힌다(39-41절).

각 단락에서 같은 단어들이 주의 깊게 선택되었다. 평범한 단어들이 예수님을 통해 깊은 의미를 지니게 된다. 예를 들면, 볼 수 없는 눈과 분별하지 못하는 마음, 보는 사람들과 못 보는 사람들, 아는 사람들과 모르는 사람들, 낮과 밤, 행동의 때와 죽음의 시기 등이다. 계속 반복해서 눈먼 이는 못에 갔고 예수님이 그의 눈에 바른 진흙을 씻은 일밖에는 한 것이 없다고 주장하면서, 본문은 신비를 지속시키며 마치 그 질문의 진짜 의미로부터 점점 더 멀어져 가는 것처럼 보인다. "그가 당신 눈을 뜨게 해 주었는데, 당신은 그를 어떻게 생각하오?"(17.26절), "그자가 어디에서 왔는지?"(29-30절)라는 질문은 "어떻게 눈을 뜨게 하였소?"(10.15.19.26절)보다 훨씬 더 중요하며, 7장에서부터 독자들이 안고 온 질문이다(7,27-28.34-36.41-42; 8,21-22.25.53). 독자들은 예수님께 눈과 영혼을 치유 받은 이 사람의 점진적인 깨달음에 참여하도록 초대받은 것 같다.

9장은 7,1-10,39에서 중심 되는 장으로, 전체를 하나로 연결한다고 볼 수 있다. 유다인들과 예수님 간 논쟁의 핵심 질문은 '그가 누구인지를 아는 것'이다. 9장은 예수님을 아버지가 보낸 분으로 인정하도록 초대한다. 이것에 관해 '파견된 자'라는 실로암의 수수께끼가 제시된다(7절). 태어나면서부터 눈먼 사람의 이야기는 빛과 실로암의 물이라는 주제를 이어받아 7,37-39과 8,12에 분리되어 있던 예수님 소개를 종합한다. 또한 7-8장에 비추어 볼 때 9장에서 유다인들과의 갈등이 점점 심해지는데, 그 절정이 11장 끝에 드러난다. "그날 그들은 예수님을 죽이기로 결의하였다"(11,53).

### 서곡: 태어나면서부터 눈먼 사람의 치유(1-7절)

외형상으로 이야기는 시간이나 장소에 대한 언급 없이 시작된다. 그래서 8장에 바로 이어 나오는 이야기처럼 되어 있다. 예리코 맹인이 먼저 기적을 청하였다면(루카 18,35-43), 9장에서는 예수님이 태어나면서부터 눈먼 사람을 보시고 먼저 움직이신다. 눈먼 이를 치유하시어 예수님은 "나는 세상의 빛"(8,12ㄱ)이라 계시하신 것을 제자들에게 명백히 깨닫게 한다.

제자들은 그 당시 사고방식에 따라 예수님께 죄와 장애의 관계를 질문한다(2절). 죄와 병 사이에는 인과 관계만 있는 것이 아니라 자식들에게 전해지는 조상의 죄에 대한 책임도 있다. "아버지가 신 포도를 먹었는데, 자식들의 이가 시다"(에제 18,2).

예수님이 대답하신다. "저 사람이 죄를 지은 것도 아니고 그 부모가 죄를 지은 것도 아니다. 하느님의 일이 저 사람에게서 드러나려고 그리된 것이다"(3절). 이 답변은 옛날과 오늘날의 신학자 부류의 궤변을 판단하신다. 마치 창조 전에 태초의 심연을 덮고 있던 것처럼 어둠이 인간의 조건을 감싸고 있다. 어떤 신화도 어둠의 기원이나, 어둠과 인간의 관계를 제대로 설명하지 못한다. 그것들은 하나의 사실로 기록되었으며, 그 불투명이 인간을 둘러싸고 있다. 반면에 빛은 전적으로 하느님께, 그리고 말씀에 속한다.

예수님은 당신과 제자들이 '하느님의 일'을 해야 한다고 주장하신다. "나를 보내신 분의 일을 우리는 낮 동안에 해야 한다"(4절). 하느님은 예수님을 통하여 태어나면서부터 눈먼 이에게 구원을 주실 것이다. 예수님은 마치 새 모세처럼(민수 16,28 참조) 메시아적 구원의 때가(이사 42,16 참조) 다다랐음을 증명하는 치유를 포함하여 '하느님의 일'을 완성해야 한다. 요한 복음서에서 태어나면서부터 눈먼 사람의 치유는 무엇보다도 아버지가 예수님에게 위임한 파견의 임무를 표현하는 것이다. 그 파견의 임무는 사람들을 구원하는 유일한 믿음으로 이끄는 일이다. "하느님의 일은 그분께서 보내신 이를 너희가 믿는 것이다"(6,29).

지금 예수님은 파견해서 일할 수 있는 날(4절; 루카 3,32 참조)이 단 하루만 있는 것처럼 말씀하신다. 밤, 모두가 아무 일도 할 수 없는 밤은 "이제 올"(4ㄴ절) 예수님의 수난과 죽음의 밤이다. 유다인들은 벌써 그분을 잡으려고 했고(7,30), 돌로 치려 했다(8,59). 예수님은 위협받고 있음을 느끼며 당신에게 맡겨진 파견의 임무를 빨리 마무리하려 하신다. 낮 동안에(4ㄱ절), "내가 이 세상에 있는 동안 나는 세상의 빛이다"(5절; 참조 8,12). 지상에 파견되어 머무름을 나타내는 예수님의 하루는 재림 때까지 파견된 교회에 맡겨진 하루이기도 하다. 그리고 각자가 죽을 때까지 빛을 살고 증언하기 위해 남아 있는 시간이기도 하다. 그 누구에게도 낮 동안에 낭비할 시간은 없다. 하느님의 일을 해야 할 "우리"(4ㄱ절)는 교회 공동체를 가리킨다. 구체적으로는 자신들이 파견 받아 예수님의 일을 계속하고 있다고 자각한 요한 공동체를 뜻한다. "아버지께서 나를 보내신 것처럼 나도 너희를 보낸다"(20,21).

예수님은 "내가 이 세상에 있는 동안 나는 세상의 빛이다"(5절)라고 장엄하게 선포하신다. 곧이어 이러한 당신 선언을 상징적 행동으로 바꾸어 예언자적인 방법으로 표현하신다. 맹인이나 다른 이의 요청 없이 - 지금 여기서는 - '당신의 영광을 드러내는'(2,11) 표징인 기적을 행하신다(6-7절).

눈먼 이의 눈에 침을 바로 발라 치유하셨던 이야기(마르 8,23)와는 달리, 여기서 예수님은 침으로 진흙을 개어 바른다. 이 행위가 안식일을 지키지 않았다는(16ㄱ절) 바리사이들의 반론을 불러일으킬 것이다. 무엇보다도 이 부분은 눈먼 이가 씻으러 가야만 하는 실로암이 바로 하느님의 파견을 받은 예수님에게서 유일하게 흘러나오는 물임을 명시한다. 9장의 눈먼 이는 '그분'을 만날 필요가 있다. 예수님을 못 보고 또 눈의 빛을 청할 수 없는 처지이기 때문이다. 빛이 그에게 주어져야 한다. 그래도 그가 해야 할 일이 있으며, 예수님의 명령에 순명해야 한다. "'실로암 못으로 가서 씻어라.' … 그가 가서 씻고 앞을 보게 되어 돌아왔다"(7절). 회개와 구원은 인간의 의지를 담보로 한다.

실로암 못 이야기는 8-9장의 배경을 이루는 초막절의 맥락에서 하느님에게서 파견된 자, 예수님에 관해 언급한 모든 의미를 실현시킨다. 사제들이 희생 제물 위에 붓기 위하여 금 물동이로 물을 길어가던 실로암 못은 예수님 안에서 새로운 효력을 지니게 된다. 눈먼 이들의 눈을 여는 새로운 효능이 더해진다. 그분은 기다리던 메시아이며 하느님에게서 파견된 분이기 때문이다. 그 사람, 치유받은 소경, 빛으로 새로 난 사람은 바로 예수님이 살아 있는 참 빛이고, 초막절 축제 때마다 꿈꾸던 이스라엘의 메시아적 희망임을 소개하는 역할을 한다.

### 기적에 대한 반응(8-34절)

예수님이 세상의 빛임을 밝히는 상징적 기적을 보고 사람들은 다양한 반응을 보인다. 그가운데 대화 형식을 통해 두 흐름이 점차적으로 드러난다. 점점 빛으로부터 멀어져 가는 유다인들과, 시력의 회복에서 신앙의 빛으로 나아가는 태어나면서부터 눈먼 사람이다. 독자들은 논쟁을 통해 예수님의 마지막 선언에 감춰져 있는 점을 느끼지 않을 수 없다. "나는 이 세상을 심판하러 왔다. 보지 못하는 이들은 보고, 보는 이들은 눈먼 자가 되게 하려는 것이다"(39절).

먼저 이웃 사람들은 경악하고 혼란스러워졌다. 태어나면서부터 눈먼 사람의 신원에 대해 왈가왈부하며 맴돈다. 세상에서 자주 그렇듯이 더 중요한 누군가에게, 바리사이들에게 치유된 눈먼 이를 인도하는 것으로 끝난다(8-12절).

바리사이들은 문제의 핵심으로 들어간다. 태어나면서부터 눈먼 사람을 불러 사건을 확인하고 내부에서 논의한다. 이 기적을 행한 예수님은 하느님에게서 파견 받은 신임장을 가진 것처럼 보인다. 위험하다. 그런데 몇몇 조사관이 예수님의 행동에서 실책을 알아본다. "예수님께서 진흙을 개어 그 사람의 눈을 뜨게 해 주신 날은 안식일이었다"(14절). 진흙을 개고, 맹인을 낫게 하며, '씻도록' 걷게 하고, 씻게 하는 행동들은 안식일에 금지되었다(16ㄱ절). 반면에 다른 바리사이들은 불안하게 동료들에게 묻는다. "죄인이 어떻게 그런 표징을 일으킬 수 있겠소?"(16ㄴ절) 바리사이들 자체가 분열되었다. 그것에 상관없이 치유받은 눈먼 이가 논리적인 결론을 대비시킨다. "그분은 예언자이십니다"(17절).

유다인들은 재차 사실을 확인하고자 태어나면서부터 눈먼 사람의 부모를 불러 묻는다. 그러나 부모는 단지 그들이 알고 있는 것만 시인한다. 즉 이 남자는 그들의 아들인데, 태어나면서부터 눈멀었으나 지금은 시력을 회복했다(20절). 그러나 어떻게 해서 보게 되었는지는 아무것도 모른다. 그들은 그 자리에 없었다. 그는 더 이상 어린아이가 아니니 그에게 물어 보시기를!(21절) 사실 - 요한 복음사가가 지적하기를 - 그들은 유다인들이 두려웠다(22ㄱ절). 유다인들은 벌써 예수님을 반대하여 진을 쳤다. 그들의 위협적인 반대에는 1세기 말경 유다교가 유다계 그리스도인들을 회당에서 추방하게 되는 결정의 초기 단계가 내포되어 있다(22ㄴ-23절).

유다인들은 뭔가를 결정하도록 압박을 느끼고 있다. '표징'은 당황스럽고 논박할 수 없는 것으로, 기적을 겪은 맹인의 인격 안에 있다. 그들은 판결을 언도하여야만 한다. 이 세상에 온 빛을 향할 것인가 또는 거스를 것인가의 선택을 회피할 수 없다. 그 부모가, 이웃들이, 군중이 했듯이 선택하기를 원치 않는 것도 하나의 선택이다. 그러나 치유받은 눈먼 이를 두 번째로 심문할 때(13-17절), 처음에 당황했던 그들의 자세는 예수님을 반대하며 편견에 치우친 자세로 바뀐다. "우리는 그자가 죄인임을 알고 있소"(24절). 지금은 보게 된, 치유받은 눈먼 이는 같은 질문을 뒤집어엎는 것을 느끼고 그들을 비난한다. "여러분도 그분의 제자가 되고 싶다는 말씀입니까?"(27ㄴ절) 이런 식으로 놀림을 당하자 유다인들은 모욕을 느끼고 공격적으로 나온다(28-29절). 눈먼 이는 즉흥적으로 교사 역할을 하여 그들의 궤변을 신학적으로 비판한다(30-33절).

ㄱ 그분이 제 눈을 뜨게 해 주셨는데 여러분은 그분이 어디에서 오셨는지 모르신다니, 그것 정말 놀라운 일입니다.

ㄴ 하느님께서는 죄인들의 말을 들어주지 않으신다는 것을 우리는 압니다. 그러나 누가 하느님을 경외하고 그분의 뜻을 실천하면, 그 사람의 말은 들어주십니다.

ㄱ′ 태어날 때부터 눈이 먼 사람의 눈을 누가 뜨게 해 주었다는 말을 일찍이 들어 본 적이 없습니다.

ㄴ′ 그분이 하느님에게서 오지 않으셨으면 아무것도 하실 수 없었을 것입니다.

ㄴ-ㄴ′를 통해서 태어날 때부터 눈먼 사람의 눈을 뜨게 한 사람은 하느님께서 청을 들어준 것이 분명하다는 증거를 제시한다. ㄱ에서 눈을 뜨게 한 사실을 제시하고 그들의 의문을 명백히 했는데, 그것은 ㄴ-ㄴ′을 통해서 해결할 수 있다. 그분이 어디서 오셨냐 하면 하느님에게서 왔다. ㄱ-ㄱ′라는 논지이다. 사실 제시도 그렇지만 구조상으로도 그의 논리는 빈틈없다. 구약성경에 의하면 눈먼 이의 눈을 뜨게 하는 일은 백성이 모두 기

다리던 인물인 주님의 종의 임무이다(이사 42,7 참조). 치유받은 눈먼 이의 증언은 이미 당국자들의 눈이 멀었다는 것을 폭로하고 있다. 이것이 증언의 절정이다.

바리사이들은 짧은 논쟁으로 상처 입고 조소당하는 것에 머물지 않고 급기야 무분별하고 책임을 회피하는 행동으로 파문을 선고한다. "그러자 그들은 '당신은 완전히 죄 중에 태어났으면서 우리를 가르치려고 드는 것이오?' 하며, 그를 밖으로 내쫓아 버렸다"(34절). 치유받은 눈먼 이를 회당 밖으로 쫓아내어 사회에서 격리시킨다. 그의 증언이 너무나 위험했나 보다. 그들의 상태는 늘 어둠 그대로이다. 곧 처음의 상태이다. 빛을 보기 전 유다인들이 지니고 있던 판단의 어둠이 여전히 짙게 드리워 있고, 그것은 다른 죄를 유발한다.

아직 유의할 점이 있다. 32절에 '눈을 뜨게 하다'라는 표현이 일곱 번째 나오고(10.14.17.21.26.30절) '태어나면서부터 눈먼 사람'이라는 언급이 마지막으로 나온다. 35절부터는 내내 '그'라고만 나온다. 이는 눈먼 이의 치유가 모든 사람과 관련된 전체적이고 근원적인 것임을 상징적으로 잘 나타낸다. 예수님은 이미 태어나면서부터 눈먼 사람에게서 개인적 죄의 징조를 보는(34절) 낡은 신학을 논박하셨다(2절). 죄는 다른 곳, 빛을 거부하는 것에 있다. 참 빛, 완전한 구원은 신앙의 빛 안에 있다.

### 치유된 사람과 예수님이 다시 만남(35-38절)

기적을 행하신 뒤 무대에서 사라지셨던(12절) 예수님이 건강해진 병자를 '보고-발견하신' 것처럼(5,14), 여기서도 치유한 눈먼 이를 다시 만나신다. 지금 예수님은 "그를 만나신다"(35ㄱ절). 말하자면 그를 찾은 것은 신앙으로 결정적인 도약을 하도록 이끄시기 위해서이다. 여전히 사태를 주도하는 이는 예수님이다. 사건의 진행 과정을 보면, 태어나면서부터 눈먼 사람은 이미 여러 단계를 겪었다. 처음에 예수님은 그에게 단순히 "예수님이라는 분"(11절)이었지만, 바리사이인들의 신문을 받으며 조금씩 이해하기 시작한다. 그에게 베풀어진 기적은 종교적 의미를 가지며 예수님이 "예언자"(17절)라는 표징으로 나타난다. 더 나아가 예수님을 "죄인"이라고 비난하는 유다인들의 불신앙 앞에서, 그는 "예수님은 하느님을 경외하고, 그분의 뜻을 실천하는 사람"(31절)이고, "하느님에게서 오신 분"(33절)이라고 증언한다.

예수님이 그를 찾았을 때, 그는 이미 신앙의 문턱에 도달해 있었다. 하지만 완전하게 입문하기 위하여 예수님이 사람의 아들(35ㄴ절)임을, 즉 계시와 구원의 종말론적인 전달자(5,24)임을 인식해야 한다. 이 인식을 가지는 것이 필요하다. 계시를 밝히는 이는 신앙으로 불림 받은 사람 앞에 개인적으로 나타나 이르셨다. "너와 말하는 사람이 바로 그다"(37ㄴ절). 똑같은 일이 사마리아 여인과 대화할 때(4,26)도 벌어졌다. 그런데 여기서 예수님은 그 신비가 이미 일어났다고 하신다. "너는 이미 그를 보았다"(37ㄱ절). 무슨 말일까? 치유된 눈먼 이는 치유되기 전에는 설사 그분을 볼 수 없었다 할지라도 예수님이 그 치유자임을 인식한다. 어떻게, 언제 그분을 보았는가? 여기 나오는 '보았다'(ἑώρακας)의 시제는 행동이 이미 완료되었는데 그 효과는 지금도 있고 앞으로도 있을 것을 가리키는, '보다'(호라오 ὁράω) 동사의 완료시제다. 또 동사 '보다'는 요한 복음서에서 '믿다' 동사와 같은 뜻으로 쓰인다. '예수님을 본다'는 의미는 '그분을 믿는다'는 것이다(6,40; 12,44-45 참조). 예수님이 치유된 사람에게 당신을 "이미 보았다"고 말씀하신다. 왜냐하면 그가 유다인들 앞에서 예수님을 '예언자-하느님께서 보내신 이'로 인정했을 때 예수님을 믿었기 때문이다. 지금 이 순간 '보는' 것은 그에게 시력을 준 이를 사람의 아들, 계시를 밝혀 주는 이, 심판관 그리고 세상의 구원자로 보는 것을 가리킨다. 지금 예수님을 믿고 경배하는(38절) 치유된 눈먼 이는 예수님에 의해 다시 태어나고, 그 눈에 비친 각 사람의 살아 있는 표징이 된다.

이제, 그는 모든 기량을 다하여 세상의 빛이신 예수님의 증인이 된다. 이 눈먼 이에게 벌어진 일은 이 세상의, 신앙의 구체적인 현황을 노골적으로 드러낸다. 상황은 극적이다. 예수 그리스도를 인정하는 것과 빛의 신앙은 단호한 단절을 요구한다. 그는 모든 압력과 온갖 두려움을 극복해야 한다. 그의 신앙은 이 세상에 의해 방해받는다. 신앙이란 빛과 어둠의 치열한 싸움에서 사람의 아들을 선택하는 것이다. 그런데 이 싸움에서 신앙은 생명의 승리이다.

### 결말-재판이 열렸다(39-41절)

마침내 예수님이 장엄하게 선포하신다(3,19에서처럼). "나는 이 세상을 심판하러 왔다"(39절). 예수님이 보여 주신 '표징'의 의미가 모두 여기에 있다. 여기서 '심판'은 재판 진행을 뜻하는 명사 크리마(κρίμα)를 사용하며, 판단이나 판결을 뜻하는 명사 크리시스(κρίσις)를 사용하지 않는다.

요한 복음서의 각 사건은 나름대로 '계시의 선포자요, 구원자이신 예수님의 오심'이라는 전체 신비를 표현하는 고유한 특성을 지니고 있다. 각각의 개입은 증인과 오늘의 독자를 위하여 피할 수 없는 문제이며, 필연적으로 식별하고 선택하게끔 한다. 받아들여진 빛은 생명의 빛으로 인도하고, 거부당한 빛은 죽음의 어둠 속에 잠기게 한다. '본다고 믿는 자'들은 눈을 멀게 하고 반면에 '눈먼 이'들은 보게 하리라는 예수님의 말씀(39절)은 이사야 예언의 메아리 같다(이사 29,10.14.18). "우리도 눈먼 자라는 말은 아니겠지요?"(40절) 몇몇 바리사이들의 이 질문은(16ㄴ절 참조) - 또 하나의 극적인 반어법인데 - 그 속에 빛이 더 이상 들어갈 수 없는, 그들이 동의하고 원한 어둠을 보여 준다. 그들은 거만하게 반복했다. "우리는 알고 있소"(24.29절). 말하자면 자기들은 '본다'는 것이다. 그래서 빛을 찾지 않는다. 그들은 지도자로서 권력을 행사한다. 믿음을 가진 눈먼 이를 파문하거나 추방할 수도 있다. 그들의 전통적인 지식에 기대어 새로운 것을 배척한다. 그들은(3장의 니코데모처럼) 문화유산 뒤에서 지적으로 방어한다. 하느님에 대해, 자신에 대해 아는 것을 너무 확신하면 위험하다. 왜냐하면 우리에게 종종 다른 방법으로 다가올 수 있는 더 크고 새로운 하느님께 더 이상 개방하지 못하는 일이 쉽게 벌어지기 때문이다.

참된 의미의 죄는 눈멂이라는 장애에 있지 않고 '본다'고 주장하는, '예언자'라는, 이미 다 안다는 확신에 있다. 이것이 몇몇 바리사이인의 죄다. 그래서 그들의 죄는 계속된다(41절). '죄의 주제'는 9장의 문학적, 신학적 반복 구문을 형성한다. 이야기의 시작에서 육체적 실명의 원인이 죄 때문인가 하는 문제가 제기되었고(2절) 도중에 그렇다고 잘못 주해되었다(34절). 그러나 마지막 부분에서 눈먼 자가 되는 진짜 원인은 죄에 있다는 극적인 확인으로 끝맺는다(41절). 여기서 죄란 안다고, 본다고 주장하면서 찾고 이해하려고 하지 않는, 거부하는 행위를 말한다. 이 사건은 모든 것을 다 포함한다. 왜냐하면 예수 그리스도의 빛-계시-구원은 각종 눈먼 자들을 찾아내기 때문이다. 각자는 그가 속하고자 하는 무리 앞에서 문제에 직면하여야 한다. 빛으로 열려 가는 '눈먼 이'들 무리, 또는 본다고 믿으나 반대로 어둠에 잠기게 되는 이들의 무리.

요한 복음서에서 처음으로 대담자의 미래에 대한 예수님의 관심이 분명하게 9장에 나타난다. 니코데모, 사마리아 여인, 왕실 관리, 누워 있던 병자는 무대에서 사라졌다. 그리스도론적인 소개에서 더 이상 필요하지 않기 때문이다. 그러나 태어나면서부터 눈먼 사람의 경우는 믿기 때문에 세상 미움의 희생자가 되는 원형으로 나타나기 위하여 무대에 오래도록 남아 있다. 태어날 때부터 눈먼 이가 의미하는 바는 그 어떤 기쁨과 아름다움의 빛을 느끼지 못하는 것, 세상과 하늘과 바다의 아름다움, 봄의 광채, 가을의 영광, 사랑으로 빛나는 얼굴의 아름다움을 모르는 것에 국한되지 않는다. 태어날 때부터의 눈멂은 구원자이신 하느님을 모르기 때문에 어디서 와서 어디로 가는지, 곧 자기 자신을 모르는 사람의 상황을 너무나 잘 드러낸다. 신앙의 빛을 향해 걷는 이 앞에 자기가 볼 줄 안다고, 본다고 하는 이들이 있다. 그들은 많다(우리다). 사람들은 모든 신학과 판례의 날카로운 논리에 익숙하다. 그러나 사랑은 없다. 모두 위험할 정도로 자기네 진리에 확신을 가지고 있다. 은총의 선물이 그들을 더 이상 경이롭게 흔들 수 없을 정도로 확신에 차 있다.

### (2) 목자와 양들의 이야기를 통한 가르침 10,1-21

태어나면서부터 눈먼 이의 이야기 직후에 양의 문과 착한 목자에 관한 이야기가 이어진다. 치유된 눈먼 이는 예수님을 메시아라고 고백했기 때문에 회당에서 쫓겨났다(9,30-34). 유다 공동체 밖으로 쫓겨난 것이다. 그러니 마치 버려진 양, 목자 없는 양, 무리가 없는 양처럼 보일 수 있다. 그러나 그런 느낌은 틀렸다. 예수님을 믿는 사람은 누구나 생명의 문, 구원의 문을 통하여 하느님의 우리로 들어간다. 오히려 착한 목자의 양이 되는 것이다. 그래서 10장의 앞부분(1-21절)은 앞장의 논리를 이어간다. '문'과 '목자' 담화는 치유된 눈먼 이가 믿음을 고백하는 극적인 결말을 설명하고 주해한다. 누구든지 주님이신 예수님에 대해 증언했기 때문에 공적인 공동체에서, 사회에서 분리된 이는 그리스도의 양 떼에 참여하게 된다. 이 담화가 언제 있었는지는 분명하지 않다. 태어나면서부터 눈먼 사람의 치유 이후 그리 오래지 않은 시기에 선포되었으리라고 본다. 이 담화 끝 무렵에 군중이 눈먼 이의 치유라는 놀라운 표징을 언급하는데(21절), 그것은 단지 예수님에 대한 유다인들의 부정적인 판단을 반박하기 위한 시도가 아니다. 이 대목의 첫 부분부터 그리스도의 증인을 추방하고 적대자들의 의지적인 눈멂이 절정을 이루는 사건(9,24-41)을 주해하는 것으로 보인다.

10장의 뒷부분(22-42절)은 그리스도에 관한 논쟁이다. 보통 이 대목을 앞과 분리하여 다루는 학자들이 많다. 시기에 대한 정보가 구분의 기준이 된다. 이 대목의 배경이 성전 봉헌 축제라, 전례적으로나 연대기적으로 앞 이야기와 다른 시점에서 일어났다고 본다. 7-8장은 초막절 축제인 가을 초에 있었던 일이고 10,22-39은 겨울에 일어난 일이다. 그렇지만 이 대목의 논쟁적이고 호교적인 담화는 양들의 문과 착한 목자에 관한 담화와 그리 먼 간격을 유지하지 않는다. 바로 앞 대목에서 다뤘던 주제들이 반복되고 있기 때문이다. 물론 두 담화의 어조는 무척 다르다. 한쪽은 설명적이고 부드럽고 개방적인 반면, 다른 쪽은 호전적이고 방어적이고 거칠다. 처음에는 가르치며 설명한다면, 뒤에는 호전적인 질문에 답변하며 서로 공방전을 벌이기 때문이다. 10장 전체는 예수님의 메시아성과 신성을 주제로 한 그리스도론적인 논쟁 사화이다.

처음에 예수님은 비유와 우화가 섞인 이야기를 던지신다(1-6절). 동일한 범주에 속하는 단어들이 나타난다. '양 우리, 양들의 목자, 양들.' 그리고 거기에 대립되는 단어는 '낯선 사람'이다. 이 대립어에 대응하는 동사는 (곧 양들의 행동으로) '따르다'와 '피해 달아난다'이다. 두 무리가 대치되어 있다. 양들은 둘 중의 하나를 선택한다는 것이다.

이 수수께끼를 알아듣지 못하자 예수님이 설명하신다(7-18절). 이 가르침은 목자 자격증을 따기 위한 수업이 아니다. 여기에 다른 뜻이 내포되어 있는데 군중이 알아듣지 못한다. 그러자 예수님은 "나는 …이다"의 형식을 취하여 당신을 드러내신다. 예수님의 그리스도론적인 자기 계시이다. "나는 양들의 문이다"(7절), "나는 문이다"(9절), "나는 착한 목자다"(11.14절). 그리고는 대립 개념으로 '도둑'(8.10절), '강도'(8절), '삯꾼'(12.13절)이라는 단어를 쓰신다. 앞의 비유에서 양들의 행동이 두드러졌다면, 여기서는 목자의 행동과 도둑, 삯꾼의 행동이 두드러진다. "나는 양들이 생명을 얻고 또 얻어 넘치게 하려고 왔다"(10절). "도둑은 다만 훔치고 죽이고 멸망시키려고 올 뿐"(10절)이고, "이리가 오는 것을 보면 양들을 버리고 달아난다. … 그는 삯꾼이어서 양들에게 관심이 없기 때문이다"(12-13절). "나는 양들을 위하여 목숨을 내놓는다"(15절).

여기서 예수님은 당신을 드러내신다. 자기 계시다. 사실 누군가를 비판한 것 같지만, 이 말에 자극 받아 대드는 사람들은 없다. 사실 마지막 구절들은(19-21절) 바로 윗 대목(1-18절)과 다음 대목을 연결한다기보다,

앞의 태어나면서부터 눈먼 사람 이야기와 문맥을 연결하려고 한다. 그래서 10,19-21을 9,41에 직결된 내용으로 주장하는 이들도 있지만, 현재의 문맥에서는 예수님의 자기 계시 말씀 때문에 유다인들이 분열된 것으로 나타난다. 의견을 말하는 이들은 군중이다. 그래서 예수님 반대자들을 묘사한 것이 아니라 신학적 의미가 반영된 부분으로 본다. 예수님 말씀이 이해하기 어려워서 나타난 반응이다. 하지만 그분의 말씀과 행동을 이해할 수는 없지만 깊이 생각해 보고자 하는 이들도 있다. 그들은 눈먼 이의 눈을 뜨게 해 주신 일을 기억하며 이해하고자 노력한다. 이면에 다른 것이 있음을 간과하지 않는 것이다.

이 수수께끼를 이해하려면 앞에서 이야기된 것들을 기억하는 게 필요하다. 10장에 이르게 된 맥락을 살펴보면, 4장까지는 예수님에 대한 믿음의 자세가 소개된다. "예수님을 믿게 되었다"(2,11.23; 4,39.53; 6,68-69; 9,38). 5장에서 벳자타 못가의 병자를 고쳐 주면서 예수님이 듣게 되는 반대 의견들이 소개된다. 믿지 않는 자들이 박해하기 시작한다(5,16). 그분을 잡으려 하였지만(7,44), 아무도 잡지 않았다. 아직 때가 오지 않았던 것이다(8,20), 돌을 들어 그분께 던지려고 하였다(8,59), 그는 죄인이오(9,24). 9장에 이르기까지 예수님에 대한 태도가 수용과 거부의 두 종류로 나뉘어 계속 나타난다. 그러나 적대감을 보이며 불신앙의 자세에 머물러 있는 이들이 예수님을 제지하고 싶어 하지만 성공하지 못한다. 예수님의 계시가 계속되어야 하기 때문이다. 10장에서도 두 태도가 엇갈리며 나타나나, 마지막에서 "많은 사람이 예수님을 믿었다"(42절)는 표현으로, 아직은 '낮' 동안임을 밝힌다. 예수님의 때가 아직 이르지 않은 것이다.

예수님은 알아듣고-못 알아듣는, 믿고-못 믿는 사람들의 태도에서 전자는 그리스도의 양들이고 당신이 목자이기 때문이라고 설명하신다. 백성에게 생명을 주는 예수님을 반대하는 이들은 결국 양들을 죽게 두는 삯꾼이나 직접 죽이는 이리라는 것이다. 결국 이는 예수님이 당신을 반대하며 백성이 당신께 오는 것을 막는 지도자들에게 하는 일종의 종합 평가라 할 수 있다.

## 문으로 들어가는 사람(1-6절)

문과 착한 목자의 담화는 예수님이 메시아이심을 믿고 고백하는 치유된 눈먼 이가 회당에서 쫓겨난 문맥과 연결된다. 앞장의 주제가 계속되는 것이다. 유다 지도자들은 그들의 행실로 이스라엘의 목자가 아니라 도둑이며 강도임을 드러냈다. 그들의 적의가 드러나는 눈멂으로 하느님의 양들을 진실하게 영적으로 안내하거나 인도할 수 없음을 보여 준 것이다. 한편 유다인들에게 파문된 치유된 사람은 버려진 양처럼 살지 않을 것이다. 그는 이미 착한 목자를 만났으며 사람의 아들에 대한 신앙 고백으로 이미 예수님이라는 문을 통하여 주님의 양 우리에 들어갔다. 예수님은 다소 수수께끼 같은 비유로 담화를 시작하신다. 그러나 그대로 넘어가지 않고 다시 설명하고 분명히 할 것이다. 이것이 요한 복음사가의 대화 방식이다.

"내가 진실로 진실로 너희에게 말한다"(Ἀμὴν ἀμὴν λέγω ὑμῖν). 요한 복음에만 25번 나오는 이 표현은, 아주 중요하고 깊은 의미를 드러내는 진중한 표현에 쓰이는 관용어다. 예수님은 이 표현에 이어 느닷없이, "양 우리에 들어갈 때에 문으로 들어가지 않고 다른 데로 넘어 들어가는 자는 도둑이며 강도다"(1절)라고 말씀하시는데, 뜻이 아주 애매하다. 다음에서

(7절 이하) 첫째 대목의 수수께끼 같은 말이 다시 설명된다. 예수님은 양들이 드나드는 문이다(7.9절). 이 전망으로 볼 때, 1절은 하느님의 양들의 참된 목자이려면 그리스도라는 문을 통과하여야만 한다는 것을 암시한다. 예수님은 사실 하느님 현존의 장소이자 아버지께 이르는 길이며, 종말론적인 새로운 성전이다. 그리스도를 모르고 그분의 신격을 인정하지 않는 사람은 도둑이며 강도이다. 즉 영원한 생명의 비옥한 초원으로 양들을 인도할 수 없으며, 파괴와 죽음의 원인이 될 뿐이다. 구체적으로 예수님이 하시는 구원의 중재를 받아들이지 않으며, 심지어 그것을 인정하는 이들을 공동체에서 내쫓는 유다인들과 바리사이인들은 하느님 백성의 참된 목자일 수 없다. 양들을 망치고 결국 죽음에 이르게 하는 도둑이며 강도라는 것이다. 동시에 혁명가들, 열혈당원들과 바라빠 같은 강도들, 소요를 일으킨 그 시대의 숱한 가짜 메시아들은 하느님께서 세우신 문을 통과하여 이스라엘 공동체에 들어가지 않음으로써 파괴와 죽음의 원인이 되었을 뿐이다. 백성은 살기를 바란다. 권위의 기능은 백성을 살리려고 애쓰는 데 있다. 그 기능을 다하기 위해서는 예수님의 일과 닮은 일이 필요하다. 그래서 예수님은 당신을 문에 빗댄다. 문은 들어가고 나가는 곳이다. 백성을 인도하고 싶은 사람은 예수님의 일이라는 문을 통과하여야 한다. 자유롭게 살고 싶으면 예수님의 일이라는 문으로 나가야 한다.

그리스도의 인격을 통하여 양들과 근본적으로 접촉하는 하느님 백성의 목자는 양들과의 관계에서 자유를 맘껏 누리고 공동체의 참된 인도자가 될 것이다. 또 하느님 백성의 구성원들과 완전히 일치하여 살 것이다. 문을 통과하는 사람(곧 목자)과 양들의 관계를 이루게 하는 매개자로 '문지기'가 등장한다. 이 문지기는 목자가 문을 통과하도록 허락하는 사람으로 나타나는데, 목자도 알고 양들도 알기 때문에 둘의 관계를 연결해 준다. 전체 맥락에서 이 '문지기'는 목자들이 통과해야 하는 '문'과 마찬가지로 그리스도를 지칭한다. 목자의 소리를 듣고 따르는 양들의 순종("그는 앞장서 가고 양들은 그를 따른다. 양들이 그의 목소리를 알기 때문이다": 4절)이나 양들과 목자 사이의 앎("목자는 자기 양들의 이름을 하나하나 불러 밖으로 데리고 나간다": 3절)에서 표현되었듯이, '목자가 양들을 친밀하게 알게 되는 것'은 오직 육화한 말씀을 통해서만 가능하다. 예수님은 그들이 양에게 다가가기 위해서 통과해야 하는 문이다. 그러니 예수님을 부정하는 바리사이들과 유다인들은 참된 하느님 백성과 근본적인 관계를 맺을 수가 없다.

그리스도의 양들은 거짓 목자들과 거짓 메시아를 그냥 단순히 따라가지 않는 것이 아니라 아예 그들로부터 도망친다. 그들의 보호와 관리를 피한다. "낯선 사람은 따르지 않고 오히려 피해 달아난다"(5절). 치유된 눈먼 이가 그렇게 행동했다. 유다인들의 목소리를 듣지 않았으며 바리사이들의 가르침도 듣지 않았고 오히려 그것을 반박했기 때문에 회당에서 쫓겨났다(9,16-17.24-25.31-34).

복음사가는 예수님의 말씀(1-5절)의 뜻이 불명확하다고 밝힌다. '비유'(파로이미아 παροιμία)라고 밝히나 제자들이 못 알아듣기 때문이다. 공관복음서에서는 '파로이미아(παροιμία)'에 해당하는 말로 '파라볼레(παραβολή)'가 많이 나온다. 파로이미아는 요한 복음서에서 '분명하게 알려 주다' 또는 '분명하게 말하다'와 대조되어 언급된 대목에서(16,25.29 참조) 그 뜻이 잘 나타난다. 즉 감춰진 말투, 애매한 말투를 가리키며, 이른바 수수께기 같은 비유, 또는 수수께끼 같은 말로 의역할 수 있다. 이런 비유는 믿지 않는 자들에게는 이해할 수 없는 내용, 곧 수수께끼로만 남게 되는 특성을 가진다. 이렇게 불투명한 표현이나 상징들로 된 대화나 담화를 구성하고 다시 언급하며 명백히 밝히고 발전시키는 수법은 요한 복음서의 특징이다.

### 예수님은 문이며 착한 목자시다(7-21절)

사람들이 수수께끼 같은 말들을 깨닫지 못하자, 예수님은 앞의 표현을 다시 들어서 밝히신다. 그분의 첫 번째 증언은 "나는 양들의 문"(7절)이라는 당신의 신원 확인이다. 장중한 어구 "나는 …이다"가 여기서 절대용법으로 쓰이지 않지만, 요한의 어법에 의하면 육화한 말씀의 신성을 암시한다. 예수님은 하느님의 양들에게 이르는 중재자다. 그런데 '문'이란 말은 성경에서 단지 들어가고 나가며 통과하는 장소만을 의미하지는 않는다. 보통 대유법代喩法으로 성읍과 성전을 함께 일컫는다(시편 87,1; 122,2). 그러니까 스승은 구원을 발견하는 곳을 선포하시는 것이다.

예수님보다 "먼저 온 자들은 도둑이며 강도"(8절)라는 말로 복음사가가 가리키는 이는 구약성경에 나오는 의인들이나 예언자들, 또는 세례자 요한이 아니다. 하느님에게서 파견 받지 않은 자들, 예수님 말씀에 귀 기울이지 않는 자들, 즉 바리사이들이나 1세기에 여러 차례 나타났던 거짓 메시아들을 가리킨다.

예수님은 창조와 역사의 중재자이듯(1,3.10) 구원의 중재자이다. 무엇보다도 종말론적인 계시의 중재자이다(1,17). 그분을 통해서 죄인인 인간을 구원하기 위하여(12,47) 아버지께서 세상에 보내신 하느님의 아들이며(3,17), 세상에 오신 구원자이다(4,42; 1요한 4,14). 9절에서 예수님은 '문'이라 말씀하시는데, 이는 앞서 말씀하신 "양들의 문"(7절)과 다른 관점에서 이야기하시는 것이다. 9절에서는 육화한 말씀의 중재가 양들과의 관계로 표현된 반면, 1절 이하와 7절은 육화한 말씀의 중재를 목자 직무와의 관계에서 보았다. 하느님 백성이 되기 위해서는 그리스도를 통하여 구원의 공동체에 들어가는 것이 필요하다. 이 구원의 중재에는 억압적인 요소가 들어 있지 않다. 완전한 자유를 누리며, 충만한 생명을 체험하게 한다. 착한 목자의 양들은 들어오고 나가며 목초를 발견할 것이다. 그래서 예수님은 "나는 양들이 생명을 얻고 또 얻어 넘치게 하려고 왔다"(10절)고 말씀하신다. 그분은 생명을 주기 위해서, 살리기 위해서 오셨다. 늘 차고 넘치게, 풍부하게 베푸는 그분의 넓은 아량이 여기서도 드러난다.

앞에서 예수님은 목자로서 파견되었음을 암시하셨는데, 여기서는 "나는 착한 목자다"(11절)라고 장중하게 명백히 밝히신다. 예수님은 구약의 약속을 온전히 실현시키는 이스라엘의 진짜 목자이다(예레 3,15; 23,4; 시편 23편). 그중에서도 에제 34장의 예언이 가장 중요하다. 이 예언의 마지막 대목에서 하느님은 다윗의 후손에서 나온 종말론적인 목자, 이스라엘을 다스릴 메시아를 약속하신다(에제 34,23-31). 이 목자는 양들을 잔잔한 물과 신선한 풀밭으로 이끌 뿐만 아니라 양들을 구하기 위하여 자기 목숨도 바친다(11절). 예수님은 자기 백성을 위하여 자신을 내놓으신다. 요한복음에 동사 '내놓는다'(티테미 τίθημι)는 양들을 위하여 자발적으로 자신을 희생하는 그리스도의 자유로운 태도를 표현한다(11.15.17절)

삯꾼들의 행실은 양들을 위하는 착한 목자의 깊은 사랑과 관심을 돋보이게 한다. 에제 34,2-10에도 목자 역할을 하지 않는 목자들을 치시는 말씀이 나온다. 삯꾼들은 양들의 주인이 아니다. 그들은 고용된 일꾼이다.

그래서 자기 것이 아닌 양들을 위하여 목숨을 내놓지 않는다. 위험이 닥치면 제 목숨만 구하려 들지 양들에게 관심을 기울이지 않는다(13절).

담화의 마지막은(14-18절) 착한 목자가 양들을 위해 생명을 희생함을 다시 언급하며, 그 의미를 심화하고 반복하여 강조한다. 11절에서는 목숨을 내놓는 주어가 '착한 목자'라는 3인칭이지만, 15절에서는 1인칭을 써서 "내 목숨", "나는" "내가"(ἐγὼ 특히 18절)라고 명시하여 예수님 자신의 태도를 강조한다. "나는 양들을 위하여 내 목숨(τὴν ψυχήν μου)을 내놓는다"(15절). "내가 스스로 그것을 내놓는 것이다"(18절; 참조 17절). 예수님은 생명을 생명으로 구하신다. 인간을 살리기 위해 그분은 당신 '삶'을, 당신 생명을 온전히 내놓으신다. 여기에는 은유나 비유가 없다. 있는 그대로의 사실이 직설법으로 담담히 서술되어 있다.

이에 앞서 예수님은 목자와 양들 사이에, 아버지와 외아들 사이에 있는 서로의 앎에 대하여 말씀하셨다. "나는 착한 목자다. 나는 내 양들을 알고 내 양들은 나를 안다. 이는 아버지께서 나를 아시고 내가 아버지를 아는 것과 같다"(14-15절). 이 주제는 이미 앞부분의 비유에서, 목자의 목소리는 알아듣지만 낯선 사람의 목소리는 알아듣지 못한다고 나왔다(4-5절). 그런데 14절에서 복음사가는 '안다'를 가리키는 말로 더 이상 오이다(οἶδα) 동사가 아니라 기노스코(γι - νώσκω) 동사를 사용한다. 이 단어는 깊은 사랑을 주고받는 앎을 표현한다. 지식적인 앎이 아니라 알게 된 사람의 존재에 스며드는 앎이다. 즉 인격적인 일치, 완전한 일치를 말한다. 육화한 말씀과 양들 사이의 상호 앎은 아버지와 아들(15절) 사이에 있는 사랑의 관계에서 그 근원을 발견할 수 있다. 이 신적인 두 위격 사이에서 존재론적인 완전한 앎과 생명이 깊이 교환된다. 이런 이유에서 예수님은 당신을 모르는 적대자들과는 달리 하느님을 잘 안다고 선언하실 수 있다(7,28 이하; 8,19.55). 그리스도 예수님과 우리 관계의 원형은 하느님 아버지와 그 아들 예수님의 관계라는 것이 계시되었다.

이제 착한 목자의 생각은 유다 울타리 밖에 있는 양들에게 향한다. 그들 역시 당신의 사랑으로 이끌어 들여 한 목자 아래서 한 양 떼가 될 것이다. "나에게는 이 우리 안에 들지 않은 양들도 있다. 나는 그들도 데려와야 한다. 그들도 내 목소리를 알아듣고 마침내 한 목자 아래 한 양떼가 될 것이다"(16절). 여기에 나온 동사의 시제가 미래여서 후대를 생각하게 된다. 곧 예수님이 하느님의 잃어버린 자녀들을 모으기 위하여 돌아가신 이후를 가리킨다(11,51-52). 사실 육화한 말씀은 할례 받은 자들만을 구원하시려는 것이 아니라 모든 사람, 온 세상을 구원하시려는 것이다(3,16-17; 4,42; 12,47). 다른 우리 안에 있는 양들 편에서 착한 목자의 목소리를 듣는 것은, 복음사가의 시대상황에서 보면 그리스계 제자들의 신앙 입문과 순종을 가리킨다. 여기서 '듣는다' 동사는 육화한 말씀에 대한 신앙의 순명을 의미한다. 마찬가지로 '안 듣는다'는 말은 신앙을 거부한다는 뜻이다. 이방인들이 복음을 들음으로써 유다인과 이민족이라는 두 우리 사이의 울타리를 무너뜨리고 한 목자에 한 양 떼를 형성하게 된다(16절). 사실 에페소서에 의하면, "그리스도는 우리의 평화이십니다. 그분께서는 당신의 몸으로 유다인과 이민족을 하나로 만드시고 이 둘을 가르는 장벽인 적개심을 허무셨습니다"(에페 2,14). 인간들의 일치는 그리스도의 십자가가 가져온 결과이다. "이 민족만이 아니라 흩어져 있는 하느님의 자녀들을 하나로 모으시려고 돌아가시리라는 것이다"(11,52).

"아버지께서는 내가 목숨을 내놓기 때문에 나를 사랑하신다"(17절). 십자가 사건 때문에 아버지가 아들을 사랑했다고 말하는 것이 아니다. 아들에 대한 아버지의 사랑은 아들이 아버지의 뜻을 전적으로 따르고 죽기까지 순종한 사실에 영속적으로 연결되어 있다. 또한 이것은 상호 의존적으로, 아들에 대한 아버지의 사랑 때문에(3,35; 17,24) 아들은 그렇게 할 수 있었던 것이다.

끝에서(19-21절) 복음사가는 시작 부분에서 소개하지 않았던 이 담화의 청중을 암시한다. 이들은 태어나면서부터 눈먼 사람의 치유 이야기를 알고 있다. 청중 사이에서 대조되는 반응이 나타난다. 그분의 계시는 여기서도 분열의 원인이 되며 상반되는 평가를 불러일으킨다. 심지어 마귀가 들렸다고 하는 이들이 있는 한편, 마귀 들린 사람이 어떻게 눈먼 이의 눈을 뜨게 하겠냐고 하는 이들도 있다.

## 신학적 가르침

이 대목은 그리스도론과 구원론, 교회론에 관해 풍부한 신학적 가르침을 준다. 그중에서 중심은 그리스도론이다. 육화한 말씀은 여기서 구원의 중재자이며 착한 목자이고, 하느님의 현존이자 생명과 구원의 샘이며, 양들의 일치라고 일컬어진다. 이 사실은 구약 예언의 성취를 암시하며 선언한다.

## 그리스도론

- 예수님은 문이다. 즉 종말론적 중재자다: 문과 목자의 비유를 설명하면서, 예수님은 아주 명백하게 당신을 "양들의 문"이라고 선언하신다(10,7-10). 담화 시초에 예수님은 양 우리로 들어가는 문을 말씀하셨지만

그 성격이 모호했다. 다만 양 우리에 들어가는 합법적인 입구는 '문'이지 다른 길이 없다는 것만 명백히 지적하셨다. 도둑과 강도들은 다른 길을 택해서 들어오며 해치거나 훔치기 위해서 온다. 여기서 '문'은 양 우리에 모아둔 양들과의 통교 수단으로 볼 수 있다. 예수님이 당신을 양들의 문이라고 선언하신 것은, 자신을 하느님 백성과의 통교 수단으로, 생명과 구원의 중재자로 소개하시는 것이다.

- 예수님은 착한 목자이다: '문'의 그리스도론적 주제는 양들의 울타리, 목자가 그들을 하나하나 이름 부르며 밖으로 이끌어내고 앞장서 걸어간다는(10,1-4) 목자 이미지와 연결되어 소개되었다. 비유의 기본 논제는 도둑이나 강도, 또는 낯선 이와 대조하여 암시한 참된 목자상에 집중되어 있다. 10,1-5에 목자와 낯선 이가 분명하게 대조되어 나타났듯이, 10,11 이하에서도 대조법이 두드러진다.

여기에 소개된 착한 목자의 특징적인 요소는 양들을 위해 목숨을 내놓는 것이다. 반면에 삯꾼은 자기 것이 아닌 양들을 위해 위험에 뛰어들지 않는다. 둘의 행동이 왜 다르게 나타나는가? 하나는 양들을 사랑하지만, 다른 하나는 양들에게 관심이 없기 때문이다(10,11-13). 이 깊고 섬세한 사랑의 주제는 여기서 성경의 '앎'이라는 규범을 통하여 소개된다. 예수님은 그들을 아시고(14절), 그들을 생명의 선물, 최고의 수준에 이르는 생생한 사랑으로 키우신다(15절).

이 주제에서 착한 목자상의 메시아적인 면을 좀 더 살펴볼 만한 가치가 있다. 사실 구약성경의 다른 신탁들에서 메시아는 마치 종말론적인 목자처럼 소개되었다. 구약성경과 오래된 유다 전승들을 보면, 주님(야훼)만 이스라엘의 목자라고 선언되고 불린 것이 아니라, 메시아도 사랑과

정의로 하느님 백성을 양처럼 치리라고 한다. 주님은 당신이 축성한 이, 메시아를 통하여 구원한 무리를 생명과 행복의 초원으로 이끄실 것이다.

목자의 특성이 실린 예레 23,1-8에는 양들에 대한 관심도 없이 양들을 흩어 버리고 잃고 다치게 만드는 거짓 목자들을 주님께서 위협하시는 내용이 있다. 그들의 행동은 요한 10,13에 나오는 삯꾼들의 그것과 똑같다. 예언자들의 입을 통하여 주님(야훼)께서는 "그들을 돌보아 줄 목자들을 세워 주리라"고 말씀하신다(예레 23,4). 신탁은 계속해서 메시아를 약속한다. 그는 다윗의 후손으로서 진짜 임금으로 다스릴 것이며 지혜로울 것이고 공정과 정의를 실천할 것이다(예레 23,5-6). 임금이신 메시아는 진실로 이스라엘의 목자로서 주님의 양 떼에게 어느 것도 부족하지 않게 할 것이라고 암시된다(예레 23,4).

에제키엘서에서는 이 약속이 좀 더 분명하게 드러난다. 34장의 신탁을 보면, 주님께서는 사랑이나 마음도 없이 마치 삯꾼같이 행동하는 거짓 목자들을 엄하게 꾸짖으신다(에제 34,1-10). 그리고 당신의 양들을 위하여 약속하신다. 당신은 흩어지고 상처 입고 잃어버린 당신의 모든 양에게 주의 깊고 다정한 목자가 될 것이며, 그들이 풍요한 산, 비옥한 언덕에서 풀을 뜯게 할 것이다(에제 34,11 이하). 마지막 부분에서(에제 34,23-31) 주님은 다윗 왕가에서 메시아의 오심을 예고하시는데, 그는 거룩한 계약을 갱신하며 그의 백성을 목장으로 인도할 것이다. 그래서 주님의 양들을 푸른 풀밭과 강가에서 돌볼 새로운 다윗, 그리스도를 통하여, 하느님께서는 종말에 구원된 공동체 무리를 양처럼 영원토록 돌보실 것이다. 이 행복한 시기에 그분은 당신 백성을 모으실 것이며 오직 한 임금이 모든 이스라엘을 다스릴 것이다. 다윗, 하느님의 종이 모두를 위한 유일한 목자일 것이다(에제 37,23-24).

공관복음서는 모두 일치하여 예수님을 메시아로, 종말론적인 목자로 소개한다. 마르코는 첫 번째 빵의 기적에서 군중을 위한 스승의 연민을 편집자의 소개로 알려 준다. "그들이 목자 없는 양들 같았기 때문이다"(마르 6,34). 이로써 예수님이 이스라엘의 참 목자임을 암시한다. 마태오는 최후의 심판을 묘사할 때 사람의 아들을 위엄이 드러나는 왕좌에 앉은 영광의 임금으로 소개하는 동시에, 모두를 심판하기 위해 염소로부터 양들을 가려내는 목자처럼 표현한다(마태 25,31 이하). 루카는 하느님의 자비를 드러내는 세 가지 비유에서 설득력 있는 표현과 이미지로 그의 양들을 위한, 특별히 잃어버린 양을 위한 착한 목자의 보살핌과 친절과 사랑을 이야기한다(루카 15,3-7). 이 착한 목자는 예수님이며 세리와 죄인들의 친구이다(루카 15,1 이하). 그리스도는 확실하게 목자이고, 다윗의 후손이며 하느님의 양들을 모으기 위하여 왔다. 이 목자는 양들, 즉 자기 제자들을 위하여 목숨을 바치는 거룩한 메시아이다.

예수님이 당신 양들을 안다고 하는 것은 성경이 의미하는 앎을 말한다. 성경에서 누군가를 안다는 것은 구체적인 경험을 의미한다. 그의 고통을 알며(이사 53,3), 그의 죄를 알고(지혜 3,13), 싸움을 알며(유딧 3,1), 평화를 알고(이사 59,8), 선과 악을 알고(창세 2,9.17), 실제적인 의무를 안다는 것이다. 착한 목자의 앎은 친절한 애덕, 강한 사랑, 존재와 마음속으로의 몰입, 모든 사람을 감싸는 생명과 깊이를 지닌 애정을 가리킨다.

- 예수님은 성경 말씀을 실현한다: 양 우리에 들어가고 양들을 푸른 풀밭으로 이끌기 위하여 양들 앞에 서서 가는 목자의 모습은 모세의 기도를 떠올려 준다. 그는 주님의 공동체가 목자 없는 양처럼 되지 않도록 들

어오고 나갈 때 앞에 서서 백성을 이끌 수 있는 지도자를 세워 달라고 주님께 기도하였다(민수 27,16 이하). 동시에 예수님이 '문'이라는, 즉 생명의 중재자이며 하느님께서 현존하는 곳이라는 선언은 성전 문을 말하는 구약성경 구절같이 들린다. 그중 시편 118,19 이하는 예수님의 이 선언 뒤에 놓인 자연적인 배경처럼 나타난다. 거기서 시편 작가는 "이것이 주님의 문이니 의인들이 그리로 들어가네"라고 읊었다. 스승은 하느님과 당신 백성을 일치시키는 중재자로서 주님께로 가는 문이다.

### 구원론

– 풍성한 생명의 선물: "나는 양들이 생명을 얻고 또 얻어 넘치게 하려고 왔다"(10,10). 이는 요한 복음서의 특성을 잘 드러내는 의미 있는 문장이다. 여기서 하느님의 아들이 이 세상에 온 목적이 드러난다. 인간에게 생명을 주기 위하여 말씀이 사람이 되셨다. 그분은 세상을 심판하러 온 것이 아니라 세상을 구원하러 오셨다(12,47). 하느님께서 아들을 세상에 보내신 것은, 세상을 심판하시려는 것이 아니라 아들을 통하여 구원을 받게 하시려는 것이다(3,17). 진실로 예수님은 죄인인 인간의 구원자시다(4,42). 그분은 이 세상을 구원하기 위하여 보내졌다(1요한 4,14). 이 구원은 그분을 믿음으로써 얻게 되는 영원한 생명이라는 선물에서 구체화된다. 즉 그분이 생명을 갖고 계신 하느님의 아들이기에 그분의 인격을 근본적으로 받아들여야 한다. 사실 생명은 말씀 안에서 발견된다(1,4). 그분은 아버지처럼 생명의 원천이고(5,26), 부활이요 생명이며(11,25), 길이요 진리요 생명이다(14,6). 그만큼 은혜를 아끼지 않는 하느님 아들의 관대함은 초월적이다. 마치 카나의 혼인 잔치에서 초대한 사람들에게 필요한 만큼

만이 아니라 굉장한 양의 물을 포도주로 변화시키신 것처럼(2,6 이하), 오천 명을 먹이고도 열두 광주리나 남을 만큼 빵을 많이 불어나게 하신 것처럼, 그분은 거룩하고 너그러운 임금으로 생명을 선물하신다.

- 양들을 구원하기 위한 예수님의 죽음: 착한 목자 이야기에서 스승 예수님은 자기 양들을 위하여 자기 목숨을 바칠 원의를 밝히신다(10,11.15.17). 이 표현은 골고타의 희생을 분명하게 암시한다. 하느님의 아들은 당신 제자들을 위하여 죽으신다. 편집 차원에서, 나자렛의 스승이 백성을 위하여 죽을 것이라는 대사제 카야파의 예언은 이 구원론적 의미를 명백히 밝힌다. 즉 예수님이 생명을 내놓으신 것은 구원의 가치를 지니며, 잃어버린 하느님 자녀들을 살리기 위하여 한데 모으는 목적을 가지고 있다(11,50 이하). 사실 예수님은 구원하는 계시이며, 세상의 죄를 없애시는 하느님의 어린양이다(1,29 이하). 그분의 계시는 십자가 위에서 절정에 달하는데, 메시아는 파스카 양처럼 희생되었다(요한 19,33-36; 탈출 12,46). 그 구원 사건으로 말씀의 육체는 세상의 생명을 위하여 바쳐졌고(요한 6,11; 1코린 11,24), 그 피는 인간의 구원을 위하여 쏟아졌다(마르 14,24). 그러니 그리스도는 우리의 죄 때문에 돌아가시고(1코린 15,3), 경건하지 못한 우리를 위하여 십자가의 처형을 감수하셨다(로마 5,6). 하느님의 사랑은 죄인들을 위한 그리스도의 죽음에서(로마 5,8; 8,32), 외아들을 선물하심에서(요한 3,16-17) 더 구체적이고 가슴 두근거리는 증거를 발견한다. 사람을 위한 육화한 말씀의 사랑은 세상에 주는 생명의 선물로 더욱 생생하게 표현된다(1요한 3,16). 십자가의 죽음은 하느님의 아들이 어디까지 사람을 사랑했는지 보여 준다. 그것은 제자들을 위한 그리스도의 사랑을 최고로 잘 드러낸다(요한 13,1). 그런 행위로 예수님은 양들을 위하

여 목숨을 내놓으며 당신 자신을 축성하신다(17,19).

## 교회론

- 예수님의 제자들은 공동체를 형성한다: 10,1-18의 비유와 담화에서 암시된 교회론적 요소 중 첫째는 믿는 이들의 공동체성이다. 그리스도의 제자들은 분열되거나 흩어진 개인이 아니라 하나의 공동체를 이룬다. 같은 우리에서 한 떼로 살며, 모두 함께 풀밭으로 가기 위해 같은 목자에게 양 우리 밖으로 인도된다(10,1.3-4). 이 담화에 가족이라는 단어는 나오지 않는다. 그러나 예수님의 제자들을 확실하게 상징하는 양들이 나타나며, 다른 곳에서 스승은 이들을 "친구들"(11,11; 15,14-15), "형제들"(20,17)이라고 부를 것이다. 요한 복음사가는 신앙인들은 그리스도의 가족을 형성한다고 분명하게 가르친다. '양들'의 상징은 제자들이 육화한 말씀에 온전히 속해 있고 온전히 순종하는 태도로 살아야 함을 암시한다. 그들은 착한 목자의 인도에 온전히 의탁하며, 오직 거룩한 스승의 목소리만 듣고 그분을 따라야 한다(10,3-4.8).

- 그리스도의 소유, 교회: 또 다른 교회론적 요인은 양과 그리스도의 관계이다. 이 담화에서는 양들이 육화한 말씀에게 속할 것을 강조한다. 그들은 목자의 소유이다. 그는 사실 '자기' 양들의 이름을 부르고 '모든 자기' 양들을 밖으로 불러내 원하는 곳으로 데려간다(10,3-4). 착한 목자는 삯꾼들과 달리 양들의 주인이다. 바로 그 이유로 삯꾼들은 자기에게 속하지 않은 양들 때문에 생명의 위협을 감수하려 하지 않으며 이리가 오면 도망가지만, 착한 목자는 양들을 위하여 자기 생명을 바친다(10,11 이하). 이 표현으로 아주 뚜렷하게 제자들이라는 양 떼는, 곧 믿는 이들의

공동체는 예수님께 속함을 가르친다. 교회는 그리스도의 것이다. 그것은 가장 비싼 값을 치루고 산(1코린 6,20), 희생된 어린양의 귀한 피로 물러낸 것이다(에페 1,7; 1베드 1,18-19). 유다 우리 안에 있는 양들만 착한 목자의 소유가 아니라 다른 양들도 그러하다(10,16). 사실 초기 교회에는 할례 받은 유다계 외에 그리스계의 믿는 이들도 있었다.

- 거짓 목자들에 대한 교회의 저항: 교회는 그리스도에게 속한 것을 체험하고 주님이신 예수님과 깊이 일치하여 살기에, 거짓 목자들에게서 도망치고 그들의 유혹과 위협에 저항한다. 거짓 목자들의 말을 듣지 않는 새로운 하느님 백성의 대표는 태어나면서부터 눈먼 사람이다. 그리스도의 이 양은 바리사이인들과 유다인들을 따르지 않았고 그들의 가르침을 듣지 않았으며 그들의 위협을 겁내지 않았다(9,16-17.24 이하). 복음사가는 그 시대에 교회 안에서 활동했던 거짓 목자들을 뚜렷하게 암시한다. 그들은 아버지와 아들을 부인하고(1요한 2,22) 말씀의 육화를 거부하는 반反그리스도인이요(1요한 2,18), 거짓 예언자이다(1요한 4,2-3; 2요한 1,7).

- 하나인 교회: 착한 목자 이야기에서 강조되는 또 다른 요소는 그리스도 양들의 하나 됨이다. 그들은 서로 다른 양 우리에서 왔으나 한 목자 아래에서 한 양 떼를 이룬다(10,16). 교회의 단일성은 예수님에게서 기원한다. 그분이 구원 공동체의 유일한 목자이기 때문이다. 제자들의 하나 됨은 주님의 말씀에 일치하고 그리스도의 적을 거부하는 데에서 드러난다. 하나이고 유일한 목자인 예수님은 그분의 양들이 이루는 단일성의 근본이다. 서로 다른 우리의 양들이 하나 되는 것은 하느님의 아들이 죽은 결과이다(11,51-52). 그러니 그리스도인들의 일치는 그리스도의 십자가 희생으로 말미암은 것이다. 수난과 부활로 말미암은 영광의 시간에 예수님

은 하느님께 제자들의 일치를 위하여 기도하셨다.

- 교회의 보편적 차원: 교회는 하나이고, 보편적이며, 하느님의 자녀 누구에게나 열린 공동체로서, 일치의 근원인 하늘의 목자에게 근본적으로 다가가면서 일치하여 살 의무가 있다. 예수님 공동체의 일반적 특징은 보편적, 가톨릭이라는 것이다. 교회는 모든 나라와 모든 민족에게 열려 있다(10,16). 따라서 현재의 새로운 이방인 계층인 소외 계층에게도 역시 열려 있다.

예수님의 죽음은 모든 하느님 자녀들을 하나로 모으려는 보편적 목적을 가지고 있다(11,51-52). 그래서 육화한 말씀은 할례 받은 이들, 그리스인들, 유나인들로 구성된 구원의 공동체인 교회에 생명을 주기 위하여 십자가 위에서 돌아가셨다. 하느님의 새로운 백성은 십자가에 달리신 그리스도의 옆구리에서, 골고타에서 높여진 육화한 말씀의 심장에서 흘러나왔다. 십자가의 왕좌에서 예수님은 "모든 사람을" 당신께 이끄셨다(12,32). 교회의 이 보편적 차원은 신약성경에서 많이 언급되었는데, 특히 루카와 바오로의 글에 자주 나온다. 또한 구원의 보편성은 구약 예언자들의 신탁에서 그 뿌리를 찾아볼 수 있다. 그중 이사야서에서 의미 있는 구절을 많이 발견할 수 있다.

## 4. 성전 봉헌 축제, 예루살렘 10,22-42

### 1) 예수님이 신적 메시아라는 것에 대한 불신앙 10,22-31

"그때에 예루살렘에서는 성전 봉헌 축제가 벌어지고 있었다. 때는 겨울이었다"(10,22). 10장의 후반(10,22-42)에서 복음사가는 독자를 바로 앞의 이야기와는 다른 유다의 축제 속으로 데려간다. 앞에서(7-8장) 언급된 마지막 축제는 초가을에 성전에서 성대하게 거행된 초막절이었다. 반면에 예루살렘의 성전 봉헌 축제는 12월 중반에 벌어진다. 그러니 한겨울인 셈이다. 유다인들은 유다 마카베오의 업적인 예루살렘 성전 정화 기념일을 엄숙한 의식으로 지내곤 했다(1마카 4,36-59; 2마카 10,1-8). 이 축제는 기원전 164년 키슬레우(12월) 달 25일에 유다 마카베오가 시리아 임금 안티오코스 4세(기원전 175-164)에게 더럽혀졌던 예루살렘 성전을 탈환하여 정화한 뒤 다시 봉헌한 일을 기념하는 하누카(봉헌) 축제를 가리킨다(1마카 4,36-59; 2마카 10,1-8). 일주일간 지내는 이 축제의 전례 의식은 초막절의 그것과 아주 비슷했다(2마카 1,9; 10,6; 요세푸스, ≪유다 고대사≫, 12권, 316-325 참조).

봉헌 축제 동안에 예수님은 솔로몬 주랑에서 산책을 하곤 하셨다. 키드론 언덕 위 성전 동쪽 켠에 있는 이 주랑은 예수님은 물론 나중에 그분의 제자들도 즐겨 거닐고 모이며 설교하던 장소였다(사도 3,11-12; 5,12). 지금 유다인들 즉 백성의 지도자들은 예수님을 단죄할 기회를 잡기 위하여 그분 주위로 모여들며 둘러싼다. 메시아에 대하여 함정 있는 질문을 던진다. "당신이 메시아라면 분명히 말해 주시오"(24절). 사실 이 복음서에서 예수님은 사마리아 여인에게 했던 것처럼(4,25-26), 유다인들에게 당신이 그리스도라고 명확하게 밝힌 적이 한 번도 없다. 공관복음서에 의하면 스승은 재판 도중에 지도자들에게 이 질문을 받았다(마르 14,61 등). 이런 이유로 어떤 주석가들은 24절 이하가 역사적으로는 체포된 후에 있었던 재판을 앞당긴 것이라고 본다. 실제로 대사제가 예수님께 메시아의 품격에 대하여 질문하는 것은 요한 복음서의 수난 이야기에서 다뤄지지 않는다. 유다인들은 걱정스러운 심경을 표현하면서 그들의 위선적인 지향을 감춘다. 진리를 알고 싶은 성실한 소망이 있는 것처럼 교묘히 표현한다. 공관복음서에 의하면, 그리스도의 적들이 비슷한 태도로 황제에게 세금을 내는 것이 타당하냐고 질문한 적이 있다(마르 12,13-17).

예수님은 이미 말하였던 당신의 여러 신분, 곧 하느님의 아들이며 아버지께서 보내신 이, 종말론적인 계시자임을(5,17; 6,29; 7,16-19; 8,25 참조) 상기시키며 대답하신다. 비록 명시적으로 표현하지 않았지만, 그것을 통해 당신의 메시아성을 쉽게 추론할 수 있으리라는 것이다. 그러나 유다인들은 앞에서처럼(3,12; 5,38; 6,36; 8,45-46) 믿기를 거부한다. 스승은 아직도 그들을 믿음으로 초대하기 위하여 당신이 아버지 이름으로 행한 일들을 증거로 대신다. "내가 내 아버지의 이름으로 하는 일들이 나를 증언한다"(25절). 이것들은 모두 유다인들을 설득시킬 만한 일들이었다. 그분의 메시아적 품위를 하늘에서 보증한 것처럼 소개되었기 때문이다. 아주 비슷한 표현이 앞에 나왔다. "아버지께서 나에게 완수하도록 맡기신 일들이다. 그래서 내가 하고 있는 일들이 나를 위하여 증언한다"(5,36).

하지만 유다인들은 예수님이 행하신 놀라운 일들을 신적 증거로 받아들이지 않는다. 그들이 그리스도의 양이 아니고 그분의 양 무리에 속하지 않기 때문이다(26절). 스승의 적들은 그분이 완성한 특이한 표징들을 보고도 믿지 않는다. 아버지께서 육화한 말씀에게 허락하신 선물에 참여하지 않기 때문이다(6,36-37). 그들은 하느님에 의해 그분의 아들에게로 당겨지지 않았고, 가르침을 받지도 않았으며 매료되지도 않았다(6,44-45).

반면에 예수님의 양들은 착한 목자의 목소리를 듣는다. 말하자면 그분의 신성을 믿는다. 이는 26-27절이 '믿다'와 '듣다'가 반의적 대구로 제시된 26-27절에서 볼 수 있다.

26절　　ㄱ 그러나 너희는 믿지 않는다.<br>
　　　　　　ㄴ 너희가 내 양이 아니기 때문이다.<br>
27절　　ㄱ′ 내 양들은 내 목소리를 알아듣는다.<br>
　　　　　　ㄴ′ 나는 그들을 알고 그들은 나를 따른다.

앞의 담화에서 예수님은 이미 같은 주제를 말씀하셨다. 즉 양들은 목자의 목소리를 듣고 따라가며(3-4절), 우리 밖에 있는 양들도 당신 목소리를 듣게 될 것이라고 이르셨다(16절). 10,3과 10,27은 주제가 같다.

| 10,3-4 | 10,27 |
| --- | --- |
| 문지기는 목자에게 문을 열어 주고, 양들은 그의 목소리를 알아듣는다. … 그는 앞장서 가고 양들은 그를 따른다. | 내 양들은 내 목소리를 알아듣는다. 나는 그들을 알고 그들은 나를 따른다. |

28절을 10,10 이하와 비교해 보면, 같은 주제가 반향하고 있음을 보게 된다.

| 10,28 | 10,10-12 |
| --- | --- |
| 나는 그들에게 영원한 생명을 준다. 그들은 영원토록 멸망하지 않을 것이고, … 내 손에서 빼앗아 가지 못할 것이다. | 도둑은 다만 훔치고 죽이고 멸망시키려고 올 뿐이다. 나는 양들이 생명을 얻고 또 얻어 넘치게 하려고 왔다. … 삯꾼은 … 이리가 오는 것을 보면 양들을 버리고…. |

당신 양들에 대한 생생하고 애정어린 예수님의 앎은 영원한 생명과 완전한 구원으로 귀결된다. 사실 말씀은 당신의 양들이 생명을 풍성하게 얻도록 하기 위하여 온 반면에, 도둑은 훔치고 해치며 이리는 물어 가고 흩어지게 한다.

양들은 착한 목자의 보호와 인도 아래 안전하게 있다. 어떤 도둑도 그들을 그 손에서 빼앗지 못하고 어느 이리도 달려들 수 없다. 그리스도의 우리에서 그들은 평화롭게 살며 모두 풍성하게 메시아적 선물을 즐기고 영원한 구원의 은혜를 받는다.

이 양들은 하느님께서 예수님께 주신 것이다. 그분은 모든 것보다 크

시기에 아무도 아버지의 손에서 그들을 빼낼 수 없다. 하느님보다 강하고 능력 있는 사람은 없다. 그러니 아무도 교묘하고 난폭하게 그분에게 맞설 수 없다(마르 3,27; 루카 11,21-22 참조). 이제 아버지는 모든 것을 아들 손에 맡기셨다(3,15; 13,3). 아주 특별한 방법으로 제자들을 맡기셨다(17,6-7.9.24). 그들은 마지막 날에 잃어버리지 않고 다시 살리기 위하여(6,39) 육화한 말씀에게 받아들여졌다(6,37). 예수님의 양들은 생명을 풍성하게 받는다(10,10). 나아가 착한 목자에게서 완전한 구원을 받는다(10,28). 그들은 확실한 손에 맡겨져 있다. 아버지와 아들의 보호 아래 있기 때문이다. 이 두 신격神格은 완전한 통교와 일치 속에 사신다. "아버지와 나는 하나다"(10,30). 예수님의 구원 행위만 하느님의 구원 행위와 일치하는 것이 아니고 이 두 신격 사이에는 본성의 일치가 실재한다. 그러나 하느님과 하나라는 예수님의 말씀은 믿지 않는 유다인들에게 걸림돌이 된다. 그런 이유로 예수님께 정말 메시아냐고 물었던 적대자들은 그 표현을 듣자 신성모독이라고 여기며 예수님을 돌로 치려 한다(10,31).

### 2) 예수님의 신성 10,32-39

당신을 돌로 치려는 유다인들에게, 예수님은 성경과 아버지의 이름으로 행한 놀라운 일들이라는 두 가지 증거를 들어 자신이 하느님의 아들임을 입증하신다.

그분은 적대자들의 광기어린 태도에 조용히 응대하신다. "나는 아버지의 분부에 따라 너희에게 좋은 일을 많이 보여 주었다. 그 가운데에서 어떤 일로 나에게 돌을 던지려고 하느냐?"(32절) 예수님이 완성하신 초자연적인 표징들이 이 좋은 일에 해당한다(2,18; 5,20; 9,3-4). 그 일들은 아버지에게서 온다(10,32). 그러니 신적인 데에서 기원한 것이다. 왜냐하면 하느님께서 그분에게 보여 주셨기 때문이다(5,20). 그래서 그분은 아버지의 이름으로 그것들을 완성하신다(10,25). 그러자 유다인들은 예수님에게 그가 자신을 하느님이라고 하며 신성모독을 했기 때문에 돌로 치려고 한다고 대답한다. "당신은 사람이면서 하느님으로 자처하고 있소"(33절). 공관복음서에 의하면 유다 지도자들은 예수님을 재판할 때 신성모독이라며 크게 격분한다(마르 14,63-64 등). 요한 복음서에서 유다인들은 예수님이 아브라함보다 먼저 있었다고 선언하셨을 때(8,58-59), 하느님의 아들이라는 증거를 이중으로 세시하실 때(10,34-39) 모두 격분한다.

여기서 예수님은 첫 번째 증거로 시편 82,6을 인용하신다. "내가 이르건대 너희는 신이다"(34절). 이는 요한 복음서가 인용한 몇 안 되는 구약성경 구절 중 하나다. 이 시편에서 하느님은 마치 신들처럼(82,1) 소개된 당신 백성인 유다인들에게 그들의 역할에 대하여 말씀하신다. 그들은 신들, 즉 지극히 높으신 분의 자녀들이다(82,6). 유다인 라삐들도 종종 사람을 신처럼 소개한다. 예수님은 유다인들에게 논의의 여지가 없는 이 성경 구절로 논증하신다. 두 번째 증거는 하느님 아버지의 이름으로 행한 일들이다. 육화한 말씀이 완성하신 뛰어난 일들은 분명한 목적을 가지고 있으니, 곧 그분의 신성을 믿도록 촉구하는 것이다.

예수님은 논증을 마치며 다시금 아버지와의 관계를 단언하신다. "그러면 아버지께서 내 안에 계시고 내가 아버지 안에 있다는 것을 너희가 깨달아 알게 될 것이다"(38절). 전체 대목의 정점을 이루는 이 계시는 "아버지와 나는 하나다"(30절)라는 선포와 동일하다. 유다인들은 이 단언의 의미를 잘 파악하고 있기에, 전에도 그랬듯이(7,30.32.44) 그분을 잡으려고 한다. 그러나 이번에도 예수님은 다른 때처럼(8,59) 그들의 손에서 빠져나가신다(39절).

### 3) 요르단강 건너편으로 가시다 10,40-42

예수님은 이제 예루살렘에 더 머물지 않고 요르단강 건너편, 요한이 전에 세례를 주던 곳으로 가신다(10,40). 이곳은 라자로가 사는 베타니아가 아니고 요르단강 동쪽으로, 세례자가 그의 임무를 수행하던 곳이다(1,28). 예수님은 팔레스티나의 정치적 종교적 중심지에서 멀리 떨어진 곳에 은둔하신다. 그분의 행적을 보았던 많은 사람이 그분을 찾아온다. 그분에게 간다는 것은 신앙의 움직임을 가리킨다. 이 새로운 제자들은 예수님께 이끌리며 그분을 믿는다(42절). 하느님의 아들을 실존적으로 믿는 이 사람들이 그리스도의 양들이다. 그들은 그분의 목소리를 듣고 따른다(27절). 세례자 요한이 아무런 표징도 행한 바 없지만 예수님에 대해서 한 말은 진실로 입증되었다(41절). 이로써 그가 진리를 선포하는 권위 있는 예언자임을 드러냈다(신명 18,22 참조). 예수님이 메시아이심(1,29-34)과 그분의 신성(3,27-36)을 증언하면서 하느님의 외아들, 그리스도라고 선언했기 때문이다. 그런 방법으로 선구자 요한은 진리를 증언했다(5,33).

### 4) 신학적 가르침

#### (1) 예수님 재판

여기서 복음사가는 예수님의 공적 계시 마지막에 세상에서 벌어지는 그리스도의 재판을 예고하는 듯하다. 사실상 요한 복음서의 예수님 수난 이야기는 스승의 메시아 자격과 하느님의 아들에 대해 신문하는 역사적인 실제 장면을 언급하지 않는다. 공관복음서는 예수님께 메시아냐고 묻는 대사제의 질문과 그렇다는 스승의 대답을 아주 자세하게 주의 깊게 묘사한다. 이 신문이 백성의 시노사들 앞에 선 예수님 재판의 절정을 이룬다. 당신이 인간을 심판하기 위해 구름을 타고 오실 메시아, 사람의 아들이라고 예수님이 명료하게 고백하시자, 대사제는 옷을 찢으며 예수님이 독성죄를 범했기 때문에 사형에 처해야 한다고 분개한다(마르 14,61-64). 이 사화의 역사성은 대체로 인정된다. 그러나 요한의 수난 이야기는 그런 전통적인 이야기를 언급하지 않는다.

그럼에도 이 대목(10,24-36)의 많은 표현이 공관복음서의 병행 구절들과 비슷한 것은 요한 복음사가 역시 그리스도의 재판을 그분의 공생활 말기에 배치하며 예고했음을 강하게 암시한다. 지금 여기서 스승 예수님은 당신의 메시아성에 대하여 지도자들에게 신문받는다. "당신이 메시아라면 분명히 말해 주시오"(24절). 공관복음서에서 묘사하는 대사제의 질문과(루카 22,66-67) 비슷하다. 두 군데 모두 예수님의 대답은 유다인들의 불신앙을 암시하는 동시에 그들의 악의적인 기대를 넘어선다. 스승 예수님이 당신의 신성을 선포하시기 때문이다. 그래서 당신의 적들에게 당신을 독성죄로 고발하고 단죄할 수 있는 아주 강력한 빌미를 제공하신다. 실제로, 요한 복음사가에 의하면 그리 오래 있지 않다가 수석 사제들과 바리사이들은 회중 앞에서 최고 의회의 만장일치로 그리스도를 죽이기로 결정할 것이다(11,45-53). 이는 수난의 맥락에서 아주 오래전 내려진 이 결정을 승인 비준하는 것일 따름이다.

### (2) 그리스도론

이 대목은 예수님의 공생활을 마무리하며 그동안 묘사한 그리스도론의 두 측면을 종합한다. 요한 복음서의 목적은 예수님이 메시아이며 하느님의 아들이심을 믿도록 이끄는 데 있다(20,30-31). 따라서 어느 부분에서는 그분의 메시아성을, 다른 데서는 신성을 이야기한다. 이 두 주제를 함께 다루는 곳이 이 대목과 20,22-31이다. 이 두 대목은 서로 별개이나, 두 요소 중 어느 하나를 좀 더 강조하는 병행 대목으로 볼 수 있다.

#### 예수님, 메시아

이 대목의 첫 번째 논쟁 주제는 예수님의 메시아 품격에 대한 물음이다. 백성의 지도자들은 확실한 방법으로 메시아임을 보이라며 스승 예수님을 자극한다. 예수님은 당신이 메시아임을 이미 말했고, 보였다고 대답하신다. 그분이 아버지의 이름으로 한 일들이 그분의 메시아성을 입증한다(20,31).

실제로 예수님이 완성하신 표징들은 그분이 메시아임을 계시하며 예수님을 믿도록 초대한다(20,30-31). 반대로 유다인들은 분격하여 믿기를 거부한다(10,24-25). 이 두 군데(20,30-31과 10,24-25)에 나타나는 병행 구절은 스승이 행하신 일들, 표징들을 이야기하며 그분이 메시아임을 밝히고, 신앙 또는 불신앙에 대해서 말하고 있다.

공생활 중에 예수님은 유다인들에게 분명하게 당신이 메시아라고 말씀하지 않으셨지만, 그분이 행하신 일들이 분명하게 보여 주었다. 카나에서 물을 술로 변화시키신 것은 메시아적 표징이다(2,1-12). 메시아 시대의 개막인 것이다. 그때에는 술, 밀, 기름이 풍성할 것이다. 곧 참된 행복과 은총 속에 살게 될 것이다. 빵의 기적 역시 예수님이 종말론적인 예언자이며 시간의 마지막에 오리라 기다리던 다윗 임금임을 계시하는 또 다른 메시아적 표징이다(6,1-15). 유사한 방법으로 태생 맹인의 치유도, 눈먼 이들의 눈을 열어 주리라고 예언자들이 예언했던 그리스도임을 보여 주는 것이다(9,1 이하). 자기 계시를 시작하실 때, 예수님은 '나는 메시아다'라고 말씀하는 대신, 아버지에게서 파견받은(6,29; 8,18 참조) 종말론적인 계시자이며(6,39 이하; 8,25-28), 악과 죄, 악마로부터 해방하는 분(8,32-36)이라고 선포하였다. 다시 말해 마지막 시대에 올, 이스라엘이 기다려 온 신적인 분이라고 선포하셨다. 나아가 참 하느님(5,19 이하; 8,16.24.28.58)이심을 말씀하였다. 그분의 이런 자기 고백은 '나는 메시아다'라고 말하는 것보다 훨씬 더 많은 것을 말하며 그리스도의 엄위를 드러낸다.

### 예수님, 하느님의 아들

이 대목(10,22-42)에서 예수님은 단지 그리스도임을 증언하지 않고 하늘의 아버지와 하나인 하느님의 아들임을 증언하신다(10,29-30). 메시아로서의 자기 계시가 신적 초월성 안에서 소개된 것이다. 유다인들 편에서 예수님을 돌로 치려는 시도는(10,31) 그분의 말씀에 담긴 초월적 의미를 잘 보여 준다. 그래서 백성의 지도자들은 예수님을 불경한 말을 하는 사람으로 취급한다. 그들에 의하면 단지 사람일 뿐인 그가 자기를 하느님이라고 하기 때문이다(10,33). 예수님은 호교론적인 대답을 통해 당신의 신성을 받쳐 주는 두 가지 이유를 제시하신다. 성경의 증거와 그분이 아버지의 이름으로 행한 일들(10,34-38)이다. 모세의 율법은 하느님의 말씀을 받은 사람들을 '신들'이라고 부른다. 그렇다면 하느님의 거룩하신 분과 하늘의 아버지께서 보내신 유일한 분을 뭐라고 부르겠는가? 그분이 하느님의 아들임을 선언할 때는 불경한 말을 하는 사람일 수 없다. 왜냐하면 자기 신원을 밝히고 있기 때문이다.

예수님의 신성은 말로만 증언되지 않았다. 육화한 말씀이 하신 놀랄 만한 일들로 입증되었다(10,37-38). 최후의 만찬 때 나눈 친교에서 스승은 제자들에게 만약에 다른 그 누구도 할 수 없는 그런 일을 당신이 유다인들 사이에서 하시지 않았더라면 그들의 불신앙은 죄가 될 수 없었을 것이라고 말씀하신다(15,24). 사실 그리스도가 하신 표징들은 그 일을 행하신 분의 본성을 보여 줄 뿐 아니라 호교론적인 가치도 지닌다. 특별한 이 일들은 그리스도를 입증하는 동시에 다른 이름으로 아버지에게서 파견된 분, 곧 하느님의 외아들임을 입증한다(5,36). 그것들은 그 안에 사시는 아버지께서 완성하신 일이기 때문이다. 그러니 그런 일들은 그분의 신성을 믿도록 촉구한다(10,38; 14,11). 예수님은 참 하느님이시다. 그분은 하느님과 하나이다. 아버지와 아들은 상호적인 내재 관계에 있다. 한 분이 다른 한 분 안에 있기에 예수님을 보는 이는 아버지를 보는 것이다(14,9-10).

## 사람-하느님

하느님의 아들은 아담의 모든 후손과 같이 살과 피로 된 피조물이다. "사람이면서 하느님으로" 자처한다고 비난하는 말(10,33)에서 인간 예수님은 하느님과 대치되어 있는데, 이는 육화한 말씀이 지닌 본성의 이중성을 잘 보여 준다. 그래서 유다인들은 돌로 맞을 만하다고 한다. 반면에 예수님은 본성과 활동에서 아버지와 하나라고 한(10,30) 확언이 정당함을 성경과 당신이 하신 일들을 들어서(10,34 이하) 증명하신다. 참 인간이지만 그리스도는 참 하느님의 아들이시다.

예수님에게서 아버지의 생생한 자기 계시가 나타난다. 아버지의 사랑이 나자렛 예수라는 사람 안에서 드러난다. 그분은 참 하느님이시기 때문이다. 육화한 말씀은 근육과 피로 형성되었고, 참으로 인간의 본성을 지녔으며, 죄를 제외하고는 모두 아담의 후손들을 닮았다(히브 4,15). 이 참 사람이 참 하느님이다. 아버지는 그이 안에 살고 그이는 아버지 안에 산다(10,38). 아버지 하느님과 그리스도 예수님 사이에 본성의 일치가 존재한다(10,30; 14,11). 그 연유로 예수님을 보는 이는 아버지를 보는 것이다. 참으로 나자렛 스승은 사람-하느님이다.

## 예수님, 예언자시며 종말론적인 계시자

이 대목에서 예수님은 예언자로, 종말론적인 계시자로 소개된다. 하느님의 말씀은 사실 완전히 특별한 방법으로 육화한 말씀에게 맡겨졌다. 그분은 거룩하게 되어 아버지에게서 세상에 파견되었다(10,35-36). 이 부분의 중심 표현들은 예레미야의 소명 이야기를 연상시킨다. "주님의 말씀이 나에게 내렸다. … 내가 너를 성별하였다. … 너는 내가 보내면 누구에게나 가야 하고…”(예레 1,4-7).

또한 모세의 소명 사화를 암시하는 듯한 면도 있는데, 탈출기의 위대한 영웅을 닮은 종말론적인 예언자로(신명 18,18) 스승을 소개하려는 것 같다. 사실 예수님이 인용하신 시편 구절은 유다인들을 향한 것이다(10,34). 성경은 모세를 예언자며 판관으로 소개한다. 이 두 역할이 한 사람 안에 섞여 있다(탈출 18,13-26; 민수 11,16-17.24-25). 따라서 이 대목에서 예수님을 충만하고 완전하게 하느님의 말씀을 계시하는 종말론적인 예언자로 소개하려고 했을 가능성이 높다. 사람의 아들은 사실 아버지께서 파견하신 분으로, 평범한 예언자가 아니라 하느님의 거룩하신 분이다. 그분께 주님의 말씀이 맡겨졌고, 나아가 그분이 하느님의 말씀이시다.

### (3) 불신앙과 신앙

육화한 말씀의 자기 계시에 대해 인간 편에서 한 응답도 중요한 주제이다. 여기에서도 그리스도의 제자들과 대조되는 유다인들의 불신앙이 강조되었다.

#### 불신앙 속에서의 완고

예수님을 신적 메시아로 인정하지 않는 것은 이 대목의 기본 요소 중의 하나이다. 첫 번째 논쟁 때부터 지도자들의 시기어린 질문에 예수님은 반복하여 대답하신다. 그러나 그들은 믿고자 하지 않는다. 그들이 그리스도의 양 떼에 속하지 않기 때문이다. “그러나 너희는 믿지 않는다. 너희가 내 양이 아니기 때문이다”(10,26)라는 말씀은 일종의 예정설을 암시한다. 그러나 인간의 선택에서 자유와 책임을 제거하지는 않는다. 앞에서 보았듯이 겉으로 예정설처럼 보이는 요한의 표현은 그리스도와 그분의 말씀을 거부하는 인간의 책임을 명료하게 선포한 다른 대목들의 빛으로 설명되어야 한다. 그럼에도 그런 대답은 긍정이든 부정이든 항상 깊은 신비로 남아 있다. 신앙의 이 불명확한 면이 이 대목에서도 나타난다. 왜냐하면 예정설을 암시하는 표현(10,26)을 하신 뒤, 예수님은 적대적인 대담자들을 열렬하게 신앙으로 초대하신다. 적어도 아버지의 이름으로 이룩한 놀라운 일들을 믿으라고 말씀하신다(10,38). 스승이 이중의 근거(성경의 권위와 행적의 증거)를 대며 설득력 있게 논증하시는 데도 불구하고, 유다인들은 계속 믿지 않고 적대적이다. 눈먼 그들은 한 번 더 예수님을 잡으려고까지 한다(10,39).

### 예수님의 목소리를 듣는 것

그리스도의 신성을 믿는 이는 그분의 양들뿐이다. 예수님의 양 떼는 그분의 목소리를 듣는다. 그래서 메시아라는 그분의 자기 계시를 받아들인다(10,27). 신앙은 육화한 말씀의 말을 받아들이고, 그분의 목소리를 감미롭게 들으면서 무조건 그 목소리를 따르는 자세에서 드러난다. 스승께 이끌림은 구체적이고 삶 전체를 포함하는 본질적인 것이다. 신앙은 어떤 지적인 개념으로 축소될 수 없다. 그것이 그리스도와 그분의 말씀을 전체적으로 받아들이는 태도로 이루어져 있기 때문이다. 제자들 편에서 그리스도의 목소리를 듣는다는 것은 깊은 신앙의 자세를 가리키며, 이것은 착한 목자의 말씀에 순종하는 것과 온순함으로 드러난다.

## 믿도록 부름

예수님은 당신의 신성을 전하려고 성경을 언급한 뒤 아버지와 일치하여 이룩하신 놀라운 일들을 제시하신다. 이것은 대담자들에게 당신이 신적인 아들임을 믿으라고 권하는 것이다. 육화한 말씀의 자기 계시가 행적 없이 말로만 이뤄졌다면 불신앙은 죄가 될 수 없을 것이다(10,37; 15,24). 반대로 그리스도가 하신 놀라운 일들은 신적인 아들에 대한 진실한 믿음을 일으켜야 할 것이다. "내가 그 일들을 하고 있다면, 나를 믿지 않더라도 그 일들은 믿어라. 그러면 아버지께서 내 안에 계시고 내가 아버지 안에 있다는 것을 너희가 깨달아 알게 될 것이다"(10,38). 권고하는 명령형으로 "그 일들은 믿어라" 하는 말씀에는 대담자들을 신앙으로 이끌고 싶은 바람이 나타나 있다. 그렇지만 안타깝게도 지도자들은 이 초대를 거절할뿐더러 그분을 단죄하기 위해 잡으려고 한다(10,39). 예수님이 요르단강 건너편으로 물러가신 뒤 많은 이가 예수님의 신적 자기 계시를 믿으며 권고를 받아들인다(10,41-42).

## 성전 봉헌 축제

"그들은 백사십팔년 아홉째 달, 곧 키슬레우 달 스무닷샛날 아침 일찍 일어나, 새로 만든 번제 제단 위에서 율법에 따라 희생 제물을 바쳤다"(1마카 4,52-53). 셀레우코스 왕국의 안티오쿠스 4세가 헬레니즘화 정책을 펼치며 기원전 169년에 예루살렘 성전을 장악했고 기원전 167년에 제우스 신전으로 바꾸었다. 그러자 마카베오 가문을 중심으로 유다인들이 항쟁을 일으켰고, 결국 기원전 164년 예루살렘 성전을 탈환하여 새롭게 봉헌하였다. 그들은 사제들을 시켜 성전을 정화하고 돼지고기로 오염된 제단은 헐어 버리고 다듬지 않은 돌로 새 제단을 만들었다. 성전 내부와 주변을 완전히 새로이 정비하고 봉헌하였다. 유다 마카베오와 온 회중은 키슬레우 달 25일부터 여드레 동안 성전 봉헌 축제(하누카)를 지내기로 결정하였다.

이때 사용하는 등잔대는 보통 등잔대(일곱 가지)와 달리 아홉 가지로 된 하누키야다. 8일 동안 매일 한 가지씩 불을 밝혀 가는데, 다른 가지들에 비해 더 긴 가지('샤마쉬')의 등잔불을 이용하여 다른 등잔들을 밝힌다.

## 5. 파스카 전, 예루살렘 밖 유다 지방 11,1-57

이제까지 2-10장에 걸쳐서 육화한 말씀의 공적 계시를 강한 극적 감각으로 이야기하였다. 예수님은 세상 앞에서 말씀만 아니라 특별한 표징을 통하여 하느님의 영광을 드러내셨다. 물을 술로 변화시키신 것, 왕실 관리의 아들을 고치신 것, 벳자타 못 가에서 병자를 고쳐 주신 것, 갈릴래아에서 행하신 빵의 기적, 예루살렘에서 눈먼 사람의 눈을 뜨게 하신 것은 마리아의 아들이 하느님 아버지의 외아들임을 드러낸 표징이었다. 나자렛 스승은 그런 표징들을 당신의 말로 해설하시면서, 당신의 신성을 계시하여 사람들이 당신을 믿도록 초대하셨다. 유감스럽게도 일부만 육화한 말씀의 드러남을 받아들이고, 유다인들로 대표되는 세상은 하느님의 아들을 믿고자 하지 않았다. 그분의 말씀과 위격에 이끌리는 것을 거부할 뿐만 아니라, 계속해서 생명의 샘을 막고 진리의 빛을 제거하려고 하였다. 둘의 관계는 극도로 악화되었다. 예수님은 '세상'의 가슴에 신앙의 불꽃을 일으키려고 온갖 방법을 다 시도하셨다. 그러나 그분의 절박한 초대나 엄격한 위협은 아무 소용이 없었다. 유다인들은 점점 더 불신을 고집하고 그리스도의 진리보다 어둠을 선호하면서 빛을 차단하려고 영혼의 창문을 닫는다. 그리고 그들의 살인 음모를 실현하려는 결정을 내리려고 한다.

이 극도의 긴장 상태에서 대립되는 극적인 행동이 11장에 나타난다. 예수님은 생명 자체임을 극적으로 선언하시는데, 유다인 지도자들은 그분을 죽이려고 공적 포고를 내린다. 육화한 말씀은 이제 세상에서 마지막 시간을 향하고 있다. 11-12장은 예수님이 세상에서 행하신 마지막 담화와 계시적 사건을 기록하였는데, '라자로의 소생'이라는 표징은 예수님이 생명임을 드러낸다. 복음서의 서곡에서 장엄하게 예고된 주제인 '생명'이 11장의 주요 주제이다. 아무런 서술이나 형용 없이 예수님은 자신을 드러내신다. "나는 부활이요 생명이다"(25절). 그리스도가 마지막 기적(라자로의 소생)을 행하신 후에 그분을 죽음으로 단죄하기 위해 최고 의회가 급히 소집될 것이다. 그리스도는 공적 계시의 마지막 장면에 들어가신다. 거기서 모두를 생명으로 이끄는, 구원하는 예수님의 죽음에 대한 암시를 발견할 것이다. 베타니아에서의 기름 바름과 막 다가오는 예수님의 영광을 선언하는 일이 공공연하게 나타난다. 11-12장은 극적인 복합문으로, 육화한 말씀이 세상에서 공적 발표를 끝내는 부분이다. 13장부터는 요한 복음서의 두 번째 부분으로, 하느님의 아들이 당신과 가까운 제자 공동체에서 집중적으로 계시를 선포하실 것이다.

1-12장을 한 단위로 볼 수 있는 근거는 곳곳에서 언급된 라자로의 소생에서 찾을 수 있다. 그 외에 군중이 점점 예수님께 쏠리는 데 대한 지도자들의 부정적인 반응 역시 종종 언급된다. 지도자들은 유다인들 집단에서 많은 사람이 이탈하는 것을 몹시 근심한다. 동시에 대사제들과 바리사이들이 함께 스승을 고발하고 죽이라는 결정과 명령을 두 번이나 내린다.

여기서 라자로는 말 한 마디 안 하지만, 그의 상황은 무대의 분위기를 형성하면서 이야기의 배경을 이룬다. 그로 인해 야기된 상황에서 그의 누이인 마르타와 마리아가 예수님과 함께 보여 주며 들려주는 이 라자로 소생 이야기는 "그분 안에 생명이 있었으니 그 생명은 사람들의 빛이었다"(1,4)는 서곡의 주제를 깊이 다룬다. 아울러 이 사건은 예수님이 공생활-공적 계시 전체에 걸쳐서 드러내고자 했던 '일', 아버지께서 그분을 보내시며 맡기신 일, 곧 사람을 살리는 일(5,21; 6,39-40)의 최종적이고 결정적인 증거이다. 그분은 '생명'이다. 그러기에 '생명을 줄 수 있는 주님'이시다. 이에 걸맞는 강도와 밀도로, 곧 이어서 그분의 죽음이 거론된다(11,49-59). 그 죽음 역시 하느님 백성 모두를 위한 죽음으로, 바꾸어 말하면 한 사람이 아닌 하느님 백성 전체를 살리는 이야기이다.

11장은 라자로의 죽음과 소생을 중심으로 다섯 장면으로 나눌 수 있다.

장면 1- 라자로네 집: 라자로의 투병, 예수님께 이 소식을 알림

장면 2- 라자로네 집: 라자로가 죽은 후 예수님이 오심
마르타가 마중을 나감, 예수님께 라자로의 죽음 전달: 사실적

장면 3- 동구 밖으로 마리아도 달려감, 예수님께 라자로의 죽음에 대한 감정 전달: 정서적

장면 4- 라자로의 무덤가

장면 5- 최고 의회: 대사제들과 바리사이들이 라자로의 소생을 놓고 논의

맺음말: 예수님의 은신과 수배

이 일화는 라자로, 마르타, 마리아로 표상되는 당신을 믿는 이들의 공동체와 예수님 사이의 조화를 보여 주면서 시작한다. 이 세 남매는 모든 시대에 예수님을 믿고 따르는 공동체를 상징한다. 이 공동체의 특징은 형제애이다. 그래서 형제자매라는 말을 강조한다. 예수님은 이 공동체를 사랑하신다. 사랑한다고 여러 번 말씀하며 라자로를 '친구'라고 부르신

다. 예수님과 이 공동체 사이에 사랑이 흐른다.

## 1) 요르단강 건너편 11,1-16

### 라자로의 발병과 죽음

이 장면에서는 라자로의 발병으로 이야기가 시작되고 그에 따른 예수님의 반응이 중심이다. 라자로가 병으로 죽은 상황에서 보이는 예수님의 태도는 이상하여 독자의 궁금증을 일으킨다. 물론 제자들도 의아해한다. 그분의 대답은 무엇을 의미하는가?

마르타와 마리아의 형제인 라자로는 요한 복음서에만 나타난다. 이 사람은 11장은 물론 12장에서도 여러 차례 언급된다(12,1-2.9-10.17). 루카는 부자 미식가의 비유(루카 16,19-31)에서 라자로라는 가난한 사람을 이야기한다. 그러나 그를 예수님의 이 친구와 동일 인물로 볼 수는 없다. 라자로가 사는 베타니아는 예루살렘에서 몇 킬로미터밖에 떨어지지 않고(1절) 올리브 산 동쪽 비탈에 있어서, 예수님은 쉬기 위해 그 친구의 집을 쉽게 찾아올 수 있었다.

그의 동생 마리아에 대한 정보는 첫머리에 나온다. "마리아는 주님께 향유를 붓고 자기 머리카락으로 그분의 발을 닦아 드린 여자인데"(2절). 이 사건은 다음 장의 첫머리에 다시 묘사된다(12,1 이하). 루카는 이 사건을 공생활 초기에 있었던 일로 보도하지만, 요한 복음서와 마찬가지로 마르코, 마태오는 이 사건을 공생활 말기에 놓았다(마르 14,3-9; 마태 26,6-13).

라자로의 병세가 위중해지자, 마리아와 마르타는 스승께 형제의 병세를 알리기 위해서 사람을 보낸다. 그러나 두 자매는 감히 예수님께 오시라고 청을 드리지 못하고 알리는 것으로 만족한다. "주님, 주님께서 사랑하시는 이가 병을 앓고 있습니다"(3절). 사실 예수님은 라자로와 마르타와 마리아를 사랑하고 계셨다(5절). 이때 '사랑하다' 동사로 3절에는 필레오(φιλέω)가, 5절에는 아가파오(ἀγα-πάω)가 쓰였다. 이 두 동사는 뒤의 것이 영적 친교를 더 강조했다 해도 요한 복음서에서는 동의어로 쓰였다. 예수님은 당신 제자들을 최고의 표징인 생명을 주기까지(13,1) 깊이 사랑하셨다(15,9 ἀγαπάω). 이 거룩한 사랑은 인간적 열정의 부담, 곧 우정도 포함한다(36절 참조). 라자로가 위독하다는 소식 앞에서 예수님은 병과 죽음까지 다스리시는 생명의 주님으로 반응하신다. 그분은 이 놀랄 만한 정보에 기겁하지 않으신다. 오히려 친구의 상황에 섭리적인 결말이 있을 것을 알려 주신다. 라자로의 병은 죽을병이 아니라 오히려 하느님의 아들이 영광스럽게 될 것이라고 확언하신다(4절).

실제로 하느님의 외아들은 제자들에게 숙고된 각별한 표징으로 하느님의 영광을 보여 주셨다(1,14). 첫 번째 표징은 물을 술로 변화시키신 것이었는데(2,11), 하느님의 아들이 받으실 영광에 대한 최고의 계시는 수난, 죽음, 부활, 승천과 함께 왔다(13,31; 17,1). 사람의 아들에 대한 찬미는 하느님의 찬미로 향해 간다. 라자로의 위중한 병과 죽음은 하느님의 영광과 그 아들의 영광을 드높일 것이다. 예수님 친구의 소생은 그리스도의 신성을 계시하고 하느님 아들의 위격에 대한 신앙을 북돋우기 때문이다(4.40.42절). 예수님은 여기서 자신을 3인칭으로 표시하여 '하느님'과 '하느님의 아들'로 객관화하여 이야기하며 관계를 명확히 하신다.

"예수님께서는 마르타와 그 여동생과 라자로를 사랑하셨다"(5절). 이 표현은 이중 효과를 낸다. 즉 이어지는 예수님의 행동에 대해 호기심을 유발하는 동시에 인간적 사랑이 종속되는 더 큰 원칙인 하느님의 뜻으로 나아가는 방향을 가리킨다. 그러니까 이 언급은 앞에서 라자로의 병과 하느님의 영광을 연결한 예수님의 태도에 대해 독자가 놀라지 말라고 하는 말이다. 예수님의 말씀(4절)은 친구를 덜 사랑해서가 아니라 더 높은 동기에서 나왔다. 하느님 사랑을 한층 더 설득력 있게 표명하신, 그 사랑에 대한 최고의 표현 자체인 그분은 당신 친구들을 사랑하지 않을 수 없었다. 사실상 그분은 당신 친구들을 위해 생명을 바치는 사랑으로, 극도의 표징으로 그들을 사랑하셨다(3,16).

예수님은 라자로가 병을 앓고 있다는 말을 들으시고도 계시던 곳에 이틀이나 더 머무르신 뒤에야 제자들에게 유다 지방으로 돌아가자고 하신다. 이 표현은 이중의 의미를 지니며 두드러진다. 아끼는 친구인데 왜 즉시 달려가지 않을까? 하는 의구심을 일으키며, '이틀이나' 지난 후 "다시 유다로 가자"고 하는 이유에 주목하게 된다. 이 대목에서는 시간(날짜) 계산이 중요한 역할을 한다. 조금 후에는 '나흘'이란 날짜가 나온다. 그래서 제자들이 반문한다. "스승님, 바로 얼마 전에 유다인들이 스승님께 돌을 던지려고 하였는데, 다시 그리로 가시렵니까?"(8절) 오히려 제자들은 신변 위험 때문에 스승이 라자로의 발병 소식을 듣고도 바로 가지 않는 것을 당연하게 여긴다. 그렇기 때문에 예수님의 방향 전환에 놀람을 표시한다. 스승 예수님이 움직이시는 원동력과 제자들의 원인 파악에는 상당한 차이가 있다. 그러나 예수님은 아직 당신의 임무가 끝나지 않았음을 일깨우면서 제자들의 이의에 대답하신다.

예수님은 눈먼 이의 치유에서처럼 시간의 법에 순명하신다. 그래서 밤이 오면 맡은 임무를 할 수 없으니 '낮 동안에' 일하라고 초대하시며(9,4), 정해진 '때'가 오기 전에는 원수들이 아무 짓도 할 수 없다고 확신하신다(7,30; 8,20 참조). 이 두 가지 측면이 스승의 대답(9절)에서 나타난다. 낮과 밤을 12시간으로 나누어 구분하는 것은 유다 풍습에 의한 것으로, 가을이건 여름, 혹은 겨울의 실제 낮 길이와는 아무 상관 없다. 9,4에서도 계시하는 분으로서 맡은 임무의 마지막, 즉 밤이 오기 전에 일해야만 한다고 같은 표현을 사용하셨다. 8,12에서 스승은 당신을 따르는 이는 어둠 속을 걷지 않고 생명의 빛을 얻을 것이라고 하셨다. 반면에, 12,35에서는 빛이 너희 곁에 있는 동안에 빛 속을 걸어가라고 청중들을 격려하신다. 즉 빛을 비추는 당신의 말씀을 믿으라는 것이다.

지금 여기서도 제자들에게, 그들은 어둠 속을 걷지 않고 낮에 걸으므로 걸려 넘어지지 않을 것이라고 장담하신다(9절). 계시하는 당신의 임무가 아직 끝나지 않았으므로 위험이 없다고 제자들에게 보장하신다. '넘어지다'(프로스콥토 προ－σκόπτω) 동사는 종종 영적인 손실, 구원의 상실을 표현하는 은유로 쓰인다. 나와 함께 걷고 '하느님의 일을 하는 사람은'(9,4 참조) '낮 동안에' 걷고 '넘어지지 않는다.' '이 세상의' 빛을 보기 때문이다(은유로, 예수님은 이 세상의 빛이다). 그런데 문맥상 자연의 이미지(이 세상의 빛=태양)로 이 문장이 가리키는 바는, 아직 예수님이 걷는 동안, 낮 동안, 일하도록 나에게 주어진 시간 동안 나는(물론 너희도) 넘어질 운명이나 나쁜 짓을 당할 위험을 겪지 않는다. 그러니 스승의 운명에 대해 불안해하는 제자들은 안심하고 그분과 함께 갈 수 있는 용기를 내라는 말이다.

"그러나 밤에 걸어 다니면 그 사람 안에 빛이 없으므로 걸려 넘어진다"(10절). 여기서는 더 이상 낮 동안의 자연적인 빛, 또는 태양을 말하지 않고 믿는 이들을 인도하는 내면의 빛을 언급한다. 요한 복음서에 드문 비유적 의미이다. 공관복음서에도 빛에 대한 병행 구절은 나온다(마태 6,23; 루카 11,35). 아무튼 예수님은 죽음의 '잠'에서 친구를 깨우기 위하여 유다 지방으로 발길을 돌리신다(11절).

제자들은 여러 뜻으로 해석할 수 있는 스승의 언어를 정확하게 이해하지 못한다. 그들은 예수님이 생리 현상인 잠을 말하려 하신다고 생각한다. 그들은 지상적이고 피상적인 것에 고착되어 있다. 그래서 예수님 말씀의 더 깊은 의미를 이해하지 못한 채, 나름대로 둔하게 추리하며 대답한다. "주님, 그가 잠들었다면 곧 일어나겠지요(σωθήσεται)"(12절). 그리스어 동사 소조(σῴζω)는 공관복음서에서도 육신의 치유를 의미하며, 참된 구원을 암시한다(마르 5,23.28.34; 10,52). 야이로의 딸을 소생시키실 때에도 예수님은 죽음의 잠에 대한 같은 이미지를 사용하셨다(마르 5,39). 문학적인 종속 관계 없이 요한 복음사가가 전통적인 주제를 사용했을 가능성이 높다.

제자들이 예수님 말씀의 의미를 이해하지 못했다고 독자에게 설명하는 것은(13절) 다른 데와 마찬가지로 요한 복음사가의 방법론에 일치한다. 여기서도 의도된 애매한 표현이 쓰였고 그 극단적인 예를 소개한 것이다. 그리하여 이야기의 진행에서 굉장히 중요한 진리를 암시한다. 곧 하느님의 아들에게 죽음은 간단한 잠에 불과하다. 그리스도는 말씀 한마디로 이 상황에서 깨울 수 있고 생명을 다시 줄 수 있다. 사실 죽은 이들은 하느님 아들의 목소리를 듣고 부활할 것이다(5,25.28). 쌍둥이라 불리는 토마스는 예수님 말씀에 설득되지 않았다. 그는 동료 제자들과 함께 라자로와 같은 운명에 처하게 되리라고 생각하기 때문이다. 그는 스승의 표명에 대하여 회의적이다. 하지만 어쨌든 스승이 혼자 가게 두기를 원치 않는다. 그래서 스승과 같은 운명을 맞이하기 위해 죽음의 위험을 무릅쓰고 동료들에게 같이 가자고 한다(16절). 이는 스승을 향한 일종의 신앙의 증거일 수도 있다.

### 2) 베타니아 11,17-44

#### (1) 마르타와 예수님의 만남 11,17-27

라자로가 죽은 지 나흘 후에 스승께서는 베타니아에 도착하셨다(17.39절). 친구가 무덤에 묻힌 지 이미 나흘이나 되었다는 예수님의 지적은 이 표징의 구성에서 매우 중요하다. 유다인들의 사고방식에 의하면 생명의 영은 죽은 후 처음 사흘간 죽은 몸 주위를 날아다니다, 나흘째 되는 날 완전히 시신을 떠난다. 그러니 이제 나흘이나 지난 지금 그 누구도 라자로가 진짜로 죽었다는 것을 의심할 여지가 없다. 실제로 그의 시신은 이미 악취를 풍기기 시작했다.

예루살렘에서 베타니아가 가까우므로(3km쯤) 많은 유다인이 조의를 표하기 위하여 마르타와 마리아에게 왔다. 그렇다면 그 조문객들은 도성에 아는 이들이 많이 있었을 것이다. 베타니아에 예수님의 적대자들이 많이 몰려와 있다는 사실은 요한의 신학 전망에서 매우 중요하다. 이 사실은 유다인들의 불신앙의 죄를 부각시킨다. 빛을 거부한 죄를 경감하거나 정상참작을 할 수 없다. 라자로의 소생이라는 특별한 표징의 자리에,

죽어갈 그 어느 인간도 할 수 없는 기적의 자리에 참석했지만, 그들은 믿지 않기로 고집을 부린다.

마르타는 예수님이 오셨다는 소식을 듣자마자 혼자서 맞으러 달려 나간다. 동생은 집에 남아 있다. 요한 복음사가뿐만 아니라 루카도 마르타를 마리아보다 더 활동적이고 힘찬 사람으로 소개한다(루카 10,38 이하). 베타니아에서 있었던 기름 바르는 이야기에서도 식탁 시중에 열중하는 이는 마르타이다(12,2). 이 사람은 스승 앞에서 자기 고통을 내보이며 예수님의 신적인 힘에 대한 믿음을 표현한다. "주님, 주님께서 여기에 계셨더라면 제 오빠가 죽지 않았을 것입니다"(21절). 마르타는 예수님께서 왕실 관리의 아들을 죽을병에서 살리신 것과 같이(4,46 이하) 오빠를 살리실 수 있으리라 믿는다. 예수님은 당신 현존으로 라자로의 죽음을 막을 수 있었을 것이다. 그러나 마르타의 신앙은 좀 더 나아간다. 그리스도의 제자인 마르타는 스승이 청하기만 하면 하느님께서 허락하시리라는 것을 안다(22절).

마르타는 신앙을 고백하면서 형제의 소생을 청하지는 않는다. 그러나 예수님의 특별한 개입을 간접적으로 말한다. 스승 예수님이 누구인지 알고 받아들이며 믿고 따르는 마르타는 여기서 제자의 표상을 보여 준다. 스승은 즉시 이 여제자의 희망을 충족시켜 준다. 사실 죽은 이들의 소생에 대한 믿음이 바리사이들 사이에서는 아주 확고했는데 반해, 사두가이인들은 불가능하다고 믿고 있었다(마르 12,18 이하 참조). 그리고 그런 일은 시대의 종말에나 일어나리라고 믿고 있었다. 구약성경에는 사렙타 과부의 아들과(1열왕 17,17-24) 수넴 여인의 아들이 살아난 이야기(2열왕 4,32-37)가 기록되어 있다. 마르타는 야이로의 딸(마르 5,35 -43), 나인 과부의 외아들이 살아난 이야기도(루카 7,11-15) 들었을 수 있다.

그러나 예수님과의 대화에서 오빠가 마지막 날에 소생하리라는 대답을 들어 보면(24절), 라자로의 누이는 그리스도의 기적적인 능력을 생각한 것 같지는 않다. 미래형으로 표현된 “네 오빠는 다시 살아날 것이다”(23절)라는 말씀은 여러 의미로 이해될 수 있다. 예수님은 곧 일어날 일로 말씀하시는데, 마르타는 아주 먼 미래의 일로 생각한다. 마르타는 죽음을 비극적 종말로 바라보는 선입견을 극복해야 한다. 다른 많은 유다인들처럼 마르타도 마지막 날의 부활을 믿는다. 그러나 마르타가 믿어야 할 것은, 예수님이 계시는 지금 여기서 이루어지는 부활과 생명이다. 이 사실은 마르타와 마리아 두 자매와 독자에 대한 도전이다. 예수님은 죽은 다음에야 얻을 수 있는 생명이 아니라, 현세와 현세를 넘어 풍성하게 얻을 수 있는 생명이다. 영원한 생명은 현재를 포함하고 있다.

예수님은 마르타가 잘 이해하지 못한 것을 알면서도 당신 안에 생명과 부활이 있다고 명백하게 선언하신다(25-26절). 이 말씀은 짧지만, 교차 대구 구조를 통해 부활-생명, 신앙, 죽음의 삼중 주제가 밀접하게 연결되어 나타난다.

| | |
|---|---|
| ㄱ 나는 부활이요 생명이다. | ㄱ′ 모든 사람은 영원히 죽지 않을 것이다. |
| ㄴ 나를 믿는 사람은 | ㄴ′ 나를 믿는 |
| ㄷ 죽더라도 살고 | ㄷ′ 또 살아서 |

지금 나타나는 생명이, 부활이 영원한 생명과 연결되어 있음이 이 구조

에서 명백히 드러난다. 예수님은 부활의 종말론적 차원에 있는 애매함을 제거하기 위해 인격화된 생명과 부활을 말씀하신다. "나는 부활이요 생명이다." 그러니 부활은 현재 사건이며 그것은 그리스도와 동일시된다. 시간은 어떤 면에서 육화한 말씀 안에서는 그 의미를 잃는다. 하느님의 아들 안에서는 시간이 단축된다. 만일 그렇게 표현할 수 있다면 영원이 그리스도의 인격 안에서 현재가 되고, 그렇기 때문에 마지막 날의 부활은 그리스도의 인격 안에 예고된다. 이 부활의 전조가 미래 차원을 소멸하는 것은 아니다. 그 사건은 사람의 아들의 목소리를 듣는 것과 연관된다. 그러니 그리스도는 누구든지 원하는 사람을 원하는 때에 살릴 수 있는(5,21) 생명과 죽음의 주님이시다. 라사로의 소생은 마지막 날에 있을 부활의 전조로 그 일이 구체적으로 어떻게 일어날 것인지 보여 준다. 하느님 아들의 목소리를 듣고 또 그렇게 들은 이들이 살아날 때가 온다. 명령 하나로 죽은 이들을 생명으로 부르신다(5,25.28; 11,43 참조).

"너는 이것을 믿느냐?" 부활과 생명과 불멸에 대한 탁월한 계시를 믿는지 묻는 스승의 도전적인 질문에 마르타는 아주 깊은 신앙을 고백한다. 주님의 이 제자는 가족의 친구에게서 메시아를, 마지막 시대에 기다리는 종말론적인 인물, 하느님의 아들을 알아본다. 그는 '과정'을 이해하지 못하는 것에 걸려 넘어지지 않는다. 잘 알아듣지 못하는 과정을 넘어서, 믿고 알고 있는 궁극적인 고백에 닻을 내리고 있음을 표현한다. "예, 주님! 저는 주님께서 이 세상에 오시기로 되어 있는 메시아시며 하느님의 아드님이심을 믿습니다"(27절). 마르타의 신앙고백은 완전하다. 이 고백은 공관복음서에서 베드로가 수제자로서 한 고백과 같다. 그녀는 예수님이 메시아이실 뿐 아니라 신성을 지니셨다고 고백했기 때문이다. 이렇게 해서 제자 마르타는 예수님이 그리스도시며 하느님의 아들이심을 (20,31) 믿어야만 하는 모든 제자에게 모범을 보여 준다.

### (2) 마리아와 예수님의 만남 11,28-37

마르타는 집으로 가서 은밀하게 마리아에게 말한다. "스승님께서 오셨는데 너를 부르신다"(28절). 독자는 예수님이 마르타에게 이런 이야기를 하신 줄 모른다. 복음서를 읽을 때 행간 사이에 생략된 많은 일상사를 생각하게 하는 부분이다. '스승님.' 물론 예수님은 마르타와 마리아의 스승이며 그들은 예수님의 제자이다. 마르타의 이 행동은 바로 다음에 이어지는 복합적인 상황의 출발점이 된다(29-31절).

예수님은 마리아를 '부르신다.' 그는 그분의 양이기 때문이다(10,3). 착한 목자는 당신의 부활 후에 마리아 막달레나에게 그렇게 하실 것이다(20,16). 마리아는 스승께서 자기를 부르신다는 소리를 듣자마자 얼른 일어나서 예수님께 간다(29절). 예수님은 아직 마르타를 만났던 곳, 베타니아 동구 밖에 계시기 때문이다.

이 시점에서 복음사가는 두 자매의 행동 때문에 일어나는 이중적인 의미의 표현을 즐긴다. 마르타가 살짝 이야기를 전했기 때문에 집에 와 있던 유다인들은 마리아가 급히 일어나 달려 나가는 이유를 알지 못했다. 그들은 곡하려고 무덤으로 가는 줄로 생각했다. 그래서 따라간다(31절). 마리아가 돌연히 불쑥 나가는 것은 타당하게 여겨졌다. 오빠의 죽음이 고통스러워 무덤에 가서 울음을 터뜨리려나 보다고 여기는 것이다. 이런 상황에서 라자로의 누이는 유다인들을 예수님께 이끌고 가 오빠의 소생이라는 깜짝 놀랄 만한 표징의 자리에 참석할 기회를 제공한다. 그렇기 때문에 유다인들은 그들의 불신앙에 대해서 변명할 길이 없게 된다.

마리아는 예수님이 계신 곳으로 가서 그분을 뵙고 "그 발 앞에 엎드린다"(32절). 눈뜬 맹인처럼(9,38), 또 회당장 야이로처럼(마르 5,22), 치유받은 사마리아의 나병 환자(루카 17,16)처럼, 라자로의 누이는 그분에게서 오빠의 죽음을 막을 수 있었던 신적 존재를 보기 때문에 예수님의 발 앞에 엎드린다. 여기서 마리아는 마르타와 똑같은 말을(21절) 예수님께 행동으로 보인다. 그리하여 마리아 역시 예수님이 누구신지 알고 믿고 따르는 제자의 전형으로 나타난다.

두 번째로 비통한 하소연을 듣고 유다인들과 함께 마리아가 우는 모습을 보자 예수님은 "마음이 북받치고 산란해지셨다"(33절). 주님의 심경에 왜 이 현상이 일어났을까? 유다인들의 불신앙 때문일까? 마리아의 부족한 믿음 때문일까? 차분함을 잃게 하는 죽음이라는 현실 때문일까? 아마도 이 모든 것이 복합된 이유 때문일 것이다. 사람의 아들은 아무것도 못 느끼는 무감각한 분이 아니다. 죽음의 비극 앞에서 동요를 느끼신다(12,27). 완고하게 불신앙을 고집하는 이들에게 화를 내신다(마르 3,5).

라자로를 어디에다 묻었느냐고 물은 뒤에 예수님은 눈물을 흘리셨다(34-35절). 하느님 아들의 인간적인 면을 웅변적으로 드러내는 표현이다. 요한 복음사가는 단지 여기서만 스승의 눈물에 대해 이야기한다. 공관복음서에서는 예수님이 예루살렘에 들어가시기 전 올리브 산에서 예루살렘이 멸망할 운명에 처한 것을 보시고 눈물을 흘리셨다(루카 19,41). 마르타와의 만남에서 스승 예수님의 신성이 강조되어 나타났다면, 마리아와의 만남에서는 예수님의 인성이 부각되어 나타난다. 물론 마르타와 만나는 동안에도 슬픔을 느끼셨지만 좀 더 부각되는 쪽에 비중을 둔다면 이렇게 말할 수 있다.

### (3) 라자로를 소생시키다 11,38-44

예수님은 이제 "나는 부활이요 생명이다"라는 증거를 보여 주려 하신다. 무덤에 묻힌 지 나흘이나 되는 친구를 살리는 놀랄 만한 표징을 행하려고 하신다. 라자로의 무덤은 사람을 매장하는 간단한 초기 방식 중의 하나로 큰 돌로 막은 동굴이지만, 예수님의 무덤은 바위를 깎아 만든 것으로 좀 다르다(마르 15,46). 스승은 무덤 앞에서 무덤을 막고 있는 돌을 치우라고 명령하신다. 팔레스티나에서 무덤 입구에 막는 돌은 꽤 크고 무거운 바윗돌이었다.

마르타는 예수님이 메시아시며 하느님의 아들이심을 믿고 고백하면서도 그분이 생명과 죽음의 주인이시며 불멸의 샘이라는 스승의 자기 계시에 담긴 깊은 뜻을 깨닫지 못하였다. 그래서 오라비가 무덤에 묻힌 지 나흘이나 되었기에 악취가 날 것이라는 사실을 상기시켜 드린다(39절). 신앙고백도 깨달음과는 거리가 있다. 마음을 다해 신앙을 고백하지만 신앙의 내용을 깨달아야 비로소 충만한 부활에 참여하게 된다.

이의를 들으시자 예수님은 조금 전에 당신이 생명이고 부활이기 때문에 죽은 이들을 소생시킬 것이라고 말씀하셨던 것을 상기시키신다. "네가 믿으면 하느님의 영광을 보리라고 내가 말하지 않았느냐?"(40절) 그런데 사실 여기서 예수님은 당신 말씀을 자유롭게 바꾸어 인용하신다. 앞에서는(25절) 부활과 생명에 대해 말씀하셨지 하느님의 영광을 보게 되리라고는 하지 않으셨다. 예수님은 죽은 이들에게 생명을 주는 기적은 표징이며, 이를 통해 하느님의 영광을 계시한다고 뚜렷하게 암시하신다. 이 기적을 행하시는 당신이 하느님 외아들의 특성을 드러내시기 때문이다. 예수님이 마음대로 말을 바꾸시는 것이 아니라, 이미 앞에서 제자들에게 라자로의 병은 하느님의 영광을 드러내는 데 기여할 것이라고 단언하셨다(4절). 예수님은 부활이며 생명으로서(25-26절) 무덤으로부터 친구를 불러내어 당신이 불멸의 샘임을 드러내신다. 곧 당신의 신적 영광을 보게 하신다.

무덤의 돌을 치우자 예수님은 아버지께 기도하며, 당신의 청을 들어주신 것을 감사하신다. 아직 무슨 일인가 일어나기도 전에 '감사기도'를 먼저 하신다. 무조건적인 신뢰 관계를 단적으로 표현하는 것이다. 그분은 눈을 들어 하늘을 보시는 것으로 늘 아들의 청을 들으시는 아버지와(41절) 맺고 있는 직접적인 관계를 보인다. 이렇게 미리 감사드릴 수 있는 것은 아버지가 당신 손에, 당신의 역량에 모든 것을 맡기셨음을(3,35; 5,20 이하; 13,3; 17,2) 알기 때문이고, 하느님과 아들이 완전한 통교 속에 살기 때문이다. 아니 그들은 완전한 조화를 이루면서 일하신다(5,19 이하). 그래서 아들의 의지는 아버지의 의지와 완전히 일치한다. 감사드리는(에우카리스테오 εὐχαριστέω) 행위는 빵의 기적에서도 중요한 요소로 나타났다.

"아버지께서 언제나 제 말씀을 들어주신다는 것을 저는 알고 있습니다. 그러나 이렇게 말씀드린 것은 여기 둘러 선 군중이, 아버지께서 저를 보내셨다는 것을 믿게 하려는 것입니다"(42절). 예수님은 하느님과의 친밀한 관계를 기도로 표현하신다. 주위 사람들이 하느님께서 당신을 보내셨음을 믿도록 도와주기 위해서이다. 제자들은 하느님의 영광의 현시를 받아들이며 예수님을 믿는다(2,11; 11,15). 그리스도가 완성하신 놀라운 일들이 믿음을 불러일으키기 때문에(14,11; 20,30-31), 불신앙이란 죄를 지은 유다인들의 책임이 무겁다(15,24). 믿게 하려는 것은 그리스도가 하느님에게서 파견되었다는 사실이다. 사실 예수님은 아버지께서 파견하신 분이 당신임을 인정하라고 강하게 요구하며, 당신과 더 친밀한 제자들은 그일에 협력한다는 것을 수긍하신다. 그리스도인 공동체는 믿지 않는 사람들 앞에서 그런 믿음의 행동을 장려해야 한다(17,21.23).

아버지께 짧은 기도를 드린 뒤에 예수님은 큰 소리로 외친다. "라자로야, 이리 나와라"(라자레, 데우로 엑소 Λάζαρε, δεῦρο ἔξω: 43절). 사람의 아들이 고함 한 번으로 죽은 이를 생명으로 불러내신다. 결과적으로 하느님 아들의 목소리를 들을 때 무덤에 있는 이들은 다시 살아날 것이다(5,25.28). 라자로의 소생은 역사의 마지막 날에 있을 부활의 예고이다. 동시에 예수님이 현존해 있는 '지금', 부활이, 충만한 생명이 드러난다. 마르타에게 예수님이 부활이며 생명이심을 깨닫는 것이 도전이었듯이, 오늘날의 독자에게도 그것은 똑같은 강도로 '깨달음'에 이르도록 도전한다. 지금 생명과 부활이, 영원한 생명이 그분 안에 있음을 믿도록 초대하는 것이다. 시간의 개념을 넘어 현재성을 지니고 예수님은 영원한 생명임을 계시하신다.

그리스도의 목소리를 듣자 라자로는 무덤에서 손과 발은 천으로 감기고 얼굴은 수건으로 감싸인 채 나왔다(44절). 부자유하게 싸매인 채 생명으로, 무덤 밖으로 나왔다. 라자로의 소생 이야기는 친구가 제대로 걷도록 묶인 것을 풀어 주라는 예수님의 명령으로 끝난다. 야이로 딸의 소생 이야기도 비슷한 방식으로 끝났는데, 예수님은 소녀에게 먹을 것을 주라고 이르셨다(마르 5,43). 라자로가 나흘간이나 죽어 있었음을 상기시키면서, 예수님이 확실하게 부활이며 생명임을 보여 준 것이다.

라자로의 소생 이야기에서 인간에게 가장 어두운 상황인 죽음과, 바로 그 죽음에서 생명으로 인간을 불러내는 생명 자체인 예수님이 예리하게 대치되어 나타난다. 요한 복음서 전반에 걸쳐 어둠과 빛의 세계가 상징적으로 대립한 가운데 빛이 퍼져 나가는 양상을 볼 수 있다. 그러나 이 대목에서는 상징성보다 현재성과 실재성이 두드러지며 생명과 죽음의 실제를 보여 준다. 생명이신 예수님이 죽은 이를 살려내시는 사실적인 보도이다. 생명이 죽음을 불러내어 생명의 세계가 확장된다. 그런데 충만하게 넘치는 이 생명의 기운에 거슬러 움직이는 기운이 있다. 바로 다음 단락에서 역설적으로 이 생명을 제거하려는 죽음의 세력이 움직인다. 두 부류의 움직임이 극대화되는데, 이것이 '신앙과 불신앙'이라는 주제와 밀접하게 연결되어 나타난다.

## 3) 최고 의회의 결의 11,45-57

### (1) 신앙과 불신앙 11,45-48: 표징에 대한 응답

마리아의 매개 덕분에 라자로의 소생 기적이 일어나는 현장에 있을 수 있었던 사람들이 반응한다. "마리아에게 갔다가 예수님께서 하신 일을 본 유다인들 가운데 많은 사람이 예수님을 믿게 되었다"(45절; 참조 19.31절). 이 놀랄 만한 기적을 보고 유다인들 중 말씀의 빛에 완전히 눈을 감지 않았던 사람들이 믿게 된 것이다. '라자로의 소생'이란 표징은 반향이

켰다. 카나의 표징을 시작으로 표징들이 줄지어 나타나다가 11장에서 마지막 큰 표징이 이야기되었다. 사람들이 믿기 위해서 강제로 기적을 요구할 수는 없지만(6,30), 실제로 예수님이 행하신 표징들은 믿음을 불러일으킨다(12,11).

그러나 예수님이 행한 기적적인 일들을 그들의 눈으로 똑똑히 보았더라도 모두가 예수님의 신성을 믿지 않는다(6,36; 11,46; 12,37). 예수님이 하느님의 아들임을 드러내는 놀라운 일들을 본 후에 오히려 유다인들의 불신앙은 가중된다(15,24). 적어도 그분이 행한 일들을 보면 믿어야 한다(14,11). 깊은 신앙은 보는 것과 구별된다. 보는 것과, 보이는 사실에서 드러나는 것을 믿는 것은 거리가 있다. 그런 연유로 예수님은 보지 않고도 믿는 제자들은 복되다고 하셨다(20,29).

라자로의 무덤에 온 모든 유다인이 다 하느님 아들을 믿게 된 것은 아니다. "그러나 그들 가운데 몇 사람은 바리사이들에게 가서, 예수님께서 하신 일을 알렸다"(46절). 베타니아에 온 유다인은 두 부류였다. 여기서 복음사가는 종교 지도자들이 변명할 수 없게 하기 위하여 믿지 않는 자들의 행동을 묘사하였다. 사제들과 바리사이들은 베타니아에서 스승이 이루신 일에 대해 충분한 정보를 받았다. 그래서 육화한 말씀의 빛, 생명이신 분을 거부한 것에 대해 몰랐다고 정상을 참작할 만한 근거를 댈 수가 없다.

백성의 지도자들은 정보를 전해 받고 신앙으로 이끌리기는커녕 예수님에게더욱 분노하고 그분을 미워하게 되었다. 수석 사제들과 바리사이들은 이 사실을 깜짝 놀랄 만한 일로 간주하고 급히 유다인들의 최고 의회를 소집한다. 온 최고 의회에서 예수님에 대한 재판을 열고 단죄하였으며(마르 14,55-64) 이어서 부활한 그리스도의 증인들도 재판할 것이다(사도 4,5-21).

예수님의 마지막 파스카 며칠 전에 소집된 최고 의회는 역사적 사실인 듯하다. 공관복음서의 전승에서도 공통된 자료를 제시하고 있다. 수석 사제들과 바리사이들은 예수님의 행동을 걱정스레 보지만, 속으로는 그분이 하신 일 앞에서 자신들이 무능력함을 알고 있다. 그들에게 예수님은 평범한 '사람' 이상일 수가 없다. 아니 오히려 그 이하인 죄인이다. 안식일 법을 어겼고(9,16.24), 단순한 피조물이면서 자기가 하느님이라고 했기 때문이다(10,33). 예수님은 이례적인 표징들을 통해서 하느님의 영광을 드러냈다. 그럼에도 예루살렘의 종교 지도자들에게 그분은 한낱 사람일 뿐이다. 그 이상 아무것도 아닌 것으로 규정지으려 한다.

"저 사람이 저렇게 많은 표징을 일으키고 있으니…"(47절). 지도자들은 예수님이 많은 기적을 행하셨다고 인정한다. 그러나 그렇게 인정했다 해서 믿음을 갖게 되지 않을 뿐 아니라 정치적 이유로 억압적인 방책을 택한다. 그들은 기적을 행하는 이 사람을 그냥 두면 그를 중심으로 군중이 모여들어 소요를 일으킬 우려가 높고, 그럴 경우 로마가 개입하여 유다인들의 거룩한 곳과 민족을 짓밟을 수 있으므로 이 사람을 방치할 수 없다고 생각한다. 수석 사제들과 바리사이들은 예수님을 거슬러 정치적으로 개입해야 할 때라고 여긴다. 그들은 다른 기회에 이미 그분을 잡아 기소하고 죽이려고 시도했었다. 그러나 그 상황에서 그들의 개입은 무익하고 무능력한 것으로 드러났다. 예수님의 '때'가 아직 오지 않았기 때문이다(7,1.30.32; 8,20; 10,39). 심지어 그분을 잡아 오라고 성전 경비병들을 보냈으나 성공하지 못했다(7,45-46).

유다 종교 지도자들의 근심은 본질적으로 정치적이다. 그들은 권력을 잃을까 봐 두려워한다. 성전과 민족을 짓밟을 로마의 개입을 두려워한다. 사실 '거룩한 곳'과 민족은 히브리 전통에서 전통적으로 예루살렘 성전과 하느님 백성을 가리킨다(2마카 1,29; 5,19). '거룩한 곳'의 원어는 '호 토포스'(ὁ τόπος)로 그냥 장소, 터전을 가리킨다. 그러나 성경에서 이 단어는 의심 없이 성전을 가리킨다(사도 6,13-14; 21,28 참조).

현재 상황에서 그들의 말은 날카로운 아이러니를 보여 준다. 대사제들과 바리사이들은 사람들이 예수님께 대거 몰리면, 자기들의 정치 권력을 상실하고 성전이 파괴될까 봐 두려워한다. 이는 그들이 로마와 정치적으로 결탁해 있음을 단적으로 드러낸다. 아무튼 요한 복음서가 형성되고 있을 때, 이미 로마인들에 의해 유다인들은 쫓겨나고 예루살렘이 파괴되었다. 그리스도에 대한 신앙 때문에 사회적 재앙이 올까 봐 두려워 떨던 백성의 지도자들은 이 재앙이 그들이 메시아를 거부한 결과로 초래되었음을 내다보지 못했다(루카 19,41-44).

### (2) 하느님 백성을 위한 그리스도의 죽음 11,49-53

최고 의회에서 그해의 대사제 카야파가 말하기 시작한다. 그는 나라가 망하는 것을 막기 위하여 예수의 죽음이 불가피하다고 설명한다. "그해의"라는 말에 시간적 의미로 이해해야 하는 그리스어 소유격이 붙어 있다. 이는 요한이 대사제의 임기가 일 년 기한임을 암시하려는 것이 아니라, 카야파가 그리스도의 재판과 수난, 그리고 죽음이 있었던 기념할 만한 중요한 해의 대사제였음을 전해 주고, 대사제의 발언에 무게를 실어 주기 위해 밝힌 것이다. 그가 말한다. "여러분은 아무것도 모르는군요"(49절). 너희는 모르나 나는 안다고 하는 아주 강한 표현이다.

이어서 카야파는 전체 나라를 위해서 한 사람이 죽는 것이 더 낫다는 견해를 피력한다. 대사제의 말은 의도적으로 여러 가지로 해석할 수 있기 때문에 두 차원에서 읽어야 한다. 카야파는 로마인들의 무서운 개입을 막으려면, 예수를 없애는 것으로 충분하다고 생각한다. 복음사가는 대사제의 발언에 아주 깊은 의미가 들어 있다고 본다. 곧 이어지는 말대로 백성을 위한 죽음이 분명하게 그리스도의 구속적인 희생을 암시하기 때문이다. 여기에 사용된 전치사 '휘페르'(ὑπέρ, …를 위한)는 모든 사람을 '위한', 즉 세상에 생명을 주기 위한(6,51), 하느님의 양들을 구하기 위한(10,11.15), 진리로 제자들을 거룩하게 하기 위한 예수님의 죽음을 명백하게 가리킨다. 예수님 죽음의 의미가 대사제의 입을 통해서 밝혀졌다는 데 의의가 있다. 그런데 그의 말에 쓰인 '백성'과 '민족' 사이에 약간의 차이가 있다. 복음사가가 이 두 단어를 명백하게 구분하여 쓴 것을 알 수 있다.

"온 민족이 멸망하는 것보다 한 사람이 백성을 위하여 죽는 것이…"(50절).
"예수님께서 민족을 위하여 돌아가시리라는 것과 이 민족만이 아니라 흩어져 있는 하느님의 자녀들을 하나로 모으시려고 돌아가시리라는 것이다"(51-52절).

이 병행 구절에서 우리는 복음사가가 해석하는 50절의 '백성'(호 라오스 ὁ λαός)이 유다 민족뿐 아니라 흩어진 하느님의 자녀들, 그러니까 할례 받은 이들뿐 아니라 그리스인들까지 가리킨다는 것을 알 수 있다. 민족(토

에트노스 τὸ ἔθνος)은 유다인들을 가리킨다(18,35의 '동족'도 이 단어다).

요한 복음서에서 하느님의 자녀들은 예수님의 제자로서 하느님에게서 난 사람이지 육에서 난 사람이 아니다(1,12-13). 이들은 할례를 받았건 받지 않았건 그리스도를 믿는 사람들이다. 그래서 하느님의 아주 특별한 사랑을 받으며(1요한 3,1-2), 세상 즉 미움으로 특징지어지는 사탄의 자녀들과(1요한 3,10) 대조된다. 하느님의 자녀를 구분하는 것은 신앙과 사랑이다. 그들이 하느님 백성을 형성한다. 그들은 그리스도의 귀한 피로(1베드 1,19) 주님께 획득된 사람들이다(1베드 2,9). 사실 예수님은 그들에게서 온갖 죄를 씻어내고 당신 소유의 백성이 되도록 당신 자신을 내어 주셨다(티토 2,14).

카야파는 당대 유다의 정치 상황을 직접 반영해서 말한 것이다. 그러나 요한 복음사가가 덧붙여 설명한 대로, 그는 자기도 모르게 신학적인 깊은 의미를 밝혔다. 카야파는 대사제로서 예언자적인 임무를 수행한 것이다. 고대 유다인들에게 널리 퍼져 있던 생각에 의하면, 대사제는 카리스마적인 예언을 할 수 있는 능력을 받았기에 미래를 예견할 수 있다고 여겼다. 하스모네아 왕조의 요한 히르카노스(기원전 135-104)는 임금, 대사제, 예언자라는 삼중의 역할을 맡고 있었다(1마카 16,11-24; 요세푸스, 《유다 전쟁사》 1권 2장 8 참조).

그리스도의 구속적인 죽음은 보편적인 의미를 띠고 있다. "흩어져 있는 하느님의 자녀들을 하나로 모으시려고"(52절) 돌아가신 것이다. 복음사가는 이 문장을 할례 받은 자들에게만 국한하지 않고 전 세계적인 관점에서 해석한다. 마치 예수님이 성체성사의 예표인 빵의 기적에서 남은 조각을 모았던 것처럼(6,12-13), 당신 죽음으로 흩어진 하느님의 자녀들을 모으신다.

그날, 대사제 카야파가 발언한 날, 최고 의회는 대사제의 제안 후에 예수님을 죽이기로 결의하였다(53절). 유다 최고 법정에서 내린 중대한 결정은 공관복음서에서 확인할 수 있다. 마르코는 파스카 이틀 전에 수석 사제들과 율법 학자들이 어떻게 스승을 붙잡아 죽일까 궁리하고 있었다고 전한다(마르 14,1). 그리고 마태오는 이 지도자들이 예수님을 죽이려고 함께 결정했다고 정확히 말하고 있다(마태 26,4). 그러니 독자는 지금 확실한, 생명과 죽음이 대치되는 역사적 사실을 대면하고 있는 것이다.

### (3) 예수님의 은신과 수배 11,54-57

지도자들의 결의로 인해 예수님은 유다 광야와 가까운 고장 에프라임으로 피해 가신다. 이 지역은 아마도 예루살렘에서 북동쪽으로 20km쯤 떨어진 베텔 근처일 것이다. 때는 "유다인들의 파스카 축제가 가까워"진 시기다(55절). 이것은 예수님의 공적 계시 중에 있었던 세 번째이며 마지막인 파스카이다. 첫 번째 파스카 때에는 성전 정화 사건이 있었고(2,13-22), 두 번째 파스카에는 빵의 기적이 행해졌다(6,4-13).

시골에 살고 있는 경건한 유다인들은 파스카 양의 피로 행해지는 예식에 참가하여 율법 규정대로 몸을 정결하게 하려고 축제 전날에 예루살렘으로 올라갔다(2역대 30,13 이하). 그런 법적인 정결 예식은 이제 극복될 것이다. 며칠 후면 진짜 파스카 양이 하느님 백성을 흠 없는 그의 피로 씻으면서 그들을 위하여 죽을 것이기 때문이다(19,30-36; 참조 1요한 1,7.9).

예루살렘 성전에 온 순례자들은 예수님을 찾는다. 그들은 예수님을 신고하라는 지도자들의 포고를 들었기에, 예수님이 이 파스카 축제를 지내러 예루살렘으로 오실 것인지 숨어 있으실 것인지 궁금해한다. 순례자들이 예수님을 찾는 것은 진실하다. 얼마 후에 이 경건한 시골 사람들은 예수님의 입성 때 환성을 지르며 이스라엘의 임금이라고 환호할 것이기 때문이다(12,12-13). 초막절 축제 때 예수님을 찾아다니며 "그 사람은 어디 있나?"고 했던 유다인들의 행실과는 아주 다르다(7,11). 그렇지만 모두가 그분께 호감을 갖고 있지는 않다. 몇몇은 그가 단순한 사람들을 속이는 유혹자라고 단죄하였다.

한편 수석 사제들과 바리사이들은 예수님을 잡으려고 신고하라고 명령을 내렸다. 이미 전에도 지도자들은 그분을 잡으려고 하였지만 수확이 없었다. 아직 그분의 때, 영광의 때(7,30.32.44; 10,39)가 오지 않았기 때문이다. 그러나 이제 그 때가 막 돌진하려고 하고 있다. 얼마 후에 예수님이 십자가의 왕좌로 높여질 것이기 때문이다.

요한 복음서 전반부에는 여러 표징이 나타난다. 이야기의 구조상 예수님의 움직임(여행 경로)이나 믿는 이들의 증가, 적대자들과의 움직임 사이에는 어떤 과정이 나타나지만, 실상 신앙으로, 그리고 생명으로 초대하는 일은 매번 일회적으로 일어난다. 각 표징이 담고 있는 가르침과 효과는 단 한 번으로 충분하다. 한 가지 표징의 의미를 깨달으면 결국 다른 표징들도 같은 의미를 말하고 있음을 알게 된다. '길은 하나로 통한다'고 하였듯이, 표징들도 그러하다. 한 표징을 통해 깨달음에 다다르면 요한 복음서의 골자를 알아듣는 것이고, 개개의 표징들이 서로 보완하며 완전하고 깊게 한다. 유다인들의 축제를 중심으로 진행된 이야기는 마지막 파스카 축제 중에 일어난 12장 이야기로 끝날 것이다.

## 예루살렘에서 베타니아까지

출처: 《거룩한 땅을 걷는다》에서 발췌

예수님 시대에는 올리브 산 위 주님 승천 성당에서 도보로 15분 정도 거리였으리라고 추정한다. "베타니아는 예루살렘에서 열다섯 스타디온쯤 되는 가까운 곳이어서"(요한 11,18). 15스타디온이면 대략 2.7㎞다. 지금은 분리장벽 때문에 돌아가야 하고 검문을 받아야 하기에 시간이 좀 걸린다. 도보로 50분, 뉴게이트 쪽에서 출발하여 북동쪽으로 빠져서 돌아갈 경우 30분 소요된다.

# 제3장 예루살렘, 영원한 생명 12,1-50

예수님은 생명을 주는 분이시다. 그분의 일은 모두 사람을 살리고 일으키는 일이다. 그분의 가르침은 사람이 참으로 사는 길을 보여 주고, 표징들은 그분이 생명이요 빛이며 참으로 하느님의 아들이요 그리스도임을 입증하였다. 11장에서 결정적인 표징을 보여 주었으니, 죽었던 라자로를 다시 살리신 것이다. 예수님은 생명의 주인이시다. 그분 안에 생명이 있어서(1,4) 그분이 부르는 이는 생명을 얻는다(11,43). 그런데 죽은 이에게 새 생명을 허락하는 분을 유다인들은 죽이려고 결의한다(11,53). 참 기묘한 아이러니다. 이로써 영원한 생명이신 분이 죽음으로써 온 인류가 생명을 얻게 되는 것이 드러난다. 참으로 예수님은 인간의 생명이시다.

생명 자체를 죽이려는 죽음의 세력과 죽음을 이겨 영원히 살게 하려는 생명이 가장 날카롭게 대립되어 있는 이때, 생명이요 사람들의 빛이신 예수님은 당신의 공적 계시를 마무리하고자 하신다. 공적 계시를 하는 동안 처음으로 예수님이 융숭한 대접을 받으신다. 파스카 축제 엿새 전 그분을 위한 잔치가 벌어지고 오로지 예수님 한 분을 위한 정성이 표현된다. 베타니아에서 예수님께 향유를 발라 드리는(12,1-8) 일이다. 이 일은 또 예수님의 장례를 미리 준비하는 것이기도 하다. 그리고 예수님이 예루살렘으로 들어가시는데 많은 군중이 종려나무 가지를 흔들며 그분을 환영한다(12,12-19). 영광의 전조가 드러나며 받아야 할 고통 역시 가까이 오고 있다. 영광과 십자가, 죽음과 생명이 예수님 안에서 하나 되는 결단의 시간이(12,20-36) 12장의 주제이다. 마지막으로 유다인들의 불신앙이 언급되고, 예수님은 당신이 이 세상에 오신 목적을 밝히며 영원한 생명을 얻는 길을 알려 주신다. 하느님의 명령이 영원한 생명이라고 하신다(12,37-50).

## 1. 베타니아, 파스카 축제 엿새 전 12,1-11

12장 첫머리에 소개된 사건은 공관복음서에도 알려진 장면이다. 베타니아에서 향유를 바른 이야기이다. 예수님이 대접받으시는 일이 유일하게 이야기된다. 곧 사람이, 제자가 예수님께 정성을 드리는 것을 밝히는 하나뿐인 대목이다. 하느님의 아들 예수님과 맺는 관계가 온전히 드러나는 부분이기도 하다. 모든 사람을 향한 관계와 사랑이 늘 균형을 이루어야 하지만, 절대적인 주 하느님과의 인격적인 관계는 모든 것에 우선한다. 루카 복음에만 고유하게 나오는 마르타와 마리아(루카 10,38-42) 이야기에서 예수님은 마리아의 행동을 변호하시는데, 이 대목과 그것이 일맥상통한다. 예수님의 현존과 그분과의 인격적 관계로 알아들어야 하는 이야기라는 점에서 비슷하다.

여기서 마리아가 지극한 사랑을 드러내는 모습과 유다 이스카리옷이 인색하게 굴며 분노하는 모습이 대조되어 생생하게 드러난다. 루카 복음서에서는 죄지은 여인과 바리사이 시몬이 대조되었다(루카 7,37 이하). 베타니아에서 예수님께 향유를 바른 이야기는 그 자체로 잘 짜였으면서 앞뒤 문맥과도 적절하게 연결되어 있다. 이 이야기에서 라자로의 소생이 두 번 언급되고(1.9절) 예수님을 믿는 많은 유다인이 언급된 것은(11절; 참조 11,45), 부활의 전조로 나타난 라자로의 소생 이야기와 스승 예수님의 죽음이 연결되어 있음을 보여 준다. 즉 11,45-12,11은 이야기 전체 주제의 반복 구문을 형성하며, 예수님을 생명으로 계시하는 주제와 쌍을 이루는 '신앙과 불신앙' 주제를 부각한다. 결국 11장과 12장 전반부는 밀접하게 짜여 메시지를 전달하며 12장 후반부를 준비한다. 며칠 간격을 두고 예수님의 생애에 있었던 두 장면을 소개한 것이다.

베타니아에서 향유 바르는 이야기와 바로 앞 이야기 사이에는 시간이 많이 흐르지 않았다. 파스카가 가까웠던 때에서(11,55) 파스카를 엿새 앞둔 시점으로(12,1) 옮겨 왔을 뿐이다. 시간의 흐름이 점차 완만해지고 있다. 1-12장에서 서곡 후 첫 단락들에 날짜가 이틀, 이틀 하며 1주간에 걸쳐 일어난 일을 기록하고 그 후 3년 세월이 빠른 속도로 진행되더니, 이제 마지막에 와서 또 시간의 흐름이 느려지며 거의 일주간에 일어난 일을 자세히 다루고 있다. 예수님은 라자로를 소생시키기 위해 비로 얼마 전 이 마을에 계셨고, 유다 지도자들이 최고 의회에서 그분을 죽이려고 결의한 후에 떠났다(11,53). 복음사가는 이야기를 전개하기 위하여 베타니아 사람 하나를 기억해 낸다. "그곳에는 예수님께서 죽은 이들 가운데서 다시 일으키신 라자로가 살고 있었다"(1절). 예수님의 친구, 다시 살아난 이 사람은 예수님의 신적 능력을 드러내는 아주 설득력 있는 증거다. 그의 소생은 유다인들 사이에서까지 계속해서 회개를 촉구한다(11,45; 12,11). 그런 이유로 지도자들은 예수님을 죽이는 것은 물론(11,53) 표징 자체로 움직이는 사람, 라자로까지 죽이기로 한다(12,10-11).

베타니아에서 예수님을 위한 잔치가 베풀어진다. 누가 베푼 잔치인지는 명시되지 않는다. 나열하는 등장인물을 보면 라자로 가족이 베푼 인상을 받지만, 뚜렷한 표시는 없다. 라자로가 손님 중 하나라는 인상을 주기 때문이다. 마땅히 그들이 '감사'의 표시를 했으리란 생각에 이렇게 추측할 수 있지만, 복음사가는 때때로 너무도 당연한 일상사를 이야기해 주지 않는다. 이 잔치에 독자가 이미 알고 있는 사람들을 등장시키면서 마리아가 하는 파격적인 행동의 동기에 대한 타당성을 제시한다. 여기 나타난 마리아가 라자로와 동기간이라는 표시가 없다는 의견을 제시하는 이도 있지만, 문맥에서 보면, 바로 앞의 사화를 통하여 마리아의 행동이 '감사'의 예를 드리는 사랑의 행동이라는 점에 주의를 기울일 필요가 있다. 여기서 복음사가는 전승을 사용하여 특유의 효과를 낸다. 꼭 라자로의 소생에 대한 응답이 아니라 '예수님'의 인격 자체에 대한, '그분이 하신 모든 일'에 대한 응답의 예표로 제시하는 것이다.

"마르타는 시중을 들었고 라자로는 예수님과 더불어 식탁에 앉은 이들 가운데 끼여 있었다"(2절). 식사는 마음과 삶을 함께하는 것을 상징한다. 감사하는 마음으로 함께하는 그 식사에 예수님이 현존하신다. 마르타와 마리아 그리고 그의 형제 각자는 제자다움의 한 면씩을 강조한다. 라자로는 예수님과 친하게 지내며, 있는 모든 것을 함께 나누고(식탁에 앉아 있다) 증거를 통하여 사람들을 예수님께 인도하는 제자다움을 상징한다. 마르타는 공동체에서 섬기는 일을 하는 모든 제자를 상징한다(2절 참조). 마리아는 당신 목숨을 바치는 예수님을 사랑하는 제자들을 상징한다. 예수님은 라자로를 다시 살리셨다. 인간의 기대를 뛰어넘는 생명을 그에게 주셨다. 마리아는 생명을 선물로 주신 예수님께 감사의 표시로 어떤 행동을 한다. 삼 남매는 각자의 행동으로 예수님께 감사하는 공동체를 상징한다.

마리아는 손님에게 경의를 표하는 유다 풍습에 따라 섬세하고 친절한 태도로 예수님을 대접한다. 라자로의 이 누이를 죄인인 여인(루카 7,37-50), 또는 마리아 막달레나(요한 20,1-18; 루카 8,2)와 동일시하는 견해도 있으나 확실하지 않다. 요한 복음사가는 이 여인의 이름을 '마리아'라고 명기하여 자신의 이야기를 전개하는 전체 구도의 고유성을 드러낸다. 순 나르드 향유는 품질이 매우 좋아 값도 무척 비쌌다. 여기서는 그 값을 삼백 데나리온으로 소개한다. 빵의 기적 이야기에서(6장) 오천 명을 조금씩이라도 먹이려면 이백 데나리온어치의 빵도 부족하다고 한 것에 비추어 볼 때, 삼백 데나리온은 굉장히 큰 액수이다. 한 리트라는 약 320g에 해당한다. 마리아가 그 향유를 예수님의 발에 붓자 "온 집안에 향유 냄새가 가득하였다"(3절). 이는 예수님을 존경하고 사랑하는 마음이 그 집안에 가득한 것을 나타내기도 한다.

마리아가 예수님께 사랑과 믿음을 표현한 것과 반대로, 유다는 어느새 향유의 값어치를 계산하고 마리아를 비난한다. 그는 향유를 예수님과, 감사와 믿음을 표현하는 사람 사이의 매개체로 보지 못한다. 그래서 그 일의 핵심을 교묘하게 가난한 이들을 돕는 문제로 바꾸어 여인의 낭비를 비난한다. 스승 예수님에게 그렇게까지 할 필요는 없다는 생각이 깔려 있기에 그렇게 말한 것이다. 복음사가는 그렇게 말한 사람의 속마음을 밝혀 그 말의 진의를 파악하도록 이끈다. "그가 이렇게 말한 것은, 가난한 이들에게 관심이 있어서가 아니라 도둑이었기 때문이다. 그는 돈주머니를 맡고 있으면서 거기에 든 돈을 가로채곤 하였다"(6절).

예수님은 이 두 사안을 다 아울러서 대답하신다. "이 여자를 그냥 놔두어라. 그리하여 내 장례 날을 위하여 이 기름을 간직하게 하여라"(7절). 예수님은 당신 발에 고급 향유를 부은 여인을 변호하신다. 당신을 위해 한 일로 평가하면서 마리아의 행동이 예언적 의미를 가졌다고 이르신다. 무덤에 묻히기 전 당신 시신에 부어질 향유를 예언하는 것이다. 요한 복음서에 의하면 니코데모는 예수님 시신에 바를 몰약과 침향을 섞은 것을 백 리트라쯤 가져 왔다(19,39).

이 행동은 또 다른 이유에서 예수님께 드리는 경의로 받아들일 수 있다. "사실 가난한 이들은 늘 너희 곁에 있지만, 나는 늘 너희 곁에 있지는 않을 것이다"(8절). 예수님은 이 말씀으로 당신의 지상 삶이 얼마 남지 않았음을 암시하신다. 믿지 않는 이의 숨겨진 전형인 유다는 예수님이 친구들과 마지막 시간을 보내고 있음을 알아채지 못한다. 그는 늘 예수님 곁에 있으나 예수님을 모르는 사람이다. 늘 따라 다니면서 하느님의 아들이 자신을 계시하고 삶의 길을 가르치느라 애쓰다가 돌에 맞을 뻔하며, 적대적인 분위기에서 거의 항상 반감을 사는 것을 보다가 정말 어쩌다 한 번 이런 대접을 받는 것을 보았는데, 예수님이 메시아이고 하느님의 아들임을 믿는다면 그렇게 말할 수는 없다. 그는 예수님을 믿지 않는다. 그가 한 말은 불신앙의 또 다른 표현이다. 그는 드러내놓고 믿지 않는 이들 부류에 속하지 않지만 믿는 이들 사이에 섞여 거짓 믿음으로 사는 제자다. 밀 가운데 섞여 자라고 있는 가라지다(마태 13,24-30). 예수님의 말씀이 여인의 행동에 정당성을 부여하지만, 그렇다고 그 말씀이 가난한 이들에 대한 배려와 관심을 약화시키지는 않는다.

복음사가는 라자로의 집에 계신 예수님에 대하여 군중과 지도자들이 지닌 상반된 의견을 제시한다. "예수님께서 그곳에 계시다는 것을 알고 많은 유다인들의 무리가 몰려왔다. 예수님 때문만이 아니라 그분께서 죽은 이들 가운데에서 다시 일으키신 라자로도 보려는 것이었다"(9절). 생명의 주인인 예수님이 이루신 결정적인 표징을 보고자 사람들이 모여든다. 이 표징은 '살아 움직이는 사람', 라자로다. 죽은 뒤 나흘이 지나도록 무덤에 묻혀 있던 사람, 수의에 싸여 묻혔다가 다시 무덤 밖으로 불려 나온 사람, 죽음과 생명의 표징이 함께 나타나는 이 사람을 보기 위해 사람들이 모여든다. '증거'를 제시하는 삶의 본보기가 여기서 나타난다. 예수님에 의해 '다시 살아난' 체험이 예수님을 너무도 뚜렷하게 드러내준다.

너무나 생생한 이 표징에 맞서 지도자들은 죽음의 계획을 확정한다. '생명의 계획'이 드러나는 절정에서 '죽음의 계획'은 그것을 뒤집기 위해 전력을 다한다. "그리하여 수석 사제들은 라자로도 죽이기로 결의하였다"(10절). 생명의 계획에 많은 유다인이 참여하여 예수님을 믿고 '생명'을 더욱 풍성하게 누리게 되었기 때문이다(11절).

## 2. 예루살렘, 이튿날: 축제 닷새 전 12,12-50

### 1) 예루살렘 입성 12,12-19

베타니아에서 향유를 바른 이야기와 예루살렘 입성 이야기는 시간적으로 서로 연결되고 주제도 병행된다. 메시아가 라자로의 소생 이후에 당당하게 환영을 받으며 예루살렘에 입성하게 된 배경이 베타니아 사건이다(17절). 예수님은 전에도 여러 차례 예루살렘에 오셨다. 그러나 많은 표징을 행하면서, 특히 돋보이는 베타니아의 표징을 행하여 하느님의 아들 그리스도이심을 보인 후, 세상에서 당신의 계시를 마지막으로 드러낸 무렵에서야, 예수님은 이스라엘의 임금처럼 예루살렘에 들어오신다. 공적 임무를 수행할 동안에 당신이 한 말씀과 일로써 당신이 종말에 오기로 된 그 예언자이심을 보였다. 그분은 그리스도이고 다윗의 자손이시다. 그래서 예언자들의 신탁을 실현시키면서 하느님의 도성, 임금의 도성, 시온에 장엄하게 입성하신다.

예수님은 유다 지도자들이 자신을 죽일 음모를 꾸미고 있다 할지라도 예루살렘에서 얼마 떨어져 있지 않은 마을, 베타니아에서 메시아의 도성 예루살렘으로 향하신다. 군중은 수석 사제들과 바리사이들의 결정에 개의치 않는다. 기적을 행하는 갈릴래아 사람이 예루살렘에 온다는 말을 듣자, 종려나무 가지를 들고서 그분을 영예롭게 맞아들이기 위하여 마중 나간다. 도성에는 라자로의 소생 소식이 급속히 퍼져 나갔다(18절). 사실 베타니아의 표징은 많은 유다인의 마음에 신앙심을 불러일으켰다(10-11절). 여기서 예수님을 맞이하는 순례자들의 모습은 표징에 응답하는 군중의 자세를 보여 주는 동시에 또 다른 상징적인 의미를 드러낸다. 즉 그들의 행동은 예수님이 받으셔야 할 마땅한 예禮를 처음으로, 결정적 표징 후에 드리는 것이다.

그들은 스승을 이스라엘의 임금이라고 부르면서 승리의 입성을 축하하며 환영한다. 그들이 종려나무 가지를 들었다는 묘사는 지형적 관점에서 문제가 된다. 예루살렘 고지高地에는 이 나무가 자라지 못하기 때문이다. 그러나 여기서 그것은 그리스도론적인 의미, 곧 예수님의 메시아성을 정확히 암시하는 요소로 쓰인다. 종려나무 가지는 승리한 임금의 상징이었다(1마카 13,51; 2마카 14,4 참조).

"호산나! 주님의 이름으로 오시는 분은 복되시어라"(13절). 이 환호성은 확실히 메시아적이다. 공관복음서에서도 모두 전하는 전통적인 전승이다. 시편 118편에서 취한 것인데, 첫마디(호산나!)는 히브리어 발음을 살렸다. 호산나는 원래 주님으로부터 오는 구원을 기원하는 말이다(도와주소서, 구원하소서라는 뜻). 요한 복음사가에 의하면 예수님은 이스라엘의 임금이시다. "이스라엘의 임금님은 복되시어라!"(13절) 공관복음서에서도 이 말이 암시되나 명백하게 쓰이지 않는다. 요한은 육화한 말씀의 공적 계시 시초부터 예수님을 이스라엘의 임금으로 소개했다. "스승님은 … 이스라엘의 임금님이십니다"(1,49). 나타나엘은 이 관용구를 사용하여 예수님을 신적인 메시아로 고백했다. 그러나 복음사가는 그리스도를 계시하는 이야기를 진행하면서 예수님의 왕직을 어떻게 이해해야 하는지 명백히 밝힌다. 그 왕직은 정치적인 것을 넘어 종교적 질서에서 구현된다.

그래서 예수님은 갈릴래아에서 군중이 임금으로 모시려 할 때 피하셨다(6,15). 예수님은 진리를 증언하는 데에서 임금이다. 즉 그분의 왕직은 신적 생명의 완전하고 풍부한 계시에서 실현된다(18,37).

예수님은 온유와 부드러움의 상징인 나귀를 타고 들어오시어 당신이 정치적 임금이 아님을 드러내신다(14절). 복음사가는 그분이 어떻게 나귀를 구하셨는지 이야기하지 않는다. 이미 공관복음서에서 충분히 다루었듯이 그것은 널리 알려진 전승이기 때문이다. 복음사가는 여기서 칠십인역 즈카 9,9을 인용하여 나귀 타신 예수님의 입성을 설명한다. 이 가운데 "두려워하지 마라"는 말은 요한 복음사가의 고유한 표현인데 이사 40,9에서 나왔다. 아마도 복음사가는 두 예언자의 신탁을 종합하여 예수님의 입성이 지닌 의미를 해석한 것 같다.

그러나 제자들은 예수님의 행동을 이해하지 못하였다. 이는 예루살렘에서 하신 첫 계시 때부터 계속 나타나는 요소이다(3,10; 8,27; 10,6). 스승 예수님이 말씀하신 대로 영광을 받으신 뒤에야 성령을 통해 제자들이 기억하고 이해하게 되는 구약성경의 신탁들은 많다(2,17.22; 12,16). "… 성령께서 너희에게 모든 것을 가르치시고 내가 너희에게 말한 모든 것을 기억하게 해 주실 것이다"(14,26). 그리스도인은 성령을 통해 스승 예수님의 말씀과 하신 일들의 의미를 알게 되는, 깨닫게 되는 상태에 이르러야 한다. 복음사가는 그들의 이 체험을 독자들을 위하여 증언하는 것이다.

예수님이 다윗의 도성에 들어오실 때 대대적인 환영을 받게 된 데에는 라자로 소생 사건이 크게 기여하였다. 이 놀랍고 초자연적인 표징에 대한 증언을 듣고 많은 군중이 그분을 맞으러 나갔기 때문이다(17-18절). 백성이 예수님을 열광적으로 맞이하는 것을 본 바리사이들은 절망한다. 군중이 예수님의 매력에 끌리는 데 대해 자신들은 속수무책임을, 무능함을 표현한다. "이제 다 글렀소. 보시오, 온 세상이 그의 뒤를 따라가고 있소"(19절).

## 2) 영광과 십자가 - 결단의 시간 12,20-36

복음사가는 메시아가 다윗의 도시에 승리의 입성을 한 것을 보도한 후에, 십자가 왕좌에 들어 올려지는 것으로 다가오는 예수님의 영광에 대하여 이야기한다. 마지막 공생활 시기를 다루는 11-12장의 첫머리에서, 예수님은 라자로의 병이 하느님의 영광을 드러내기 위한 것이며 그로 인해 하느님 아들이 영광스럽게 될 것이라고 말씀하셨다(11,4). 그 이야기 말미에서 그분은 당신을 죽이려는 이들을 피해 몸을 숨기셨다(11,54). 이제 그 대목을 마무리하는 구절에서 예수님이 유다인들의 손을 피하여 몸을 숨긴다는 이야기가 다시 나온다(12,36). 그 이야기의 서두에서 스승은 사람의 아들이 영광스럽게 될 때가 다가왔다고 선언하신다(12,23).

예수님을 따르며 믿는 이들과의 만남, 그들에게 보이는 놀라운 표징, 그리고 열광이 있는 반면, 한편에서는 예수님을 추적하며 트집 잡으려 애쓰다가 이제 막무가내로 예수님을 제거하기로 한 이들로부터 피신하는 이야기가 엇갈리면서 긴장이 야기된다. 이런 맥락에서 예수님은 다가올 영광에서 '영광'이란 단어를 통상적인 의미 이상의, 다른 차원에서 이야기한다.

이 대목에서는 이미 거론된 그리스도론적 주제들이 다시 나타난다. 곧 죽음과 묻힘(11,50-51; 12,7-8.24-25.31-33), 사람의 아들이 영광스럽게 됨

(11,4.40; 12,13.16.23.28), 그리스도께서 구원하신 결과로 흩어진 하느님의 자녀들을 모음(11,52; 12,32) 등이다. 이 대목은 예수님의 공적 직무를 끝맺는 대목의 정점으로 보인다. 12,37-50은 요한 복음서 전반부의 후기에 해당한다. 여기에 담긴 유다인들의 불신앙에 대한 회고, 신앙과 구원 계시에 대한 시적詩的인 종합은 요한 신학의 기본 주제이다.

### (1) 죽으면 많은 열매를 맺는다 12,20-26

'메시아가 당신 도성에 들어왔다'는 사실이 주목을 받지 않을 수 있을까. 실제로 그것은 유다인들, 바리사이들에게만 알려진 것이 아니라 파스카 축제를 지내기 위해 예루살렘에 올라온 그리스 사람에게도 알려졌다. 이들은 할례 받지 않은 자들로서 유다교에 호감을 갖고 유일신을 받아들인 사람들이다. 이들은 디아스포라 유다인이 아니다. 앞에 나온 같은 명사(그리스인)가 이방인으로 다뤄졌기 때문이다(7,35).

이 그리스 사람들은 예수님을 뵙고자 한다. 하느님의 아들에게 개방된 사람들이라서 영과 진리 안에서 아버지께 참된 예배를 드릴 수 있다. 그들은 스승을 만나기 위해서 필립보에게 중재를 청하는데 왜 다른 제자가 아니고 필립보인지 그 이유는 알 수 없다. 아무튼 필립보는 요한 복음서에서 자주 등장하는 제자 중 하나이다. 그런데 그는 즉시 스승에게 가지 않고 안드레아에게 가서 말하고는 함께 예수님께 말한다(6장에도 둘이 등장한다).

제자들이 예수님께 가서 그리스 사람들의 청을 전하자 예수님은 "사람의 아들이 영광스럽게 될 때가 왔다"(23절)고 하신다. 이방인들의 청을, 당신의 "때"를 구성하는 '영광을 받는 것'과 연결해서 보신다. 예수님의 때가 그분의 수난과 죽음과 부활인 영광의 시간을 가리키는 것은 누차 표명된 사실이다. 카나의 표징 안에 상징적으로 예고되었던(2,4-11) 그 '때'는 그리스도의 영광스러운 수난이 시작할 시간에 드러난다(13,1; 17,1). 아직 '때'가 이르지 않았다고 몇 번이나 거듭했는데, 이제 처음으로 그 '때'가 왔다고 선언된다. 그 영광은 라자로의 소생 표징으로 준비되었다.

예수님은 사람의 아들이 받을 영광에 대한 표상으로 '밀알의 운명'을 들어 설명하신다. 밀알이 열매를 맺으려면 먼저 땅에 떨어져 죽어야 한다. 밀알이 땅 속에서 사라지는 것은 없어진다는 뜻이 아니라 생명을 낳기 위하여 뿌리내린다는 뜻이다. 그러니 이 표상은 죽음과 묻힘을 통하여 그리스도가 영광 받는 것을 가리킨다. 예수님은 중대한 선언을 할 때 쓰시는 표현("진실로")을 반복하며 가르치신다(1,51; 5,19.24). "내가 진실로 진실로 너희에게 말한다. 밀알 하나가 땅에 떨어져 죽지 않으면 한 알 그대로 남고, 죽으면 많은 열매를 맺는다"(24절). 예수님이 말씀하시는 영광은 '죽음'과 깊은 관계를 맺고 나타난다. 그런데 이 죽음은 그냥 죽고 없어지는 것이 아니라 열매를 맺는 죽음이다. 죽음과 '생명'은 연관되어 있다.

이미 대사제 카야파가 의도치 않게 암시한 바처럼, 예수님의 죽음은 '생명'을 위한 것이다. 그분은 생명이다. "자기 목숨을 사랑하는 사람은 목숨을 잃을 것이고, 이 세상에서 자기 목숨을 미워하는 사람은 영원한 생명에 이르도록 목숨을 간직할 것이다"(25절). 예수님의 죽음을 뜻하는 밀알의 상징이 여기서 다시 명백히 설명된다. 이는 사람이 생명을 누리기를 원하는, 사람을 살리고자 하시는 분의 말씀이다. 진정으로 생명을 얻기 위하여 죽을 필요가 있다고 하신다. 영원한 생명을 얻기 위해서는 더 높은 가치 때문에, 무엇보다도 그리스도와 그분의 나라 때문에 지상의 생명을 거부해야 한다. 이는 자기 보존과 자기 실현에만 집착된 욕심을 버려야 한다는 뜻이다.

"누구든지 나를 섬기려면 나를 따라야 한다"(26절). 예수님께 헌신하고자 하는 이는 예수님의 모범을 따라야 한다. 곧 예수님처럼 죽어야 한다. 24-25절에서는, 죽어야 하는 필요성에 대해서 말하고 여기서는 모범을 따를 것을 촉구한다. "내가 있는 곳에 나를 섬기는 사람도 함께 있을 것이다." 이 말씀은 그분의 죽음으로 오는 영광의 자리에 함께 참여한다는 뜻이다. 예수님은 아버지께서 그렇게 해 주신다고 밝히신다. "누구든지 나를 섬기면 아버지께서 그를 존중해 주실 것이다." 결국 예수님의 제자가 되는 비결은 그분이 가는 길을 가는 것, 죽음으로 생명을 얻는 것이다. 이를 알아들으려면 진정으로 각자의 마음에 성령께서 오시어 깨닫게 해 주셔야 한다. 예수님은 온 존재를 걸어야 하는 도전을 우리에게 제시하신다.

### (2) 십자가에 들어 올려짐으로 인한 예수님의 영광 12,27-34

예수님은 당신의 시간이 임박했음을 아시고 심하게 동요하신다. "이제 제 마음이 산란합니다. 무슨 말씀을 드려야 합니까? '아버지, 이때를 벗어나게 해 주십시오.' 하고 말할까요? 그러나 저는 바로 이때를 위하여 온 것입니다"(27절). 예수님은 라자로의 무덤 앞에서(11,33) 배반자를 예고하실 때(13,21) 감정적으로 동요하셨다. 여기서 잠시 갈등하지만, 마침내 지금까지 늘 채워 온 아버지의 목적에 동의하신다. 그분은 이때를 위해서 이 세상에 파견되었음을 단언하신다. 이 부분이 공관복음서에서는 하느님의 뜻에 순종하는 기도 형태로 나타났다(마태 26,39.42.44). "아버지, 아버지의 이름을 영광스럽게 하십시오"(28절).

"그러자 하늘에서 '나는 이미 그것을 영광스럽게 하였고 또다시 영광스럽게 하겠다'"(28절). 하늘에서 들려오는 목소리는 공관복음서에 나타난 예수님 세례 또는 거룩한 변모 장면을 떠올려 준다. 아버지께서 이미 그리스도를 영광스럽게 하였다는 말씀은 예수님이 하신 놀라운 표징들을 통해서 육화한 말씀을 계시하셨음을 가리킨다(2,11; 9,3; 11,4). 결국 이는 예수님이 행하신 표징들이 '하느님'께서 하신 일임을 증언하는 말씀이나. 미래에 영광을 받는 것은 사람의 아들이 높이 들이 올려져서 신적 본성을 드러내고, 세상을 위한 하느님의 충만한 사랑을 드러내는 '때'에 벌어질 구원 사건들을 말한다.

하느님이 당신을 나타내신 이 일에 대해 군중은 다양하게 반응한다. 어떤 이들은 천둥이 울렸다고 하고 다른 이들은 천사가 그분에게 말을 했다고 한다(29절). 뭔가가 하늘로부터 일어나서 예수님과 하느님을 연관짓지만, 군중은 무슨 내용인지 모른다. 예수님만 들으셨다. 복음사가나 제자들도 들었는가? 이는 예수님의 공적 계시를 마무리하는 장에서 아버지가 개입하셔서 당신 아들의 파견을 공증하신 것이다. 예수님은 사실 이 소리가 군중을 위한 것이라고 밝히신다(30절). 복음서의 등장인물인 군중이 제대로 알아듣지 못했지만, 이것은 분명히 복음을 듣는 청중이나 복음서를 읽는 독자를 위해 공증하는 역할을 한다.

예수님이 들어 올려져 영광을 받게 되면 무슨 일이 일어나는가? "이제 이 세상은 심판을 받는다. 이제 이 세상의 우두머리가 밖으로 쫓겨날 것이다"(31절). 세상이 심판을 받는다는 것은 어둠의 세력이 심판을 받는다는 뜻이다. 어둠과 거짓의 아비인 악마가 없어지는 것, 이것이 세상이 받는 심판이다. 생명이신 빛이 완전히 드러날 때 어둠은 완전히 물러간다.

"나는 땅에서 들어 올려지면 모든 사람을 나에게 이끌어 들일 것이다"(32절). 십자가로 모든 사람을 구원한다는 의미이다. 유다 지도자들은 라자로의 소생 기적 사건 때문에 '온 세상'이 다 예수님께 몰려간다고 걱정하며 한탄하였다(19절). 그러나 실상 예수님은 '십자가에 들어 올려지는' 사건으로 '모든 사람'을 당신에게 이끄실 것이다. 이 구절을 복음사가는 장차 당신이 어떻게 죽임을 당하실 것인지 암시한 것으로 풀이한다(33절). 사실 이 말씀의 의미는 이미 앞에서 명백히 제시되었다. "나는 양들을 위하여 목숨을 내놓는다. 그러나 나에게는 이 우리 안에 들지 않은 양들도 있다. 나는 그들도 데려와야 한다. 그들도 내 목소리를 알아듣고 마침내 한 목자 아래 한 양 떼가 될 것이다"(10,15-16).

군중은 예수님의 말씀을 알아들었다. 그래서 모세의 율법에 의하면 메시아는 죽지 않으리라고 했다면서 이의를 제기한다. "우리는 율법에서 메시아는 영원히 사실 것이라고 들었는데, 어떻게 선생님은 사람의 아들이 들어 올려져야 한다고 말씀하십니까?"(34절) 군중이 말하는 성경이 무엇인지 학자들이 찾고 있지만 확실치 않다(2사무 7,16; 시편 89,36 이하 참조). 마지막에는 항상 하던 질문이 또 나타난다. "그 사람의 아들이 누구입니까?" 이 "사람의 아들"은 앞에서 언급했듯이 묵시록적인 의미가 아니고 인간 예수님을 가리킨다. 여기서는 '메시아가 누구입니까?'와 같은 내용의 질문이다.

### (3) 신앙으로 빛 속을 걸어야 할 필요성 12,35-36

ㄱ 빛이 너희 가운데에 있는 것도 잠시뿐이다. (35절)

ㄴ 빛이 너희 곁에 있는 동안에 걸어가거라.

그래서 어둠이 너희를 덮치지 못하게 하여라.

ㄷ 어둠 속을 걸어가는 사람은 자기가 어디로 가는지 모른다.

ㄴ′ 빛이 너희 곁에 있는 동안에 그 빛을 믿어, (36절)

ㄱ′ 빛의 자녀가 되어라.

이 도식을 볼 때, 빛과 예수님은 동일시되고 빛 속에서 걷는 것은 그분을 믿는 것과 같다. 어디로 가는지도 모르면서 걷는 사람들에게 어둠의 세력이 덮치지 못하도록 빛이신 예수님을 믿으라는 것이다. 예수님은 물론 세상의 빛이다(8,12; 9,5). 예수님은 적대자들에게 시간이 얼마 남지 않았다고 말씀하신 적이 있다(7,33). 여기에서 "빛이 너희 가운데에 있는 것도 잠시뿐이다"라는 표현은 긴박감을 내포한다. 세상의 빛인 육화한 말씀의 때는 이미 시작되었고 공적 계시의 마지막에 다다랐기 때문이다. 이 상황에서 예수님은 마지막으로 청중에게 빛이 너희 곁에 있는 동안에 걸으라고, 믿으라고 촉구하신다. 밤과 어둠은 이 구절에서 악마의 세계를 상징한다. 어둠이 덮치지 않도록, 악의 세력이 다다르지 않도록, 밤에 다니며 걸려넘어지지 않도록(11,10) 진리의 빛인 그리스도에게로 얼른 오라는 것이다. 여기서 서곡의 한 구절을 다시 음미할 수 있다. "그분 안에 생명이 있으니 그 생명은 사람들의 빛이었다"(1,4).

공적 계시의 마지막에 이르러 예수님은 다시 몸을 숨기신다(36절). 이

것이 스승 예수님의 마지막 은신이다. 때가 이르러 '높이 들어 올려지기 전'까지 마지막으로 제자들과 함께하실 것이다. 그간 여러 번 유다 지도자들의 오해와 반대를 피해 물러서는 형식을 취하셨고, 간간이 제자들하고만 머무는 상태를 엿보았다. 이런 순간들 중 마지막 때에 이루어지는 가장 밀도 높은 일이 13장에서부터 소개될 것이다. 여기서 그 준비가 이뤄지고 있다.

### 3) 계시자 말씀에 대한 유다인들의 불신앙 12,37-50

어둠 속에 머무르려는 유다인들의 완고함 앞에 세상의 빛인 예수님은 몸을 숨기신다. 그러자 복음사가는 그렇게 많은 이적을 겪은 후에도 불신앙의 어둠 속에 고집스레 머무는 것을 어떻게 설명할 수 있는가 하며 깊이 성찰한다. 그의 성찰은 유다인들 편에서 빛을 거부한 서곡에서 이미 드러났다. 그는 어둠과 빛 사이의 싸움에 대해(1,5), 하느님 말씀이 당신 백성에게 왔는데 그들이 빛을 거부한 것에 대해 말했다(1,10-11). 복음서 전반부에서는(1-12장) 하느님 아들의 계시 앞에서 거의 항상 부정적인 유다인들의 모습이 계속 묘사되었다. 마침내 11장에서 스승 예수님이 메시아로서 행한 가장 큰 표징이 소개되었는데도, 지도자들은 그리스도의 빛으로 눈을 뜨고자 하지 않았다. 왜 그렇게 불신앙을 고집하는가? 그것에 대한 복음사가의 해설이 12,37-43에서 제시된다.

예수님의 후반부 공적 계시는 세상 앞에서 하는 그리스도의 마지막 구원 선포이다. 서곡은 말씀, 계시자 그리고 생명의 샘에 대한 시적인 소개로 시작되었다. 1-12장을 마무리하는 44-50절도 같은 주제를 종합해서 이야기하면서 그리스도가 구원의 원인임을 다시 선언한다. 그래서 12,37-50을 서곡의 장대한 반복 구문이랄 수 있다. 실제로 문학적 관점에서 1,1-18과 12,37-50을 살펴보면, 요한 복음서의 기본적인 삼중 주제(하느님 말씀의 출현, 신앙 또는 불신앙으로 받아들이느냐 거부하느냐의 문제, 영원한 생명의 선물 또는 단죄의 심판)와 비슷한 문학적 표현을 많이 찾아볼 수 있다.

### (1) 유다인들의 불신앙과 지도자들의 신앙 12,37-43

예수님은 공생활 동안에 그 누구도 행할 수 없는 이례적인 표징들을 행하였다. 요한 복음사가가 전한 표징들 중에 가장 큰 것이 라자로의 소생이다(11,38-44). 그럼에도 유다인들은 하느님의 아들에게 이끌리기를 원치 않았다. 표징들은 신앙을 촉구하기 위하여 일으켜졌기에, 예수님이 행하신 놀라운 일들은 유다인들의 죄를 변명할 수 없게 한다(15,24).

"예수님께서는 그들 앞에서 그토록 많은 표징을 일으키셨지만, 그들은 그분을 믿지 않았다"(37절). 복음사가는 이 표현을 통해 유다인들이 '믿음'으로 이끌리지 않는 것을 의아해한다. 그래서 예언서를 인용하며 납득하려고 애쓴다. "주님, 저희가 전한 말을 누가 믿었습니까? 주님의 권능이 누구에게 드러났습니까?"(38절) 결국 그는 그런 불신앙이 주님의 종의 넷째 노래(이사 53,1)에 나타난 신탁을 실현시킨다고 이해한다. 노래의 시작 부분에서 종이 겪을 전대미문의 고통을 예고하지만 그를 믿지 않음에 대해 선포하는 것이다. 이 신탁이 여기서는 복음에 대한, 즉 하느님 아들의 계시에 대한 불신앙을 설명하기 위하여 인용된다. 유다인들은 불신앙으로 이사야 예언자의 말을 실현했다. 이사야의 신탁들은 유다인들의 불신앙을 예고했을 뿐만 아니라 그들의 신앙이 불가능한 이유도 알려 준다. "그들은 그분을 믿지 않았다. 이는 이사야 예언자가 한 말이 이루어지려고 그리된 것이다"(37-38절).

여기에 인용된 이사야서 구절(40절; 참조 이사 6,9-10)을 읽으면, 마치 하느님이 사람의 불신앙을 조장하신 것처럼 생각할 수 있다. 위로부터 태어나지 않으면 하느님 나라에 들어갈 수 없고 볼 수 없는 것처럼(3,3.5), 아버지가 이끌어 주지 않으시면 믿을 수 없다(6,44)는 말처럼, 예수님 말씀을 듣거나 받아들일 줄 모르는(8,43) 것처럼, 이 구절에서도 하느님이 믿지 못하게 하셨기에 사람에게는 책임이 없는 것처럼 보인다. 그러나 이 구절을 이해하려면 앞 구절들과 연결시켜야 알아들을 수 있다. 즉 성령에 의해 새로 나야 하고(3,3.5), 영적 눈이 뜨이고, 깨달음이 있어야 한다(6,44). 이것은 영이 씌우는 것과는 구분된다. 인간의 자유의사와는 상관없이 자유를 박탈당하는 속박이 아니다.

인간 안에는 자유의지로 응답하고 받아들일 수 있는, 깨달음으로 열릴 수 있는 본질이 깃들어 있다. 그것은 하느님의 선물로, 창조주가 피조물에게 부여한 '인격적 관계'에서 파생된다. 예수님이 태어나면서부터 눈먼 이를 치유하신 '표징'을 기억해 보면 유다인들의 눈멂에 대한 책임이 그들 자신에게 있음을 뚜렷이 알 수 있다. 그 맥락에서 하신 예수님 말씀이 이사야의 인용구와 일맥상통한다. "나는 이 세상을 심판하러 왔다. 보지 못하는 이들은 보고, 보는 이들은 눈먼 자가 되게 하려는 것이다"(9,39). 따라서 이 구절은 그들의 책임에 대한, 그들 스스로 심판을 받는 것에 대한 반어적 표현으로 볼 수 있다. 동시에 바로 이 문맥에서 복음사가는 많은 지도자가 예수님을 믿었다고 전한다(42절). 이것은 유다인들 편에서 하느님 아들의 거부가 일반적이지 않으며 그들의 책임이 없는 게 아님을 보여 준다.

여기서 복음사가는 이사 6,9-10을 글자 그대로 인용하지 않고 내용에 따라 임의로 인용하였다. 그에 의하면 이사야는 예수님의 영광을 보았기 때문에 이 신탁을 말했다. 영원으로부터 계신 말씀이신 예수님을 보았고 그렇기에 이사야가 전한 신탁은 예수님에 관한 것이라고 한다(41절).

놀랍게도 지도자들 중에도 예수님을 믿는 이들이 있었다. 그러나 그들의 신앙은 약하고 불완전했다. "바리사이들 때문에 회당에서 내쫓길까 두려워 그것을 고백하지 못하였다"(42절). 율법을 열성적으로 방어하며 공격하는 이들을 두려워하지 않는 치유된 눈먼 이와는 반대이다. 이들은 치유된 눈먼 이의 부모들처럼 행동한다(9,20-23). 실제로 당대에 예수님을 그리스도라고, 하느님 아들이라고 공적으로 고백하는 것은 유다 공동체로부터 파문되고 쫓겨나는 것을 의미했다(16,2). 예수님을 믿는 지도자들은 인간적인 요소를 고려하느라 결단력과 용기가 부족했다. "그들이 하느님에게서 받는 영광보다 사람에게서 받는 영광을 더 사랑하였기 때문이다"(43절).

### (2) 예수님의 마지막 공적 담화 12,44-50

이 대목은 복음사가가 예수님의 메시지를 종합적으로 다시 부언하는 부분이다. 37절부터 그동안 스승 예수님이 행한 표징들을 통틀어 일컬으며 그에 대한 유다인들의 반응을 종합적으로 소개하고, 또 복음사가가 나름대로 평가를 겸한 해설을 들려주었다. 그런 점으로 보아 이 마지막 부분은 복음사가가 기획한 전반부의 마무리를 위해 예수님의 말씀을 편집했거나 아니면 다른 기회에 한 말씀을 모아 놓은 것으로 보인다.

예수님은 다시금 큰 소리로 당신이 누구며 왜 오셨는지 밝히신다. "나를 믿는 사람은 나를 믿는 것이 아니라 나를 보내신 분을 믿는 것이다"(44절). 여기서 '파견된 자'로서 예수님의 신원이 간접적으로 다시 한 번 드러난다. '파견하신 분'과 '파견되신 분' 사이의 관계와 일치가 거듭 강조된다. 유다인들의 불신앙과 믿는 지도자들의 불완전한 신앙을 접한 스승 예수님은 당신을 믿는 것이 실제로 하느님을 향하는 것이라고 마지막으로 권고하신다. 신앙의 첫 번째 대상은 당신 외아들을 세상에 파견하신 아버지이다(5,24). 그러니 하느님이 파견한 사람을 믿지 않는 것은 그를 '파견하신 분' 곧 하느님까지도 믿지 않는 것이다. 아버지와 아들 사이의 내적인 일치는 여러 곳에서 선언된 바 있다(10,30.38; 14,9-11). 그러나 여기서는 예수님에 대한 신앙과 하느님에 대한 신앙을 아주 밀접하게 연결 짓는 것이 남다르다. 실제로 예수님과 하느님은 하나다. "나를 보는 사람은 나를 보내신 분을 보는 것이다"(45절). 그렇기 때문에 신앙으로 그리스도를 관상하면, 그분을 보낸 분을 관상하게 된다.

예수님은 당신이 파견된 이유를 다시 밝히신다. "나는 빛으로서 이 세상에 왔다. 나를 믿는 사람은 누구나 어둠 속에 머무르지 않게 하려는 것이다"(46절). 하느님께서 보내신 분, 예수님은 죄의 어둠, 무지의 어둠, 불신앙의 어둠 속에 있는 인간을 비추기 위하여 이 세상에 오셨다. 그분은 사실 사람들의 빛으로 어둠 속에서 비치고 있다(1,4-5). 그분이 세상에 파견된 이유는 사람들이 빛 속에서 살도록 하기 위해서이다.

예수님의 사명은 심판에 있지 않다. "누가 내 말을 듣고 그것을 지키지 않는다 하여도 나는 그를 심판하지 않는다"(47절). 예수님에 대한 신앙은 단순히 피상적으로 듣는 데 있지 않고, 그분의 계시가 나타내는 바를 구체적으로 실현하는 데 있다. 진짜 제자 됨은 스승의 말씀을 이행하는 데 달려 있다. 사실 누가 그리스도를 안다고 하면서 그분의 계명을 지키지 않는다면 그는 거짓말쟁이다(1요한 2,4). 그러나 예수님은 심판하기를 원치 않으신다. 그분은 세상을 심판하러 온 것이 아니라 구원하기 위해서 왔기 때문이다(3,17; 12,47). 이렇게 그분은 당신이 '파견된' 목적을 분명히 밝히신다.

그러나 예수님이 심판하지 않는다 해서 심판이 없는 것은 아니다. 곧 세상을 구원하기 위해 '파견된' 분의 의무가 있다면, 파견된 분을 받아들이는 사람의 '응답' 역시 의무이다. 이 '응답'에 대해서는 '심판'이 있기 마련이다. 누가 구세주의 말을 받아들이지 않는다면 심판으로부터 도망갈 길이 없다. 그는 마지막 날에 예수님이 말씀하신 그 말씀에 의해 심판받을 것이다(48절). 영원한 생명이 이미 현재의 생명에서 시작하듯, 심판의 상태 역시 현재부터 존재한다. 어둠 속에 머물러 있는 것이 이미 심판받은 상태를 예시한다. 마지막 날에 심판받는다는 것은 영원한 어둠에 잠기는 것이다. 따라서 지금부터 어느 영원으로 향하여 가고 있는가가 관건이다. 빛은 계속 빛으로 인도하며, 어둠을 택하면 어디로 가는지조차 모르면서 가서 계속 어둠의 상황을 지속시킨다(12,35 참조). "마지막 날"이라는 표현은 인간에게 아직 살아가는 동안에 신덕하고 회심할 수 있는 기회가 있음을 암시한다(48절). 계시자가 세상에 온 것은 자기 말을 전달하기 위해서가 아니라 하느님 말씀을 전하기 위해서다. 그분은 자기 뜻이 아니라 자기를 보내신 분의 뜻을 채우면서(4,34) 아버지의 이름을 드러냈다(17,6).

끝으로 예수님은 당신 말씀의 권위가 어디서 오는지를 제시하면서 아울러 그분의 말씀을 들어야 함을 가르친다. "나는 그분의 명령이 영원한 생명임을 안다"(50절). 사람의 아들은 아버지의 명령을 따른다. 왜냐하면 그 순명이 영원한 생명의 샘임을 알고 있기 때문이다. 단순하여 설명이 필요 없다. 영원한 생명을 위한 명백한 모범이, 아버지 말씀에 순종하는 예수님의 모범이 제시되어 있다. 처음부터 예수님은 말씀으로 소개되셨다(1,1-2.14). 그분은 또한 하느님의 말씀이고 아버지의 사랑과 생명의 살아 있는 표현이시다(3,16-17). 예수님은 스스로 말하지 않고 하느님에게서 들은 것을 계시하며, 아무것도 자기 스스로 하지 않고 아버지께서 그에게 보여 주신 것만 선언하신다.

예수님의 공적 계시를 끝맺는 마지막 말("내가 하는 말은 아버지께서 나에게 말씀하신 그대로 하는 말이다." 12,50)은 서곡의 첫머리("한처음에 말씀이 계셨다." 1,1)와 반복 구문을 이룬다. 이 구문의 특성은 1-12장에 걸쳐 극적으로 발전되어 온 중심 주제 중의 하나를 잘 보여 준다. 곧 육화한 말씀의 일은 신적 생명을 계시하는 것이다. 하느님의 아들은 아버지를 말하고, 표현하고, 계시하는 계시자이다. 그분은 그 일을 통하여 세상에 영원한 생명을 주기 위하여 오셨다.

1 한처음에 말씀이 계셨다.
말씀은 하느님과 함께 계셨는데
말씀은 하느님이셨다.

2 그분께서는 한처음에 하느님과 함께 계셨다.

3 모든 것이 그분을 통하여 생겨났고
그분 없이 생겨난 것은 하나도 없다.
4 그분 안에 생명이 있었으니
그 생명은 사람들의 빛이었다.

5 그 빛이 어둠 속에서 비치고 있지만
어둠은 그를 깨닫지 못하였다.

6 하느님께서 보내신 사람이 있었는데
그의 이름은 요한이었다.
7 그는 증언하러 왔다. 빛을 증언하여
자기를 통해 모든 사람이 믿게 하려는 것이었다.
8 그 사람은 빛이 아니었다.
빛을 증언하러 왔을 따름이다.

9 모든 사람을 비추는 참빛이 세상에 왔다.
10 그분께서 세상에 계셨고
세상이 그분을 통하여 생겨났지만
세상은 그분을 알아보지 못하였다.
11 그분께서 당신 땅에 오셨지만
그분의 백성은 그분을 맞아들이지 않았다.

12 그분께서는 당신을 받아들이는 이들,
당신의 이름을 믿는 모든 이에게
하느님의 자녀가 되는 권한을 주셨다.
13 이들은 혈통이나 육욕이나
남자의 욕망에서 난 것이 아니라
하느님에게서 난 사람들이다.

14 말씀이 사람이 되시어
우리 가운데 사셨다.
우리는 그분의 영광을 보았다.
은총과 진리가 충만하신 아버지의 외아드님으로서
지니신 영광을 보았다.

15 요한은 그분을 증언하여 외쳤다.
"그분은 내가 이렇게 말한 분이시다.
'내 뒤에 오시는 분은 내가 나기 전부터 계셨기에
나보다 앞서신 분이시다.'"

16 그분의 충만함에서 우리 모두
은총에 은총을 받았다.
17 율법은 모세를 통하여 주어졌지만
은총과 진리는 예수 그리스도를 통하여 왔다.

18 아무도 하느님을 본 적이 없다.
아버지와 가장 가까우신 외아드님
하느님이신 그분께서 알려 주셨다.

## 참고 도서


· 김창선, 쿰란문서와 유대교: 중요 유대 문헌을 중심으로 한 유대학 입문, 한국성서학연구소, 2007.
· 귄터 스템베르거, 이수민 옮김, 미드라쉬 입문: 유다 그리스도교 고전 입문 총서 III-2, 바오로딸, 2008.
· 레이몬드 E . 브라운, 최홍진 역, 요한 공동체의 역사와 신학: 사랑받는 제자 공동체, 성광문화사, 1994.
· ______, 프란시스 J. 몰로니 편집, 최홍진 역, 요한복음 개론, 기독교문서선교회, 2009.
· ______, 최홍진 역, 앵커바이블, 요한복음 I: 표적의 책, 기독교문서선교회, 2013.
· ______, 최홍진 역, 앵커바이블, 요한복음 II: 영광의 책, 기독교문서선교회, 2013.
· 마르띠니, C. M., 성염 역, 요한복음, 성바오로출판사, 1984.
· 마르티네즈 F. / 티그셸라아르 E. (영어 편역), 강성열 옮김, 사해문서 1: 1Q1-4Q155: 한국학술진흥재단 학술명저번역총서 서양편 233, 나남, 2008.
· 바레트 C. K., 요한 복음: 국제 성서 주석 32, 한국신학연구소, 1985.
· 바르베리스 G., 오영민 역, 구원의 시간, 성바오로출판사, 1988.
· 보르톨리니 J., 김수복 역, 요한 복음 읽기- 생명의 길, 성바오로출판사, 1994.
· 송봉모, 삶의 우물가에 오신 말씀: 요한복음산책 1, 바오로딸, 2011.
· ______, 비참과 자비의 만남: 요한복음산책 2, 바오로딸, 2012.
· ______, 생명의 빛이 가슴 가득히: 요한복음산책 3, 바오로딸, 2014.
· 안니 조베르, 안병철 역, 요한 복음, 가톨릭출판사, 1981.
· 영원한도움 성서연구소 편저, 성경지도, 성서와함께, 2010.
· 요한 하클 외, 오영숙 외 역, 신약성서 영적독서를 위한 요한 복음서, 성요셉 출판사, 1991.
· 이냐세 데 라 포테리에, 김수복 역, 요한에 의한 예수 수난: 본문과 정신, 성바오로출판사, 1992.
· 이영헌, 요한 복음서: 200주년 신약성서 4, 분도출판사, 1996.
· 최안나, 거룩한 땅을 걷는다, 성서와함께, 2014.
· 판데어캄 J.C., 박요한 영식 옮김, 초기 유다이즘 입문: 성서와함께 총서 연구 2, 성서와함께, 2004.
· 호세 꼼블린, 정승현 역, 아버지께서 보내신 이, 빛두레, 1996.

· Bernard, J. H., *A Critical and Exegetical Commentary on the Gospel According to St. John*, T. & T. Clark, 1976.

· Dodd, C. H., *Historical Tradition in the Fourth Gospel*, Cambridge University Press, 1965.

· Francis J. Molony, SDB, *The Gospel of John*, Sacra Pagina Series vol. 4, Michael Glazier Books, 1998.

· _______, *Love in the Gospel of John: An Exegetical, Theological, and Literary Study*, Baker Academic, 2013.

· _______, *The Resurrection of the Messiah: A Narrative Commentary on the Resurrection Accounts in the Four Gospels*, Paulist Press, 2013.

· Gale A. Yee, *Jewish Feasts and The Gospel of John*, Michael Glazier Books, 1989.

· George R. Beasley–Murray, *John*, Word Biblical Commentary vol. 36, Word Books, 1971.

· Giuseppe Ferraro, *Lo Spirito e Cristo nel Vangelo di Giovanni*, Paideia, 1984.

· Giuseppe Segalla, *Panorama Letterario del Nuovo Testamento*, LoB 3.6, Queriniana, 1986.

· Raymond E. Brown S.S., *The Gospel according to John(I–XII)*, The Anchor Bible Series vol. 29, Doubleday, 1966.

· _______, *The Gospel according to John(XIII–XXI)*, The Anchor Bible Series vol. 29A, Doubleday, 1970.

· _______, (edited, updated, introduced, and concluded Francis J. Molony) *An Introduction to the Gospel of John*, The Anchor Bible Reference Library, Doubleday, 2003.

· Salvatore Alberto Panimolle, *Lettura Pastorale del Vangelo di Giovanni, vol I–III*, Dehoniane Bologna, 1991.

· Valerio Mannucci, *Giovanni: Il Vangelo per Ogni Uomo*, LoB 2.4, Queriniana, 1995.

요한 복음서 해설 1

서울대교구 인가: 2016년 1월 14일
초판 1쇄 펴낸날: 2016년 3월 4일
2판 1쇄 펴낸날: 2019년 2월 25일
4쇄 펴낸날: 2024년 3월 30일
지은이: 최안나
펴낸이: 나현오
펴낸곳: 성서와함께
06910 서울특별시 동작구 흑석로13길 7
Tel: (02) 822-0125~7 / Fax: (02) 822-0128
http://www.withbible.com / e-mail: order@withbible.com
등록번호 14-44 (1987년 11월 25일)



ISBN 978-89-7635-339-9 94230
978-89-7635-908-7 (세트)